edition suhrkamp

Redaktion: Günther Busch

Géza Róheim, geboren 1891, gestorben 1953, war ein Schüler von Abraham und Ferenczi. Er hat in Budapest, Leipzig und Berlin studiert, war Leiter der Ethnologischen Abteilung des Ungarischen Nationalmuseums und Mitglied des Budapester Kongresses für Psychoanalyse. 1928 bis 1931 hielt er sich zu Feldforschungen in Zentralaustralien, in Neuguinea und in Brasilien auf. Sein Einfluß auf die Anthropologie und die Psychoanalyse seiner Zeit ist unverkennbar. Zu seinen wichtigsten Werken zählen: *The Riddle of the Sphinx, The Origin and Function of Culture, The Gates of Dream, Animism, Magic and the Divine King.*

Mit diesem Band wird an einen Gelehrten erinnert, der anthropologische und psychoanalytische Forschungsmethoden miteinander verbunden und den Sozialwissenschaften außergewöhnliche Impulse gegeben hat. Róheim hat als erster in seinem Fach, der Kulturanthropologie, die psychoanalytische Erklärung der Persönlichkeitsentwicklung und des Unbewußten systematisch bei der Deutung der Verhaltensweisen primitiver Gesellschaften gebraucht. Seine Untersuchungen der Beziehungsmuster im Leben der australischen Ureinwohner und der Nahavo-Indianer waren bahnbrechend; ihre Erkenntnisse sind in die Werke Meads, Benedicts und Kardiners eingeflossen.

»Róheim war im strengen Sinn dieses Begriffs ein wissenschaftlicher Pionier.« René A. Spitz

Géza Róheim
Psychoanalyse und Anthropologie

Drei Studien über die Kultur und das Unbewußte

Suhrkamp Verlag

Titel der Originalausgabe: *Psychoanalysis and Anthropology. Culture, Personality and the Unconscious.* International Universities Press, New York.
Aus dem Englischen übersetzt von Max Looser.

edition suhrkamp 839
Erste Auflage 1977
 Satz, in Linotype Garamond. Druck und Bindung bei Georg Wagner, Nördlingen. Gesamtausstattung Willy Fleckhaus.

Inhalt

Einleitung

Es ist das Ziel dieses Buches, einige Fragen aus jenen Grenzgebieten zu beantworten, in denen Psychoanalyse und Anthropologie sich treffen. Anders ausgedrückt: Ich werde versuchen, die richtige Methode zur Anwendung der Psychoanalyse auf die Anthropologie zu beschreiben. Ich muß gleich hinzufügen, daß mein Bezugsrahmen aus dem besteht, was Freud als Psychoanalyse bezeichnet hätte; es gehört nicht zur Aufgabe dieses Buches, die Gültigkeit psychoanalytischer Begriffe in einem theoretischen oder klinischen Gegensatz zu Begriffen anderer Schulrichtungen, etwa der von Jung, Adler, Kardiner, Fromm oder Horney, aufzuzeigen.

Ich werde zu zeigen versuchen, daß die von der modernen Anthropologie (der kulturalistischen Richtung) angewandten Methoden nicht zu den Tatsachen passen. Ich glaube, daß meine Anwendung der Psychoanalyse als Interpretationsinstrument mehr erklärt, wenn auch nicht auf so einfache Art, als die gegenwärtig allgemein benutzten Methoden.

Gelegentlich hörte ich die folgende Definition der Anthropologie, die einer unserer führenden Anthropologen einem interessierten Laien gegenüber gab: »Das Ziel der Anthropologie besteht darin, zu zeigen, warum Menschen *in einer bestimmten Gesellschaft* so und nicht anders handeln.« (Herv. G. R.) Bei der Diskussion darüber, was Psychoanalytiker tun sollten, um ihr Konzept für Anthropologen annehmbar zu machen, stellte Kluckhohn die Forderung auf, daß entweder alle Interpretationen innerhalb des Kontexts *einer* Kultur operieren sollten, oder daß der Psychoanalytiker bei der Abweichung von dieser Regel seine Gründe dafür angeben sollte.[1]

Genau das letztere will ich in diesem Buch versuchen. Wie alles übrige ist auch die Anthropologie Veränderungen unterworfen. Obwohl wir erkennen können, daß ein Automobil des Jahres 1948 zweifellos besser ist als ein alter Ford, können wir im Falle von Veränderungen in der Anthropologie nicht denselben Gewißheitsgrad erlangen. Die Beschränkung anthropologischer Interpretationen auf eine einzige Kultur, ein Gebiet oder eine Nation lag sicher nicht in der Absicht der

»Väter der Anthropologie«.

So schreibt Tylor:

»Denkende Menschen scheinen bereits auf einer niederen Kulturstufe von zwei Arten biologischer Probleme tief beeindruckt zu sein. Erstens: Was macht den Unterschied zwischen einem lebendigen und einem toten Körper aus? Zweitens: Was sind die menschlichen Gestalten, die in Träumen und Visionen auftauchen?«[2]

Er versucht dann, die Antwort zu rekonstruieren, welche die primitiven Menschen auf diese Fragen geben könnten.

Crawley dagegen vertritt eine andere Theorie des Animismus:

»In dem einen Fall, bei der Wahrnehmung, erfaßt unser Subjekt die Person oder das Subjekt, das Ding; im andern Fall, bei der Erinnerung oder beim Gedanken, erfaßt es die Seele des Dings. Die Idee der Seele ist somit ein automatisches Resultat der Reaktion auf die Wahrnehmung; sie ist eine mentale Wiederholung oder Empfindung.«[3]

Die Seele ist das Erinnerungsbild. Offensichtlich träumen alle Menschen; alle menschlichen Wesen bringen Erinnerungsbilder hervor, und alle Menschen glauben, ungeachtet ihrer besonderen Kultur und ihrer Persönlichkeit, an die Existenz der Seele. Andrew Lang schreibt: »Da Zeus seine eigene Frau in ein Insekt verwandeln ließ, um sie leichter verschlingen zu können, besteht zwischen der Mythologie der Buschmänner und jener der frühen Griechen kein großer Unterschied.«[4] Marett faßt den Standpunkt der klassischen Anthropologie in folgendem Satz zusammen: »Über die menschliche Natur, sofern sie aus sich selbst heraus untersucht wird, ist man eigentlich versucht zu sagen: *plus ça change, plus c'est la même chose.*«[5]

Natürlich weiß ich, wie die Antwort auf all dies lautet. Die moderne Anthropologie hat gezeigt, daß Kulturen auf verschiedene Ziele hin ausgerichtet sind (Ruth Benedict), oder daß ihre reale Bedeutung in der Wechselbeziehung von Merkmalen besteht (Malinowski); deshalb können alle Interpretationen nur innerhalb ihres kulturellen Kontextes sinnvoll sein. Ich behaupte, daß diese These auch dann logisch ungültig wäre, wenn sie funktional gültig wäre. Ich darf dies mit einem Beispiel aus meiner Alltagserfahrung verdeutlichen: Der Patient, der von drei bis vier Uhr zu mir in die Analyse kommt, ist ein Mann, der mit Minderwertigkeitsgefühlen kämpft, die auf seinen physischen Mängeln zu beruhen scheinen. Er hat seine Schwierigkeiten ziemlich gut überwunden; er ist energisch, ausdauernd, sehr darauf bedacht, sich zu behaupten, und beruflich erfolgreich. Obwohl er insgesamt glaubt, alles sei in Ordnung, kommen in seinem Eheleben einige Symptome eines Widerspruchs zum Ausdruck, aufgrund derer er sich analysieren lassen will.

Der nächste Patient ist völlig anders. Er leidet an Depressionen und vermag in der Analyse oft monatelang nicht zu sprechen. Seine gesamte Persönlichkeit ist eine Reaktionsbildung auf ein bestimmtes Trauma in seiner Kindheit. Er hat große berufliche Probleme, und in seiner Ehe herrscht ein dauernder Kriegszustand. In seinem Amt ist er so unsicher, wie der vorige Patient sicher und siegesbewußt ist.

Mein nächster Patient ist eine junge verheiratete Frau, die nacheinander beide Eltern imitiert hat, ihren exhibitionistischen Vater und ihre hypochondrische Mutter. Die Tatsache, daß ihr Exhibitionismus und ihre Konkurrenzhaltung auf der Grundlage eines phantasierten Penis beruhen, hindert sie bei der Annahme der weiblichen Rolle und verursacht Störungen in ihrem Liebesleben. Sie verwandelt sich nun in ihre Mutter, übernimmt aber als Mittel, um Liebe zu erhalten, nicht die normalen Züge, die ihrer Mutter eigen sein mögen, sondern deren Hypochondrie.

Natürlich handelt es sich hier um drei sehr unterschiedliche Menschen. Das beweist jedoch nicht, daß sie nicht gemeinsame Merkmale hätten. Glaubt der Psychoanalytiker etwa, daß der Kastrationskomplex bei jedem der von ihm untersuchten Patienten ein völlig anderes Phänomen darstellt? Wir schreiben z. B. über die Zwangsneurose – ist die Zwangsneurose eines Individuums völlig verschieden von derjenigen eines anderen? Natürlich ist in einem gewissen Sinne jeder Fall *sui generis*; aber weshalb es uns nicht gestattet sein soll, die gemeinsamen Elemente hervorzuheben und sie miteinander zu vergleichen, ist mir unverständlich. Für mich ist es ganz klar, daß jede Methode, welche die Phänomene auf die ihnen zugrunde liegenden Ursachen[6] zurückführen will, auf der Basis von abstrakt ermittelten Grundmerkmalen verfahren muß.

Ein gutes Beispiel für das, was ich meine, bietet die Traumdeutung. Wenn wir nicht jedes Merkmal des Traums *aus dem Kontext* aussondern würden, könnten wir den unbewußten Inhalt nie finden; die manifeste Traumerzählung ist das, was der Traum zu sein *scheint*. Und dieses Verfahren ist ebenso gültig, wenn es auf eine ganze Kultur angewandt wird.

Der moderne kulturalistische Ansatz beruht in Wirklichkeit auf der Psychoanalyse. Freud entdeckte, daß das Leben eines Individuums bestimmt wird durch das, was in seiner Kindheit mit ihm geschah, oder durch die gesamte Umgebung, in der es lebte. Doch das ist nur der eine Teil dessen, was die Psychoanalyse entdeckt hat. Der andere Teil ist der, daß das Kind nicht nur ein passiver Spiegel ist, der seine Umgebung wiedergibt. Das Kind verzerrt seine Umgebung. Ich habe gezeigt, wie in der australischen Folklore die Menschenfresser die Eltern des Kindes repräsentieren, und dies ungeachtet der Tatsache, daß die australischen Eltern nachsichtige und liebevolle Mütter und Väter sind.[7]

Kluckhohn schreibt:

»Da das Navaho-Kleinkind ein Jahr oder noch länger überhaupt keine Sphinkterdisziplin kennt und danach nur eine sehr geringe Disziplinierung erfährt, aber gleichwohl mit nahezu denselben Störungen und Ängsten aufwächst, wie sie *Kindern in allen Kulturen gemeinsam sind* [Herv. G. R.] – so weit diese untersucht wurden –, ist zu vermuten, daß die Psychoanalyse auf die Disziplinierung des Kleinkinds ein übergroßes Gewicht gelegt hat.«[8]

Kluckhohn meint, die Psychoanalyse zu widerlegen, während er in Wirklichkeit psychoanalytische Auffassungen bestätigt. Was immer die Mutter tun oder nicht tun mag, das Kind wird aufgrund seiner *eigenen oralen Aggression* (Melanie Klein, Bergler, usw.) die Mutter (und später den Vater) als kannibalistischen Dämon projizieren.

Menschenfresser finden wir in jeder Kultur, und mit basalen oder nicht-basalen Institutionen haben sie nichts zu tun. Die Hexe, die in Grimms Märchen Hänsel und Gretel fressen will, ist nichts anderes als die kindliche Körperzerstörungsphantasie in gleichnishafter Form. Die Kinder finden im Wald ein Haus, das aus Brot gebaut und mit Kuchen bedeckt ist. Eine alte Hexe tritt heraus und lädt die Kinder ins Haus ein. Drinnen finden sie Milch, Pfannkuchen, Zucker, Äpfel und schöne Bettchen – sie wähnen sich im Himmel. Dann wird der kleine Junge in einen Käfig gesteckt und gemästet, während seine Schwester nur die kärglichste Nahrung erhält und gezwungen wird, als Magd zu arbeiten. Fassen wir die beiden Kinder als ein einziges auf, so sehen wir, wie die orale Frustration (repräsentiert in der Person der Schwester) die Mutter in eine kannibalische Hexe verwandelt. Die Hexe versucht, die Schwester »wie einen Laib Brot« in den Ofen zu schieben, aber das kleine Mädchen bittet die Hexe, ihr erst zu zeigen, wie dies gemacht wird, worauf dann die Hexe an seiner Stelle hineingestoßen wird. Nachdem sie die böse Hexe getötet haben, finden die Kinder in deren Haus viele Perlen und Edelsteine, die sie mit nach Hause nehmen. Da das Haus offensichtlich mit der Hexe identisch ist, und da außerdem die Hexenmutter und nicht das Kind »wie ein Laib Brot« in den Ofen geschoben wird, ist klar, daß die Hexenmutter die Kinder frißt (Projektion), weil das Kind die Hexenmutter fressen wollte.

Nach Melanie Klein und der englischen Schule der Psychoanalyse haben alle Kinder *Körperzerstörungsphantasien*, d. h. eine orale Aggressionsphantasie, bei der sie sich in den Körper der Mutter hineinfressen oder in ihn eindringen und »gute Objekte«[9] zerstören oder sich einverleiben, von denen angenommen wird, sie befänden sich in der Mutter. Als die Kinder in Grimms Märchen die Hexe schließlich umgebracht und den Weg nach Hause gefunden haben, ist ihre Mutter gestorben – die Identität von Hexe und Mutter ist somit unzweifelhaft erwiesen.[10]

Die Erfahrung zeigt, daß Körperzerstörungsphantasien häufig gegen die schwangere Mutter gerichtet sind. »Der kleine Bruder ist im Käfig, und die Schwester erhält kaum etwas zu essen.« In einem russischen Märchen zeigt sich die kannibalische Hexe ganz deutlich als »orale Aggression« des Kindes. »Prinz Ivan«, sagt der Diener, »deine Mutter wird eine Tochter bekommen und du eine Schwester.« »Sie wird eine schreckliche Hexe sein und ihren Vater und ihre Mutter und alle ihre Untertanen auffressen.«[11] In dieser Geschichte ist also das kleine Kind der Kannibale. In einer von den Amazulu erzählten Geschichte bringt der Kannibale den Jungen als Beute zu seiner Mutter nach Hause. Nachdem die kannibalischen Jäger weggegangen sind, sagt der Junge zur Kannibalenmutter: »Steh auf, wir wollen spielen ›Ich koch dich, du kochst mich‹.« Zuerst springt der Junge in den Topf, steigt aber wieder heraus, bevor er heiß wird. Dann steigt die Mutter hinein, und sie wird vom Kind so lange im Wasser gehalten, bis sie gekocht ist. Dann kommen die Kannibalenkinder nach Hause und fressen ihre Mutter auf.[12]

Wie die Dämonen in Zentralaustralien machen die Geister der Chukchee Jagd auf Menschen, so wie die Menschen die Robben jagen.[13] Wenn der »siebenköpfige *Yelbaegaen*« wie viele andere »aus Versehen« die Leber seines eigenen Kindes auffrißt[14], können wir uns sehr wohl ein Bild von diesen unaufmerksamen Menschenfressern machen.

Menschenfresser oder Hexen spiegeln nicht eine besondere gesellschaftliche Konditionierung wider, sondern vielmehr das unentwickelte kindliche Ich mit seiner Aggression, Identifikation und Angst. Obwohl es unsicher ist, wie weit die Freud-Abrahamsche Theorie der geordneten Sequenz von Entwicklungsstufen, unabhängig von der Konditionierung, gilt, ist es offensichtlich, daß die Forschung am Ende eine psychologische Sequenz aufzeigen wird, die der kulturellen Konditionierung ebenso zugrunde liegt, wie das physiologische Wachstum von solcher Konditionierung unabhängig ist.

Ich werde zunächst zeigen, daß die Theorie der kulturellen Konditionierung weder bestimmte Parallelen in sehr divergenten Kulturen noch die *in einem Individuum zu einer Kultur* zu erklären vermag. Sodann werde ich nachweisen, daß die Unterschiede zwischen den Kulturen, die es natürlich gibt, aus bestimmten psychologischen Gründen stark übertrieben worden sind. Schließlich werde ich auf die tatsächliche Bedeutung dieser Unterschiede in kleinen und großen Menschengruppierungen und auf das Problem unterschiedlicher Interpretationsebenen eingehen. Um jedoch Verwirrungen und Mehrdeutigkeiten in der Zielsetzung zu vermeiden, scheint es nützlich zu sein, einige Begriffe zu definieren, die ich in diesem Buch verwenden will.

1. *Das Über-Ich.* Das erste Mißverständnis, das die Anthropologie von der Psychoanalyse trennt, schleicht sich angesichts dieses Begriffs ein. Es ist zwar sehr einfach, gleichzeitig

aber fatal. Als Freud zur Erklärung des Traummechanismus den Begriff der Zensur einführte, nahm er diesen Begriff aus der Politik.

»In ähnlicher Lage befindet sich der politische Schriftsteller, der den Machthabern unangenehme Wahrheiten zu sagen hat. Wenn er sie unverhohlen sagt, wird der Machthaber seine Äußerung unterdrücken, nachträglich, wenn es sich um eine mündliche Äußerung handelt, präventiv, wenn sie auf dem Wege des Drucks kundgegeben werden soll. Der Schriftsteller hat die Zensur zu fürchten, er ermäßigt und entstellt dann den Ausdruck seiner Meinung.«[15]

Folgt daraus nun, daß die Traumzensur und die kaiserlich-österreichische Zensur unter Franz Joseph in genau derselben Weise funktionieren, und weiter, daß es dort, wo keine politische Zensur herrscht, auch keine Traumzensur gibt? Die Einstellung der Anthropologen entspricht ziemlich genau dieser Folgerung.

Die Verwirrung um den Begriff des Über-Ich ist erschreckkend. Ein oft zu hörendes Schlagwort von Anthropologen ist die Behauptung, daß wir, d. h. diejenigen, die in einer jüdisch-christlichen Zivilisation erzogen worden sind, ein Über-Ich haben, während andere Menschen lediglich durch die Vorstellung der Scham geleitet werden. Das erinnert mich immer an frühe Entdecker, die berichteten, die Hottentotten besäßen keine Religion, während wir doch heute ihre Religion und Mythologie ziemlich gut kennen.[16] Da Moralität und Über-Ich etwas miteinander zu tun haben, auch wenn die genaue Beziehung, in der sie zueinander stehen, sogar in unserer Zivilisation längst noch nicht geklärt ist, hört man Anthropologen häufig sagen: »Diese Menschen haben kein Über-Ich; das heißt, sie haben nicht unseren ethischen Kodex.«

Ruth Benedict schreibt:

»Das Über-Ich hat in zwei Kulturen (d. h. der japanischen und der unsrigen) viele unterschiedliche Bestandteile. Deshalb lasse ich das Wort ›Über-Ich‹ weg. Ich versuche zu erklären, weshalb sich die Japaner nicht mit dem Problem der Sünde, dagegen sehr ernsthaft mit dem Problem beschäftigen, lächerlich gemacht zu werden – mit der Scham. Ich habe deshalb das Wort ›Über-Ich‹ nicht verwendet, und ebensowenig das Wort ›Minderwertigkeitskomplex‹, weil ein japanischer Minderwertigkeitskomplex von dem unsrigen so verschieden ist, daß ich ihn besser beschreiben kann, wenn ich das Wort nicht verwende. Ich habe also eine große

Anzahl von Wörtern aus unserer Sprache weggelassen, weil sie alle die Konnotationen der westlichen Kultur haben. Ich finde es deshalb besser, die hohe Stufe des Ehrgeizes in Japan zu beschreiben, und nicht den Minderwertigkeitskomplex, wie wir ihn kennen. Das führt uns zu der Frage, weshalb ich das Wort ›gewissenlos‹ gebraucht habe. Die gleiche Frage ergab sich bei der Verwendung von ›Verantwortlichkeit‹ für das japanische Wort ›makoto‹. Die Japaner akzeptieren diese Übersetzungen allgemein; sie erscheinen in jedem Bericht und in jeder Zeitung. Es ist deshalb, wie ich in *The Chrysanthemum and the Sword* gesagt habe, für ein anglo-amerikanisches Publikum äußerst wichtig, beim Lesen der Worte ›Gewissen‹ und ›Verantwortlichkeit‹ die Bedeutungsunterschiede zu kennen.«[17]

Solche Bemerkungen sind äußerst aufschlußreich. Erstens ist der Anthropologe nur an der Hervorhebung von Unterschieden interessiert. Zweitens denkt der Anthropologe im Sinne dessen, was die Japaner meinen, wenn sie diesen oder jenen Ausdruck verwenden – das heißt, die Anthropologen, besonders jene aus der Persönlichkeits- und Kulturforschung, haben die Existenz und Bedeutung des Unbewußten nicht verstanden oder nicht akzeptiert, obwohl sie auf einer quasi-psychoanalytischen Ebene arbeiten.

Ebenso aufschlußreich ist eine andere Bemerkung zum Über-Ich. In einer Arbeit, die im ganzen pro-freudianisch ist, schreibt Murray: »Nach meiner Einschätzung besäßen wir heute nur einen Bruchteil der klärenden psychoanalytischen Begriffe, wenn Freud ein hochentwickeltes wissenschaftliches Über-Ich gehabt hätte.«[18] In Wirklichkeit meint Murray: Wenn Freud die Art von wissenschaftlichen Skrupeln besessen hätte, die in bestimmten Kreisen als notwendig erachtet werden, dann – und so fort.

Hier handelt es sich um einen jener Fälle, in denen ein Wort so lange gewendet und verdreht wird, bis es nicht mehr wiederzuerkennen ist.

In seinem Buch *Das Ich und das Es* kommentiert Freud die Tatsache, daß das Über-Ich, das er an dieser Stelle immer noch als Teil des Ichs auffaßt, mehr mit dem Unbewußten zu tun hat, als mit dem Bewußten.[19] Die Introjektion des gleichgeschlechtlichen Elternteils ist ein unbewußter Vorgang. Da der kleine Junge seinen mächtigen elterlichen Rivalen nicht ausschalten kann, introjiziert er ihn, d. h. er verschlingt ihn in der Phantasie. Die unbewußte Vorstellung, den Vater in sich zu haben, ist eine in der Phantasie stattfindende Wiederholung dessen, was in der oralen Phase tatsächlich geschieht.[20]

Ich nehme an, daß viele Anthropologen diese Passagen gelesen, verstanden und sogar akzeptiert haben. Was sie jedoch sicherlich nicht verstehen, ist dies: wenn diese Introjektion stattfindet, ist die väterliche Imago ein Phantasieobjekt und nicht etwas, das durch die Realität bedingt ist, d. h. auf der Person des wirklichen Vaters beruht. Jedenfalls sind im Rahmen der neueren psychoanalytischen Theoriebildung einige Elemente des Freudschen Über-Ich-Begriffs herausgearbeitet worden, die von Anfang darin angelegt waren. Wenn man an Freuds Arbeit *Trauer und Melancholie* denkt, so betrifft dies vor allem den negativen und selbstwiedersprüchlichen Aspekt des Über-Ichs. Jones schreibt:

»Das Über-Ich weist für unser Interesse einen weiteren und ebenso wichtigen Anspruch auf. Es enthält noch eine dunklere Seite. Das Über-Ich ist ebensosehr der Feind wie der Freund des Menschen. Es bezieht sich nicht nur auf die Förderung seines geistigen Wohlergehens, sondern ist auch für vieles in seinem geistigen Leiden und sogar für die quälenden Vorgänge verantwortlich, die das Wesen des Menschen so entstellen und sein Leiden verursachen.«

»Es ist nicht übertrieben, wenn man sagt, das geistige Leben des Menschen setze sich im wesentlichen aus den widersprüchlichen Anstrengungen zusammen, den Ansprüchen des Über-Ich entweder zu entgehen, oder sie zu unterstützen.«[21]

Meine Definition des Begriffs ›Über-Ich‹ ist folgende: Das Über-Ich ist eine *unbewußte, gegen das Ich gerichtete Aggression, für die jeweils ein Elternteil als verantwortlich angesehen wird.*[22] Diese Definition weicht deutlich von derjenigen Freuds ab. Freud definiert das Über-Ich in zwei Sätzen: a) Du sollst wie der Vater sein. b) Du darfst nicht tun, was der Vater tut.[23] Für Freud lag das Problem in der Strenge des Über-Ich. Es gab kein Vergleichskriterium für das Ausmaß, in dem das Über-Ich in die Phantasie des Subjekts hineinwirkt, um das Ich an der Erreichung seines Ziels zu hindern. Zur Erklärung wurden die Hypothese von der Urhorde und die sehr realen Kämpfe zwischen dem Urvater und seinen Söhnen in der phylogenetischen Vergangenheit herangezogen, deren Erinnerung in jeder Ontogenese wiederbelebt wird.[24] Freud hat die Phantasievorstellung des Vaters als beißendes Tier (Wolf) und die des Gefressenwerdens durch den Vater als Manifestation des negativen Ödipuskomplexes, der Passivität in der Beziehung zum Vater, interpretiert.[25] Diese Phantasievorstellung ist aber auch eine Fortsetzung des Märchens von der kannibalischen Mutter, die ihrerseits, wie wir oben gesehen haben, das »kannibalische« Kind in umgekehrter Form darstellt. Auch wenn heutige Psychoanalytiker die weitreichenden Hypothesen der englischen Schule nicht akzeptieren, sprechen sie von den Vorläufern des Über-Ich oder dem mütterlichen Introjekt.[26]

In einem von mir am Worcester State Hospital in Massachusetts beobachteten Fall von Schizophrenie wurde die in den Patienten introjizierte Person »Zähnchen« genannt; sie trank alle Milch, die in den Magen des Patienten floß. Beiläufig bemerkte der hebephrene Patient, »sie« hätten gedacht, er wolle eine ganze Kuh (Mutter) essen, und damit habe die ganze Geschichte angefangen.

Es spielt meines Erachtens keine große Rolle, ob wir den Terminus ›Introjekt‹ oder ›Über-Ich‹ verwenden, d. h. die Introjektion des feindlichen Elternteils auf einer präödipalen oder ödipalen Stufe annehmen. Wichtig ist, daß das Über-Ich mit Sicherheit nicht der »Niederschlag der Tabus in einer bestimmten Gesellschaft« ist, wie einige Sozialpsychologen uns glauben machen wollen. Die Erfahrung widerlegt diese Auffassung. Ich stimme mit Rickman überein, der schreibt:

> »Der zweite Fehler liegt in der Annahme, das Über-Ich lasse sich von der Gesellschaft im ganzen herleiten; es sei die Manifestation eines unklaren ›Herdeninstinkts‹.« »Was die Ableitbarkeit von der Gesamtgesellschaft betrifft, liegt die Sache in Wirklichkeit umgekehrt. Die Meinungen der Gesellschaft sind aus Identifikationsprozessen abgeleitet, die auch bei der Bildung des individuellen Über-Ichs wirksam sind.« »Das Über-Ich ist eine unbewußte mentale Funktion, deren Auswirkungen gelegentlich bewußt werden können.«[27]

Und M. Brierley schreibt:

> »Es besteht allgemeine Übereinstimmung darüber, daß der Charakter der Über-Ich-Organisation und die Eigenart ihrer Beziehungen zum Es und zum tätigen Ich ebenso stark von den eigenen Einstellungen und Reaktionen des Kindes beeinflußt werden, wie vom realen Charakter der Personen in seiner Umgebung.«[28]

Mit anderen Worten, das Kind hat seine eigene Welt, die nicht nur subkulturell, sondern auch sub-real und unfertig ist. Wenn das Über-Ich nichts als den sozialen Kodex repräsentieren würde, wären die bekannten Phänomene der negativen therapeutischen Reaktion unverständlich. Als Beispiel: ein Schriftsteller, der analysiert wird, will eine Liebesbeziehung zu einer verheirateten Frau aufnehmen, und er will gleichzeitig, daß sein nächstes Buch ein großer Erfolg wird. Bei beiden Projekten tut er sein Möglichstes, um jeden Erfolg zu verhindern. Man kann zwar sagen, die Gesellschaft sei dagegen, daß er mit verheirateten Frauen Liebesbeziehungen eingehe. Sie ist jedoch nicht dagegen, daß er einen Bestseller schreibt. Die wohlbekannte *negative therapeutische Reaktion* ist das beste Beispiel für das, was ich mit dem Über-Ich meine. Jeder vom Analytiker erreichte Fortschritt beim Versuch, den Patienten von seinen Symptomen zu befreien, wird durch die negative therapeutische Reaktion beantwortet; der Patient wird gewarnt, seine Verfassung verschlechtert sich, und gelegentlich bricht er sogar die Analyse ab.

Was die Aranda meinen, wenn sie über *erkurindja* (›verderben‹), reden, d. h. wenn die Angehörigen des Känguruh-Clans zu viele Känguruhs gegessen haben und ihr *ngantja* (Geist der Vorfahren und Doppelgänger) die Känguruhs zum Verschwinden gebracht hat; was die Navaho meinen, wenn sie durch extrem Unvertrautes beunruhigt werden; was die Griechen mit *hybris* meinten und dem Zorn der Götter – das meinen wir mit dem Über-Ich. Eine Beobachtung von Fluegel zeigt, wie das Über-Ich aus der Situation der Dualunion[29] entsteht:

»Das kleine Mädchen lehnte die ihm in einem Löffel angebotene Suppe ab und versuchte mit deutlichen Anzeichen von Anstrengung und Unbehagen, die Hand der Mutter wegzustoßen. Nach einer Weile, als die Mutter immer noch hartnäckig blieb, änderte das Kind jedoch plötzlich sein Verhalten, nahm den Löffel selber in die Hand, schob ihn, ohne dabei seinen streitsüchtigen Ausdruck zu verändern, mit unnötiger Heftigkeit in den Mund und schluckte den Inhalt hinunter. In der Richtung der kindlichen Aggression zeigte sich ganz unmißverständlich eine deutliche Wendung: war sie zuerst gegen die Mutter gerichtet, so wandte sie sich anschließend gegen das kindliche Selbst, in einer Weise, die zwar den Wunsch der Mutter befriedigte, aber mit einer Art von rohem Kraftaufwand, der überhaupt nicht der Einstellung der Mutter entsprach. Hier gab es keine reine Nachahmung der Mutter mehr, keine einfache Übernahme von deren Rolle, sondern die Hinzufügung eines neuen Elements, das aus der eigenen Aggressivität des Kindes herrührte und plötzlich gegen es selbst gerichtet wurde, statt gegen die Außenwelt.«[30]

In meiner Definition ist das Über-Ich ein unbewußter, negativer oder ausgleichender Apparat, der in der Mutter-Kind-Situation entsteht und später in der Dreiecks- oder Ödipus-Situation stabiler organisiert wird.

2. *Das Ich-Ideal.* Dieser Begriff wurde als Äquivalent zum Über-Ich gebildet (Freud) oder als Ausdruck für das, was wir, bewußt glaubend, sein sollten. (Alexander)[31] Ich schließe mich hier Jekels und Bergler an. Sie definieren den Begriff folgendermaßen:

»Wir gelangten zu dem Schluß, daß die beiden Teile des Über-Ich, das Ich-Ideal (›du sollst‹) und der Dämon (›du sollst nicht‹), sich in psychologischer und genetischer Hinsicht unterscheiden. Das Ich-Ideal hat zwei Wurzeln. Eine davon besteht in dem Versuch des Ich, den Verlauf der Aggression des Todestriebs vom Ich als Objekt auf andere Objekte abzulenken, die dadurch furchterregenden Charakter annehmen; eine projizierte äußere Gefahr wird durch eine innere ersetzt. Dieser Versuch bleibt erfolglos. Die Leistung des destruktiven Triebs wird durch den Eros pariert, der die furchterregenden Objekte ins Ich aufnimmt, wo sie zu Objekten des Narzißmus werden. Die zweite Wurzel des Ich-Ideals findet sich in einem Kompromißversuch des Ich, seine unterstellte Allmacht aufrechtzuerhalten. Diese fiktive Allmacht des Ich wird durch die Ansprüche der äußeren Welt schwer erschüttert (Entwöhnung, Erziehung zur Reinlichkeit, usw.). Angesichts dieser Ansprüche muß das Kind aufgrund seiner Hilflosigkeit sich entscheiden, entweder seinen infantilen Größenwahn aufzugeben, oder trotz Anerkennung der Gebote und Verbote seiner Eltern die fiktive Allmacht dadurch zu wahren, daß es die erzwungene Handlung als freiwillige ausgibt und das introjizierte Objekt mit seinem eigenen Narzißmus bekleidet.«[32]

Das von mir gebrauchte theoretische Konstrukt ähnelt dem von Jekels und Bergler insoweit, als es den Unterschied zwischen Über-Ich und Ich-Ideal unterstellt. Meine Annahme indessen, was das Ich-Ideal sei, ist wesentlich einfacher. Während das Über-Ich die unbewußte Selbstzerstörung ist, stammt das Ich-Ideal aus der körperimmanenten Libido. Es ist die Antwort des Ich auf die enttäuschende Umwelt. Das

Über-Ich bedeutet: »Du sollst nicht und du kannst nicht«; das Ich-Ideal hingegen: »Ich will aber und ich kann«.

3. *Das Vorbewußte.* Ein anderes, selten erwähntes Konstrukt ist das Vorbewußte. Das ursprüngliche Schema war ›bewußt‹, ›vorbewußt‹, ›unbewußt‹; heute denken wir jedoch nicht mehr im Bilde einander überlagernder Schichten, sondern in den Termini ›Es‹, ›Ich‹ und ›Über-Ich‹.

Was ist unter dem ›Vorbewußten‹ zu verstehen? Ich möchte ein Beispiel nennen: Vor kurzem telefonierte ich von Ramah in Neu-Mexiko mit dem Stationschef in Gallup und wollte im Laden in Ramah für den Anruf fünf Cents bezahlen. Ich hatte natürlich vergessen, daß es ein Ferngespräch war. Der vorbewußte Satz, der diesem Verhalten zugrunde lag, lautete: »Das hier ist ja nur ein kleines Dorf, nicht zu vergleichen mit New York.« Die Einstellung war nicht bewußt, aber es ist nicht schwierig, den Sinn des Verhaltens herauszufinden, und es verursachte auch keinen großen emotionalen Aufruhr. Wir sind uns eines gewissen Inhalts in einem bestimmten Augenblick nicht bewußt; er ist jedoch nicht verdrängt, sondern nur an den Rand des Bewußtseins verwiesen. Freud diskutiert die Möglichkeit eines zweiten »Zensors« zwischen dem Vorbewußten und dem Bewußten[33], aber der Zensor ist nicht das gleiche wie die Verdrängung.

Ein etwa dreißig Jahre alter, verheirateter Patient erzählte die folgende Phantasievorstellung: »Ich sehe einen Schraubstock, der sich langsam öffnet und schließt. Dann sehe ich den Schlüssel zum großen (Wasser-)Damm in der Nähe meines Gartenhauses.« Daraufhin sprach er von einer sechzigjährigen Frau, mit der er beruflich in einer Gruppe zu tun hatte. Nach dem Gruppentreffen lud sie ihn zu einer Tasse Kaffee in ihr Zimmer ein und unterließ keine Anstrengung, damit er mit ihr ins Bett ginge. Er sah den Zusammenhang zwischen diesem Erlebnis und dem drohenden Schraubstock sowie dem großen Schlüssel ein. Dann erwähnte er eine andere Frau, N., die ein wenig älter war als er. Ihr Haus wurde angestrichen, und er schlug vor, sie solle in einem Zimmer in seiner Wohnung schlafen. Diese Frau ist seine Vorgesetzte im Büro, er war allein in der Wohnung; Frau und Kinder befanden sich auf dem Landsitz der Familie. Er leugnete jede sexuelle Absicht im Zusammenhang mit Frau N., als er ihr das Zimmer anbot, und hielt es für unmöglich, daß er für Frau N. in dieser Hinsicht etwas bedeutete. Dann erinnerte er sich, daß sie am nächsten Tag zu ihm gesagt hatte: »Schade, daß Sie nicht mit mir geschlafen haben.« Natürlich war dies nur ein Scherz gewesen. Schließlich meinte er, es könnte doch etwas daran sein. Doch dieser Vorfall ist natürlich nicht zu vergleichen mit dem Widerstand, auf den man bei der Behandlung des Ödipuskomplexes stößt.

Das Ich-Ideal ist sowohl bewußt, vorbewußt als auch unbewußt. Deshalb ist es notwendig, einen weiteren Begriff zu diskutieren, der in unterschiedlicher Weise definiert werden kann: der Begriff der »Persönlichkeit«. Was ich meine, kann ich am besten an einem Fall erläutern, den ich vor einigen Jahren analysierte. Eine Engländerin suchte Hilfe, weil sie so außergewöhnlich scheu war, daß sie kaum unter Menschen gehen konnte. Außerdem machten sie ihre Minderwertigkeitsgefühle sehr unglücklich. Ihr bewußtes Ich-Ideal war ihre Lehrerin im englischen Internat. Die Person mit dem größten Einfluß auf ihr Leben war ihre Mutter. Die Mutter war fast psychotisch; ihre Selbstsucht und ihr Haß auf das Kind waren übermäßig. Überdies hatte sie viele Liebschaften und wurde oft zur siegreichen Rivalin ihrer heranwachsenden Tochter. Der Vater war freundlich und rücksichtsvoll, harmonierte jedoch nicht mit seiner Frau: er hatte Angst, sie sich zum Gegner zu machen. Die Patientin wuchs heran mit dem Ich-Ideal einer richtigen Dame und in bewußter Opposition zu ihrer psychopathischen Mutter. Die Analyse enthüllte jedoch, daß die Mutter ihr unbewußtes Ich-Ideal war; die Frau mit den vielen Liebschaften, die grausam und sadistisch war und dadurch ihren Vater völlig zu unterwerfen vermochte. Durch die Analyse wurde auch herausgefunden, was wohl die entscheidende traumatische Situation in der Kindheit der Patientin gewesen war. Sie war damals etwa fünf Jahre alt. Sie und ihre Mutter waren in einem Seebad, der Vater war nicht zu Hause. Im Zimmer ihrer Mutter sah sie einen jungen englischen Armeeoffizier. Später erzählte sie alles ihrem Vater. Es gab einen heftigen Streit zwischen den Eltern, und ihre Mutter überzeugte den Vater, daß das Kind entweder absichtlich gelogen hatte oder krank war und halluzinierte. Das gesamte Persönlichkeitsmuster dieser Frau kann auf dieses Trauma zurückgeführt werden. Ihre Einstellungen zum Hellsehen, zur Realität, zum Klatsch und zu vielen anderen Dingen hingen deutlich mit dieser Szene zusammen: Das latente Muster ist die Reaktion auf eine Kindheitssituation, die unbewußt wiederholt wird und in der wir die unbewußte Persönlichkeit finden. Wir können aber auch die Herkunft des Worts aus *persona*[34] zugrundelegen und den Begriff der ›Persönlichkeit‹ in dem Sinne auffassen, daß jedes Individuum aufwächst, indem es eine Maske trägt und Vater oder Mutter nachahmt. In diesem zweiten Sinne wäre Persönlichkeit das *Ich-Ideal.* Es muß betont werden, daß das Ich-Ideal bewußt, vorbewußt und unbewußt sein kann. In einem Fall, auf den ich in einer Arbeit über Sublimierung zu sprechen kam, war das bewußte Ich-Ideal der große Wissenschaftler, das vorbewußte war der Vater als erfolgreicher Geschäftsmann, während das unbewußte Ich-Ideal (bei diesem Patienten und bei allen Männern) die Personifikation eines erigierten Penis war.[35]

Wenn Interpretationen nur innerhalb des Rahmens einer einzigen Kultur gelten sollen – wie kommt es dann, daß wir in vielen Kulturen identische Elemente finden, obwohl diese auf völlig unterschiedliche Ziele hin ausgerichtet sein können? Läßt sich dies auf Diffusion zurückführen? Das ist nicht eben wahrscheinlich, und überdies würde es nichts beweisen, weil eine Gruppe von Menschen nur solche kulturellen Elemente entlehnen oder akzeptieren wird, die mit Teilen ihrer eigenen Lebensform übereinstimmen. Es gibt jedoch noch einen weitaus klareren Beweis – Träume haben in allen Kulturen die gleiche latente Bedeutung.

I. Träume

Ein Angehöriger der Navaho, mittleren Alters, mehrmals verheiratet und Vater vieler Kinder, berichtete den folgenden Traum: Ich melke meine Kuh und bin *mit dem Melken zur Hälfte fertig.* Dann kann ich sie nicht zu Ende melken, weil die Kuh sich im Kreis zu bewegen beginnt. Ich habe ein Seil um ihren Hals gebunden und ziehe sie damit ruckweise zurück. Ich schaue mehrmals auf die *Füße der Kuh.* Ihre Füße sehen aus wie die eines Esels, sie hat aber Euter hier (zeigt auf seinen Bauch). Das Melken geht nun leichter. Ich will die Milch einem kleinen Kalb füttern. Es will sie nicht nehmen, weil es Angst hat. Ich *rieche* an der Milch, sie ist *sauer. Ich schütte sie aus.* Die Kuh ist verschwunden. Während ich mich nach der Kuh umsehe, *finde ich einen großen Fluß*, wie *Bergwasser*, ich ziehe meine Hose hoch und wate hinein. Ich sehe kleine Fische im Wasser und versuche, einen davon mit den Händen zu fangen. Die Empfindung von kaltem Wasser weckt mich auf.

An dieser Stelle sagte ich zu dem Erzähler, daß er nach dem Aufwachen wohl habe urinieren müssen. Er bestätigte dies. Urethrale Weckträume sind charakterisiert durch die Repräsentation des Harndrucks in Form verschiedener Flüssigkeiten (Milch, saure Milch, klares Wasser). Die Betonung des Geruchs und dann die entgegengesetzte Betonung der Sauberkeit weisen ebenfalls darauf hin. Das andere Element in diesen Träumen besteht darin, daß a) Verzögerungsfaktoren eine Rolle spielen (Schwierigkeiten beim Aufsuchen der Toilette, usw.); b) daß der Harnfluß als bereits stattfindend symbolisiert wird, manchmal als Wasser, manchmal als andere Flüssigkeit.

In unserem Fall haben wir das Melken, die Verzögerung dabei und das Waten in den Fluß. Das Ziehen am Seil und die Handlung des Melkens mit den Händen usw. weisen deutlich darauf hin, daß der Erzähler seinen Penis in der Hand hält (Fisch fangen), während er dies träumt. Auf der Grundlage dieser Assoziationen könnten wir mit dem Traum fortfahren, aber dies wäre ohne Belang. Wichtig ist: *Die Urethralsymbolik im Traum des Navaho ist genau die gleiche wie in den Träumen irgendeines europäischen oder amerikanischen Patienten.*[36]

Eine Patientin, die wegen ihrer Agoraphobie analysiert wurde[37], träumte folgendes: Der Blitz schlägt dreimal ein. Ich erzittere und laufe zu meinem Vater. Ich lehne mich an ihn. Der Blitz verwandelt sich in eine Schlange, die im Gras herumkriecht. Ich gehe zum Haus eines Freundes, wo es einen Fernseher gibt. Ich frage mich, ob ich wohl zuschauen darf. – Die Patientin stellte eine wichtige Assoziation her: in der Familie gibt es mit ihr zusammen drei Kinder. Das bedeutet, daß bei jedem Blitzschlag ein Kind gezeugt wird. Die Identifikation des phallischen Vaters mit Blitz und Schlange ist unverkennbar.

Ein weiterer Traum derselben Patientin: Sie befindet sich mit ihrem Bruder in einem Zimmer. Sie sieht eine rote Flamme, die einem Blitz gleicht. Er schlägt in einen Baum ein und schneidet einen Ast ab. Dann schlägt er ins Zimmer ein. Sie springt auf, und er fährt unter ihr durch. – Zu der roten Flamme assoziiert sie Menstruation, weil sie zur Zeit des Traums tatsächlich menstruierte. Zu ihrem Bruder assoziiert sie, daß sie beide im Zimmer waren, als sie hörten, wie ihre Eltern im Zimmer nebenan koitierten. Zu Springen sagt sie, daß sie nie wie andere Kinder über einen Hydranten springen konnte. Der Hydrant sieht aus wie ein Penis. Wir können hier erkennen, daß der ins Zimmer einschlagende Blitz der Vater ist, der in die Mutter »einschlägt« – die Urszene. Der abgeschnittene Ast ist wahrscheinlich ihr Penis. Jedesmal, wenn ihre Vaterimago mit ihr den Beischlaf vollzieht, wird sie bluten, und sein Penis wird abgeschnitten werden (der Ast).

Wenn alles durch die Kultur oder durch Institutionen determiniert ist – wie kann dann diese Patientin, die von der griechischen Mythologie nichts weiß, Träume in einer Symbolik haben, die zum Kern des Zeuskults gehört? Die Olivenbäume in Attika wurden *moriai* genannt (›die von der *moria*, dem heiligen Ölbaum auf der Akropolis, Abstammenden‹). Sie standen unter der besonderen Obhut des Zeus Morios oder Katabaites. Katabaites, der Herabkommende, ist der Blitz, der die Erde befruchtet, die daraufhin den heiligen Ölbaum hervorbringt.[38] In Peru sind Zwillinge die Söhne des Blitzes oder zumindest einer von ihnen[39], und die Dioskouroi der griechischen Mythologie sind die Söhne des Zeus.[40] Die hammerförmige Waffe des Donnergottes ist auch das Hochzeitssymbol.[41] In mehreren zentralaustralischen Dialekten heißt das Wort für Blitz »Penis des Wassers«. Nach den Pindupi und den Yumu entsteht der Regen auf folgende Weise: Die Medizinmänner liegen hintereinander in einer Reihe auf dem Rücken eines Drachens. Die Schlange oder der Drachen schnürt sie zu einem Knoten, geht dann in eine große Höhle und von dort aus ins Wasser. Die Medizinmänner verwesen und werden im Innern der Schlange dünner. Dann kommt die Schlange heraus und spuckt sie alle ans Ufer. Sie stellen sich in einer Reihe auf und halten beide Hände in die Höhe. Auf diese Weise machen sie Regen. Die Wolken kommen, und die Medizinmänner springen auf und ab, wobei sie ihre Penisse schwingen. Der Blitz kommt aus dem Penis, wenn er sich bewegt.[42]

Es sollte deutlich geworden sein, daß ich keineswegs glaube, immer dort, wo in einem Mythos ein Blitz vorkommt, müsse die Interpretation sich auf einen Phallus beziehen. Man kann jedoch ebensowenig behaupten, der Mythos könne nur als Teil einer bestimmten Kultur verstanden werden. Der Mythos kommt in vielen Kulturen vor, die miteinander in keinem besonderen Zusammenhang stehen. Die Patientin aus New York City konnte diese Symbolik nicht ihrer Kultur entnommen haben. Es handelt sich hier um die Art von symbolischer Repräsentation, die das Unbewußte überall vollziehen kann, indem es die Heftigkeit des Blitzeinschlags in einen Baum mit der Ejakulation oder dem Orgasmus verbindet. Dies ist es, was ich unter einer *potentiell universalen Symbolik* verstehe.

Ein Patient in New York City, der aus der amerikanischen Oberschicht kam, wurde aufgrund seiner homosexuellen Neigungen und anderer Persönlichkeitsstörungen analysiert. Er erzählte den folgenden Traum: Ich habe Streit mit meinem Vater. Er will einen Eber schießen. Vater hat kleine Augen wie ein Schwein. Der Eber hetzt mich auf einen Baum und droht, den Baumstamm mit seinen Hauern durchzuschneiden. – Er erinnert sich, daß ihm sein Vater in einem Wutanfall tatsächlich die Kastration androhte. Die Identität des Ebers mit dem Vater ist offenkundig.

Der nächste Träumer ist Ramoramo, der Häuptling von Kebebeku auf der Normanby-Insel. Er wurde in einer Kultur geboren und erzogen, die sich von jener in New York City tief unterscheidet: Ein Schwein jagt mich, und ich klettere auf einen Baum. (Der Ort ist sein eigener Garten. Das Schwein ist sein eigenes, das er für das Fest mästet. Es gleicht jedoch auch einem Wildschwein, da es Hauer besitzt.) – Meine Mutter war sehr gut zu mir. Sie ermahnte mich und meinen Bruder ständig, nicht zu weit zu gehen, weil uns sonst die Zauberer fangen würden. Ich habe diesen Traum sehr häufig, manchmal ist es ein schwarzes Schwein, dann wieder ein rotes.

– Bevor er mir diesen Traum erzählte, sprach Ramoramo von einem übernatürlichen Schwein, das von den Zauberern ausgeschickt wird, um Menschen zu töten. Dann sprach er über den realen und mythologischen Inzest und über seine vielen Frauen-Eroberungen in seinem vorehelichen Leben. Das Schwein mit den Hauern in seinen Träumen ist der Vater; er fühlt sich schuldig, weil er seine Mutter begehrt.[43]

Zwischen dem amerikanischen Patienten und jenem auf der Normanby-Insel gibt es kein Verbindungsglied oder gemeinsames Element, weder in der Persönlichkeitsstruktur noch in der Kultur, außer daß beide menschliche Wesen sind.

In den Träumen unserer Patienten symbolisiert das Fliegen eine Erektion oder eine sexuelle Erregung. Pukutiwara, der berühmte Häuptling der Pitjentara, träumt: Die Seele eines Menschen erscheint in Gestalt eines Würgadlers. Er hat Flügel und auch einen Penis wie ein Mensch. Er fängt meine Seele mit seinem Penis und zerrt sie am Haar heraus. Meine Seele hängt an seinem Penis, und er fliegt mit mir in die Höhe. (Den Rest des Traums lasse ich hier weg.) – In einem anderen Traum fliegt er zur Milchstraße, die seiner Subinzisionsöffnung* gleicht, und tötet dort mit seinem Penis zwei kleine Kinder.[44]

Oder nehmen wir den Traum einer hysterischen, fünfundzwanzigjährigen Frau, die in ihrem Sexualleben Schwierigkeiten hatte: Bei einem Umzug führe ich zwei Hunde vor. Der Rüde greift die Hündin an, diese setzt sich zur Wehr. – Die Patientin beschrieb das Verhalten des Rüden, das sie an die Persönlichkeit ihres Vaters erinnerte. Niemand wird daran zweifeln, daß dieser Traum die Urszene darstellt (Umzug : Exhibitionismus : Voyeurismus).

Befassen wir uns nun kurz mit Zentralaustralien: Die Pitjentara, die Matuntara und andere Stämme glauben an einen Dämon namens *tjitjiri pungata* (›zusammengefügt‹). Die Figur setzt sich immer aus zwei Hunden zusammen, die ›zusammengefügt‹ sind, d. h. sich paaren, und durch die Luft fliegen. Nach dem Glauben der Matuntara sind die beiden vereint und beißen Menschen entzwei. Der Rüde heißt *mamara* (›wie der Vater‹) und die Hündin *jakura* (›wie die Mutter‹).[45]

Sind die amerikanische Landklubgesellschaft und die Matuntara-Gesellschaft völlig gleich? Muß ich überhaupt Persönlichkeit oder Kultur des Träumers kennen, um den Traum interpretieren zu können? Brauchen wir wirklich einen »kulturellen Kontext«, um etwa den folgenden Traum eines sechsjährigen Mädchens zu verstehen? »Ich lief von zu Hause weg und traf eine Wildkatze. Sie verwandelte sich in den Vater und fragte mich: ›Warum gehst du von zu Hause weg? Warum hast du Angst vor mir?‹« Ein anderes kleines Mädchen von drei Jahren träumt ständig von Wölfen, wenn ihr Vater am Wochenende zu Hause ist. Sie schreit so lange, bis ihr Vater ins Zimmer kommt, und sie fragt ihn dann, warum er immer mit der Mutter schlafe und nicht mit ihr.

Das erste Kind ist ein Navaho; das zweite lebt in Manhattan. Wir könnten die Träume der beiden vertauschen – selbst dann würden sie noch in die Psychologie der jeweiligen Kinder hineinpassen.

Wenn eine Frau in Tikopia träumt, daß sie zum Fluß geht, ihre Wasserflaschen füllt und sie auf den Rücken lädt, dann bedeutet das für sie, daß sie schwanger wird.[46] Der Traum könnte die gleiche Bedeutung haben, wenn eine Frau in New York oder London ihn träumen würde.

Jeder Psychoanalytiker hat Träume aufgezeichnet, in denen Angst in der Form einer Geburt dargestellt war, symbolisiert als Hindurchpressen durch einen engen Durchgang. Während der letzten Phase der Initiationszeremonien, die in Bosuns Höhle durchgeführt wurden, habe ich die Träume der Teilnehmer aufgezeichnet. Um mich nicht in Einzelheiten zu verlieren, möchte ich nur feststellen, daß wir es in dieser letzten Phase mit einer bewußten Repräsentation der Wiedergeburt der Initiierten zu tun haben. Am 27. August 1929 hatte Talkarara, ein Angehöriger der Pitjentara, den folgenden Traum: Ich mache ein Lagerfeuer und sehe darauf ein zweites Lagerfeuer brennen. Das Feuer kommt auf mich zu, und ich laufe weg. Ich laufe in einen Fluß und ducke mich. Dann komme ich zu einem kleinen Fluß, einem Nebenfluß des großen. Dann gibt es einen großen Fluß mit einem Felsen, der den Fluß staut. *Im Felsen ist ein Loch. Ich versuche, mich hindurchzuzwängen, aber es geht nicht, es ist zu eng.* Ich komme nur zur Hälfte hindurch. Ich gehe auf allen vieren in den Fluß zurück. Dann komme ich zu einem andern Fluß, er ist sehr schmal. Dann gehe ich unter einer Wölbung hindurch, die aus der Wurzel eines Eukalyptusbaums gebildet ist.

Die Stelle, an der das Feuer beginnt, wird Tutunka genannt. Das bedeutet ›ein Kind, das im Arm seiner Mutter gehalten wird‹. Die mythische *kantjilpa* (sagenhaftes oder unerklärliches Tier) hielt an dieser Stelle ihr Kind im Arm.

Die Stelle gehört zum Känguruh-Totem. Außerdem ist der Träumer ein Känguruh, und die Stelle ist die seiner Geburt. Der Felsen im Wasser ist ein Ort, der ›Höhle‹ genannt wird. Auch hier hielt die mythische Mutter ihr Kind im Arm. Mitten im Felsen ist ein Loch, als Kinder krochen sie früher hindurch.[47]

Ich fordere den Leser zu der Überlegung auf, ob wir diesen Traum nicht mit Recht einen Geburtstraum nennen dürfen: a) Die Zeremonie ist eine Geburtszeremonie; b) der Traum enthält Kindheitserinnerungen (Regression); c) der Traum spielt sich an der Stelle ab, wo der Träumer geboren wurde; d) der mythische Hintergrund besteht aus einer Mutter mit Kind. Geburt und Geburtsangst werden durch einen engen Durchgang symbolisiert. Würde der Träumer in New York, Budapest oder Wien leben, so wäre diese Symbolisierung die gleiche. Sind Geburtsangstträume also von den *basalen Institutionen* abhängig?

Eine etwa dreißigjährige Frau, zum zweiten Male schwanger, erzählte den folgenden Traum: Ich schiebe den Kinderwagen und stille das Kind. Ein Ehepaar erscheint auf der Szene, und ich gehe mit dem Wagen um die Ecke, damit die Leute meine Brust nicht sehen. Meine Mutter sagt: ›Entweder läßt du das Kind verhungern, oder du bist frigide.‹ – Bei der Traumdeutung werden zum Ehepaar der Onkel und die Tante der Patientin assoziiert, sowie der Analytiker mit seiner Frau. Ihre Mutter sprach häufig vom bösen Blick; in der Familie gab es Neid und Rivalität. – Meine zwei Eckzähne sind grün. Ich erschrecke und versuche, die grüne Farbe abzukratzen. – Grün steht für Neid; die beiden Zähne sind die beiden Kinder, sie und ihre Schwester, sie und das ungeborene Kind. Seligman hat in verschiedenen Kulturen Material gesammelt, dem zufolge die Träume vom Zahnverlust den Tod eines Verwandten symbolisieren.[48] Der Mechanismus entspricht dem der Traumbildung im allgemeinen, in welcher die äußere Welt aus dem eigenen Körper oder vielmehr aus Körperteilen erschaffen wird.[49]

Wird dieses Argument, daß nämlich Träume in allen Kulturen die gleiche Bedeutung haben können, akzeptiert, dann erledigt sich das Schlagwort ›Keine Interpretation außerhalb des kulturellen Kontextes‹ von selbst.

II. Die Schlange

Die Schlange ist der Heilgott der Antike. Vom Heiligtum des vergöttlichten Heilers auf Kos wurde angenommen, daß es die Stelle markierte, an der eine aus Epidauros hergebrachte Schlange sich in die Erde grub. Die Gesundheitsgöttin Hygieiea, Tochter des Asklepios, erscheint in der griechischen Kunst als junge Frau, die eine Schlange aus einer Untertasse füttert.[50] Der Göttername Askabalos kann entweder ›Eidechse‹ oder ›Schlange‹ bedeuten. Frauen, die von ihrer Unfruchtbarkeit befreit werden wollten, begaben sich zum Heiligtum des Asklepios. Wenn eine dieser Frauen im Traum die Schlange (den Gott) sah, galt diese als Vater ihres Kindes.[51]

In gewisser Hinsicht sind alle griechischen Helden, d. h. alle Toten, Schlangen. Spartanische Grabreliefs zeigen Held und Heldin als männliche und weibliche Figur auf einem Thron sitzend, hinter ihnen sehen wir die aufgerichtete Gestalt einer riesigen Schlange. Die beiden Figuren auf dem Thron sind wahrscheinlich die Ahnen der Familie.[52] J. E. Harrison schreibt: »Die vom traditionellen Helden und auch vom König angenommene Gestalt ist zweifellos die einer Schlange, und die Schlange wird in phallischen Zeremonien als Fruchtbarkeitssymbol eingesetzt.«[53] Der Schlangenkönig Erechtheus ist der *genius* oder die Hausschlange der Akropolis. Er wird durch einen Phallos dargestellt, der in einem Behälter aufbewahrt wird.[54] Die Töchter der Kekrops finden den jungen Erichthonios (Erechtheus) von Schlangen umwickelt, oder das Kind als Schlange. In den Göttergeschichten treten die Frauen in eine heilige Ehe (hieros gamos) mit der Schlange, indem sie eine echte oder eine goldene Schlange unter ihr Kleid stecken. Sie hatten die Vorstellung, die Schlange würde in ihre Vagina eindringen.[55] In griechischen Mythen verwandelt sich der Gott häufig in eine Schlange, wenn er eine sterbliche Frau lieben will.[56]

Den römischen *genius* und die vielen Darstellungen phallischer Schlangen in der europäischen Folklore brauchen wir hier nicht zu erörtern. Sie gehören zum gleichen Kulturkreis wie die Griechen, und die Diffusionisten würden daraus ein gutes Argument für ihre Sache machen. Wie steht es aber mit den Kiwai? In ihren Legenden finden wir die Geschichte eines Mannes, der mit seiner Mutter zusammenlebte. Er hatte einen sehr langen Penis, wie eine Schlange. Seine Mutter verschaffte ihm Mädchen. Er durchbohrte sie mit seiner Penis-Schlange und tötete sie.[57]

In zahlreichen Erzählungen dringen Schlangen in die Vulva von Frauen ein, die daraufhin schwanger werden.[58] Dasselbe geschieht in einer Erzählung der Mono-Alu. Ein Dämon, der einen Schlangenpenis besitzt, heiratet eine junge Frau. Jedesmal, wenn er mit seinem Penis in sie eindringt, stirbt sie; wenn er ihn wieder herauszieht, erwacht sie von neuem zum Leben. Nachdem sie den Penis auf eine normale Größe reduziert hat, nimmt die Mutter des Dämons ihren Platz ein und verführt den Sohn zum Beischlaf. In dieser Geschichte ist das Ödipusthema deutlich ausgeprägt, während es in der Kiwai-Version bloß angedeutet wird.[59]

Die Murngin behaupten, daß feuchte und trockene Jahreszeiten von Schlangen verursacht werden. Wenn die Schlangen sich paaren, regnet es.[60] Bei den Warramunga werden Medizinmänner eines bestimmten Typus Schlangen genannt. Sie genießen bei den Frauen besondere Vorrechte.[61] Im Gebiet der Ooldea haben die Frauen ihre eigenen Riten und Liebeszauber; am wichtigsten ist die Feier der Rautenschlange; der Grund für deren Bedeutung liegt darin, daß diese Schlange so groß ist wie ein erigierter Penis.[62]

Den Nandi zufolge darf eine Schlange, die ins Bett einer Frau kriecht, nicht getötet werden, weil sie ein Geist der Vorfahren ist, der erscheint, um der Frau anzukündigen, ihr nächstes Kind werde sicher zur Welt kommen.[63] Bei den Baganda unternehmen unfruchtbare Frauen eine Pilgerfahrt zum Schlangengott; junge Paare bitten ihn, ihre Verbindung zu segnen, und der König bringt der Schlange alljährlich Opfer dar, damit er seine Frauen befruchten kann.[64] In Dahomey bewirkt die heilige Schlange, daß die Frauen schwanger werden.[65] Schlangen koitieren mit Mädchen und schleppen sie in den Tempel.[66] Der König der Baya betet zur Schlange um Kinder und um Regen.[67] Am oberen Amazonas schändet der Gott Jurupari Frauen. Der Gott ist eine Schlange, und die Frauen, mit denen er verkehrt, gebären Schlangen. Dieser Kult geht auf den Menstruationszyklus zurück:[68] Geschlechtsverkehr mit Schlangen ist den Chiriguanos zufolge die Ursache der Menstruation.[69]

Als ich bei Kindern der Aranda, der Pitjentara, auf der Normanby-Insel und bei den Navaho die Technik der Spielanalyse anwandte, benutzte ich immer auch eine Gummischlange, die zum Spielzeug gehörte. Keine dieser Gruppen hat es unterlassen, die Schlange als phallisches Symbol zu gebrauchen, obschon in unterschiedlichem Maße.[70] Am wenigsten betont war die Phallussymbolik bei den Navaho, weil hier eine starke, bewußte (kulturelle) Kennzeichnung der Schlange als gefährliches Reptil bestand.

Wir wissen nicht, ob Depitarinja, Ilaisa oder irgend ein anderes Kind dieses Symbol gebildet hätten, wenn ihnen die Schlange nicht in einer bestimmten Situation, zusammen mit Puppen, welche verschiedene Rollen verkörperten, angeboten worden wäre. In der jeweiligen Situation war jedoch die Schlange gewiß ein geeignetes Objekt, um den Phallus zu repräsentieren, und ein taugliches Medium, mittels dessen die Kinder ihre unbewußten (verdrängten) sexuellen Wünsche ausdrücken konnten.

Hier muß eine Anmerkung zur Symbolik gemacht werden: Die psychoanalytische Theorie sieht in den Symbolen ein Mittel, etwas auf indirekte Weise auszudrücken.[71] Ich bin jedoch der Auffassung, daß dies nur eine *Funktion* der Symbolik ist, nicht aber ihre *Ursache.* Um diesen Punkt zu verdeutlichen, ziehe ich hier eine Stelle aus meinem Forschungsbericht heran, der eine Gruppe von Kindern der Yumu, der Pindupi und der Pitjentara beschreibt, die noch nie Spielzeug gesehen hatten:

»Die erste Reaktion ist große, allgemeine Angst. Sie nähern sich langsam und erkennen allmählich, wovor sie Angst haben. Der Umgang mit dem Spielzeug ist absolut animistisch. Sie reden mit der Schlange und dem Affen und fangen an, sie zu bedrohen. Der Affe soll den Stock in seiner Hand fallen lassen, oder sie werden ihm den Arm brechen. Die Schlange soll nur nicht versuchen, sie zu beißen, sonst werden sie sie töten. In der nächsten Phase befassen sie sich mit Details. Wo frißt die Schlange und wo entleert sie ihren Darm? Die quietschende Gummipuppe mit dem Loch im Rücken spricht, ißt und entleert ihren Darm durch dieses Loch. Sie versuchen, die Puppe mit dem Trockenobst zu füttern, das ich ihnen gegeben habe. Das Hauptproblem ist aber: Wo kommen die Exkremente heraus? Das ist wahrhaftig ein Anblick, die Verwirrung auf ihren Gesichtern zu betrachten, nachdem sie eine völlig glatte Oberfläche entdeckt haben, auf der es nichts gibt, was als Mund, Anus, Vagina oder Penis bezeichnet werden könnte! Allmählich finden sie jedoch einen Weg, der sie aus den Schwierigkeiten herausführt. Die Papiertrompete und die Schlange sind die ersten Gegenstände, die als Penissymbole ausgewählt und ihren eigenen Genitalien angepaßt werden. Nach und nach werden auch alle übrigen Gegenstände, auch die unähnlichsten, Penis genannt und entsprechend eingesetzt. Schließlich sehen wir die ganze Gruppe von etwa fünfzehn Kindern, Jungen und Mädchen, alle mit künstlichen Penissen zwischen den Beinen aufeinander loseilen und den Gegenstand in der natürlichen Weise gebrauchen, in der ein Penis gebraucht werden sollte.«[72]

Pukutiwaras dreijähriger Sohn Aldinga hatte noch nie zuvor einen Teekrug gesehen. Erstaunt blickte er auf den Schnabel, dann war ein Zeichen der Freude auf seinem Gesicht zu sehen, er sagte *kalu!* (›Penis‹) und zeigte seinen eigenen. Wir nehmen an, daß die Realität zuerst libidinös besetzt werden muß, damit sie anerkannt werden kann. Anders gesagt, der Vorgang, den wir aus Selbstbeobachtungen der Traumbildung kennen, gilt auch für das erste Zusammentreffen des Kindes mit der Realität, wenn auch nicht in dieser unvermittelten Form.

Doris Webster gelang es, sich die flüchtigen Momente beim Übergang vom Wachen zum Traum bewußt zu machen. Sie hörte eine Stimme sagen: »Noch nicht geglättete (›flattened out‹) Berge«.

»Der Bezug zu meiner Situation war unverkennbar, denn ich war mit angezogenen Knien eingeschlafen. Wahrscheinlich erwartete ich unbewußt, in Kürze ausgestreckt (›flattened out‹) dazuliegen. [. . .] Ein anderes Mal, als ich mich in der gleichen Position befand, hörte ich das Wort ›Julia‹. Meine geschlossene Hand stellte eine Person dar, die einen Hügel besteigen wollte. Der Verweis bezog sich auf die frühere Erinnerung an eine Person gleichen Namens, deren Kinder ihr halfen, sie einen Hügel hinaufzustoßen. [. . .] Das Wort ›Litchfield‹, ausgesprochen mit einem Unterton des Jubels, das die rasche Lösung eines Rätsels begleitete, bezog sich nicht nur auf den Hügel, der den Ortseingang von Litchfield in

Connecticut darstellte, sondern auch auf die berühmten ›Prunk‹-Viertel der Stadt auf beiden Seiten des Hügels. Meine beiden auf der Matratze ausgebreiteten Hände stellten diese beiden Viertel dar.«[73]

Wir würden hinzufügen, daß das »Prunk-Viertel« Exhibitionismus bedeutete; die Öffnung der Hand symbolisierte die Öffnung der Vagina und der Hügel den *mons veneris.*

Es ist nicht zwingend, daß die Schlange für alle Kinder notwendigerweise ein phallisches Symbol werden muß. Sie ist dazu jedoch aus drei Gründen äußerst geeignet: a) wegen ihrer Gestalt; b) weil sie gefährlich ist; und c) wegen ihrer Fähigkeit, sich zu verjüngen. Wir nehmen an, daß die als Penis wahrgenommene Schlange den Versuch symbolisiert, das gefährliche Objekt in ein libidinöses umzuwandeln. Und zweitens, daß überall dort, wo die Notwendigkeit besteht, eine Bedeutung zu übertragen und sie gleichzeitig zu verbergen, die »Schlange« das symbolische Äquivalent zum Penis darstellt.[74] Eine solche Verbindung will ich mit dem Ausdruck *potentiell universal* kennzeichnen.

Das heißt, daß für die Entstehung eines Symbols kein besonderer Typus der Persönlichkeit, der Kultur oder der Neurose erforderlich ist. Der Hintergrund ist universal menschlich; aber daraus folgt nicht, daß alle diejenigen, die das Symbol verwenden, es auch hätten erfinden können. In verschiedenen Gebieten der Welt haben einige Menschen das Symbol gebildet; andere haben es in ihre Umwelt aufgenommen, um mit seiner Hilfe Inhalte ihres eigenen Unbewußten auszudrücken. Die von manchen Anthropologen vertretene These – nach der in jenem Fall, in dem etwas nicht absolut universal ist, keine psychologische Erklärung erforderlich oder gültig sei – markiert ein merkwürdiges Mißverständnis der Psychologie. Der Terminus technicus *potentiell universal* verbindet somit die psychologische und die diffusionistische Auffassung.

Ich will damit nicht sagen, daß alle Schlangensymbole notwendigerweise die Bedeutung des männlichen Geschlechtsorgans haben müssen. Opler hat eine Reihe von Aufzeichnungen über die Schlange als Frau in der japanischen Folklore gemacht. So beabsichtigt zum Beispiel in einer Geschichte ein Samurai, ein Mädchen zu heiraten, obwohl er von einer weiblichen Schlange geliebt wird. Die Schlange saugt ihrer

Rivalin das Blut aus und tötet sie. Opler zufolge wird hier die Schlange mit der weiblichen Eifersucht identifiziert, und der Mythos gehört zum bekannten Muster der Mythen mit Füchsen, Katzen usw.[76] Ich vermute, daß das Fuchsmärchen die phallische Frau, das Äquivalent zur europäischen Hexe, darstellt.[77] In China werden Fuchsdämonen zu Prostituierten, und alte Fuchsgespenster verwandeln sich in junge und schöne Frauen.[78] Wenn wir jedoch erfahren, daß einige japanische Familien sich Hausschlangen – besonders weiße Schlangen – als Glückssymbol und Bewahrer des Wohlstands[79] halten, werden wir an die europäische Folklore erinnert. In Kormoc in Nordungarn (Slowakei) besitzt jedes Haus eine weiße Schlange als Hüterin. Zur Mittagszeit wärmt sie sich in der Sonne; wenn sie getötet wird, so heißt dies, daß im Hause jemand sterben wird.[80]

Nach Auffassung der Wenden sollte man zwei Schlangen unter dem Dach haben; sie bringen Gesundheit und Glück. Eine davon ist der *Gospodar* (Herr), die andere die *Gosposa* (Herrin). Stirbt der Herr des Hauses oder seine Frau, dann stirbt auch die nach ihnen benannte Schlange. Die Schlangen müssen gefüttert werden, sonst saugen sie den Kühen das Euter leer.[81]

Die männliche oder phallische Bedeutung der Schlange ist auch in Japan gegenwärtig. Es wird dort von Schlangen gesprochen, die in die Vagina eindringen und Frauen umbringen; diese Geschichte wird erzählt, um deutlich zu machen, daß es sich für Mädchen nicht schickt, im Freien zu schlafen.[82] In der japanischen Mythologie begegnen wir Ohonamuchi, der sich in seiner Liebschaft mit einer sterblichen Prinzessin dieser in der Gestalt einer Schlange zeigt.[83] In meinen Ausführungen über das Symbol der Regenbogenschlange in Australien habe ich gezeigt, daß die aufgerichtete Schlange männlich ist, während die fressende Schlange mit Sicherheit ein vaginales oder uterines Symbol ist.[84]

Unter einem »potentiell universalen« Symbol verstehe ich eine symbolische Verbindung, bei der es unmöglich ist, einen direkten Zusammenhang zwischen dem Symbol und einem spezifischen Charaktertypus oder einer spezifischen gesellschaftlichen Organisation nachzuweisen, da prinzipiell jeder eine solche symbolische Verbindung bilden kann. Die Interpretation des Zusammenhangs muß daher auf den »Assoziationen« aufbauen, das heißt auf der Verwobenheit von Bräuchen und Mythen und ihren verschiedenen Fassungen, sofern sie nicht vom Erzähler selber gegeben wird. Diese Interpretation ist jedoch keineswegs kulturgebunden, und Alpträume kann man ungeachtet der Sprache haben, die man spricht.

III. Die Nachgeburt

»Beim Volk von Alor wird das getrocknete Ende der Nabelschnur in einem Palmkorb aufbewahrt. Sobald das Kind zu krabbeln beginnt, wird die Nabelschnur auf ein Getreidebündel gelegt, das der Großmutter mütterlicherseits oder, wenn diese nicht mehr lebt, einem gleichrangigen Verwandten dargeboten wird. Akzeptiert die Großmutter das Geschenk, dann wird die Nabelschnur weggeworfen und nicht mehr beachtet.«[85]

Dieses Ritual enthält zwei Bestandteile: a) die Nabelschnur erfährt aufgrund der magischen Wechselwirkung, welche die Schnur und das Kind miteinander verbindet, eine besondere Behandlung; b) es wird ein Durchgangsritus vollzogen, nach dessen Abschluß die Nabelschnur ihre Bedeutung verliert.

Die Kakadu in Nordaustralien tragen die Nabelschnur in einem kleinen Korb mit sich, der am Halse hängt. Sobald das Kind sich frei bewegen kann, wird sie in einen Wasserteich geworfen. Bis es so weit ist, muß die Schnur jedoch sorgfältig aufbewahrt werden, damit das Kind nicht krank wird und möglicherweise stirbt. Stirbt das Kind, bevor die Schnur weggeworfen wurde, so wird diese verbrannt; würde sie aber zu Lebzeiten des Kindes verbrannt, so würde dies zu seinem Tod führen.[86] Die Kiwai legen die Nachgeburt in einen Behälter, der anschließend vergraben wird. Die Nachgeburt fügt Menschen, die auf sie treten, Schaden zu; sie kann auch von einem Zauberer dazu benutzt werden, die Mutter, das Kind oder den Vater zu schädigen. Eine Frau, die weiß, wo die Nachgeburt vergraben ist, darf sie an einer anderen Stelle eingraben, einen Baum samt Wurzeln ausreißen und ihn über der Nachgeburt einpflanzen. Wenn dies geschehen ist, wird die Mutter keine Kinder mehr haben.[87] Soll in Rußland (Orenburg) eine Mutter keine weiteren Kinder mehr bekommen, so muß man die Plazenta ausgraben.[88] Haben die Russen die gleiche Kultur wie die Kiwai? Oder können wir behaupten, der Brauch lasse sich nur auf der Grundlage der Alor-Persönlichkeit erklären?

In mehreren derartigen Riten ist die Betonung von Wasser auffallend. Wenn eine Frau bei den Jabim keine Kinder mehr haben will, wirft sie die Nabelschnur ins Meer.[89] Die Koita legen die Nachgeburt in einen Lehmtopf mit großer Öffnung und lassen sie dort bis zum nächsten Morgen liegen. Die junge Mutter watet dann bis zur Schulterhöhe ins Meer, zerbricht den Topf und läßt die Bruchstücke samt der Plazenta untergehen.[90] Bei den Kaingang werden Plazenta und Nabelschnur in einen kleinen Korb gelegt und in einem Fluß versenkt.[91]

An vielen Orten in Europa spielt die Nabelschnur, ähnlich wie beim Volk von Alor, im Leben des Kindes ein zweites Mal eine Rolle. In der Tschechoslowakei bewahrt die Mutter die Nabelschnur verknotet auf. Bevor das Kind zur Schule geht, wird ihm die Nabelschnur vorgelegt. Wenn es den Knoten lösen kann, wird alles gutgehen.[92] Bei den Szekeley in Transsylvanien blickt das Kind durch die Nabelschnur, um seine Zukunft vorauszusehen.[93] In Szatmár bewahrt die sorgende Mutter die Nabelschnur auf. Einhundert Knoten werden auf ihr angebracht, und wenn das Kind dreizehn ist, wird ihm die Nabelschnur vorgelegt, damit es die Knoten löst. Gelingt ihm dies, dann wird es im Leben Glück haben.[94]

Sollen wir annehmen, daß es eine wesensmäßige Ähnlichkeit gibt, die alle Kulturen vereint, in denen das Wasserritual vorkommt? Oder ist das Volk von Alor den verschiedenen europäischen Gruppen, die einen zweiten Durchgangsritus mit der Nabelschnur vollziehen, in gewisser Weise ähnlich? Ja, es ist in gewisser Weise ähnlich: in beiden Fällen handelt es sich nämlich um menschliche Wesen.

IV. Ansteckende Zauberei

In Transsylvanien glaubten die Deutschen, wenn eine Frau ihre Nägel an einem Freitag schneide, würden Hexen kommen und sich der abgeschnittenen Nägel bemächtigen. Die Frau stünde dann im Banne der Hexen und würde schließlich selber zur Hexe. Die Ungarn in Kalotaszeg verstecken die abgeschnittenen Nägel sorgfältig, damit die »Bösen« sie nicht in Besitz nehmen können.[95] Die Rumänen in der Gegend von Toevis behaupten, es sei nicht ratsam, die Fingernägel zu lang werden zu lassen, da sie sonst der Teufel im Schlaf stehle und sie verwende, um ihr Grab zu schaufeln.[96] Abgeschnittene Fingernägel gehören auch zum Gegenzauber gegen eine Hexe. Im Ozark-Gebirge erhält der Hexenmeister die abgeschnittenen Nägel, eine Haarlocke und einen Zahn oder ein Kleidungsstück mit Blutflecken der Hexe; er legt diese Gegenstände in eine Baumhöhlung, die er mit einem Holzstöpsel verschließt. Mit seinen Zaubersprüchen kann er dann die Hexe zwingen, sich zu zeigen.[97] Einem ungarischen Glauben zufolge ist jeder, der ein Haar von der Hexe besitzt, vor ihr sicher.[98] Frazer hat Material gesammelt über den Gebrauch von abgeschnittenen Haaren und Nägeln als Unterpfand für das gute Verhalten der Person, von der sie stammen.[99]

In Mecklenburg wird geglaubt, daß ein Sargnagel, der in den Fußabdruck eines Menschen getrieben wird, diesen lahm machen kann[100]; in der Tschechoslowakei nimmt man dagegen an, wenn der Fußabdruck einer Person zusammen mit Nägeln und Glasscherben in einem Topf gekocht werde, verspüre diese Person anhaltenden Schmerz in den Füßen.[101] In einem Hexenprozeß in Debreczen im Jahre 1693 wurde behauptet, man müsse die Fußabdrücke eines Diebes sicherstellen – damit könne man ihn zwingen, alles Diebesgut zurückzugeben.[102] Ein Australier vom Stamm der Tatungolung erzählte Howitt, er sei lahm, weil jemand eine *Flasche* in seine Fußspur gelegt habe.[103] Die Wyungare stellen ein magisches Gerät her, das *sun* genannt wird. Setzt man es auf die Fußspuren eines Mannes, dann kann es bei ihm ein schweres Fieber hervorrufen, an dem er bald stirbt.[104] – Ich glaube nicht, daß jemand behaupten will, Kultur und Persönlichkeit seien in Mitteleuropa und in Südost-Australien gleich. Dennoch zeigen sich in beiden Kontexten die gleichen Merkmale.

Verschafft man sich Speichel oder Haar einer Person, macht ein kleines Paket daraus, *kaha* genannt, und versteckt dieses mit verschiedenen Zutaten an einem Platz, der tabu ist, dann wird die Person, deren Speichel oder Haar sich im Paket befindet, umkommen.[105] Bedeutet nun dieser Aberglaube, wenn er auf den Marquesasinseln entdeckt wird, etwas ganz anderes als anderswo, da man ja von den Menschen auf den Marquesas annimmt, sie seien von denjenigen anderer Kulturen völlig verschieden? Ich denke, daß die Beweislast bei denen liegt, die diese Ansicht vertreten. Natürlich kann jedermann die Anzahl solcher Parallelen durch die Lektüre von Frazer und Hartland erhöhen.[106]

Wir finden sogar in völlig anderen Kulturbereichen das gleiche Sekundärmerkmal zur geistesverwandten Haarmagie. Die Inkas in Peru legten großen Wert auf die Aufbewahrung abgeschnittener Nägel und ausgekämmter Haare, damit sie sie am Tage der Auferstehung zur Verfügung hätten. Den gleichen Brauch gibt es in Irland.[107] Bei den Kindern der Kiwai schneidet man das Haar nicht ab, bevor sie zu gehen beginnen. Der Haarschnitt erfolgt mit einer Muschel oder einem Bambusmesser, und das abgeschnittene Haar wird sorgfältig gesammelt und ins Wasser geworfen, damit niemand es finden kann. Manchmal wird das erstmals abgeschnittene Haar von den Eltern aufbewahrt und dem Kind gezeigt, wenn es größer geworden ist. Es wird genau darauf geachtet, daß kein Haar in die Hand eines Zauberers gelangt. Das gleiche gilt auch für die abgeschnittenen Nägel[108], und die gleiche Einstellung kann man in der europäischen Folklore dokumentiert sehen.[109]

V. Übernatürliche Empfängnis

Ein Arzt, dessen Frau schwanger war, hatte den folgenden Traum: »In unserem Eßzimmer steht ein langer Tisch. Auf beiden Seiten Frauen, alle sind schwanger. Am Tischende sitzt ein Kater, er macht einen sehr ernsten Eindruck.« Die Schnurrhaare der Katze erinnerten ihn an den spitzen Schnurrbart seines Vaters. Der Traum stellt eine Verleugnung dar: »Ich habe meine Frau nicht geschwängert und somit Vaters Platz nicht dadurch eingenommen, daß ich selber Vater geworden bin. Vater ist der einzige, der Kinder machen kann, und er hat alle Frauen in der Familie geschwängert.«

Ein junges Mädchen hatte eine Verabredung mit einem Mann. Hinterher träumte sie: »Ich bin mit A. verheiratet. Aus dem Kassenraum in der Bank schieben sie mir ein rotschopfiges Kleinkind namens Dan zu.« Der Kassenraum ist ihre

Vagina. Der rotschopfige Dan ist der Penis des Mannes. Was der Traum in Wirklichkeit ausdrückt, ist der Wunsch nach Geschlechtsverkehr mit A., aber das Kleinkind (Penis) erscheint bereits fertig auf der Szene und dringt in sie ein.

Eine andere, verheiratete Patientin wurde von der Familie erheblich unter Druck gesetzt, ihr erstes Kind zu bekommen. Sie mochte Kinder nicht und wollte keins haben. Sie hatte den folgenden Traum: »Viele Tiere bewegen sich in einem Käfig Ich bin erschreckt und angeekelt. Eines sieht aus wie ein Einhorn, ein anderes wie ein Ameisenbeutler. Ein kleiner Affe sitzt auf meiner Hand und streichelt sie. Ich habe Angst, daß er mich beißt, sein Gift einspritzt, mich vergiftet und tötet.« – Der kleine Affe ist ihr Ehemann. Sie verlangt von ihm, daß er in Abhängigkeit zu ihr steht. Das Gift, das er einspritzt, ist der Samen; die Vergiftung die Schwangerschaft. Die beiden Tiere im Käfig sind ihr Vater und der Analytiker; es sind aber auch die Kinder in ihrer Gebärmutter.

Eine junge, seit drei Monaten schwangere Frau, mit einer starken Übertragung auf den Bruder ihres Vaters, hatte den folgenden Traum: »Ich esse zusammen mit Onkel N. einen Truthahn.[110] Dann befinde ich mich in einem Raum mit einem *Kleinklavier.* Es ist ein einmaliges Exemplar. Es ist das Haus einer anderen Tante, *die nie ein Kind haben wollte.* Dann komme ich in einen anderen Raum. Dort gibt es einen Baum mit Ästen, er ist mit Perlmutt ausgelegt. *Auch er ist ein einmaliges Exemplar.*« – Vor dem Traum hatte sie mit diesem Onkel Truthahn gegessen. Die Tante war ungehalten, aber der Onkel erwiderte, er und seine Nichte könnten tun, was ihnen beliebe. Es ist klar, daß sie von ihrem Onkel, der den Vater darstellt, oral geschwängert wurde. Obwohl die Schwangerschaft ein klarer Sieg über die Mutter und mütterliche Ersatzbildungen ist (vielleicht aber auch gerade deshalb), macht die Betonung der Einmaligkeit des Kleinkinds ihre Angst deutlich. Sie ist ein Einzelkind. Dieselbe Patientin träumte auch folgendes: »Ich träume von einer schwangeren Frau. Es handelt sich nicht um mich. Sie hat eine Art Korb an ihrem Bauch befestigt, und ich kann durch ihn hindurchsehen. Sie zeigt mir, wie man ihn abnehmen kann, das heißt, wie das Kind herauskommen wird. Ich schaue hinein, kann aber nichts als Seegras erblicken. (Das Seegras erinnert sie an das Haar einer

Hexe.) Dann sehe ich ein schönes Mädchen mit langen blonden Locken. Sie ist schwanger, es ist ein Säugling drin.« – Die Assoziation Seegras – Hexe zeigt wiederum ihre Angst vor dem Kind. Ihre Assoziation im zweiten Teil des Traums entspricht dem deutschen Märchen von Rapunzel (Grimm, Nr. 12). Sie behauptet, daß der am Haar von Rapunzel hinaufsteigende Liebhaber und der Embryo in ihrem Leib ein und dieselbe Person seien. Der interessanteste Teil dieses Traums ist jedoch das ›Vorwegträumen‹ (wenn dieser Ausdruck erlaubt ist) des Geburtsvorgangs selber.

Dazu gibt es eine genaue Entsprechung in südaustralischen Glaubensauffassungen über die Herkunft der Kinder. Berndt und Berndt berichten:

»Einigen Erzählern zufolge gibt es irgendwo im Spinifex-Gebiet ein Wasserloch, um das herum sich viele Geisterkinder versammelt haben. Wahrscheinlich gibt es ein solches Wasserloch für jedes Stammesland. Verheiratete Frauen, die Kinder wollen, pflegen sich mit weit geöffneten Beinen hinzusetzen, wenn sie in dieses Gebiet kommen. Unverheiratete und solche, die keine Kinder wollen, sitzen mit eng geschlossenen Beinen da. Die Uneingeweihten reden von einem Felsloch, aus dem die Kinder kommen; die Eingeweihten hingegen sagen, daß es sich in der Geschichte nicht um ein Felsloch handle, sondern um eine Vagina. Ein kleines Felsloch verweist auf eine Frau, die ihr erstes Kind bekommt; ein großes Felsloch auf eine Frau mit mehreren Kindern.«[111]

Das Geisterkind, von dem wir annehmen, daß es aus Träumen stammt, wie meine Patientin sie hatte, wird als der belebende Geist des Fötus betrachtet. Die Andjamatana glauben, daß ihre Kinder von zwei mythischen Frauen herstammen, den *maudlangami* (ngami = Mutter), die im Himmel leben. Es sind riesige Lebewesen, die so lange still gesessen haben, daß sie die Farbe von grauem, verwittertem Fels angenommen haben. Ihr langes Haar bedeckt sie fast völlig, und auf ihren hängenden Brüsten tummeln sich Schwärme von Kindern, die daraus Nahrung erhalten. Diese beiden Frauen sind die Quelle allen Lebens innerhalb des Stammes.[112]

Wir finden in diesen Schwangerschaftsträumen die folgenden Merkmale:

1. Ein erwachsener Mann träumt, er sei nicht erwachsen: nur der Vater kann Kinder zeugen.

2. Ein Mädchen träumt, daß ein vorgefertigtes Kind in ihren

Leib eingeführt wird, oder in den Leib einer mythischen Mutterimago. Das Kind symbolisiert den Penis.

3. Eine verheiratete Frau träumt, ihr zukünftiger Sohn sei identisch mit ihrem Vater oder von ihrem Vater (oder der Vaterimago) gezeugt.

Die meisten australischen Stämme und die Trobriander sind überzeugt, daß Kinder auf übernatürliche Weise durch die Vorfahren gezeugt werden. Dem Glauben der Aranda und benachbarter Stämme zufolge gelangt das Kind durch ein *tjurunga* (Schwirrholz), das von einem Ahnen geschwungen wird, in die Mutter hinein. Die Analyse des Empfängnistraums einer Frau zeigt, daß der mythische Ahne in Wirklichkeit ihr eigener Vater ist.[113] Auch sie will das, was alle Frauen wollen: ein Kind, das von ihrem eigenen Vater gezeugt ist. Das fertig entwickelte Kind aus dem phallischen *tjurunga* ist wohl das Kind, das aus dem Penis kommt, und das Kind, das in den Körper der Frau eintritt, ist, wie wir oben angedeutet haben, ein häufiges Traumsymbol für den Penis.

Bei den Trobriandern schwimmen vor-inkarnierte Kinder auf dem Wasser und warten auf eine Gelegenheit, in den Körper einer Frau einzudringen, während sie badet. Ein hölzerner Schöpfeimer wird mit Meerwasser gefüllt und über Nacht in der Hütte der Frau stehengelassen, die schwanger werden will. Das Geisterkind ist vielleicht in dem Eimer gefangen und wird in die Frau eindringen. Zur Empfängnis ist überdies noch ein wachender Geist notwendig, und in diesem Fall muß der Bruder der Frau oder der Mutter das Wasser holen. Der Geist, der das Geisterkind bringt, muß stets ein Mitglied des mütterlichen Clans sein.[114] Wir haben hier das vorgeformte Kleinkind (Penis) und den überwachenden Geist (Vater), nur daß an die Stelle des Vaters der Bruder oder der Bruder der Mutter tritt. Es ist offenkundig, daß diese Gruppen sich bemühen, ihre matrilineare Struktur zu stützen und den Vater zu unterdrücken, wie es Ernest Jones schon vor Jahren erklärte.[115]

Unterstellt man nun, die »physiologische Unwissenheit« über die Fortpflanzung sei schlicht mit der Unwissenheit etwa über das Radio gleichzusetzen, so hat man das Problem überhaupt nicht erkannt. Weshalb sollten die Trobriander primitiver sein als die Dobuaner oder andere Stämme in der gleichen Kulturregion? Wie sollten sich überdies die vorhandenen Theorien dieser Menschen durch physiologische Unwissenheit erklären lassen? Die psychoanalytische Traumdeutung, wie unsere Patienten sie ermöglichen, gilt auch für primitive Glaubensformen. Sie erklärt jedoch nicht, weshalb diese unbewußten Phantasien in der einen Gruppe sich nur als Träume ausdrücken und in der anderen als Glaubensformen. Um die Bedeutung zu erklären, die diese Phantasien in bestimmten Gebieten annehmen, wäre eine zweite Hypothese erforderlich.

VI. Die Sexualsymbolik der Jagd

In einem Aufsatz von Honigman in *Psychiatry* lese ich folgendes:

»Einen Beweis für die Beziehung zwischen Egozentrismus und Sexualität findet man in der Tatsache, daß Sexualbeziehungen unbewußt mit erfolgreicher Jagd identifiziert werden. Das zeigt sich in der gesellschaftlich strukturierten Interpretation des Sexuellen. Mit Bezug auf einen Traum, der durch sadistische Züge gekennzeichnet war, sagte ein Erzähler: ›Wenn man träumt, man spiele mit einem Mädchen, und dann jagen geht, dann tötet man ein (weibliches) Tier.‹ Mit anderen Worten, der sexuelle Verkehr wird der erfolgreichen Jagd auf Wild gleichgesetzt; ein Gedanke, der auf die existierende Feindschaft zwischen Mann und Frau hinweist. Unbewußte Sexualbeziehungen werden als Konflikte interpretiert, in denen die Männer überlegen sind. Das männliche Geschlechtsorgan und die Potenz im allgemeinen werden als Herrschaftsinstrument angesehen. Das zeigt sich etwa in den Prahlereien von Jungen, die sich mit dem ›Verbrauch‹ von Mädchen brüsten, oder in ihrem Interesse für die Größe des eigenen Penis – ein großer Penis wird als vorteilhaft erachtet. Wenn wir den Hinweisen unserer Informanten folgen, ermöglichen uns diese Daten, Penis und Waffe als Symbole der Selbstbehauptung aufeinander zu beziehen.«

Es folgt ein Abschnitt, in dem die Universalität der phallischen Waffe anerkannt wird; als Entdecker dieser Analogie wird Schilder genannt: »Die männliche Einstellung zum Sexualverhalten als Mittel zur Selbstbehauptung zeigt sich auch in der vergewaltigungsähnlichen Struktur der vorehelichen Sexualität in der Adoleszenz.«[116] Sodann wird erläutert, worauf die »emotionale Isolation« der Kaska zurückzuführen ist:

»mit anderen Worten, der Kaska-Indianer, der vor der Liebe Angst hat, ist gleichwohl dauernd auf der Suche nach Pflege und Schutz, die ihm ungefähr im dritten Lebensjahr in traumatisierender Weise entzogen wurden.«[117]

Weder die von Honigman angegebene Ursache noch die angebliche Folge zeichnen sich durch irgendeine Besonderheit aus. Eine plötzliche Ablehnung des Kindes findet man auch in anderen Gesellschaften. Bei den Pelaga »beginnt die Zeit des größten Leidens für das Kleinkind, wenn es ein wenig laufen kann. Zu dieser Zeit fängt es an, die Welt außerhalb des Hauses zu erforschen. Allein, losgelöst vom Familienkreis, hat das Kind Angst.« »In der Zeit, da das Kind die Außenwelt erforscht, ist es fast ständig in Tränen aufgelöst. Es hat nicht nur Angst vor Fremden, sondern die Mutter läßt es auch immer häufiger allein, wenn sie sich mit ihrer Arbeit beschäftigt.« Die Geburt eines jüngeren Geschwisters läßt das ältere in einem Zustand der Niedergeschlagenheit zurück. »Es wandert verzweifelt in der Nähe des Hauses umher und wimmert, ohne äußeren Anlaß, unaufhörlich vor sich hin.«[118]

Leighton und Kluckhohn schreiben über die Navaho: »Ein Säugling ist immer der König in jeder Familie, aber jeder König, das jüngste Kind ausgenommen, muß die Erfahrung der Entthronung machen.«[119] Der moderne Anthropologe stellt ziemlich weitverbreitete – um nicht zu sagen »universale« – Phänomene so dar, als ob sie auf ein einziges Gebiet beschränkt wären. Wenn bei den Navaho ein Jäger beobachtet, wie ein Rehbock ein Weibchen besteigt, empfängt seine Frau während seiner Anwesenheit einen Liebhaber. Erschießt er den Bock, dann stirbt sein Rivale; tötet er das weibliche Tier, dann wird seine Frau sterben.[120]

In den rumänischen Weihnachts- und Neujahrsliedern, *Colinda* genannt, wird die Braut als Reh vorgestellt, der Bräutigam als Jäger. Er jagt sie durch das Flußtal des Olt, dort kämpfen sie drei Nächte lang, bis er sie schließlich überwältigt. Der ukrainische Erzähler berichtet, man habe einen Hermelin gejagt, der in diesem Hause Schutz gesucht haben müsse. Der Hermelin ist die Braut.[121] Manchmal sagt man, ein Fuchs werde gejagt oder der Stier sei an eine bestimmte junge Kuh gewöhnt; sie wird nach einem Kampf ins Zimmer geführt.[122] Bei den Serben jagen die Angehörigen einen Bock, und die Mutter und der Vater der Braut leugnen zum Schein, daß ein Bock in ihr Haus geflüchtet ist.[123]

Das »Motiv« des Helden, der auf eine Hirschkuh oder ein Reh Jagd macht, die sich anschließend in eine Frau verwandeln, ist in europäischen Märchen und Mythen weitverbreitet. In irischen Sammlungen des elften Jahrhunderts kommt ein goldenes Rehkalb in die gesetzgebende Versammlung, und derjenige, der es einfängt, gewinnt die Landeshoheit von Irland. Das Rehkalb führt den Helden zu einem Schloß, das im Besitz einer alten Hexe ist. Er nimmt das Angebot an, mit der alten Hexe das Lager zu teilen; sie erweist sich als Landeshoheit Irlands.[124]

Es gibt zahlreiche Fassungen dieser Erzählung, in denen das weibliche Tier seine Verkleidung ablegt und die Frau des Helden wird.[125] 1926 habe ich einen Aufsatz über den europäischen Glauben an den »wilden Jäger« veröffentlicht. In Mirow jagt der »schwarze Jäger« eine Frau. In Schlesien jagt der »Nachtjäger« die »Holzweibel«. In Westfalen ist Wotan hinter den Huren her. In Österreich machen die wilden Jäger Jagd auf Hexen, weil die Hexen Begleiterinnen des Teufels sind.[126] Ich habe in diesem Aufsatz nachgewiesen, daß die Erzählung von dem Sterblichen, der Wotan dabei beobachtet, wie er in der Luft nach Frauen jagt, eine Analogie zur »Urszene« darstellt. Das ist deshalb nicht bedeutungslos, weil die Gleichsetzung von Urszene und Angriff oder Gewalt wohlbekannt ist. Überdies wird der Phallos häufig durch den Speer symbolisiert.

In der zentralaustralischen Zeichensprache bedeutet ein aufrechtstehender Mann mit dem Wurfspeer in der Hand *(meru makulju):* »Ich will dich heiraten, ich werde dich vergewaltigen.« Die Männer »jagen« die Frauen unablässig, d. h. daß die Frauen, auch wenn sie verlobt sind, ständig fliehen.[127] Ich habe dieses Vergewaltigungsverhalten der Zentralaustralier in allen Einzelheiten geschildert und es auch mit einem besonderen Trauma jenes Gebietes in Verbindung gebracht[128]; man darf jedoch nicht übersehen, daß neben dieser besonderen Ursache auch eine allgemeine der Szene zugrunde liegt. Die Analogie Speer-Phallus ist sicherlich der biologische Hintergrund all dieser symbolischen Gleichsetzungen. Der Speer ist das typische Phallussymbol der zentralaustralischen Kulturregion. In den Zauberritualen zur Steigerung der Libido versinnbildlichen die Aranda den Penis mit den Dornen des Spartgrases. Die Geschichte des Mannes, dessen Penis eine Schlange war, die auf Ratten Jagd zu machen pflegte, offenbart die Verbindung von phallischer Waffe und Jagd als Koitussymbol.

Der Grund für die grausame Praxis der Somali, die die Schamlippen der Frau so zusammennähen, daß anstelle der Vaginaöffnung eine glatte Oberfläche entsteht, ist vollkommen einsichtig. Es wird nur eine kleine Öffnung zum Urinieren belassen. In der Hochzeitsnacht benutzt der Mann zuerst ein Messer und dann seinen Penis, um den Weg freizumachen. Als Beispiel für offenkundigen Unsinn gebrauchen sie die Formulierung: »Schwöre, daß du deine Frau nie geschlagen oder ausgepeitscht hast«, womit sie sagen wollen, daß kein Mann eine so lächerliche Behauptung aufstellen würde.[129] In Sipupu (Normanby-Insel) verspotten die Jungen die Mädchen mit dem Satz: »Wir spießen euch auf und ihr werdet dick«, worauf die Mädchen antworten: »Wir verschlingen euch und spucken euch dann aus.« (Vgl. dazu den Aufsatz *Psychoanalyse einer matrilinearen Kultur* in diesem Band.) Honigman betont verschiedentlich, daß die Kaska die Sexualität als Mittel zur Selbstbehauptung benutzen.[130] Praktisch alle Patienten, die mir unter die Augen gekommen sind, müssen verkleidete Kaska-Indianer gewesen sein, denn dieses Merkmal ist nahezu universal.

Wir könnten mit der Aufzählung weiterer Daten fortfahren, aber wichtiger scheint mir die Bemerkung, daß das grundlegende Element bei der Betrachtung des Penis als Bohrwerkzeug oder Stichwaffe ein biologisches ist. W. R. Boss berichtete, daß Androgeninjektionen bei jungen Silbermöwen frühzeitige Aggressivität hervorriefen. Die behandelten Männchen waren die aggressivsten Vögel in der Gruppe. »Bei den Weibchen wurde festgestellt, daß diejenigen, die eine konzentrierte Dosis männlicher Hormone erhielten, über Weibchen mit geringerer Dosierung dominierten, daß sie aber niemals über Männchen mit viel geringerer Dosierung dominierten.«[131]

Mein Argument lautet, daß die Verbindung von Aggression und männlicher Sexualität biologisch bedingt ist. Wenn wir feststellen, daß in einer bestimmten Gesellschaft die durchschnittliche Hervorhebung dieses Zusammenhangs stärker oder schwächer ist, können wir sagen, daß in dieser Gruppe der Zusammenhang aus bestimmten Gründen überbetont oder unterdrückt wird. Es ist falsch zu sagen, die Situation sei kulturell bedingt; richtig hingegen, daß die Kultur einer der Faktoren ist, die die endgültige Form bestimmen, in der sich grundlegende Tatsachen der menschlichen Natur manifestieren.[131]

VII. Phantasien in Psychose und Kultur

Die transkulturelle Bewegung von Träumen schließt die Universalität des Primärprozesses ein. Darunter verstand Freud die flüchtige Natur der emotionalen Inhalte, die unserem logischen Denken zugrunde liegen: »Durch den Prozeß der *Verschiebung* kann eine Vorstellung den ganzen Betrag ihrer Besetzung an eine andere abgeben, durch den der *Verdichtung* die ganze Besetzung mehrerer anderer an sich nehmen.« Ein weiterer Aspekt dieser Vorgänge ist, daß sie weder Zeit noch Negation (Frustration) und Realität berücksichtigen.[132] Der Säugling wechselt gewöhnlich rasch von einer Lustquelle zur andern und zieht keine klare Trennungslinie zwischen sich und seiner Mutter oder der mütterlichen Brustwarze – zwischen dem Teil und dem Ganzen eines Objekts. In den Phantasien der Schizophrenen finden wir alle diese Phänomene, die wir bei der Analyse von Neurotikern als Konstrukte angenommen haben, in reiner, unzensierter Form wieder. Worauf sollen wir es zurückführen, wenn ein Patient plötzlich eine Sonnenmythologie oder ein System aus Tabus und Zauberei entwickelt, aus Schutzgeistern, die gegen böse Geister kämpfen? Gewiß nicht auf die Grundlage irgendwelcher Institutionen. Wir nehmen jedoch ebensowenig an, daß dies die einzige Weise war, in der unsere Urahnen denken konnten; daß sie von Primitiven vererbt wurde und daß die Psychotiker auf diese Stufe regredieren.[133]

Wenn das zuträfe, dann wäre die Menschheit gleich zu Beginn ausgelöscht worden. Wir wissen, daß die Primitiven in ihrem Bereich zum größten Teil ebenso rational handeln wie wir – wenn nicht rationaler –, und wir müssen auch annehmen, daß das gleiche für unsere subhumanen Vorfahren gilt.

Das Fehlen von eindeutigen Abgrenzungen zwischen Gefühlszuständen und Realität und die Tendenz, Objekte miteinander zu verschmelzen und die Libido von einer erogenen Zone zur anderen zu transferieren, sind Teil einer universalen Entwicklungsstruktur.

A. F., ein fünfundzwanzigjähriger Schizophrener im Worcester State Hospital in Massachusetts erzählte mir, daß er jede Tat vollbringen könne, wenn er nur an sie denke. Mittels Röhren, die sich in seinem Besitz befanden, konnte er allein durch sein Denken Löcher in Menschen machen oder er konnte ihnen auch einen ganz neuen Körper oder einen Kopf verschaffen. Er heilte Menschen mit einer Radiumröhre. Er steckte eine Linse in Form einer Phosphorkugel in die Röhre, betrachtete dann eine Person und machte ihr einen neuen Kopf. Er hatte Offiziersfrauen in China geheilt. In solchen Fällen versteckte er die Röhren und brauchte nur seinen Kopf, weil er nicht wollte, daß die Offiziere die Röhren bei ihm fanden. – Die sexuelle Bedeutung der Kugeln, Röhren, Strahlen und der Offiziersfrauen ist unverkennbar. Der Patient glaubte, er könne magische Resultate durch einen Gedanken, einen Blick oder mittels magischer Objekte erzielen. Sein Denken glich in dieser Hinsicht demjenigen eines Medizinmanns. Er erhielt die ganze Welt durch die Anwendung der Radiumröhre gesund.

In einem amtlichen Erlaß des Jahres 646 wird der Kaiser von Japan als »der inkarnierte Gott, der das Universum regiert« beschrieben.

> »In alten Zeiten war er verpflichtet, jeden Morgen mit der Kaiserkrone auf dem Kopf einige Stunden auf dem Thron zu sitzen, wobei er jedoch ganz wie eine Statue sitzen mußte, ohne die Hände oder Füße, den Kopf oder die Augen oder sonst einen Körperteil zu bewegen, denn man glaubte, daß er dadurch in seinem Reiche Frieden und Ruhe aufrechterhalten könne.«[134]

Können wir nun annehmen, daß der Patient im Worcester Hospital und der Kaiser von Japan aufgrund der Identifikation ihres Körpers mit dem gesamten Universum auf der Grundlage der gleichen Institutionen handeln? Offensichtlich ist dies völlig unmöglich.

Ein anderer Patient im Worcester Hospital behauptete, daß es keinem Mann erlaubt sei, seiner Frau ein Kind zu machen.

»In jedem zivilisierten Land würde man ihn umbringen, wenn er es täte. Nur die Leute haben das Recht, Kinder zu machen, die ihr ständisches Recht oder ihr rituelles Ständerecht haben, und das heißt, daß sie die Kinder ernähren, halten und bewahren können.« In Australien und auf den Trobriand-Inseln werden die Kinder nicht von Menschen gezeugt, sondern von Ahnengeistern. In beiden Fällen muß eine Leugnung der Vaterschaft aufgrund des Ödipuskomplexes und eine phantasierte Identifikation von Mutter und Ehefrau (die dadurch zu den Ahnengeistern, d. h. den Vätern, gezählt wird) unterstellt werden. (Vgl. oben).

An dieser Stelle möchte ich noch einmal die auffällige Parallele zwischen schizophrenen Phantasien und primitiven Glaubensansichten hervorheben. Ein dritter Patient (H. A.), ein etwa fünfunddreißigjähriger Mann, den ich ungefähr anderthalb Jahre lang regelmäßig sah, sprach ständig über seine »Geschichten« oder »Träume«. Er verwendete diese beiden Wörter unterschiedslos. Sein wichtigster Traum war der folgende: »Ich versuche nach Hause zurückzukehren, aber es ist ein Berg im Weg. Er ist sehr groß und halbkreisförmig, wie der Ort, in dem ich lebe. Auf der Bergspitze geht die Sonne unter, und ich habe ein unangenehmes Gefühl. Ich weiß nicht, wo sie verschwinden wird. Auf dem Boden steht ein Mann, der hat ein Löwenfell um wie einen Mantel, und er führt einen zahmen kleinen Löwen wie einen Hund mit sich. Über dem Hügel schwebt in der Luft ein junges Mädchen; ihr Gesicht sieht aus wie früher meines. Noch höher oben schwebt ein Skelett, das meinem Vater oder meinem Bruder gleicht. Dann habe ich das Gefühl, daß etwas aus mir heraustritt, genau wie ein zweites Selbst. Es kommt aus meinen Nasenlöchern hervor, und ich habe ein Gefühl, wie wenn ich ohnmächtig geworden wäre. Es sieht aus wie ich, und es steht neben mir genau wie ein Engel.«

Wir brauchen hier den Traum (auf der Grundlage anderer Träume und assoziativen Materials) nur kurz zu analysieren. Der Berg ist seine Mutter; die Sonne ist er selbst, und die untergehende Sonne ist die uterine Regression. Das über dem Berg schwebende Vaterbild bezeichnet den Ödipuskomplex: sein Vater will nicht, daß er seine Mutter besitzt. Das Liebesobjekt – Engel, Schwester oder Mutter – sieht so aus, wie er früher selber ausgesehen hatte: selbstverständlich ist dies das narzißtische Objekt der Schizophrenie. Die Doppelbildung seines Selbst ist der Schutzengel. Was ich hier jedoch hervorheben möchte, ist, daß der Mann im Löwenfell oder der zahme Löwe ursprünglich ein Widersacher war, der ein Verbündeter oder Beschützer geworden ist. Der Löwe ist nicht die einzige von ihm gebrauchte Figur der Tiermythologie. Er zitiert auch Käfer, Affen, Schwertfische, Adler, die teilweise in ihm selbst und teilweise in der Außenwelt angesiedelt sind. Eines Tages schaute er den Himmel an; er hatte ein Auge geschlossen und sah ungefähr dort, wo die Sonne war, einen Adler. Der war so groß wie ein Flugzeug, aber aus dieser Entfernung schien er nur die Größe von einem seiner Zähne zu haben. Hier haben wir die Verbindung zwischen den kleinen »Zähnchen« in ihm und dem riesigen Adler am Himmel. Wenn er den Adler ansah, war es, als ob er sich selbst ansehen würde, und der Adler erkannte ihn, wenn er etwas falsch machte.

Wir sehen hier deutlich, wie der Adler als Über-Ich fungiert. Die nächste Äußerung enthüllt den oralen Ursprung seiner Schuldgefühle: Wenn jemand zufällig versuchte, eine Suppe oder einen Apfel zu essen, sah es der Adler und schickte etwas Fliegendes aus, eine Motte oder einen Käfer. »Sie kamen und schlugen mich. Der Adler war wie ein Fisch, der Fisch wie ein großes Schiff – Adler, Fisch und Boot gehörten alle mir; sie erkannten mich und sahen, wenn ich falsch handelte und richtig handeln wollte. Dieser Adler war gar kein richtiger Adler, aber das durfte ich niemandem erzählen.[135] Ich hatte jedoch noch einen zweiten Adler, einen kleineren. Den ließ ich in der Luft schweben. Mein Vater erschoß ihn. Jetzt habe ich ihn nicht mehr.«

Der Vater tötet den kleinen Adler, der große Adler repräsentiert den Vater. Bei anderer Gelegenheit behauptete er, der Löwe, der große Fisch und der Käfer seien alle mit dem Großen Affen identisch. Der Große Affe, der mit ihm kämpfte, glich seinem Vater. Es ist interessant zu sehen, wie wir sogar in diesen primitiven Phantasien die Verwandlung von Themen und Motiven verfolgen können. Das »Schiffsthema« ist aus dem Thema des Schwertfisch-Zusammenstoßes abgeleitet, und das Thema des schwarzen Prinzen stammt von den schwarzen Zwergen oder dem schwarzen Schwertfisch her.

Woher kommt aber der schwarze Schwertfisch? Vor einigen Jahren (1934) erzählte mir A. H. die Geschichte folgendermaßen: »Ich sah einen Mann, der schwarz war, aber meinem Vater glich. Als ich aus dem Glas trinken wollte, erhielt ich nichts daraus, dieser Mann aber steckte seinen Kopf in meines und trank es aus.« – Er versuchte, an natürliche Dinge zu denken, aber der Käfer hinderte ihn daran. Als der Käfer auf ihn zuflog, erinnerte ihn dies an die Zeit, als sein Vater ihn nicht zu Hause behalten wollte. (Er hatte mit seinem Vater Streit gehabt.) Die Verwandlung vollzieht sich in folgenden Schritten: sein Vater wird zu einem Tier – Käfer, Affe, Löwe, Adler, Schwertfisch. Die Aggression wird in ihr Gegenteil verwandelt, das feindliche Tier wird zum Schutzengel. – Er führt seine Psychose immer auf einen erfolglosen Versuch zurück, Nahrung zu sich zu nehmen, wobei der Grund der Feindseligkeit entweder in der Nahrung oder in ihm selber liegt, oder im Einwirken der Vaterimago.

Anna Freud beschreibt die Identifikation mit dem Aggressor als einen jener Mechanismen, mit denen Kinder ihre Aggressionen handhaben. Ein Kind mit einer Löwenphobie spielt gewöhnlich den Löwen, und ein Kind, das Angst vor dem Teufel hat, behauptet, selber ein Teufel zu sein.[136] – Durch diese Identifikation mit dem väterlichen Aggressor hat unser hebephrener Patient eine Anzahl phantasierter zoomorpher Schutzgeister erworben, die aus der Phantasie seines Kampfes mit dem Vater um den Besitz der Mutter – oder um Nahrung, um das Haus, um Normalität – stammen. Die schizophrene Katastrophe wird insgesamt, wie in vielen anderen Fällen, im Sinne eines präödipalen oralen Traumas beschrieben.

Wir wollen nun diesen Fall mit dem Glauben an Schutzgeister bei einigen nordamerikanischen Indianerstämmen vergleichen: Die Schwarzfußindianer setzten das Fasten und Träumen als Mittel ein, um Kraft zu erlangen. Am Ende des vierten Tages erschien dann dem Mann ein heimlicher Helfer im Traum, gewöhnlich in Gestalt eines Tieres. Dieser Helfer sprach mit ihm, kennzeichnete seinen Lebensweg und gab ihm Kraft. Ein Mann legte sich in eine ausgetretene Büffelspur, wo die Tiere häufig entlangzogen, so daß er von einer wandernden Herde hätte zertrampelt werden können; oder er begab sich an einen Ort, an dem zahlreiche gefährliche Bären waren.[137] Die Schwarzfußindianer töteten die Tiere, die ihnen im Traum erschienen, und bewahrten das Fell als Zaubermittel oder als Medizinbeutel auf.[138] Der mythische Ursprung des Bärenzaubers findet sich in der Erzählung vom Knaben, der seinem Vater helfen wollte: Der Knabe wandert ins Gebirge und findet eine Höhle, in der ein Grizzlybär lebt. Der Bär ergreift ihn, und er ist tief erschrocken. Als er den Bär über sich sieht, verläßt der Geist seinen Körper. Wenn er sich bewegt, legt ihm der Bär seine schwere Tatze auf den Leib und streckt die großen Krallen aus. Schließlich sagt der Bär zu ihm: »Habe keine Angst, *mein Sohn*, ich werde dir nichts tun. Ich bin der Oberhäuptling aller Bären, und meine Macht ist sehr groß.« Der Bär verleiht dem Knaben, der von zu Hause weggegangen ist, um seinem Vater zu helfen, übernatürliche Kräfte. »Mache die Angriffslaute des Zaubergrizzlys nach, wenn du angreifst«, sagt der Bär zu ihm.[139]

Die jungen Omahas mußten fasten und dann von einem Tier träumen, das ihr zukünftiger Schutzgeist werden würde. Anschließend mußten sie das im Traum oder in der Trance erblickte Tier suchen, es töten und einen Körperteil von ihm aufbewahren. Dadurch war der Erfolg als Krieger, Jäger oder Schamane gesichert.[140]

In beiden Fällen, bei der Psychose wie bei dem Erwerb eines Schutzgeistes, finden wir: a) das orale Trauma, äußerlich herbeigeführt im einen Fall (Schutzgeister), phantasiert im andern; b) den Kampf mit der Vaterimago in Tiergestalt (in beiden Fällen eine Phantasie); c) die Verwandlung von Aggression in Identifikation, d. h. den Erwerb eines Über-Ichs oder Schutzgeistes.

Der Primärprozeß oder das prälogische Denken (Lévy-Bruhl), das integrale Denken (Solymossy)[141] oder das magische Denken (Róheim) hängen unmittelbar mit der verlängerten, abgeschirmten Mutter-Kind-Situation zusammen, in der die Realität (die Mutter) unverkennbar unter der Herrschaft von Emotionen steht (das Kind schreit, die Mutter kommt). Diese Situation sollte im Sinne von Gesell als eine Stufe in unserer Entwicklung aufgefaßt werden. Ihre Formen können zwar durch die Grade der Frustration beeinflußt werden, aber sie selbst ist ganz offensichtlich eine unvermeidliche Phase in unserem Leben.

Wir können die Wirklichkeit nicht direkt aufnehmen. Ich nehme nicht wie Jung an, daß diese Emotionen, Einstellungen oder Vorstellungen vererbt werden; vererbt ist hingegen die Disposition zu ihrem Erwerb, und durch den Kontakt mit der Mutter oder einer anderen Bezugsperson werden sie notwendigerweise entwickelt.

Die Introjektion der Realität (Umwelt, Erfahrung) findet – *im Leben des Individuums, nicht der Gattung* – vermutlich später statt als die Introjektion der Mutter. Diese Introjektion der Realität nennen wir das »Ich«, und wenn der Krankheitsprozeß der Schizophrenie aus irgendeinem unbekannten Grund das Ich zerstört, läuft der Primärprozeß unkontrolliert ab. Die Frage, warum dieses mystische und magische Denken bei den Primitiven stärker ausgeprägt ist als bei uns, ist schwer zu beantworten. Wir wissen nicht einmal, ob Primitive (oder nichtalphabetisierte Gruppen, wenn man diesen Ausdruck vorzieht) sich stärker auf die Magie stützen als wir, oder ob wir zwar Fehler in ihrem Denken entdecken, nicht aber in unserem eigenen.

Wie dem auch sei, deutlich ist jedenfalls, daß niemand die auf Nachahmung oder auf eine »pars pro toto«-Beziehung gegründete Magie auf der Basis kultureller Grundfiguren erklären kann. Die Magie hat ihren Ursprung mit Sicherheit auf einer *subkulturellen* Ebene.[142] Dieser Teil unseres Unbewußten entspricht nicht dem verdrängten Unbewußten. Freud sagte, daß es auf irgendeine Weise überwunden und abgelegt wird, aber wir wissen nicht genau wie. Wir können jedoch unter anderen Voraussetzungen sehr wohl zwischen diesen Bereichen des Unbewußten unterscheiden.

Das verdrängte Unbewußte (Ödipuskomplex) war einmal in Worten ausgedrückt worden und wird durch die auf einer Introjektion des Vaters beruhenden Zensur vom direkten verbalen Ausdruck ausgeschlossen. Der Primärprozeß muß hingegen keinesfalls notwendigerweise verbalisiert werden; er besteht aus bestimmten Grundzügen, deren Universalität durch das Traummaterial erwiesen wird, das verbalisiert werden kann oder auch nicht. Margaret Mead beschreibt eine interessante Untersuchung, die sie über das Problem des

Animismus bei Kindern der Manus durchgeführt hat. Sie kommt zu dem Ergebnis, daß die Kinder nur wenig Interesse für den Animismus zeigen, beträchtlich weniger als die Erwachsenen, obwohl die Manus eine animistische Kultur haben. Mead schreibt jedoch:

»Vor diesem Hintergrund einer skeptischen Interessenlosigkeit hob sich jedoch der kleine Bopau stark ab. [...] Bopau war ein Waise. Sein Vater war erst vor zwei Jahren gestorben, und obwohl er im Hause des jüngeren Bruders seines Vaters lebte, war er dort nicht beliebt. Sein toter Vater Sori war der Schutzgeist seines jüngeren Bruders Pokenau. Pokenau hatte Bopau ein bedeutungsloses Geisterkind namens Malean zugewiesen. Bopau behauptete aber, daß sein Vater Sori sein Geist sei, daß er mit Sori spreche und Sori mit ihm. Er lehnte den ihm zugewiesenen Geist ab. Er war ein einsames, scheues und ungeliebtes Kind, das den Ausgleich für seine Einsamkeit im imaginären Umgang mit seinem Geistervater suchte.«[144]

An einer anderen Stelle sagt M. Mead:

»Weitere Untersuchungen werden notwendig sein, um zu bestimmen, ob der Animismus als eine Neigung betrachtet werden muß, die allen menschlichen Bewußtseinsformen gemeinsam ist, welche durch erzieherische Faktoren gefördert oder unterdrückt werden können, oder ob es sich bloß um eine Idiosynkrasie bestimmter Bewußtseinsformen handelt, die in Sprache und Institutionen der menschlichen Gattung ihren Niederschlag gefunden hat.«[145]

Statt auf diese Frage einzugehen, führe ich einen Traum an, den mir einer meiner Patienten erzählt hat. Obwohl seine Potenz nichts zu wünschen übrig ließ, hatte er erhebliche Kastrationsängste und befürchtete, seine Frau nicht befriedigen zu können. Sie hatten jede Nacht Geschlechtsverkehr. In einer Nacht, als seine Frau menstruierte und er nicht mit ihr verkehren konnte, hatte er den folgenden Traum: »Ich muß bei meinem Wagen ›Mitternachts-Öl‹ nachfüllen lassen. Ich fahre zu einer Tankstelle und erhalte das Öl von zwei Männern, einem älteren und einem jüngeren. Ich bezahle sie und erhalte das Wechselgeld zurück. Ich sehe jetzt nur noch eine Hand mit drei Vierteldollars darin.« – Der Wagen, bei dem er Öl nachfüllen muß, ist sein Penis. Das »Mitternachts-Öl« oder der Samen, den er von anderen Männern erhält, bedeutet Fellatio. Die Assoziationen zeigen, daß der jüngere Mann eine phallische Repräsentation seiner selbst ist; der ältere stellt seinen Vater dar. Nur noch eine Hand ist sichtbar: er masturbiert im Traum, um sich eine Erektion zu verschaffen; um sicherzugehen, daß er seinen Penis immer noch mit »Mitternachts-Öl« nachfüllen kann. Die drei Vierteldollars in der Hand sind der Penis und die beiden Hoden. Wie es im Traum üblich ist, sind die gesamte Szenerie und die personelle Besetzung aus dem Innern des Träumers selbst aufgebaut. Die beiden helfenden Figuren sind die zwei Darstellungen seiner selbst in seinem väterlichen und phallischen Aspekt.

Was ist Animismus? Im wesentlichen stellt er eine Doppelbildung dar, eine *Verdoppelung unserer selbst.* Warum wir diese Neigung besitzen, ist hier unerheblich. Die Universalität der Neigung zeigt sich in jedem Traum. Ich glaube nicht, daß sie bei jedem Menschen *verbalisiert*, d. h. bewußt werden muß. Ist sie jedoch bei bestimmten Individuen einmal bewußt ausgebildet worden (entweder aus dem gleichen Grund wie beim Manus-Kind oder aus anderen Gründen), neigen die anderen dazu, sie zu akzeptieren, weil sie ihrem eigenen Unbewußten entspricht. Im Falle der Magie ist es ähnlich. Jede Neurose und jede Persönlichkeit birgt in sich ein unbewußtes Element der Magie. In bestimmten Situationen wird diese unbewußte Magie bewußt.

Anmerkungen

1 Clyde Kluckhohn, *The Influence of Psychiatry on Anthropology*, in: *One Hundred Years of American Psychiatry*, New York 1944, S. 615.

2 E. B. Tylor, *Primitive Culture*, London 1903, I, S. 428.

3 A. E. Crawley, *The Idea of the Soul*, London 1909, S. 75.

4 A. Lang, *Custom and Myth*, New York 1904, S. 53.

5 R. R. Marett, *Psychology and Folklore*, London 1920, S. 19.

6 A. L. Kroeber, *White's View of Culture*, in: *American Anthropologist*, L (1948), S. 5.

7 Vgl. G. Róheim, *The Riddle of the Sphinx*, London 1934.

8 Clyde Kluckhohn, *Navaho Infancy and Childhood*, in: *Psychoanalysis and the Social Sciences*, New York 1947, I, S. 84.

9 M. Klein, *The Psychoanalysis of Children*, London 1934.

10 In der russischen Fassung bittet die Hexe den Schmied, für sie eine Stimme zu machen wie die von Ivashkos Mutter. W. R. S. Ralston, *Russian Folk Tales*, London 1873, S. 165.

11 W. R. S. Ralston, ibid., S. 171. (Für vergleichende Anmerkungen zum Märchen von Hänsel und Gretel vgl. Bolte und Polivka.)

12 H. Callaway, *Nursery Tales, Traditions and Histories of the Zulus*, London 1866, S. 17–20.

13 W. Bogoros, *The Chukchee*, Memoirs of the American Museum of Natural History, XI (1904–1909), S. 294, 295.

14 W. Radloff, *Proben der Volksliteratur der türkischen Stämme Süd-Sibiriens*, St. Petersburg 1866, I, S. 307.

15 S. Freud, *Die Traumdeutung* (Wien 1900); Gesammelte Werke, Band II/III, S. 147 f.

16 W. Schneider, *Die Religion der afrikanischen Naturvölker*, Münster in W. 1891, S. 53.

17 Ruth Benedict, in: *Culture and Personality, Proceedings of an Interdisciplinary Conference Held under Auspices of the Viking Fund*, New York 1949, S. 139.

18 Henry A. Murray, *Research Planning: A Few Proposals*, in: *Culture and Personality*, New York 1949, S. 196.

19 S. Freud, *Das Ich und das Es* (Wien 1923), *GW* XIII, S. 278, 282.

20 S. Freud, *Massenpsychologie und Ich-Analyse* (Wien, 1921), GW XIII, S. 71; *Zur Einführung des Narzißmus* (1914), *GW* X, S. 137; *Trauer und Melancholie* (1917), *GW* X, S. 427.

21 Ernest Jones, *Papers on Psycho-Analysis*, London 1948, S. 145.

22 Vgl. W. R. D. Fairbairns Konzept des »inneren Saboteurs«.

23 S. Freud, *Das Ich und das Es*, *GW* XIII, S. 262.

24 Vgl. S. Freud, *Totem und Tabu* (Wien 1913), *GW* IX.

25 S. Freud, *Hemmung, Symptom und Angst* (Wien 1926), *GW* XIV, S. 111.

26 O. Fenichel, *The Psychoanalytic Theory of Neurosis*, New York 1945, S. 102.

27 John Rickman, *The Development of the Psycho-analytical Theory of the Psychosis*, London 1928, S. 45.

28 M. Brierley, *Metapsychology and Personology*, in: *International Journal of Psychoanalysis*, XXVI (1945), S. 108.

29 Vgl. G. Róheim, *War, Crime and the Covenant*, New York 1945.

30 I. C. Fluegel, *Man, Morals and Society*, New York 1944, S. 78-79.

31 F. Alexander, *Psychoanalyse der Gesamtpersönlichkeit*, Wien 1926, S. 41.

32 L. Jekels und E. Bergler, *Instinct Dualism in Dreams*, in: *Psychoanalytic Quarterly* IX (1940), S. 403.

33 S. Freud, *Das Unbewußte* (1915), *GW* X, S. 262.

34 Marcel Mauss, *Une catégorie de l'esprit humain: la notion de personne, celle du ›moi‹*, in: *Journal of the Royal Anthropological Institute*, LXVIII (1938), S. 274. (Deutsche Übersetzung: *Eine Kategorie des menschlichen Geistes: Der Begriff der Person und des ›Ich‹*, in: Marcel Mauss, *Soziologie und Anthropologie*, München 1975, Band II, S. 238).

35 G. Róheim, *Sublimation*, in: *Psychoanalytic Quarterly*, XII (1943), S. 338.

36 Vgl. O. Rank, *Die Symbolschichtung im Wecktraum*, in: *Jahrbuch für Psychoanalyse*, IV (1912), S. 51-115.

37 Von einem anderen Analytiker, der den Fall mit mir diskutierte.

38 J. E. Harrison, *Themis*, Cambridge 1927, S. 174-175.

39 J. G. Frazer, *The Magic Art*, London 1911, I, S. 266.

40 Vgl. den Artikel *Dioskouroi*, in: W. H. Roscher, (Hg.), *Ausführliches Lexikon der griechischen und römischen Mythologie* Leipzig 1884-1937.

41 C. Blinkenberg, *The Thunderweapon in Religion and Folklore*, Cambridge 1911, S. 58; Richard M. Meyer, *Altgermanische Religionsgeschichte*, Leipzig 1910, S. 287.

42 G. Róheim, *The Eternal Ones of the Dream,* New York 1945, S. 184-185.

43 Vgl. G. Róheim, *Dream Analysis and Fieldwork in Anthropology,* in: *Psychoanalysis and the Social Sciences,* I, New York 1947, S. 95.

44 *The Riddle of the Sphinx,* S. 69, 75.

45 Ibid., S. 29.

46 Raymond Firth, *The Meaning of Dreams in Tikopia,* in: *Essays presented to C. G. S. Seligman* (London, 1934), S. 64.

47 *The Eternal Ones of the Dream,* S. 118-119.

48 C. G. S. Seligman, *Anthropology and Psychology,* in: *Journal of the Royal Anthropological Institute,* LIV (1924), S. 43-44.

49 Vgl. H. S. Darlington, *The Fear of False Teeth,* in: *Psychoanalytic Review,* XXXI (1944), S. 181.

49a A. Castiglioni, *The Serpent or Healing God in Antiquity, Ciba Symposia,* III, No. 12 (1941), S. 1161.

50 Thraemer, Artikel über »Asklepios« in Roschers *Lexikon,* zitiert F. G. Welcker, *Griechische Götterlehre,* II, (1857/1862), S. 734.

51 J. G. Frazer, *Adonis, Attis, Osiris,* London 1907, S. 72 zitiert Dittenberger, Sylloge Inscriptionum Graecorum, No. 803.

52 E. Küster, *Die Schlange in der griechischen Kunst und Religion,* Giessen 1913, S. 78.

53 J. E. Harrison, ibid., S. 268.

54 Vgl. den Artikel »Erichthonios« in Roschers *Lexikon,* I, S. 1304.

55 Küster, ibid., S. 149.

56 A. Marx, *Griechische Märchen von dankbaren Tieren,* Stuttgart 1899, S. 121-122.

57 G. Landtman, *The Folk Tales of the Kiwai Papuans,* in: *Acta Scientarum Societatis Fennicae,* XLVII, Helsinki 1917, S. 422-423.

58 Ibid., S. 454.

59 G. C. Wheeler, *Mono-Alu Folklore,* London 1926, S. 36-37.

60 W. Lloyd Warner, *A Black Civilization,* New York 1937, S. 384.

61 B. Spencer und F. J. Gillen, *Northern Tribes of Central Australia,* London 1904, S. 486.

62 R. und C. Berndt, *A Preliminary Report of Field Work in the Ooldea Region, Western South Australia,* Sidney 1945, S. 255.

63 A. C. Hollis, *The Nandi,* London 1909, S. 90.

64 John Roscoe, *The Baganda,* London 1911, S. 320-322.

65 S. Spieth, *Die Religion der Eweer in Süd-Togo,* Leipzig 1911, S. 143.

66 W. Bossman, *Reise nach Guinea,* 1708, S. 449.

67 L. Frobenius, *Und Afrika sprach,* Berlin 1913, III, S. 181.

68 R. Briffault, *The Mothers,* London 1927, II, S. 669, zitiert H. A. Coudreau, *La France équinoxiale,* II, S. 184 ff., 190.

69 Briffault, ibid., II, S. 668, zitiert I. Chomé, *Lettres édifiantes et curieuses,* VIII, S. 333.

70 Vgl. G. Róheim, *The Children of the Desert,* in: *International Journal of Psychoanalysis,* XIII (1932), S. 24; ders., *Play-Analysis with Normanby Island Children,* in: *American Journal of Orthopsychiatry,* XI (1941), S. 527.

71 Vgl. den Aufsatz von Ernest Jones, *Die Theorie der Symbolik,* in: *Internationale Zeitschrift für Psychoanalyse,* V (1910), S. 244-273; VIII (1922), S. 259-289 (abgedruckt in Menne, K., Looser, M., Osterland, A., Brede, K., Moersch, E., *Sprache, Handlung und Unbewußtes,* Kronberg 1976, S. 229-281); ders., *Papers on*

Psychoanalysis, London 1948, S. 87.

72 G. Róheim, *The Psychology of the Central Australian Culture Area*, in: *International Journal of Psychoanalysis*, XII (1931), S. 101.

73 D. Webster, *The Origin of the Sign of the Zodiac*, in: *American Imago*, I (1940), S. 31-47.

74 Vgl. bes. S. Ferenczi, *Das Problem der Unlustbejahung*, in: *Internationale Zeitschrift für Psychoanalyse*, XII (1926), S. 241-252. (In S. Ferenczi, *Schriften zur Psychoanalyse*, Frankfurt am Main 1972, Band II, S. 200-211); E. Jones, *Die Theorie der Symbolik* (vgl. Anm. 71).

75 M. E. Opler, *Japanese Folk Belief concerning the Snake*, in: *Southwestern Journal of Anthropology*, I (1945), S. 251.

76 Ibid., S. 259.

77 Vgl. G. Róheim, *Aphrodite, or, The Woman with a Penis*, in: *Psychoanalytic Quarterly*, XIV (1945), S. 350-390.

78 J. M. de Groot, *The Religious System of China*, Leiden 1907, V, Book II, S. 587, 589.

79 M. E. Opler, ibid., S. 258.

80 G. Róheim, *Magyar Néphit es Nèpszokdsok*, Budapest 1925, S. 88.

81 W. v. Schulenburg, *Wendische Volkssagen und Gebräuche aus dem Spreewald*, Berlin 1880, S. 96. Vgl. für weiteres europäisches Material mein in Anm. 80 zitiertes Buch.

82 M. E. Opler, ibid., S. 255.

83 G. G. Aston, *Shinto*, New York 1905, S. 64.

84 *The Eternal Ones of the Dream*, S. 178-199.

85 Cora Du Bois, *The People of Alor*, Minneapolis 1944, S. 31.

86 B. Spencer, *Native Tribes of the Northern Territory*, London 1914, S. 325.

87 G. Landtman, *The Kiwai Papuans of British New Guinea*, London 1927, S. 231.

88 H. Ploos und M. Bartels, *Das Weib in der Natur- und Völkerkunde*, Leipzig 1908, II, S. 265.

89 H. Zahn, *The Jabims*, in: R. Neuhaus, *Deutsch-Neuguinea*, Berlin 1911, III, S. 296.

90 C. G. S. Seligman, *The Melanesians of British New Guinea*, Cambridge 1910, S. 85.

91 J. Henry, *Jungle People*, New York 1941, S. 194.

92 A. John, *Sitte, Brauch und Volksglaube im deutschen Westböhmen*, Wien 1905, S. 104.

93 G. Róheim, *Az élet fonala (Der Lebensfaden)*, in: *Adalékok a Magyar Néphitez*, Budapest 1920, S. 287.

94 M. Luby, *Treatment of Hungarian Peasant Children*, in: *Folk-lore*, LII (1941), S. 105. Vgl. für weiteres Material meinen Aufsatz *The Thread of Life*, in: *Psychoanalytic Quarterly*, XVII. Vgl. zum Gesamtthema: Frazer, *The Magic Art and the Evolution of Kings*, I, S. 52-219; *Taboo and the Perils of the Soul*, London 1948, S. 116-119, 126-130, 258-290.

95 A. Hermann, *A köröm a néphitben* (Fingernägel in der Folklore), in: *Ethnographia*, IV, S. 121, 124, 126, 128.

96 A. Hermann, *Potló adatok a körömröl való néphitez*, in: *Ethnographia*, IV (1893), S. 248.

97 V. Randolph, *Ozark Superstitions*, New York 1947, S. 289.

98 *Magyarság Néprajza* (Ungarische Ethnographie), Budapest, o. J., IV, S. 307.

99 J. G. Frazer, *Taboo and the Perils of the Soul*, S. 272-274.

100 K. Bartsch, *Sagen, Märchen und Gebräuche aus Mecklenburg*, Wien 1880, II, S. 329.

101 A. Wuttke, *Der deutsche Volksaberglaube*, Berlin 1900, S. 269.

102 A. Komáromy, *Magyarországi Boszorkányperek Oklevéltára*, Budapest 1910, S. 156.

103 A. W. Howitt, *Native Tribes of South-East Australia*, London 1904, S. 366.

104 B. Spencer und F. J. Gillen, *Native Tribes of Central Australia*, London 1899, S. 541.

105 M. Radiguet, *Les derniers sauvages; la vie et les moeurs aux îles Marquises*, Paris 1842-1859, S. 175.

106 J. G. Frazer, *Taboo and the Perils of the Soul*, II, S. 268-290, und *The Magic Art and the Evolution of Kings*, S. 174-219; E. S. Hartland, *The Legend of Perseus*, London 1895, II, S. 55-174.

107 J. G. Frazer, *Taboo*, S. 280-281.

108 G. Landtman, ibid., S. 13.

109 G. Róheim, *Spiegelzauber*, Wien 1919, S. 31.

110 Derselbe Onkel erschien in einem früheren Traum als der Heilige Geist.

111 R. und C. Berndt, ibid., S. 224-225.

112 C. P. Mountford und Alison Harvey, *Women of the Andjamatana Tribe*, in: *Oceania*, XII, 1941, S. 156.

113 Vgl. G. Róheim, *Women and their Life in Central Australia*, in: *Journal of the Royal Anthropological Institute*, LXIII (1933); ders., *The Nescience of the Aranda*, in: *British Journal of Medical Psychology*, XVII (1938).

114 B. Malinowski, *The Sexual Life of Savages*, London 1929, S. 146-150.

115 Ernest Jones, *Mother Right and the Sexual Ignorance of Savages*, in: *International Journal of Psychoanalysis*, VI (1925), S. 109-130.

116 John J. Honigmann, *Cultural Dynamics of Sex*, in: *Psychiatry*, X (1947), S. 44.

117 Ibid., S. 42.

118 Jules und Zunia Henry, *Doll Play of Pilaga Indian Children*, in: *Research Monographs of the American Orthopsychiatric Association*, 4 (1944), S. 15-16.

119 D. Leighton und Clyde Kluckhohn, *Children of the People*, Cambridge Mass., 1947, S. 36.

120 Feldforschung 1947.

121 G. Lueko, *A magyar lélek formai (Formen der ungarischen Psyche)*, Budapest 1942, S. 108.

122 J. Piprek, *Slawische Brautwerbungs- und Hochzeitsgebräuche*, Wien 1914, S. 22-23.

123 Ibid., S. 118.

124 Jessie L. Weston, *The Legend of Sir Gawain*, London 1897.

125 C. Pschmadt, *Die Sage von der verfolgten Hinde*, Leipzig 1911.

126 G. Róheim, *Die wilde Jagd*, in: *Imago*, XII (1926), S. 467.

127 G. Róheim, *Sexual Life of the Central Australian*, in: *International Journal of Psychoanalysis*, XIII (1932).

128 Das war auch der Ausgangspunkt für die Idee der Persönlichkeit und der Kultur.

129 G. Róheim, *National Character of the Somali*, in: *International Journal of Psychoanalysis*, XIII (1932).

130 J. J. Honigmann, ibid., S. 44.

131 In G. H. Seward, *Sex and the Social Order*, New York 1946, S. 37-38.

131a Vgl. Robert M. Yerkes, *Chimpanzees, A Laboratory Colony*, New Haven Conn., 1943, S. 70-71: »Beim sexuellen Spiel und im Werbungsverhalten tendiert das Männchen zu größerer Aggressivität.«

132 S. Freud, *Das Unbewußte* (1915), *GW* X, S. 263-303; Zitat: S. 285.

133 Vgl. M. Mead, in L. Carmichael, *Manual of Child Psychology*, New York 1946, und A. Storch, *The Primitive Archaic Forms of Inner Experience and Thought in Schizophrenia, Nervous and Mental Disease Monographs*, No. 36 (1924).

134 J. G. Frazer, *Taboo and the Perils of the Soul*, S. 3-4, zitiert Caron, *Account of Japan*, in: *Pinkerton's Voyages and Travels*, VII, 613.

135 Ein Medizinmann der Yuma brauchte 1931 praktisch dieselben Worte, als er über seinen Schutzgeist sprach.

136 Anna Freud, *Das Ich und die Abwehrmechanismen*, Wien 1936, S. 131 (Kindler-Taschenbuchausgabe München o. J. S. 89).

137 G. B. Grinnell, *Blackfoot Lodge Tales*, London 1893, S. 191-193.

138 J. G. Frazer, *Totemism and Exogamy*, London 1910, III, S. 388.

139 W. McClintock, *The Old North Trail*, London 1910, S. 352-358.

140 J. G. Frazer, *Totemism and Exogamy*, III, S. 399; Ruth Benedict, *The Concept of the Guardian Spirit in North America*, in: *Memoirs of the American Anthropological Association*, No. 29 (1923), S. 1-97.

141 S. Solymossy in *A Magyarság Néprajza* (Ungarische Ethnographie), IV, Budapest o. J., S. 321-322.

142 Vgl. R. Linton, *The Cultural Background of Personality*, New York 1945, S. 150.

143 S. Freud, *Das Unheimliche* (1919), *GW* XII, S. 263.

144 M. Mead, *An Investigation of the Thought of Primitive Children*, in: *Journal of the Royal Anthropological Institute*, LXII, (1932), S. 182-183.

145 Ibid., S. 189.

Der Ödipuskomplex der Navaho

Es wird allgemein die These anerkannt, daß der Kern der Navaho-Religion aus Heilungsriten besteht. Einige der behandelten Leiden rühren her von Begegnungen mit auswärtigen Feinden oder Geistern, und sie werden auf dem ›Monstrum-Weg‹ oder dem ›Feind-Weg‹ kuriert.

»Die gesamte Legende vom ›Monstrum-Weg‹ ist dem ›Monstrum-Mörder‹ und dessen Feldzügen gewidmet. Beim ›Feind-Weg‹ dient das Monstrum auf Befehl des ›Schwarzen Gottes‹ – dem Urheber dieses Ritus – als Vorbild. *Diesem zufolge muß der Patient den ›Monstrum-Mörder‹ bis in die äußere Erscheinung hinein nachahmen.* Er muß sich also mit Holzkohle und rotem Ocker einreiben und Schulterband, Armbänder und Federschmuck tragen, um seinem Vorbild zu entsprechen. Der ›Schwarze Gott‹ hatte angeordnet, daß die Figur des Bogens und des Zopfs, wie sie der ›Monstrum-Mörder‹ und dessen Bruder auf ihre Körper gemalt hatten, im zukünftigen Ritus eine übergeordnete Rolle einnehmen müssen.«[1]

Einer anderen Version zufolge waren der ›Mörder der Monstren‹ und das ›Kind des Wassers‹ selber die ersten beiden Patienten, die sich dem Ritus unterzogen. Als sie den gewaltigen Riesen Yeitso getötet hatten, nahmen sie dessen Skalp an sich, hängten ihn an einem Baum auf und erstatteten ihrer Mutter Bericht. Als sie ihr von der Begegnung erzählten, wurden sie ohnmächtig. Daraufhin bereitete die Mutter aus Kräutern, die vom Blitz getroffen worden waren, einen Trank, benetzte die beiden damit und schoß einen Pfeil aus Kiefern- und Fichtenholz über sie hinweg, um sie wiederzubeleben.

»Nach diesem Vorbild wird die Zeremonie heute bei Ohnmachts- oder Schwächeanfällen vollzogen, und bei Unwohlsein, das auf den Anblick von Blut oder eines gewaltsamen Todes von Mensch oder Tier zurückzuführen ist, vor allem dann, wenn dies einer schwangeren Frau zustieß oder auch dem Ehemann oder Vater einer Schwangeren.«[2]

Nach Coolidge

»[. . .] nahmen der ›Mörder‹ und sein Bruder ›Skalpierer‹, nachdem sie den Riesen Yeitso getötet hatten, dessen Skalp und Kriegskeulen an sich und trugen beides zu ihrer Mutter. Bald darauf wurden sie jedoch krank und hatten böse Träume von Yeitso, gegen die der Medizinmann nichts unternehmen konnte, so daß ihre Mutter, ›Wechsel-Frau‹, die ›Feuerstein-Menschen‹ holen ließ, die ein Lied über die beiden sangen und sie von ihren Träumen heilten.«[3]

Nachdem sie weitere Monstren ermordet hatten, folgte eine neue Reihe von bösen Träumen, die zusätzliche Zeremonien erforderlich machten. Eine dieser Zeremonien ist das ›Töten des Skalps‹. Das ist keine leichte Sache, weil der Mann, der den Skalp tötet, nur noch ein oder zwei Jahre zu leben hat. Deshalb wird ein alter Mann ausgewählt, der arm ist und vom Leben nichts mehr erwartet.

»Der Patient und ein Gehilfe, der ebenfalls schwarz bemalt ist, treten nun als Darsteller von ›Mörder‹ und ›Skalpierer‹ vor und gehen auf den Skalp zu, wobei der Patient einen Krähenkopf in der Hand trägt und das folgende Lied gesungen wird:

Der ›Mörder‹ geht.
Er ist ganz schwarz bemalt.
Er trägt eine Krähe.
Und jedermann blickt auf ihn.
Der ›Skalpierer‹ stolpert voran.
Er ist ganz schwarz bemalt.
Er trägt eine Krähe.
Und jedermann blickt auf ihn.

Der Patient und seine Frau unterziehen sich der ›Schwärzungszeremonie‹. Anschließend werden zwei Prisen Erde vom Schlangenhügel in die Mokassins des Patienten gestreut, die sich dadurch in die Mokassins des ›Mörders‹ verwandeln. Dies ist das Lied dazu:

Zieh Mokassins an, zieh Mokassins an, zieh Mokassins an –
Zieh des ›Mörders‹ Mokassins an.
Er hat Glück mit dem Bogen.
Ewige Mokassins ziehst du an.
Der ›Skalpierer‹ hat Glück beim Töten seiner Feinde.
Seine Mokassins ziehst du an.
Ewige Mokassins ziehst du an.«[4]

»Als Kriegsgott Nayenesgani vom Töten so vieler Feinde krank geworden war, befahl ihm der ›Heilige Wind‹, seinen Körper von den Füßen an aufwärts zu schwärzen und die bösen Geister der Toten auszutreiben. Er gehorchte und erholte sich wieder, und seither wird dieses Verfahren praktisch in allen Zeremonien der Navaho wiederholt.«[5]

»Die ›Heldenzwillinge‹ – ›Monstrum-Mörder‹ und ›Kind des Wassers‹ – werden in nahezu jeder Zeremonie der Navaho angerufen. Ihre Abenteuer haben viele Männlichkeitsideale der jungen Navaho begründet. Sie dienen besonders als Vorbilder für das Verhalten im Krieg und können beinahe als die Kriegsgötter der Navaho bezeichnet werden.«[6]

Was ist nun der mythische Hintergrund des Ritus? ›Wechsel-Frau‹ (oder ›Türkis-Frau‹) gebar Zwillinge, deren Vater die ›Sonne‹ war.[7] Der ältere Knabe wurde Nayenesgani, der ›Mörder‹, der jüngere ›Kind des Wassers‹ genannt. ›Sonne‹ warnte seine Gattin ›Wechsel-Frau‹, sie solle ihre Söhne vor dem gewaltigen Riesen Yeitso verstecken. Sie grub ein Loch in den Boden, und jedesmal, wenn sie den Riesen kommen hörte, steckte sie die beiden hinein und deckte das Loch mit einem flachen Stein zu. Der Riese kam oft, weil er in sie verliebt und auf ›Sonne‹ eifersüchtig war, aber sie hielt die Kleinen stets versteckt. Die Kinder wuchsen schnell heran und machten sich auf die Suche nach ihrem Vater ›Sonne‹. Er besaß einen wundervollen Palast im Osten, wo ›Weiße Muschelfrau‹[8] seine Gattin war. Als sie ankamen, *versuchte er, seine Nachkommen grausam zu töten.* Da ihm dies jedoch mißlang, schenkte er den beiden den geraden und den gekrümmten Blitz. Danach töteten sie den Riesen Yeitso, der das älteste Kind der ›Sonne‹ war.[9] Die Riesengestalt Yeitsos und der zwergenhafte Wuchs seiner Feinde werden hervorgehoben. In Wirklichkeit ist es jedoch ›Sonne‹, der den Riesen tötet, und als sich der ältere Bruder einmischt, nimmt er dabei das Steinschwert seines Vaters zu Hilfe.[10]

In einer viel ausführlicheren Fassung des Mythos liegt die typische

»Menschenfresser-Situation vor. Die Gattin von ›Sonne‹ versteckt die Kinder. ›Sonne‹ entrollt den ›Vorhang der Dunkelheit‹. Er fängt die beiden Knaben in ihrem Versteck mit dem Zickzackblitz wie mit einem Lasso ein, hebt sie damit in die Höhe und schleudert sie hinunter gegen die vorspringenden Feuersteine. Das Paar lebendiger Federn, das mit ihnen in die Höhe geschwebt ist, läßt sie wieder sicher an der Stelle landen, wo sie gesessen haben«.[11]

Wie gewöhnlich wird dies viermal wiederholt. Sodann wird der übliche Versuch gemacht, sie im Schwitzbad zu töten. Die ›Dämmerungskinder‹ reiben die Knaben mit Dämmerungspollen ein und verleihen ihnen das gleiche Aussehen, wie sie selbst es haben.[12] Es folgt ein weiterer Versuch, sie mit brennenden Bergkristallen zu töten. Schließlich erzählen sie der ›Sonne‹, daß sie gekommen sind, um den zickzackförmigen und den geraden Blitzpfeil zu holen und damit den großen *ye-i* zu töten. »Der einsam reisende ye-i hat uns alle verzehrt!

Das gehörnte Monstrum hat uns alle verzehrt, und das Monstrum Adler und jene, die mit ihren Augen töten!« Gleichwohl tadelt ›Sonne‹ sie, weil sie ihren älteren Bruder, den Riesen, töten wollten. Am Ende aber feuert dem Mythos zufolge ›Sonne‹ den ersten Schuß ab, wegen der »vollkommenen Achatscheibe« auf dem Kopf des Riesen.[13]

Bevor wir ähnliche oder gleichartige Mythen erörtern, halten wir fest, daß a) ›Sonne‹ seine eigenen Kinder zu töten versucht, b) die Kinder den Riesen töten, der bei ihrer Mutter Annäherungsversuche gemacht hatte, was bedeutet, daß der Riese ein Vaterersatz ist, und c) daß es in Wirklichkeit ›Sonne‹ ist (oder ›Monstrum-Mörder‹ mit dem Schwert von ›Sonne‹), der sein eigenes Kind umbringt. Der endgültige Beweis für diese Auffassung liegt in einem Mythos vor, den Pater Haile vor kurzem veröffentlicht hat. Er handelt von den himmlischen Archetypen jener Wesen, die sich später in den Riesen und die beiden Heldenbrüder auf der Erde verwandeln.

Am Himmel sieht man zwei dunkle Achatsteine schweben. Der erste wird von ›Sonne‹ beobachtet, der ihn »meinen Sohn dunkler Feuerstein nennt«. Dieser Feuersteinsohn wird auf übernatürliche Weise vom ersten schwebenden Stein aufgezogen und von ›Sonne‹, der ihn später als den ›großen Schrecken‹ oder *ye-i* auf die Erde hinunterläßt, mit Reichtümern ausgestattet. Den zweiten Schwebenden nennt ›Sonne‹ »meine dunklen Feuersteinkinder«. Dieser versucht, ›Sonne‹ zu töten, als er sieht, wie sie, im Achat schwebend, dem ersten Schwebenden nachfolgen. Er bleibt jedoch erfolglos. Deshalb nennt er sie ›Monstrum-Mörder‹ und ›Fürs-Wasser-Geboren‹. Die beiden geben sich nicht damit ab, auf der Erde Lebewesen zu töten, sondern sie scheinen die Urbilder jener beiden Helden zu sein, die später die Erde säuberten.[14]

Die Gemeinsamkeit von ›Sonne‹ und feindlichem Riesen ist offenkundig. ›Sonne‹ verehrt zwar den Riesen, versucht aber, die beiden Helden zu töten, die später die Mörder des Riesen sein werden. Außerdem ist ›Sonne‹ der Vater der beiden Helden. Wenn es jemals einen offensichtlich ödipalen Mythos gegeben hat, dann ist es mit Sicherheit dieser.[15] Festzuhalten ist überdies, daß die ersten zu behandelnden Patienten die beiden Brüder waren, die von den Geistern des Riesen oder der Monstren, die sie getötet hatten, krankgemacht wurden.

Da die Navaho-Religion in der Hauptsache ein auf diesem Mythos beruhendes Heilverfahren ist, und die Navaho diese Riten gegen böse Träume und alle Arten von »bösen« Ereignissen (z. B. wenn der Blitz Schafe tötet) einsetzen, kann man sagen, daß das geistige Leben des Stammes auf ödipalen Schuldgefühlen beruht. Die Schuld für den mythischen Mord findet seine Entsprechung in den Kriegsbräuchen. »Wenn in alter Zeit jemand einen Feind tötete, indem er den Hieb auf die Brust führte, wurde er in der Brust krank; schlug er ihn auf den Kopf, so bekam er eine Krankheit am Kopf, und jemand, der durch Verwundung des Bauches tötete, wurde an jener Stelle krank.«[16]

Die Navaho bringen bewußt die Vorstellung eines Über-Ichs zum Ausdruck. Der alte Torlino, ein Sänger des ›Segnungs-Wegs‹, erzählte Matthews: »Ich schäme mich vor der Erde, ich schäme mich vor dem Himmel, ich schäme mich vor der Morgendämmerung, ich schäme mich vor dem Sonnenuntergang, ich schäme mich vor dem blauen Himmel, ich schäme mich vor der Dunkelheit, ich schäme mich vor der Sonne, *ich schäme mich vor dem in mir Stehenden, das mit mir spricht.*«[17]

Der Mythos von den Doppelhelden ist nicht allein auf die Navaho beschränkt. In der Fassung der Chiricahua-Apachen heißen ›Wechsel-Frau‹ ›Weiße Bemalte Frau‹ und die beiden Helden ›Mörder der Feinde‹ und ›Kind des Wassers‹. Der Vater ist ein ›Wassertropfen‹ oder der ›Blitz‹. Alle anderen Kinder der ›Weiß Bemalten Frau‹ sind vom Riesen vernichtet worden. »›Mörder der Feinde‹ ging auf die Jagd. Er tötete einen Hirsch und zündete ein Feuer an. Als das Fleisch gar war, brach er einen Ast ab, den er in den Boden steckte. Dann nahm er das Fleisch und legte es auf den Ast, um es vor dem Essen abkühlen zu lassen. Aber jedesmal, wenn er dachte, er könne das Fleisch essen, kam der Riese herbei.« Der Riese nahm alles Fleisch weg und ließ den ›Mörder der Feinde‹ weinend zurück. Es gab nur diese drei menschlichen Wesen, ›Weiß Bemalte Frau‹, ›Mörder der Feinde‹ und den ›Riesen‹, d. h. Mutter, Sohn und Vater. Das zweite Kind, ›Kind des Wassers‹[18], kam soeben zur Welt. Es wurde in einem Loch unter der Feuerstelle versteckt. Wenn der Knabe alt genug sein würde, um Pfeil und Bogen halten zu können, dann würde er den Riesen töten, auch wenn er noch so klein wäre. Der Riese war hinter dem Säugling her; die Mutter hielt den Kleinen verborgen. Während ›Mörder der Feinde‹ wie ein kleines Kind schrie, tötete das kleine ›Kind des Wassers‹ den Riesen. ›Kind des Wassers‹ wurde zuvor von seinem Vater, ›Blitz‹, der verschiedene Arten von Blitzen gegen ihn schleuderte, auf die Probe gestellt. (Vgl. oben die ›Sonne‹.)[19]

In der Fassung der Lipan-Apachen sind ›Wechsel-Frau‹ mit dem ›Mond‹ und ›Mörder der Feinde‹ mit der ›Sonne‹ gleichgesetzt; der Riese heißt ›Große Eule‹.[20] Die Gleichsetzung von ›Riese‹ und ›Eule‹ in dieser benachbarten Region ist bedeutsam. Denn während auf der mythischen Ebene der Riese und die übrigen Monstren die Widersacher des Helden sind, ist die Eule – meinen Informanten zufolge die *männliche Eule* – das typische Schreckgespenst, um die Kinder zu ängstigen. Im Ethnologischen Wörterbuch der Franziskanerpater finden wir über die Eule folgende Bemerkungen: »Ungehorsame Kinder wurden früher durch die Anwendung des Schreckgespensts zum Gehorsam gezwungen, wobei man vier solcher Figuren am Dachbalken der Hütte befestigte.« Sie wurden aus Sumach hergestellt und hatten die Form eines australischen *waninga* oder Fadenkreuzes.

»Die Eulen, wie man sie nannte, wurden gewöhnlich abends aufgehängt, wenn unter der Einwirkung der schwachen Beleuchtung in der Balkenhütte die Einbildungskraft des Kindes leicht zum Glauben verleitet werden konnte, daß die Eule, die dort oben saß, es forttragen würde. [. . .] Ähnliche Anspielungen wurden gemacht auf den Riesen Yeitso oder *eyi labai,* riesige graue Götter und Kannibalen, die auf kleine Kinder Jagd machen. [. . .] Im Sinne einer Übertreibung wird eine närrische Person oft als Eule oder große Eule bezeichnet, da dieser Vogel als Beispiel für die Dummheit gilt. Die Ausdrücke ›du großer Schwachkopf‹ oder ›du großer grauer Narr‹ werden bei ähnlichen Gelegenheiten ebenfalls benutzt, weil Yeitso (›Riese‹) oder die Gestalt des *yei labai* in den Legenden sehr tölpelhafte Figuren sind; heute werden sie bei Tanzveranstaltungen in den Figuren von Hanswursten und Dummköpfen dargestellt.«[21]

Der alte Pitaga von den Ramah-Navaho behauptet, die Eule sei in Wahrheit ein *Tschindi* (Geist). »Er ist eine echte Gefahr. Vielleicht hast du ihn lange nicht gehört, und plötzlich hörst du ihn. Das bedeutet, daß du krank wirst. Wenn er dich zu stark quält, mußt du einen Medizinmann holen, um den Tschindi zu verjagen. Dann mußt du den ›Segnungs-Weg‹

vollziehen lassen, und es wird dir besser gehen.«[22]

Es folgt nun ein Auszug aus den Spielanalysestunden mit den Kindern: Tom (Alter 4 Jahre) träumt: »Ich ging im Wald spazieren und hörte eine Eule. Dann schoß ich auf sie. Sie flog weg, und ich schoß immer weiter mit Vaters Gewehr.«

Assoziationen: Die Eule im Traum sah aus wie der Affe. (Er meint damit eines der Spielzeuge aus der Spielstunde, das manchmal Bärenvater, manchmal Bärenmutter oder auch Affe genannt wird.) Seine ältere Schwester machte ihm vor, wie die Eule kreischt. Seine Mutter erzählte ihm, die Eule sei wie eine Katze, und wenn er ungezogen sei, würde die Eule ihn holen. Unter Eule versteht er allemal eine menschliche Eule. – Bevor er den Traum erzählte, hatten er und sein Bruder zusammen gespielt. Die Puppe, die sie ›Papa‹ nannten (eine große Puppe, die einen Indianer darstellt), »bekämpfte« jene andere, die sie gewöhnlich als Bärenfrau (oder Affe) beschrieben. Was sie als Kampf bezeichnen, ist offensichtlich ein Koitus, weil ›Papa‹ auf der Bärenfraupuppe und zwischen ihren Beinen liegt, wobei die Knaben ihn unter großer Aufregung auf ihr reiben und hin und her bewegen.

Trotz der Tatsache also, daß die Eule üblicherweise männlich ist, sollte sie in diesem Falle mit der Mutter identifiziert werden, weil a) der Knabe sie mit der Puppe identifiziert, die gewöhnlich ›Bärenfrau‹ genannt wird; b) seine ältere Schwester und die Mutter ihm von der Eule erzählt hatten; und c) das dem Traum vorausgegangene Spiel »Vater auf der Mutter« war. Die latente Bedeutung des Traums ist die, daß der Träumer mit Vaters Penis auf die Mutter »schießt«.

Den folgenden Mythos über die Eule (gekürzte Fassung) habe ich vom Vater des oben erwähnten Kindes gehört: Ein Mann lebt mit zwei Frauen zusammen, hat aber nur mit der älteren Geschlechtsverkehr. Er will die jüngere haben, was die ältere jedoch nicht erlaubt. Er erzählt den beiden, daß er sterben und ein junger Mann, der ein ebenso guter Jäger sei wie er, zurückkommen und sich ihrer annehmen werde. Er beschmiert sein Gesicht mit rotem Lehm; doch als der Regen den Lehm im Schlaf abwäscht, erkennen sie ihn wieder. Sie leben erneut zusammen, aber diesmal hat er mit der jüngeren Frau Geschlechtsverkehr. An dieser Stelle erklärt der Erzähler, daß die ältere Frau die Mutter der jüngeren und diese die

Tochter des Mannes sei. Sie nennt ihn Großvater, während er in Wirklichkeit ihr Vater ist.

Die junge Frau bringt ein Kind zur Welt, das sie in einer Dachshöhle versteckt. Die Eule findet den Säugling und nimmt ihn bei sich auf. Die Eule ist ein guter Jäger und Pflegevater. Der Mann mit den zwei Frauen zieht fort. Der Knabe wächst in der Eulenfamilie auf. Er hat zwar die Gestalt eines Menschen, aber einen Eulenschnabel. Die Eulen bringen ihm bei, wie man Kaninchen schießt, und als er größer wird, will er auch größere Tiere schießen. *Er wird boshaft und will die Vatereule erschießen.* Die Eule befiehlt ihm, dies nicht zu tun, weil er ihr *Enkelkind* sei und sie ihn aufgelesen habe, als ihn seine Mutter im Stich gelassen habe. (Zu beachten ist die Parallele zum Großvater im ersten Teil der Geschichte.) Er droht, die Eule mit ihrem eigenen Pfeil zu erschießen, wenn sie ihm nicht zeige, wo sein Vater und seine Mutter sind. Die Eule bringt den Jungen in die Balkenhütte. Ein Stock weist ihm den Weg. Das Motiv wird wiederholt, und er kommt in die vierte Hütte. Schließlich findet er seine Eltern. Sie sind alt und blind. Der Vater nimmt den Sohn mit zu einer Gruppe von Leuten; der Sohn ist bösartig und tötet einen Menschen (das wiederholt sich viermal). Die Leute verfolgen ihn. Er macht aus Stöcken Menschen, bis er so viele hat, daß die Verfolgung aufhört. Die Stockmenschen werden lebendig und verwandeln sich in die Sioux.[23]

Bei Sapir finden wir eine ausführlichere Fassung dieses Mythos. Darin gibt es wiederum einen Mann mit einer jüngeren und einer älteren Frau, wobei die jüngere Frau seine Tochter und der Schwiegersohn, sein Rivale sind. Die Eule wird zum Pflegevater des Kindes, das in die Dachshöhle geworfen wurde, und der Mythos betont, daß sie ein sehr guter Vater ist, der dem Säugling Milch einflößt und Brot in den Mund steckt. Das Kind wächst auf, und jemand erzählt ihm, daß es in Wirklichkeit gar nicht das Kind der Eule ist. »Als der alte Eulenmann weggegangen war, macht der Junge die alte Eulenfrau zu seiner Frau.«

Der Junge sitzt auf einer Felskante, als ihm jemand ins Ohr flüstert: »Wenn die Sonne untergeht und es dunkel geworden ist, werden sich viele Eulen um dich versammeln. Sie werden dich mit ihren Krallen töten.« Der Junge beginnt wegzulaufen, und die Eulen verfolgen ihn. Schließlich überholt ihn eine der Eulen und sagt: »Schieß mit einer weißen Perle auf mich.« Als der Junge dies getan hat, sagt die Eule: »Mein Sohn, ich habe dich sehr geliebt, aber ich konnte mit dir nichts anfangen. Deshalb steht es dir frei, zu gehen, wohin du immer willst.« Am Ende findet er seine wirklichen Eltern. Sie wollen ihn jedoch töten – deshalb entschließt er sich, sie umzubringen. Er erschießt zuerst seinen Vater mit einem Pfeil und dann seine Mutter. Die beiden fallen nieder, er macht sich aus dem Staub, und die Leute verfolgen ihn. Wieder handelt die Eule als sein Schutzgeist; die Mutter wird wiederbelebt. Die Geschichte endet abermals mit der Beschreibung des Ursprungs eines fremden Stammes: der Ute.[24]

Was können wir in diesen Mythen erkennen? Klar ist, daß das oberste Schreckgespenst des Stammes, die Eule, den gefährlichen ödipalen Vater verkörpert. Die Mythen beschreiben die Eule jedoch keineswegs als böse. Sie ist der gute Vater. Hingegen wird der Sohn als böse dargestellt, und die Eulen verkörpern dessen eigene Schuldgefühle. In dieser Situation sind die menschlichen Eltern in der Geschichte ebenfalls böse – der Sohn wird zu Unrecht verfolgt. Der ödipale Inhalt der Darstellung ist unverkennbar: Der Sohn schläft mit seiner Pflegemutter, der Vater mit der eigenen Tochter; der Sohn tötet den Vater oder versucht es zumindest, und der Vater versucht, den Sohn zu töten. In der Version mit dem »schlechten« Vater wird die ödipale Schuld auf die Eltern projiziert; in der Fassung mit der guten Eule ist der Sohn der Schuldige. Der ödipale Mythos endet mit der Entstehung eines neuen Stammes[25], wodurch der ödipale Feind in einen Bereich jenseits der Stammesgrenzen projiziert wird. Die Mythen des ›Feind-Wegs‹ und des ›Monstrum-Mörders‹ werden mehr oder weniger vermischt, wobei die Monstren als die ersten Feinde erscheinen.

Es folgt nun der Ursprungsmythos des ›Feind-Wegs‹: Ein Mann aus dem Volk der Bergkristallmenschen besaß eine Tochter. Ihn besuchte ein Mann aus dem Clan der Kornmenschen, der sein Schwiegersohn wurde. Die Tochter war jedoch auch die Frau des alten Mannes – das Rivalitätsthema ergab sich so auf natürliche Weise. »Seitdem war er sowohl auf den Fremden als auch auf seine Tochter eifersüchtig. Wo immer der Fremde auch hinging, spürte der Alte ihm nach, und ebenso verfuhr er mit seiner Tochter.« Der Besucher besaß einen Zauberbeutel und versuchte, die Tochter vom Vater zu trennen. Die beiden Männer beschließen, gegen das Volk von Taos in den Krieg zu ziehen. Als sie die Feinde gefangennehmen, kämpfen sie in Wirklichkeit jedoch gegeneinander. Der alte Mann verliert schließlich und sinnt auf Rache. Er geht mit seinem Schwiegersohn nach Taos, um die Kornmenschen zu töten, die Angehörigen seines Schwiegersohns. Sie bringen alle Kornmenschen um. Kurz nach Einbruch der Dunkelheit fällen sie eine junge Pinie, in deren Stamm sich jemand versteckt hat, der sagt: »Ich schlage vor, ihr fällt den Baum samt mir. Sollte ich am Leben bleiben, wird der Schrei der Eule das Zeichen dafür sein.« Daraufhin leben die toten Feinde als Eulen weiter.[26]

Hier wird die Entstehung des Kriegs beschrieben, der mit einer typischen Ödipussituation anhebt, und wiederum verwandeln sich die Feinde in Eulen. Wir brauchen uns mit den weiteren Entwicklungen des Kriegs- und Rachekomplexes nicht zu befassen; es sei hier nur angemerkt, daß ›Monstrum-Mörder‹ und ›Fürs-Wasser-Geboren‹, die beiden ursprünglichen Helden, wiederum in der Handlung auftreten.[27] Die schwarze Bemalung, die gegen alle Arten feindlicher Geister verwendet wird, benutzen auch die beiden Brüder. Der Mythos berichtet, wie einer, der aus dem Krieg zurückkehrte, schwarz angemalt wurde, und daß mit ihm genau die gleiche Zeremonie vollzogen wurde wie mit den Söhnen der ›Wechsel-Frau‹, nachdem diese die Monstren getötet hatten. Danach nahm er die Schulterbänder in die Hand und sprach das folgende Gebet:

Wer immer wieder Monstren tötet, er von den »Wassern, die zusammenfließen!«
Seine Füße sind meine Füße geworden, mit denen ich herumgehen werde,
Seine Beine sind meine Beine geworden, mit denen ich herumgehen werde,
Sein Körper ist mein Körper geworden, mit dem ich herumgehen werde, (usw.)
Wenn der Pollen, der den Mund der Sonne umgibt, auch meinen Mund umgibt, und mich dies sprechen läßt und fortfahren, zu sprechen, sollst du den Tod des Pfostens[28] und den Tod der verlängerten Bogensehne aus

mir nehmen! Du hast ihn aus mir genommen, er hat mich verlassen und ist auf ihn zurückgekommen, er hat sich weit weg niedergelassen! Darum wird der Pfeil vom Geist des Ute-Feinds, sein Schmutz, womit er mein Inneres quälte und mein Inneres umhüllte, sich heute von mir wenden! (Usw.)
›Fürs Wasser Geboren‹, bei den »Wassern, die zusammenfließen«, dessen Füße meine Füße geworden sind, mit denen ich herumgehen werde!
Seine Beine sind meine Beine geworden, mit denen ich herumgehen werde!
Sein Körper ist mein Körper geworden, mit dem ich herumgehen werde!
Sein Geist ist mein Geist geworden, mit dem ich herumgehen werde!
Seine Stimme ist meine Stimme geworden, mit der ich herumgehen werde![29]

Was haben wir bisher aufgezeigt?

a) Der vorherrschende Mythos des Stammes ist eine klar umrissene Ödipus-Geschichte;
b) das Ideal der Navaho-Männlichkeit ist der Jugendliche, der seinen Vater besiegt;
c) *»Post equitem sedet atra cura«* – das starke Bedürfnis nach Heilungsriten beruht auf diesem ödipalen Schuldgefühl.
d) Der Fremde oder der Geist des Feindes symbolisiert den Vater.
e) Das bevorzugte Schreckgespenst im Leben des Kleinkinds, die Eule, ist auch ein Vatersymbol.

Jede schwangere Frau ist ›Wechsel-Frau‹, und jedes neugeborene Kind ist ›Monstrum-Mörder‹. Ist ein Sänger (Schamane) zugegen, wenn eine Frau im Wochenbett liegt, so wird er das Lied singen, das für ›Wechsel-Frau‹ gesungen wurde, als die Heldenzwillinge (›Monster-Mörder‹ und ›Kind des Wassers‹) geboren wurden.[30] Wird das Kind schließlich aus der Wiege genommen, so beten sie:

›Dämmerungsknabe‹, das ist der Sohn der ›Wechsel-Frau‹
Laß ihn mit großem Wohlstand, vielen Kleidern aufwachsen
Laß ihn mit vielen Edelsteinen aufwachsen
Das ist der irdische Sohn der ›Wechsel-Frau‹
Mit der Kraft der Erde
Mit den schwarzen Feuersteinschuhen der Erde als seinen Mokassins
. . . .
Mach, daß sein Bett bedeckt ist mit der schwarzen Feuersteinkraft der Erde
Laß den Blitz über seinem Kopf vorbeigehen.[31]

Mit anderen Worten: jedes Kleinkind der Navaho ist ein kleiner Ödipus, dazu bestimmt, seinen Vater, den menschenfressenden Riesen, zu besiegen.

Ein auffallendes Merkmal dieser Heilungsrituale ist die Identifikation von Sänger und Patient mit ihren mythischen Urbildern. Der Sänger singt folgendes Lied, wobei er sich auf den Patienten bezieht:

»Von unterhalb des Ostens erhebt sich ein dunkler Berg, von seiner Spitze hängen Zickzackblitze herab, die Medizin des ›Monstrum-Mörders‹ ist in deinen Mund gefahren; von unterhalb des Westens erhebt sich ein blauer Berg, von seiner Spitze hängen gerade Blitze herab, Wasser, für das sie gebar, seine Medizin fuhr in deinen Mund.«[32]

Der Sänger stellt zweifellos die ›Zwillingshelden‹ dar:

»Ich kam am Eingang der ›Sonne‹ an,
Ich kam zum Eingang eines Türkis-Hauses,
Schwarzer Donner war der Torwächter,
Zum Glück trat ich hindurch.
Ich kam zum Eingang des schwarzen Winds,
Zum Eingang eines Hauses aus Abalonemuscheln.
Große schwarze Schnecke war der Torwächter,
Zum Glück trat ich über sie hinweg.
Ich kam zum Eingang des gelben Winds,
Zum Eingang eines Hauses aus rotem Stein,
Große Blaue Schlange war der Torwächter,
Zum Glück trat ich ein.«[33]

Der Sänger schiebt dem Patienten den geweihten Pollen in den Mund und singt: »Ein übernatürliches Ding ist es, was er ißt. Das Kind der ›Wechsel-Frau‹ ißt, es ißt einen Türkiskorb, dessen Rand umwoben ist mit weißen Perlen, die er ißt, Pollen aus weißem Korn, den er ißt [. . .]« Dann nimmt der Sänger eine Dosis von der ›östlichen Seite‹ und steckt sie dem Patienten in den Mund: »Das Enkelkind der ›Wechsel-Frau‹ ißt er, Tau der schwarzen Wolke ißt er.« Durch die *Introjektion* wird der Patient mit dem mythischen Helden identisch. »Das Kind der ›Wechsel-Frau‹ ißt ihn, den weißen Perlenkorb, dessen Rand mit Türkis umwoben ist, den es ißt [. . .]«. Und später heißt es: »Das Kind der ›Wechselfrau‹ ißt dies, es ißt den Korb aus rotem Stein, dessen Rand mit Muscheln umwoben ist, die es ißt, Mondpollen, den es ißt [. . .]«.[34]

Der moderne Anthropologe der »Persönlichkeits- und Kultur-«Forschung übersieht den Ödipuskomplex, nimmt dafür aber prompt die Geschwisterrivalität wahr. Kluckhohn und Leighton heben hervor, daß die Navaho-Mythen die Psychologie der Navaho, vor allem ihre innerfamiliäre Situation, widerspiegeln.

»Es gibt den vernachlässigten Bruder, den ungehorsamen Neffen oder Sohn oder eine bösartige Schwester. Oft ist der Held der Erzählung ein verachtetes Kind, das dann das verwöhnte Kind besiegt. Fast in jedem Fall scheint die Handlung aus einer symbolischen Auflösung charakteristischer innerfamiliärer Schwierigkeiten zu bestehen, die in der wirklichen Kindheit und im wirklichen Leben verdrängt oder unterdrückt werden müssen [. . .] Bruder und Schwester sind die Hauptakteure dieses Geschehens, weil das Überlassen der Brust an ein bevorzugtes jüngeres Geschwister im Prozeß der Kindererziehung der zentrale Konflikt ist.«[35]

Kluckhohn und Leighton berufen sich dabei auf Erzählungen wie die folgende:[36] »›Kleiner Knabe‹ lebte mit seiner Schwester zusammen. Er ging auf die Jagd nach Hirschen, und sie gerbte die Felle. Sie lebten auf dem Mount Taylor (dem Olymp der Navaho) und waren die einzigen, die überlebten, nachdem ›Monstrum-Mörder‹ alle Menschen umgebracht hatte. Das Mädchen gerbte die Hirschfelle für die anderen ›Heiligen Menschen‹. Sie hatte die Gewohnheit, sich immer weiter von zu Hause zu entfernen. Eines Tages begegnete sie einem Hirschbock der sie von hinten bestieg. Bald danach wurde sie von gefleckten Hirschzwillingen entbunden. Sie hatte zwar Milch, aber sie säugte die Kleinen nicht. Sie ließ sie im Stich und ließ ihre Brust austrocknen, weil sie Angst hatte, ihr Bruder könnte herausfinden, was geschehen war. Ihr Bruder wollte nun auf die Suche nach jungen und zarten Hirschen gehen. ›Du kannst gehen, wohin du willst, aber geh nicht nach Süden.‹« Wie in allen Navaho-Mythen mißachtete er das Verbot, ging nach Süden und sah eine große Hirschkuh mit zwei Jungen. Gegen den Rat von Dontso (›Große Fliege‹) tötete er die Jungen, die Kinder seiner Schwester. Er nahm einen Umweg, als ob er von Westen gekommen wäre. Er warf die kleinen Hirsche vor die Hütte und befahl seiner Schwester, sie zu holen. Er hatte außer den beiden noch andere Junge getötet, die jedoch echte Hirsche waren. Sie erkannte ihre Kinder, indem sie unter ihren Schwanz roch, und sie hörte auch einen Bock schreien. Bruder und Schwester gerieten in

Streit; sie wollte nicht länger mit ihm zusammenleben. Sie ging fort und ließ die beiden Kleinen liegen, ohne sie anzufassen. An der Stelle, wo sie gewöhnlich die Felle reinigte, lag ein Haufen abgeschabter Haare. Sie wälzte sich darin und verwandelte sich in eine große Hirschkuh zurück. Der Bruder verfolgte sie, wobei die Zahl der Spuren immer größer wurde, bis es schließlich *zwölf* waren. ›Große Fliege‹ mahnte ihn noch einmal, daß er sie auf diese Weise nicht fangen könne, sagte ihm aber, wohin er gehen müsse, um seine Schwester zurückzuholen. Alle zwölf kamen eine Schlucht herauf, und der erschoß sie mit seinen Pfeilen. – Der Erzähler bemerkt an dieser Stelle, daß ›Kleiner Knabe‹ ein *lukashen,* d. h. das jüngste Kind, gewesen sei. – ›Kleiner Knabe‹ errichtete daraufhin einen Zaun aus Sträuchern in der Form von vier konzentrischen Ringen. ›Große Fliege‹ hatte ihm erzählt, daß bei Sonnenuntergang die ›Heiligen Menschen‹, die Beschützer der Hirsche, kommen würden, um ihn zu fangen. Er zog sich mit den toten Hirschen in die Mitte der Umzäunung zurück. Die ›Heiligen Menschen‹ griffen mit ihren Peitschen an. Sie zerschlugen den ersten, den zweiten und den dritten Ring des Zauns. Der letzte blieb jedoch stehen, und im Morgengrauen mußten sie in ihre Berge zurückkehren. Dann sagte ›Große Fliege‹ zum ›Kleinen Knaben‹: »Nimm deine Schwester vom Boden auf und wirf sie viermal zurück, aber nicht über den Zaun, sondern durch ihn hindurch. Nachdem er den Körper des Hirsches zum vierten Mal geworfen hatte, stand seine Schwester wieder lebend vor ihm. Auch die anderen Hirsche waren wieder lebendig geworden. Darauf befahl er ihnen, sich in alle Richtungen zu zerstreuen und nicht länger zornig auf ihn zu sein.«

Er lebte jetzt wieder mit seiner Schwester zusammen. Die ›Heiligen Menschen‹ schickten ihm einen Bock und ließen mitteilen, er brauche keine Angst zu haben und dem Bock nur zu folgen, bis sie in die Höhle kämen. Dann wurde ihm gesagt, daß er in der Höhle bleiben werde, solange die Berge stehen, und daß er niemals sterben werde. Wenn die Böcke in der Brunstzeit nach Hirschkühen suchten, kam er aus den Bergen und besuchte andere ›Heilige Menschen‹. Er folgte den Hirschen und lebt jetzt in Mount Colorado mit der ›Heiligen Frau‹, die auch ›Weißer Donner‹ genannt wird, in einer Höhle zusammen. Die Schwester folgte einer zweijährigen Hirschkuh und lebt jetzt für immer in einer Höhle, die den Namen trägt: ›Haus des ersten Tagesanbruchs‹. Sie verwandelte sich in den ›Weißen Donner‹, wie die ›Heilige Frau‹, die zu ihr gesprochen hatte. Eine Hirschspur auf einem bestimmten Pfad ist die ›Heilige Frau‹, die ihre Höhle während der Brunstzeit verläßt und – wie der Knabe – niemals getötet wird.

Wenn die Geschwisterrivalität der Schlüssel zu dieser Erzählung sein soll, so muß man sich darüber wundern, weshalb die beiden Hauptakteure Geschwister verschiedenen Geschlechts, also Bruder und Schwester, sind. Wie würde die Erzählung enden, wenn wir davon ausgingen, daß die Schwester in Wahrheit eine Verkleidung der Mutter ist? Die Umzäunung aus vier konzentrischen Ringen weist deutlich auf die Gebärmutter hin. Tatsächlich sehen wir, wie der Held in diesem Gebärmuttersymbol von den ›Heiligen Menschen‹ angegriffen wird. Handelt es sich hier nicht um den Talionsaspekt einer *Körperzerstörungsphantasie* (bei welcher der Held den Embryo in der Gebärmutter zu töten versucht)? Da die Handlung der Geschichte sich im Grunde darum dreht, wie er die beiden Neugeborenen tötet, scheint diese Konstruktion gerechtfertigt.

Körperzerstörungsphantasien sind insbesondere gegen die schwangere Mutter gerichtet, und sie sind beim *älteren Kind* stärker ausgeprägt. Der Erzähler bezeichnet den Helden jedoch ausdrücklich als lukashen, als jüngstes Kind. Da es die älteren Geschwister sind, denen die elterliche Liebe durch jüngere entzogen wird, dürfen wir annehmen, daß die Geschichte vom älteren Kind handelt, das ein lukashen sein und das deshalb sogar den Embryo in der Gebärmutter vernichten möchte, um dessen Stelle einzunehmen.[37] Und so endet auch tatsächlich die Erzählung: Der Knabe und das Mädchen verwandeln sich in Götter, die in alle Ewigkeit in der heiligen Höhle leben. Die ›Heiligen Menschen‹ oder Götter sowie die Hirsche scheinen austauschbar zu sein. Die Zahl zwölf symbolisiert mit Sicherheit das Göttliche. Die ›Heiligen Menschen‹ sind die Beschützer der Hirsche, und nachdem der ›Heilige Knabe‹ und das ›Heilige Mädchen‹ sich in Götter verwandelt haben, erscheinen sie in Hirschgestalt. Dieser Umstand weist auf eine Stufe der Navaho-Religion hin, auf der die

›Heiligen Menschen‹ noch Jäger waren, und auf der, ähnlich wie bei den Australiern, mit dem Töten von Hirschen Wiederherstellungsphantasien oder -rituale verbunden waren. Somit wäre der ältere Bruder, der den Embryo in der Gebärmutter ersetzt und dadurch zum Gott wird, der Held der Geschichte.

Sofern dies der Fall ist – weshalb müssen dann die Geschwister verschiedenen Geschlechts sein? Wenn die Götter Hirsche sind, könnte dann der große Hirschbock zu Beginn der Erzählung nicht ein Vatersymbol sein? In diesem Falle müßten wir sagen, der Knabe sei der Sohn, das Mädchen die Mutter, und der Mythos beginne mit einer Urszene. Dies wird durch zwei weitere Sätze bestätigt: Dem ersten zufolge wird die Erzählung als direkte Fortsetzung des Mythos vom ›Feind-Monstrum‹ oder Ödipus betrachtet; dem zweiten zufolge verlassen die beiden Helden, ›Heiliger Knabe‹ und ›Heilige Frau‹, in der Brunstzeit die Höhle: nach meiner Vermutung, um einander zu treffen. In diesem Sinne hat das Erschießen der zwölf Hirschkühe mit Pfeilen eine phallische Bedeutung, und die Götter repräsentieren den strafenden Vater.

In diesen Jagdmythen sind wahrscheinlich beide Tendenzen latent vorhanden. Tatsächlich beobachten wir in der analytischen Praxis, daß die Geschwisterrivalität und das Ödipusthema einen gemeinsamen Nenner haben: Trennungsangst oder Verlust der Mutter. Natürlich hat das ödipale Thema einen anderen Bedeutungsgehalt: das Erwachsenwerden. – Wir wollen nun einen Schritt weitergehen und zeigen, daß das typische »Grundmuster« der Navaho-Mythen nichts anderes ist als eine kaum verhüllte Ödipusgeschichte.

Es folgt nun der Mythos vom ›Gestreiften Windweg‹ der Navaho: Es handelt sich um fünf Menschen, einen Mann mit Eltern, Bruder und Schwester. Er verfolgte einen ganzen Tag lang die Spur eines Hirsches. Der Hirsch war die ›Große Schlange‹, die sich verkleidet hatte. Am nächsten Tag verfolgte er die Spur bis zu einer großen Höhle. Dort befanden sich viele Hirsche, die der Schlange gehörten. Er glaubte, die Eingeweide eines Hirsches zu essen, aber in Wirklichkeit waren es Schlangen. Da wurde er ohnmächtig. ›Große Schlange‹ kam herbei, zog ihm ihre Haut über und verwandelte ihn eine große Schlange. Die Menschen versuchten, ihn aufzuspüren, aber ohne Erfolg. Der ›Sprechende Gott‹ berichtete ihnen, was geschehen war. Nach vergeblichen Versuchen mit dem ›Schwarzen Wind‹, der die Schlange besänftigen und den Mann wieder in ein menschliches Wesen zurückverwandeln sollte, wandten sie sich an ›Donner‹. Dieser schlug die Schlange mit vier Blitzen kampfunfähig. Schließlich konnte sich der Mann von der Schlangenhaut befreien und wurde wiederhergestellt. ›Schwarzer Wind‹ befahl ihm nun, der Behausung der ›Großen Schlange‹ fernzubleiben. Aber der Mann täuschte ihn, ging zurück und heiratete die Tochter der ›Großen Schlange‹. Auf dem ›Gewundenen Berg‹ fand er eine Hütte voller Schlangen. Die Schlangentochter sagte zu ihm, daß dies seine Kinder seien. Er fühlte sich entehrt und elend und mußte erneut wiederhergestellt werden.

Sodann stöberte er die Eier im Nest von ›Donner‹ auf. ›Donner‹ erschlug ihn, und es blieb nichts von ihm übrig außer dem Bogen, den Pfeilen und seinen Schuhen. Die Menschen sammelten alle Stücke ein und stellten ihn wieder her. »Am Ende stieg er auf einen Berg und wurde ein Windgott. Er lebt noch heute dort oben. Er kann uns jetzt reden hören. Die Winde sammeln alles ein und tragen es ihm zu, so daß er alles weiß. Immer wenn du einen Tornado siehst, dann ist er es. Die Unglücksfälle, in die er hineingeriet, sind die Ursache für das Unglück der heutigen Menschen. Mit jedem von ihnen hat ein Gesang begonnen.«

»Der Mythos des Navaho-›Windwegs‹ entspricht dem üblichen Muster der Navaho-Gesangslegenden, in denen der Held unter Mißachtung von Warnungen eine Reihe von Unglücksfällen erlebt, und seine Wiederherstellung nach deren Auswirkungen bringt ihm verschiedene Ergebnisse ein, die in ihrer Gesamtheit das Grundmuster der Gesangssammlung bilden.«[38]

»Im Mythos des ›Feuerstein-Wegs‹ ist der Held ein gewisser ›Heiliger Junger Mann‹. Als die Menschen von der Stelle des ›Hervortretens‹ weggingen, zog die ›Weiße Heuschrecke‹ an einen Ort zu Füßen des Berges Huerfano. Hier lebte sie in Gestalt einer schönen jungen Frau, welche die ›Heiligen Menschen‹ nicht zur Heirat gewinnen konnten. [. . .] Irgendwann geschah es, daß die ›Sonne‹ mit ihr Geschlechtsverkehr hatte. Daraufhin gebar sie Zwillinge, den ›Heiligen Jungen Mann‹ und die ›Heilige Junge Frau‹, den ›Heiligen Knaben‹ und das ›Heilige Mädchen‹; so hatte sie also zusammen vier Kinder.«

(Die Tendenz der Mythen, den Helden *zusammen mit einer Heldin* darzustellen, verbindet sich hier mit dem Mythos der beiden Kriegsgötter, wie der folgende Abschnitt zeigt).

»Gelegentlich besuchte der ältere der beiden Knaben auch die ›Wechsel-Frau‹, die auch ›Weiße Perlenfrau‹ genannt wurde. Er nannte sie *meine Mutter*, sie nannte ihn *mein Sohn*.«[39]

Der ›Heilige Junge Knabe‹, der hier offensichtlich dieselbe Person ist wie der ›Mörder der Feinde‹ im »großen« Mythos, hatte den Hirsch bis zu einer Umzäunung an einem Ort namens ›Wirbelnde Erde‹ verfolgt. Da ballte sich eine schwarze Wolke zusammen, die einen Donnerschlag herabsandte. Es begann zu regnen, und er suchte Schutz unter einem Nadelbaum. *Als er seine Pfeile an den Nadelbaum lehnte, wurde er vom Blitz erschlagen.* ›Weißer Donner‹ zerschmetterte ihn, weil er verbotenen Boden betreten hatte.[40] In der Einleitung erklärt Pater Haile diese Episode folgendermaßen:

»Die Legende berichtete, daß der Jäger geschützt war, solange er seine Pfeile bei sich trug. Sobald er sie aber zur Seite legte, wurde er vom Blitz erschlagen. Auch heute noch besteht das allgemeine Vorurteil, daß der Blitz eine Person, die Pfeile mit sich trägt, nicht erschlägt. Bekanntlich sind die Pfeilschäfte der Eingeborenen auf ihrer ganzen Länge mit zwei zickzackförmigen und zwei geraden Blitzen markiert.«

Dieser Brauch beruht auf der Legende von ›Monstrum-Mörder‹; andererseits ist ›Donner‹ selber der Bogenschütze.[41] Sodann beschreibt der Mythos in zahllosen Einzelheiten den Wiederherstellungsprozeß des zerschmetterten Helden.

»Und nun gehst du umher mit Hilfe der Füße von ›Monstrum-Mörder‹, du gehst umher mit der Hilfe von ›Feind-Gaffer‹, du gehst umher mit Hilfe von ›Fürs-Wasser-Geboren‹[42], du gehst umher mit Hilfe des Geistes vom ›Erhobenen Untergrund‹, du gehst umher mit Hilfe der Augen von ›Sonne‹, du gehst umher mit Hilfe der Stimme von ›Donner‹, usw.«[43]

Nach der ›Wiederherstellung‹ setzt sich der Mythos als Büffelmythos fort. Merkwürdigerweise heißt der männliche Büffel ›Abelone-Frau‹, der weibliche Büffel ist ›Büffel-Frau‹. Der Held weiß nicht, wohin er geht, und verspürt Angst.

»Dann kamen seine beiden Frauen (die ›Büffel-Frauen‹) in seine Nähe und standen nebeneinander. ›Er ist tatsächlich ein Großer! Wenn du aus dem Haus eines Großen kommst, kehren wir mit dir zurück! Er hat kein Mitleid!, sagte sie zu ihm. ›Nur unseretwegen wird er manchmal rasend. Seine Füße sind aus Abelonemuscheln. Man nennt ihn ›Abelone-Frau‹, obwohl er ein Mann ist.‹«[44]

Pater Haile bezieht sich auf die Einleitung und auf frühere Abschnitte. In der Einleitung lesen wir: »Jungen Leuten wurde gesagt, daß sexuelle Übertreibungen beim Geschlechtsverkehr schädlich seien und mit der Zeit das Rückenmark dort angreifen würden, wo es in das Gehirn übergeht.«[45] In dieser Geschichte kommen drei Fälle von Ehebruch vor. Als der ›Heilige Knabe‹ über den Feuerstein auf der entfernteren Seite des La Plata-Gebiets geht, stößt er auf ein Nadelholzdickicht. Beim Weitergehen trifft er plötzlich auf eine schöne Frau, die unter einem Nadelbaum sitzt. (Es ist die ›Büffel-Frau‹.) Er verbringt die Nacht mit ihr und kehrt dann zu seiner Familie zurück. Eine übernatürliche Person besucht ihn und sagt: »Was hast du dem ›Weißen Donner‹ angetan? Er hat dir nicht vergeben«[46], womit uns überlassen bleibt, zu erraten, daß die ›Büffel-Frau‹ die Gattin des ›Weißen Donners‹ ist, und daß der Donner sich rächen wird. »Einer war allein über eine gefährliche Stelle gegangen. ›Weißer Donner‹ hatte ihn vergeblich auf die Probe gestellt; schon wieder hatte ihn jemand besiegt. Es scheint, daß er anschließend auf dem Hirschberg wieder auf den Boden kam . . .«

»Dieses Monstrum treibt es manchmal vergeblich mit mir. (›Weißer Donner‹ wird hier mit dem ›Monstrum‹ gleichgesetzt.) *Weil ich dieser ›Monster-Mörder‹ bin, treibt er es vergeblich mit mir* . . . Weil ich dieser ›Fürs Wasser Geborene‹ bin, treibt er es vergeblich mit mir.«[47] Das gleiche Motiv wird später nur noch angedeutet: »Schau, was passiert ist! ›Weißer Donner‹ hat mich schon wieder mißbraucht.« Wenn er schlafen geht, ist eine Frau neben ihm, die ein Feuer anzündet und auch ihre Tochter weckt.[48] Dann folgt die dritte Wiederholung des Motivs vom »Mann mit den zwei Frauen«, wie es oben beschrieben wurde.[49] Der richtige Name des Mannes, der ›Abelone-Frau‹ genannt wird, ist ›Schwarzer Streifen Auf Der Erde‹, und wenn seine Frauen den richtigen Namen erwähnen, beginnt er zu urinieren. »Ein kleines Stück nebenan stand ein weiteres großes Zelt. der obere Teil, der schwarz gestreift ist, stellt die Dunkelheit dar, der untere Teil die Morgendämmerung. Das ist das Zuhause derjenigen, die ›Büffel-Frau‹ genannt wird. In diesem Augenblick trat sie heraus und begann ebenfalls zu urinieren. Ihr richtiger Name sei ›Weißer Streifen Auf Der Erde‹, sagte sie zu ihm.«[50]

In einer Variante dieses Mythos gibt es einen Ehemann zweier Frauen, die Mutter und Tochter sind. Indem der Held mit der jüngeren Geschlechtsverkehr hat, begeht er im Sinne der Navaho Ehebruch, d. h. er nimmt dem alten Häuptling eine seiner Frauen und wird außerdem zum Schwiegersohn der älteren Frau, die in der anderen Fassung seine erste Frau ist.[51] An dieser Stelle wäre zu erwarten, daß ›Weißer Donner‹ (der offensichtlich mit dem beraubten Häuptling identisch ist) erneut eingreift und den Helden in Stücke schlägt. Dies geschieht jedoch nicht, sondern wir lesen von Büffeln, die für ihn Nahrung zubereiten, die er ißt. Wir wissen aus anderen Mythen (vgl. unten), was dies bedeutet, nämlich, daß er gerettet und zu seiner menschlichen Gestalt zurückgebracht werden muß, weil er ein Tabu mißachtet hat. Dies geschieht auch tatsächlich.[52] Welches ist der Zweck des ›Feuerstein-Wegs‹? Pater Haile berichtet:

»Verletzungen, die verursacht wurden durch einen Sturz vom Pferd, einen rollenden Stein oder einen Baumstamm; durch einen Fehltritt, der zu einem Sturz gegen einen Stein, einen Baum oder auf die Erde führt; durch einen Sturz ins Wasser oder von Schafen verursachte Verletzungen[53], Verletzungen im Kindbett, Knochenbrüche oder Verrenkungen sowie ähnliche Verletzungen, die als innerliche angesehen werden, reichen hin, um die Dienste des ›Feuerstein-Wegs‹ in Anspruch zu nehmen.«[54]

In allen Fällen, bei denen ›Weißer Donner‹ Leben vernichtet und einen Pfeil zurückgelassen hat, ist der ›Feuerstein-Weg‹ das vorgeschriebene Mittel.[55]

Wir können jetzt versuchen, den Kern des Mythos zu rekonstruieren. Der Held begegnet einem Mann, der zwei Frauen hat. Vermutlich ist der Mann der ›Weiße Donner‹, der wohl mit dem ›Büffel-Mann‹ gleichgesetzt werden kann. Die beiden Frauen sind Mutter und Tochter. Der Held hat sexuellen Verkehr mit beiden oder mit einer von beiden, woraufhin er entweder vom Ehemann-Vater getötet oder mit diesem identisch wird. Ziel des Rituals ist es, den mit dem Helden identifizierten Patienten in eine menschliche Gestalt, ins Leben zurückzubringen.

Weshalb wird der ›Büffel-Mann‹ ›Abelone-Frau‹ genannt? Ich vermute, daß ›Abelone-Frau‹ im Grunde nicht der Ehemann, sondern eine Alternative zur ›Büffel‹Frau‹ ist. Wer ist dann aber ›Abelone-Frau‹?

»Einige Navahos behaupten, daß ›Wechsel-Frau‹ eine jüngere Schwester namens ›Weiße Muschelfrau‹ hatte, welche die Mutter eines der beiden Helden war, nämlich von ›Kind des Wassers‹. Andere behaupten, ›Wechsel-Frau‹ und ›Weiße Muschelfrau‹ seien ein und dasselbe Wesen. ›Türkis-Frau‹ und ›Salz-Frau‹ scheinen ebenfalls Varianten der ›Wechsel-Frau‹ zu sein.«[56]

Das Haus der ›Wechsel-Frau‹ war ein großes Bergkristall-Haus, das wie ein Blitz leuchtete. »Im Osten bauten sie ein weißes Muschelzimmer, im Süden ein Türkiszimmer, im Westen ein gelbes Zimmer aus Abelonemuscheln und im Norden ein Zimmer aus Pechkohle.«[57] Nun werden die Helden von der ›Wechsel-Frau‹ aber auch als »Sohn« bezeichnet – ebenso wie von der ›Weißen Perlenfrau‹ und der ›Abelone-Frau‹ und, in diesem Mythos, auch von der ›Weißen Heuschreckenfrau‹. Wir nehmen deshalb als latenten Inhalt folgendes an: Der Held hat Geschlechtsverkehr mit seiner Mutter, wird von seinem Vater (›Donner‹, ›Monstrum‹ oder ›Büffel‹) getötet (kastriert) und durch das Ritual oder seine göttlichen Urbilder zur ›Normalität‹ zurückgeführt.[58] Weshalb füge ich »Kastration« als Alternative des Todes hinzu?

»Die Legende berichtet von der geschwächten Verfassung des Helden nach seinem übermäßigen Geschlechtsverkehr mit der ›Büffel-Frau‹. Durch ihr Urinieren brachten männliche und weibliche Büffel jeweils männliche und weibliche Pflanzen hervor. Aufgrund dieses Vorgangs und der Anwendung dieser Pflanzen bei der Wiederherstellung eines sexuell geschwächten Patienten, werden die Organe des Büffels dem Räucherwerk beigefügt. [...] In Fällen von übersteigertem Geschlechtsverkehr, sowohl bei Männern wie bei Frauen, werden Räucherkräuter mit einer Mischung aus Büffelorganen verbrannt und der Rauch wird vom Patienten inhaliert.«[59]

Wir wollen uns nun mit der typischen *Handlung* der Navaho-Mythologie befassen. Der Held mißachtet ein Verbot oder wird durch einen anderen von ihm begangenen Fehler von einem der übernatürlichen Wesen abhängig; das bedeutet, daß er mit diesem Wesen gleichgesetzt wird. Seine menschliche Gestalt muß durch Mythos und Ritual wiederhergestellt werden.

Der ›Regenjunge‹ beginnt, Wettspiele zu machen, und verliert dabei das Führeremblem seines Vaters. Die Menschen entschließen sich, ihn unnachsichtig auszupeitschen. Diesem

Vorgang sollen die in ihre Wiegen gebetteten Säuglinge sowie die Neugeborenen der letzten Nacht beiwohnen. ›Fledermaus-Frau‹ verhilft ihm jedoch zur Flucht. Er kommt an einen Ort, an dem ein gemaltes Haus mit einer Regenbogenumzäunung steht. »Der ›Regenjunge‹ trat ein und setzte sich. Das Mädchen schenkte ihm ein marterndes Lächeln und wollte hinausgehen.« Sie gibt ihm die Mokassins und die Waffen, die er beiseite gelegt hatte, weil er sich ihrer schämte. Er will gehen, aber bei jedem Versuch zieht sie ihn mit dem Zickzackblitz, mit dem Regenbogen usw. zurück, bis er schließlich mit ihr schläft. Sie war jedoch die Frau von ›Donner‹, und dieser hatte die beiden vom La Plata-Berg herab beobachtet. ›Donner‹ zerschmetterte ›Regenjunge‹, weil dieser mit seiner Frau geschlafen hatte.[60]

Danach folgt der übliche Abschnitt über das Zusammenfügen der Trümmer. »Steh auf, mein Enkelkind«, sagen die Götter. Er wird wiederbelebt und angewiesen, sich niemals mehr in Gefahr zu begeben. Er mißachtet jedoch diese Warnung und betritt das Kornfeld des ›Rauhen Frosches‹. ›Frosch‹ beginnt ihn zu necken: »Wohin gehst du, Kind meiner Tochter?« »Nirgends hin, Großvater, ich wandere nur umher.« ›Regenjunge‹ blickt ›Frosch‹ an: »Warum stehen die Augen dieses Mannes ständig heraus?« ›Frosch‹ sagt: »Wahrhaftig, Enkelkind, so bin ich nun einmal.« »Der Adamsapfel von dem Mann bewegt sich doch dauernd ein- und auswärts«, denkt ›Regenjunge‹. »Sehr wahr, so bin ich«, sagt ›Frosch‹. ›Frosch‹ bietet ihm seine Pfeife zum Rauchen an. Im Innern seines Ohrs vernimmt ›Regenjunge‹ eine Warnung: »Es ist gefährlich! Du wirst so werden wie er, du wirst so handeln wie er.« Schließlich willigt er ein. Der Frosch gewinnt den Wettkampf.[61] »Nun, Enkelkind, ich habe deine Füße gewonnen. Enkelkind, ich habe deine Beine gewonnen.« Nacheinander gewinnt ›Frosch‹ Körper, Nerven, Sprache, Gesicht, Nase und Augen des ›Regenjungen‹. ›Frosch‹ läßt die Füße des ›Regenjungen‹ kraftlos werden, ebenso den ganzen übrigen Körper. Nun lebt ›Regenjunge‹ im Haus von ›Frosch‹. Dort bewegt er sich, hüpft und sitzt wie ein Frosch. Die Enkelkinder von ›Frosch‹ bringen ihm zu essen und bieten ihm auch Tabak an. Würde er etwas annehmen, so würde er für immer ein Frosch bleiben. ›Große Fliege‹ spricht zum ›Regenjungen‹: »Kind meiner Tochter, warum hast du getan, was verboten ist?«; dann teilt er den Göttern mit, daß ›Regenjunge‹ vom ›Seereisenden‹ (›Frosch‹) gefangengenommen wurde. Die Götter rüsten nun den ›Regenjungen‹ mit neuen Zauberwaffen, gegabelten Blitzen usw. aus, und dieser fordert seinen »Großvater«, den ›Frosch‹, zu einem neuen Wettkampf auf. Diesmal ist es ›Regenjunge‹, der gewinnt.

Beim Heiligen Felsen lebte ein Mädchen ganz allein. Es war die Stelle, wo es in einer Höhle eine Quelle gab. Das Mädchen hatte sich selber eine Hütte aus Steinen gebaut und nährte sich von Samen, die sie fand. Als sie etwa zwanzig Jahre alt war, wachte sie eines Nachts vor dem Morgengrauen auf und sah einen Mann neben sich schlafen. Er war von Licht umgeben. Es war die ›Sonne‹. Er bestieg sein Türkispferd und ritt in den Himmel davon.[62] Innerhalb von vier Tagen empfing sie, nach weiteren zwölf Tagen wurde das Kind geboren. Sie nannte es ›Strolch-Junge‹ und erzählte ihm, daß sein Vater eine Art Kaktus wäre. Die ›Gehörnte Schildkröte‹ sagte ihm jedoch, daß ›Sonne‹ sein Vater wäre. Der Junge ging nackt auf die Wanderschaft, weil er so arm war, und wanderte, um Nahrung bettelnd, von Tür zu Tür. Dann sah er ›Sonne‹ auf dem Türkispferd ganz nahe bei sich. ›Sonne‹ übergab ihm zwei Beschwörungen, um die beiden Töchter des Häuptlings der Kisahni zu verzaubern. Die Mädchen heißen »Jene, die nie von der ›Sonne‹ gesehen werden.« Er verleitete, die Mädchen dazu, ihm in Gestalt eines weißen Schmetterlings zu folgen, und verwandelte sich wieder in einen Mann zurück, als er sie auf freiem Feld hatte. Seine Mutter war gegen die Hochzeit, aber er heiratete die beiden trotzdem.[63]

Nach verschiedenen weiteren Abenteuern verließen die Mädchen ihn. Viermal träumte er von einer sehr schönen Frau. Dann erinnerte er sich an seine Mutter, ging zu ihr zurück und erzählte ihr die ganze Geschichte. Und wieder verließ er seine Mutter und ging auf Wanderschaft. An einem See warf er einen Stein ins Wasser, worauf ein Gott erschien, der zu ihm sagte: »Es war unrecht von dir, den Stein ins Wasser zu werfen, das wird Unglück bringen.« Der Stein, den er geworfen hatte, verwandelte sich in das ›Wasser-Monstrum‹, das ihn durch das Wasser hinab an eine tiefe Stelle zog, wo es mit Frau, Tochter und Sohn zusammenlebte. Er erhielt etwas zu essen und wurde belehrt, wie die Zeremonie der ›Fünf Tage‹ durchgeführt wird. Er kehrte zu seiner Mutter zurück und träumte, daß er einen »Medizinbeutel« aus Weiden bekäme, wenn er sich auf einem bestimmten Fluß hinuntertreiben ließe. Seine Mutter machte ihm Vorwürfe, weil er so lange weggeblieben war, und wieder träumte er von einer schönen Frau am Ende des Flusses. Er machte sich auf die Suche nach ihr. »Und wieder träumte er von der schönen Frau und daß ihr Vater ein schwerer Mann war.« Nayenezgani (›Monstrum-Mörder‹) baute das Boot, und die anderen Götter halfen ihm dabei. Die Kisahni versuchten, das Boot mit Seilen festzuhalten, und mit diesem Feshalten des Bootes begann jene Krankheit, die von der Anspannung der Muskeln herrührt (Rheumatismus).

Auch dieser Held wird vom ›Flußgrund-Frosch‹ gefangengenommen und wie vorher befreit.[64] Der Rest des Mythos interessiert uns hier nicht. Es genügt, zwei wichtige Merkmale festhalten:

1. Das Urbild aller Helden ist in Wahrheit ›Monstrum-Mörder‹. (Zu bedenken ist, daß ›Sonne‹ der Vater des Helden, ›Monstrum-Mörder‹ dessen Wächter ist.)

2. Der Held schwankt ständig zwischen der ›Traum-Frau‹ und seiner Mutter hin und her.

Die Navaho-Mythen handeln im allgemeinen a) vom Helden, der etwas getan hat, wovor er gewarnt wurde, b) vom Tod, von der Zerstückelung oder der Verwandlung des Helden, und c) von der Hilfe, die ihm von den Göttern zuteil wird, einschließlich des aus dem Mythos abgeleiteten Rituals und der endgültigen Wiederherstellung und Auferstehung des Helden. Im engeren Sinne besteht das Vergehen des Helden häufig darin, sich mit der Gattin eines Gottes gepaart oder Nahrung von einem Gott in Tiergestalt angenommen zu haben, sowie in der anschließenden Identifikation mit diesem übernatürlichen Wesen. Die beiden Themen können auch kombiniert auftreten.

Welches ist nun der Kern des Ödipuskomplexes? Der Knabe wünscht, mit seiner Mutter sexuell zu verkehren und mit dem Vater identisch zu sein. Diese phantasierte Identifikation geschieht in der Form der Introjektion, d. h. einer phantasierten Einverleibung oder Nahrungsaufnahme. *Wenn wir von der offensichtlichen Tarnung des Ziels durch dessen Darstellung als Gefahr absehen,* können wir erkennen, daß die gesamte Mythologie und Religion der Navaho a) auf dem Ödipuskomplex und b) auf der Magie und dem Ritual beruhen, durch die die ödipalen Schuldgefühle gemildert werden. Wir sollten auch nicht übersehen, daß, zumindest im Hinblick auf die »olympische« Mythologie der Navaho, der große Mythos offensichtlich ödipalen Charakter hat. Wenn wir vom Mount Taylor (dem Olymp der Navaho) heruntersteigen zu den gewöhnlichen Schreckgespenstern, stoßen wir auf die Eule als bevorzugte Figur sowie auf den Eulenmythos mit den Themen des Inzests und des Vatermordes.

Es gibt zwei Institutionen, die den ödipalen Hintergrund in aller Klarheit aufzeigen. Eine der offensichtlich ödipalen Institutionen ist die Polygamie – in Mann heiratet eine Frau und deren Tochter aus früherer Ehe. W. Dyk schreibt:

»Frauen scheinen es häufig zu unterstützen, daß ihre Männer zusätzliche Frauen – meist Töchter oder Schwestern – nehmen, um ihre Bindungen zu festigen, weil sie es vorziehen, einen halben Mann statt gar keinen zu haben. Deshalb bietet seine erste Frau[65] ihm ihre beiden Töchter an und seine vierte Frau eine Nichte, die er ablehnt. Als seine Frau ihm ihre älteste Tochter anbietet, bemerkt ein alter Mann: ›Ich habe keinen Anlaß dazu, zwei Frauen zu besitzen. Du hast wohl die Absicht, mich umzubringen. Ich habe die alten Leute sagen hören, daß, wenn man zwei Frauen hat, man so endet, daß man sich umbringt, sich aufhängt oder von einer Klippe springt.‹«[66]

Als ich von diesen Ehen mit Mädchen, die den Status von Töchtern haben, erfuhr, fragte ich meinen Hauptinformanten, was er über die Häufigkeit solcher Ehen zur Zeit seines Vaters denke. Er sagte mir, daß etwa die Hälfte der Ehen polygam und daß wiederum etwa die Hälfte davon Verbindungen gewesen seien, an denen Mütter mit Töchtern beteiligt waren. Wie mir Clyde Kluckhohn mitgeteilt hat, ist dies jedoch eine erdichtete Überteibung; gleichwohl weist sie, ähnlich wie die Mythen, auf die Phantasiebedeutung dieser Ehen hin.

Während die Ehe zwischen Vater und Tochter den Inzestaspekt des Ödipuskomplexes enthüllt, demonstriert die Neckbeziehung mit den Großvätern eindeutig den Kampf zwischen Vater und Sohn. Der Großvater, ein alter Mann, sagt in der Regel zu seinem Enkel, einem kleinen Jungen: »Komm, wir wollen einen Wettlauf machen!« Sie rennen dann etwa fünfzig Meter weit. Manchmal gewinnt der Junge, und wenn der alte Mann um ein Reitpferd gewettet hat, erhält es der Junge sofort. Umgekehrt neckt der Junge den Alten mit Witzeleien wie: »Mein Vater ist alt geworden und gestorben.« Oder er fordert ihn auf einer unebenen Straße auf: »Schlag einen Purzelbaum. Wenn du es schaffst, schenk ich dir meinen Sattel!« In einem Fall gelang dies dem Alten, und der Junge verlor seinen Sattel. Oder der Junge fordert ihn auf: »Rufe vier Mal, so laut du kannst.« Wenn der Großvater dies tut, schenkt ihm der Junge eine Bockshaut (gegen ein Sandbild). Manchmal fordert der Junge den Alten auch auf, für ein Tuch eine Hürde zu überspringen. Beide können sich gegenseitig zum Objekt solcher Neckereien machen. So sagt der Junge beispielsweise zum Alten: »Wenn du fünfzig Meter weit auf einem Bein hüpfst, bekommst du ein Pony.« Oder der Alte sagt zum Jungen: »Zieh deine Kleider aus und wälze dich vier oder fünf Minuten lang im Schnee.« Wenn der Junge Angst zeigt, lachen ihn die Leute aus.

Oder der Junge schnitzt einen Stock und wirft ihn in einen Kaktus. Dann fordert er den Alten auf: »Hol ihn jetzt mit den Zehen heraus.« Wenn er ein Pony dafür bekommt, versucht er es vielleicht, aber meistens lehnt er ab, weil der Kaktus zu stachelig ist. Oder der Junge fordert den Alten auf, zweimal laut zu lachen. »Es gibt nichts zu lachen«, sagt dann der Alte, »deshalb kann ich das nicht tun.« »Aber wenn du lachst, bekommst du gute Mokassins«, sagt dann der Junge. Manchmal lassen sie ihn auch zwei Liter Milch trinken – wenn er es schafft, erhält er zwei Milchkühe oder Ziegen. Sie geben ihm bisweilen auch ein Stück fettes Hammelfleisch zu essen. Wenn er erbricht, bekommt er nichts, aber wenn er es schafft, erhält er zwei große Hammel dafür. Mein Informant erzählt: »Wir beobachten ihn alle, ob er es wieder von sich gibt.« (Navaho; Two Wells, New Mexico).

Diese im alltäglichen Leben als Neckereien inszenierten Ereignisse verschieben offensichtlich die Aggression des Jungen vom Vater auf die ältere Generation. Obwohl mein Informant (55 Jahre alt) die Neckereien in seinen Erzählungen als wechselseitig schilderte, ist deutlich, daß sie eher ein Ventil für den Geist der Auflehnung als etwas anderes darstellen. Der alte Mann ist die Zielscheibe dieser Neckereien; der Ausspruch des Jungen: ›Mein Vater ist gestorben‹, ist aufschlußreich genug. Dies wird noch deutlicher, wenn wir die Rolle des Großvaters bei den nahen Verwandten der Navaho, den Jicarilla-Apachen, betrachten. Autorität und Disziplinargewalt werden dem Großvater übertragen, so wie in vielen anderen Stämmen dem Onkel.[67] Hier spielt der Großvater eine ähnliche Rolle wie die Eule: er ist eine Art Butzemann oder Kinderschreck.

»Wenn es dem Großvater befohlen wird, nimmt er eine Ahle und bohrt damit ein Loch in das Ohr des Jungen. Ist dies auf einer Seite geschehen, dann sagt er: ›Ich gebe dir jetzt noch eine Chance für die andere Seite‹. Oder der Großvater holt einen Lederriemen und schlägt seinen Enkel damit. Die Kinder dürfen niemals bis zum Sonnenaufgang schlafen. Versuchen sie es trotzdem, dann jagen die Eltern sie aus dem Bett und schicken sie noch vor Tagesanbruch zu den Pferden. Der Großvater treibt den Jungen auf dem ganzen Weg zum Laufschritt an. Er veranlaßt ihn auch, junge Bäume auszureißen, damit er seine Muskeln stärkt. Gelingt ihm das, so muß er sich mit den Wurzeln des ausgerissenen Baumes auf die Arm- und Beinmuskeln schlagen, damit die Kraft des Baums in seinen Körper übergeht. Wenn es dem Jungen aber nicht gelingt, dann sagt der Großvater: ›Dieser Baum hat dir die Kraft geraubt.‹ Zu den Mädchen pflegen die Großväter zu sagen: ›Deine Großmutter kommt. Sie wird dir mit der Ahle ein Loch ins Ohr bohren.‹ Und die Großmutter sagt: ›Ich komme, um dir den Hals durchzuschneiden‹ (oder: ›um die Ohren abzuschneiden‹); ›wenn du nicht tust, was Vater und Mutter dir sagen, dann schneid ich dir den Bauch auf, hole deine Eingeweide heraus und esse sie auf‹.« (Körperzerstörungsphantasie.)

Der Großvater sagt zum Jungen: ›Du weißt ja, was wir mit Pferden machen. Du siehst ja, daß wir sie kastrieren, wenn sie wild sind. Das macht sie sanft. Vielleicht ist es das, was dich so wild macht. Wenn du dich nicht benimmst, machen wir mit dir das gleiche.‹ Wenn der Großvater ihm droht, fragt der Junge gewöhnlich seinen Vater: ›Willst du wirklich, daß er mir das antut; läßt du das einfach geschehen?‹ Der Vater rechtfertigt sich: ›Benimm dich, dann geschieht dir nichts.‹«[68]

Zu diesen Verhaltensweisen bemerkt Opler:

»Sie verhindern, daß zwischen Eltern und Kind starke Spannungen, ob bewußte oder unbewußte, entstehen. Solche Aggressionen, wie sie gegen die Großeltern hervorgebracht werden, werden durch die handgreifliche Neckbeziehung etwas gemildert, die einer Eltern-Kind-Beziehung kaum angemessen wäre.«[69]

Wie Opler herausfinden konnte, was im Unbewußten der Apachen vorgeht, ist ein großes Geheimnis. Er unterstellt ganz einfach, daß bewußter und unbewußter Inhalt identisch sind. In diesem Fall ist es natürlich sinnlos, überhaupt von einem unbewußten Inhalt zu reden. Hier steckt einer der häufigen Irrtümer der modernen »Persönlichkeits- und Kultur«-Anthropologie.

Die folgende Bemerkung eines Informanten von Opler beantwortet in gewissem Umfang die Frage, ob Opler im Bereich des Unbewußten ein zuverlässiger *cicerone* ist.

»Manchmal laufen die Kinder aus dem Lager der Eltern fort in das Lager von Verwandten, weil die Großeltern die ganze Zeit hinter ihnen her sind, und weil sie diese Drohungen nicht länger hören wollen. Manchmal ängstigen die Großväter das Kind zu oft, und sie treiben es einfach zu weit. Sie machen das Kind nervös und ängstlich wegen der geringsten Kleinigkeit.«

Anschließend beschreibt Opler eine Neckbeziehung, die jener bei den Navaho gleicht.[70] – Im Winter erzählen die Großeltern den Kindern Geschichten. Die erste ist eine, die den Kindern Angst macht, zum Beispiel eine Monstergeschichte.[71] Wir vermuten, daß die Kinder sich beim Zuhören mit den beiden jungen Kriegsgöttern identifizieren, die das elterliche Monstrum besiegen.[72]

Wenden wir uns nun wieder den Navaho zu. In dem Mythos des Navaho-Grußgesangs sagt ›Frosch‹ nach dem Wettrennen zum ›Regenjungen‹: »Nun, Enkelkind, ich habe deine Füße gewonnen. Enkelkind, ich habe deine Beine gewonnen.« »Enkelkind, ich habe deinen Körper gewonnen«, sagt er. »Enkelkind, ich habe deine Nerven gewonnen«, sagt er. »Enkelkind, ich habe deinen Geist gewonnen«, sagt er. »Enkelkind, ich habe deinen Kopf gewonnen.«[73] Der Bezug zwischen Mythologie und gegenwärtigem Brauch, zwischen dem Helden, der seine Macht völlig verliert, und der Kastrationsdrohung des Großvaters, ist hier ganz offensichtlich.

Da ich im Jahre 1947 in Ranmah zufällig Gelegenheit zur Feldforschung hatte, füge ich hier noch einige ausgewählte Beispiele aus meinen Feldaufzeichnungen hinzu, um den Skeptikern zu beweisen, daß ich nicht schlichtweg Vorstellungen auf die Navaho übertrage, die einzig *»in unserer eigenen Kultur gelten«*.

Traum vom 6. Juli 1947, geträumt von einem etwa 55jährigen Mann, verheiratet, Vater mehrerer Kinder. Er spricht gut Englisch, ist jedoch immer noch fest im Denken der Navaho verwurzelt:[74] Ich steuerte einen Wagen. Mit mir fuhr ein Mann (Verwandter der Ehefrau). Er saß hinten im Wagen mit dem Rücken zu mir. Meine Frau und ihre Schwester kamen zu Fuß entgegen. Beide waren mit rotem Lehm bemalt. Der zweite Mann sagte, er möge den roten Lehm nicht (d. h. er habe Angst davor) und wolle aussteigen. Ich sagte zu meiner Frau: ›Ich will mit dir fahren und nicht mit dem toten Mann.‹[75] Dann stiegen meine Frau und ihre Schwester zu mir in den Wagen. Der Mann, der heraussprang, war wütend auf uns. Meine Frau sagte: ›Warum bist du so wütend? Wir wollen dich nicht.‹ Er ging dorthin zurück, wo er hergekommen war. – Dann begann es zu regnen, und der Regen wusch den roten Lehm ab. Wir fuhren einen Berg hinauf, der Wagen machte einen großen Lärm; dann stießen wir mit einem Felsen zusammen und ich erwachte.

1. Der rote Lehm: Die Navaho bemalen sich damit zum Schutz gegen das Sonnenlicht, wenn sie im Frühjahr in der Lämmerzeit die Schafe hüten. Auch beim ›Geisterwegsingen‹ bemalt sich der Mann, der für den Kranken singt, mit rotem Lehm.

2. Der tote Mann: Er war ein berühmter Silberschmied, der Gürtel, Perlenketten und Armbänder herstellte. Er arbeitete für die Händler in Gallup. Er hatte fünf Frauen und sehr viele Kinder, die ihm halfen, das Silber zu verarbeiten. Zwei seiner Frauen starben. Dann wurde er krank. Er lag vier Monate darnieder. Zwei Monate lang waren seine Arme und Beine gelähmt, dann starb er. Eine seiner Frauen war seine Tochter aus einer seiner Ehen. Er heiratete sie, als sie groß geworden war. Der Medizinmann behauptete, er sei vor dem Sterben verrückt geworden, und seine Beine und Arme seien gelähmt gewesen, weil er seine eigene Tochter geheiratet habe.

3. Frau und Schwester kommen aus der entgegengesetzten Richtung. Die jüngere Schwester seiner Frau lebte früher auf dem Berg, von dem sie kommen. Sie war eine gute Frau gewesen, als sie jung war. Sie konnte wie ein Mann den Acker pflügen und ein wildes Pferd reiten. Es scheint, daß sie und der Träumer in der Kindheit oft zusammen gewesen waren. Er

sagt, sie sei jetzt von ihrem Mann getrennt.

Interpretation: Die ganze Erzählung weist darauf hin, daß er in seine Schwägerin verliebt ist. Der Mann, der mit dem Rücken zu ihm auf dem Wagen sitzt, stellt offensichtlich dar, was er selber zwar begehrt, aber zurückweist (›Ich will es ja gar nicht, ich sitze ja in der entgegengesetzten Richtung‹). Die Natur dieses Wunsches zeigt sich deutlich in dem, was mit dem Mann geschah: er heiratete seine eigene Tochter, wurde verrückt und starb.

Die rote Farbe kommt auch in dem Eulenmythos vor. (Der Träumer erwähnt dies in seinen Assoziationen.) Der Mann, der die eigene Tochter heiratet, malt sich das Gesicht rot an, und sie erkennen ihn nicht mehr. In einer der Geschichten von Yeitso, die der Träumer ebenfalls erwähnt, wird der Riese zu der Annahme verleitet, die rote Farbe sei Menstruationsblut. Der Mann, der vom Wagen springt, ist wiederum der Träumer selber. Inzest ist gefährlich; er führt zu Lähmung und Tod. Die roten Gesichter stellen die blutende Vagina dar; das Menstruationsblut bedeutet Kastrationsangst. Nachdem wir aufgehört haben, über den Traum zu reden (zumindest ist er dieser Ansicht), bitte ich ihn, mir irgend etwas zu erzählen. Er berichtet die folgende Geschichte: Es war einmal ein Knabe namens Tshon, der im Kopf nicht ganz richtig war. Er lebte mit seiner Mutter zusammen; einen Vater gab es nicht. Seine Mutter bat ihn, die Schafe zu hüten, während sie in den Laden ginge. Er lehnte ab, weil er den Canyon hinaufgehen wollte, um Beeren zu pflücken. Er bat seine Mutter, ihm Tabak und Sardinen aus dem Laden mitzubringen. Sie weigerte sich, weil er die Schafe nicht hüten wollte.

Als er nach Hause kam, erzählte er folgendes: Die Beeren waren reif, er begann sie zu essen, und dann kam ein Bär direkt auf ihn zu, packte ihn am Haar und schüttelte ihm den Kopf. »Daraufhin schüttelte ich den Kopf des Bären ebenso. Der Bär schlug mir auf den Mund; ich schlug zurück. Er warf mich zu Boden, dann warf ich ihn ebenfalls zu Boden. Dann warf er sich über mich und hielt mich unten. Ich machte dasselbe mit ihm. Er trat in meinen Hintern, ich in seinen. Schließlich ging er weg, und ich kam nach Hause.« Zu Hause erzählte er die Geschichte. Er fragte nach den Sardinen und aß sie alle auf. Er fragte nach dem Kautabak und begann zu kauen. »Der gute weiße Mann kaut Tabak, ich kaue ebenfalls. Ich bin ein guter weißer Mann«, sagte er usw. und ließ sich noch weiter über seine übermäßigen Ansprüche aus.

Der Kampf mit dem Bären ist eigenartig, weil der Knabe in diesem eingebildeten Kampf den Bären genau nachahmt. Außerdem identifiziert er sich mit dem »guten weißen Mann«. Der Knabe, der übermäßige Ansprüche erhebt, lebt mit seiner Mutter zusammen und bekämpft seinen Vater (den Bären; Identifikation).

Ein kleiner fünfjähriger Junge, der Sohn dieses Informanten, träumte: Ich ging mit meinem kleinen Bruder spazieren. Der Boden war mit etwas Weißem bedeckt, es war kein Schnee. Es war wie Milch. Wir machten ein Feuer. Ein Bärenvater erschien, wir rannten weg. – Der Boden ist aufgrund der Milch, die ihn bedeckt, als Mutter Erde identifizierbar. Als sie ein Feuer machen (genitale Sexualität), greift der Vater an. Während der Spielstunden hatten sie eine der Puppen ›Vater Bär‹ genannt.

Wir wollen nun auch von der weiblichen Seite Licht auf den Ödipuskomplex werfen.

Traum eines etwa zehnjährigen Mädchens: Im Haus war eine Wildkatze. Wir rannten alle hinaus, und der Hund bellte andauernd und versuchte, die Katze zu erwischen. Die Katze lief in eine andere Hütte. Wir hatten Angst. Die Katze schrie ›Osse, osse!‹ So schreit nämlich die Wildkatze. Nun kam die Katze heraus und verfolgte uns. Wir befanden uns in einer anderen Hütte. Sie klopfte an die Tür, ging umher und redete wie ein Mensch, aber ich konnte nicht verstehen, was sie sagte. Ich lief mit meiner Schwester hinaus, und wir fanden eine runde Höhlung. Es war ganz finster darin. Ich erkannte zwei Wildkatzen. Die eine war groß und die andere klein. Sie verfolgten uns. Ich rannte weg und erwachte.

Wir können anstelle verbaler Assoziationen ihr Puppenspiel als Assoziation verwenden. Während sie den Traum erzählt, spielt sie mit den Puppen in ihrer Nähe. Sie setzt eines der Puppenkinder zwischen die beiden Bären (Bärenmann und Bärenfrau); das Mädchen hat Angst vor etwas. Dann setzt es die Puppen so hin, daß sie etwas betrachten, und es beschreibt, was sie betrachten: Es ist jetzt Morgen, und alle stehen auf. Dann gehen alle wieder zu Bett. Der Bärenmann reitet auf der Bärenfrau. Jetzt *sieht* der Puppenvater[77], daß alle ins Bett gegangen sind. Er spricht mit allen, was das Mädchen dadurch andeutet, daß es den Puppenvater auf die kleinen Puppen *legt*.

Interpretation: Die Wildkatze, die wie ein Mensch spricht, ist ihr Vater. Der beschützende Hund ist die Mutter oder ihr Über-Ich. Die beiden Katzen in der Höhlung stellen die Urszene dar, wie die Vorführung mit den Bären, die Angst des zwischen die Puppeneltern gesetzten Puppenkindes, die Hervorhebung des *Sehens* und, nicht zuletzt, der auf den kleinen Puppen *liegende* Puppenvater zeigen. Das Rennen ist eine für den Traum typische Darstellung des Koitus.

Ein kleines Mädchen von elf Jahren erzählt zwei Träume. *Traum 1:* »Ich war irgendwo draußen, inmitten vieler Felsen. Dort sah ich einen wilden Kater. Er kam zu mir und begann, mich in der Navahosprache anzureden. Er verwandelte sich in meinen Vater. ›Warum hast du Angst vor mir?‹, fragte er. ›Du bist von zu Hause weggelaufen.‹ Dann lachten mich meine Schwester, mein Bruder und meine Mutter aus, weil ich von zu Hause weggelaufen war.«

Traum 2: »Ich bin mit meiner älteren Schwester im Kornfeld. Das Korn war mannshoch, und wir behackten es. Die anderen waren weggegangen, und ich war weit zurückgeblieben. Ich sah eine Klapperschlange und versuchte, sie mit einem Stein zu töten. Da näherte sich mir etwas, das wie ein Bär aussah. Ich folgte dem Bären. Wir gelangten zu unserer Hütte. Als wir dort ankamen, war der Bär verschwunden, und es war mein Vater.«

Wir nehmen an, daß die Schlange den Penis des Vaters darstellt. Der Vater wird in beiden Träumen durch gefährliche Tiere symbolisiert, weil die Sexualität als Gefahr empfunden wird. Im Alter von sechs oder sieben Jahren litt das Mädchen ernsthaft unter Alpträumen. Wenn sie aufgeweckt wurde, hatte sie Schüttelfröste und konnte nicht sprechen. Sie hatte vor vielen Dingen Angst: vor großen menschlichen Gesichtern, weit geöffneten Mündern, kleinen Nasen, eingedrehten Füßen und vor schwarzgefärbten, langen und schmalen Köpfen mit großen Ohren. Sie spielte häufig zu lange draußen, so daß der Onkel sie mit der Drohung ängstigte, der Bär oder die Wildkatze würde sie holen. In jener Nacht träumte sie, daß ein

Wolf auf sie zukam, und als er bei ihr war, würgte er sie – es dauerte sehr lange, bis sie aufgeweckt werden konnte.

Entscheidend ist wohl, daß die Tiere, mit denen ihr gedroht wurde, ihr im Traum als Vatersymbole erschienen – mit anderen Worten: die Struktur der Phobie ist genau die gleiche wie im Falle des »kleinen Hans« und in allen übrigen berühmten Fällen. Kann man nun behaupten, dies liege in einer anderen Kultur »außerhalb des Kontexts«? Sie hat einen Alptraum mit Würgegefühlen, wie sie in jedem europäisch-amerikanischen Alptraum vorkommen.

Die übrigen Daten zu diesem Thema sollen einer besonderen Arbeit über die Navaho vorbehalten bleiben. Ich erlaube mir jedoch zu fragen, wie es dazu kommt, daß die Navaho wahrscheinlich der am häufigsten untersuchte primitive Stamm auf der Welt sind – und daß niemand die Bedeutung ihres Ödipuskomplexes erwähnt hat. Ist dieser wirklich so schwer zu erkennen, oder lohnt es sich nicht, darauf einzugehen?[78]

1. Nachtrag: Die Neckbeziehung der Hopi

Bei den Hopi stößt man auf eine »Institution des Neckens«, die jener der Navaho ähnlich ist. Zwischen Neffen und den Gatten der Tanten väterlicherseits besteht eine erhebliche Feindschaft. Die Onkel nützen ihre Freiheit zu Neckereien in grausamer Weise aus, und sie werden zum Spaß als sexuelle Rivalen des Kindes bezeichnet. Es handelt sich hier freilich nicht um einen reinen Spaß, da die Tanten mit ihren Neffen sexuelle Spiele pflegen und sie wahrscheinlich auch in das Sexualleben einführen. Die Ehemänner dieser Tanten richten Kastrationsdrohungen an die Knaben.[79] Interessant ist, daß der Onkel in der Neckbeziehung als »Großvater« bezeichnet wird.[80] Eggan vertritt die folgende Ansicht:

»Es scheinen tatsächlich sehr viel mehr Belege erforderlich zu sein, um schlüssig beweisen zu können, daß in allen Beziehungen der Hopi ein eindeutiger Ödipuskomplex vorhanden ist. Selbst wenn wir annehmen, daß der Ödipuskomplex universal ist, scheinen die Hopi doch einen Großteil seines Konfliktgehalts durch die Verteilung von Autorität und die weitgehende Verlagerung außerhalb der Kernfamilie sowie durch die Verschiebung der sexuellen Neigung des Kindes auf ›sichere‹ Objekte außerhalb der Familie – auf die Schwestern des Vaters – gelöst zu haben.«[81]

Allerdings stellt sich dann die Frage, wie es dazu kommt, daß die Gesellschaft etwas auf die väterliche Tante und den (als Großvater bezeichneten) Onkel *verschiebt*, wenn es angeblich keinen Ödipuskomplex gibt. Niemand wird glauben, daß es ein primär biologisch bedingtes Begehren nach der *Schwester des Vaters* gibt; vielmehr muß es *etwas* gegeben haben, das die Gesellschaft »zu bewältigen« hatte. Dennis, ein überzeugter Vertreter des nicht-ödipalen Verhaltens der Hopi, berichtet: »Elsa ist jenes Mädchen, das im Alter von zwei Jahren beschloß, mit seinem Vater zu schlafen, und seiner Mutter befahl, auf der Bank neben dem Bett zu schlafen.«[82]

Wir sind dem Grundsatz gefolgt, daß der Mythos ein zuverlässiger Indikator des Unbewußten ist. Es erscheint deshalb als sehr wahrscheinlich, daß der Ödipuskomplex in dieser Gruppe verdrängt wird. Ödipale Motive, wie sie uns von den Navaho und anderen Gruppen her vertraut sind, werden zwar übernommen, aber das manifest ödipale Element ist getilgt, und die Eulen-Metamorphose des Kindes wird auf die mütterliche Ablehnung zurückgeführt.[83] In der Geschichte von den beiden Kriegsgöttern und dem kannibalischen Monstrum fehlt der väterliche Aspekt des Monstrums; statt dessen werden die beiden Helden vom Monstrum verschlungen und befreien sich, indem sie Pfeile in dessen Herz schießen.[84] Dieser Mythos gehört zum Typus »Sonnengott im Fischmagen«.[85] Hingegen zeigt der Mythos von den »Zwei Pueblo-Jungfrauen, die mit der ›Nacht‹ vermählt wurden« das ödipale Muster. Die Schwestern lehnen alle Bewerber ab. ›Nacht‹ heiratet sie. Sie gelangen zu einem Haus voller Menschenknochen. Die Mädchen sind schwanger und befürchten, daß ›Nacht‹ sie töten wird. Sie fliehen, aber der Blitz erschlägt sie, bevor sie ihr Dorf erreichen. Sterbend bringen sie ihre Kinder zur Welt. Die Kinder wollen ihren Vater suchen, gelangen jedoch in ihr Heimatdorf. Die Großmutter weint über die beiden, der Großvater hingegen fordert den Jungen heraus. Der Junge schlägt den Großvater in allen Wettkämpfen, wodurch er das Recht bekommt, ihn zu töten. Sie erhalten vom Großvater Waffen und Kleider.[86]

Thompson und Joseph berichten, daß die Schwierigkeiten sowohl bei Mädchen wie bei Knaben im fünften Lebensjahr entstehen (Höhepunkt des Ödipuskomplexes?). Der vier- oder fünfjährige Don will mit seinem Vater aufs Feld gehen. Sein Vater lehnt dies ab, aber der Junge folgt ihm trotzdem. »Beim heiligen Schrein der ›Spinnenfrau‹ sah er die alte Frau selber neben einem viereckigen Loch am Boden sitzen. Sie rief ihm zu, in ihr Haus zu kommen. ›Du bist auf meiner Spur gegangen, deshalb habe ich nun ein Recht auf dich als mein Enkelkind.‹ Don wurde in eben dem Augenblick von einem Passanten gerettet, als er in das Loch gezerrt wurde.«[87] Meiner Interpretation zufolge ist die Phantasie des Kindes der Wunsch, dem Vater zu folgen und in die Vagina der Mutter einzudringen – und die nachfolgende Krankheit ist die Bestrafung.

Ein weiteres mythologisches Beweisstück wird durch die Geschichten über die Kriegszwillinge geliefert. Die Zwillinge werden vom Riesen gefangen und in einen Topf gesteckt, weil er sie fressen will. Sie können sich jedoch aus dem Topf befreien und stecken an ihrer Stelle die Kinder des Riesen hinein. Dann rufen sie dem Riesen zu: »Du frißt deine eigenen Kinder auf.« Danach töten sie den Riesen samt seiner Frau.[88] – Die vertraute Episode, in der die eigenen Kinder die Stelle der fremden einnehmen, macht deutlich, daß der Riesenkannibale der Vater ist.

Daumenlutschen und Launenhaftigkeit treten bei einigen Knaben im dritten Lebensjahr auf und fallen entweder mit der Geburt eines Geschwisters *oder mit der Verlegung des Kindes aus dem Bett seiner Mutter zu einem weiblichen Verwandten oder seinem Großvater zusammen.*[89]

Ich kann im ängstlichen Charakter der erwachsenen Hopi nichts Erstaunliches finden, da Eggan zufolge »Ängste aller Art dem Kind vom ersten Verstehen gesprochener Worte an systematisch eingeschärft wurden und offenes Austragen von Aggressionen nach den ersten Jahren der Verwöhnung streng und unnachsichtig eingeschränkt wurde.« »Das Einprägen von Angst bei den Hopi war ein allmählicher, aber kontinuierlicher Vorgang.« »Die Powamu und andere maskierte Vertreter der Dämonenwelt erschienen normalerweise einmal jährlich im Februar, aber wenn sich das Kind schlecht benahm, konnten sie auch häufiger auftreten.« Eggan ist der Ansicht, daß dies eine kluge Anordnung war, um Konflikte zwischen Eltern und Kind möglichst gering zu halten. *Sie führt jedoch zu Alpträumen, die das ganze Leben lang andauern.* Diese Menschen fürchten sich noch als Erwachsene vor der Dunkelheit, und sie hassen es, allein zu schlafen.[90] Anders gesagt, sie sind völlig verängstigt.

Ihre Religion verschafft ihnen ein bewußtes Symbol oder ein Beispiel des »guten Vaters«. Das Kind gehört zwar zum Clan seiner Mutter, ist jedoch auch das »Kind« vom Clan seines Vaters. Zwanzig Tage nach der Geburt wird es offiziell der ›Sonne‹, der großen Vatergottheit der Hopi, präsentiert.[91] Ich glaube, daß ich auch einen Hinweis auf den unbewußten Vertreter des Bildes vom »bösen Vater« geben kann. Wir haben eine Geschichte zitiert, in welcher der »böse Vater« zum Teil durch die ›Nacht‹ und zum Teil durch den Großvater repräsentiert wird.

Im Winter feiern sie die Wiederkehr des maskierten Gottes Masauu. Das Bild von Masauu zeigt einen runden Helm mit verschiedenfarbigen Farbflecken und, neben anderen Verzierungen, ein Halsband aus Menschenknochen. Die Maske von Eototo sieht sehr ähnlich aus – Fewkes nimmt deshalb an, daß die beiden ursprünglich zwei Namen für ein und dasselbe mythologische Wesen sind.[92] Fewkes deutet Masauu als Gott des Feuers, der Keimung und des Todes, als identisch mit Eototo, dem Gott der Keime.[93] Masauu war der erste Erbauer eines Hauses, und die Toten unternehmen eine Reise zu seinem unterirdischen Haus. Er gab den ersten Menschen den Kürbis, und er wird von den Bauern angerufen. Er ist auch der Gott des Feuers. Opfer für die Toten werden ins Feuer geworfen. Masauu ist auch der Gott des Todes.[93a]

Die folgende ist die Hopi-Version der weltweiten Geschichte vom »Ursprung des Todes«: Der Grund, weshalb die Menschen aus der Unterwelt heraufkamen, war, daß sie alle bösen Menschen (d. h. die Aggression) hinter sich lassen wollten. Nachdem sie zur Oberwelt vorgedrungen waren, *starb jedoch der Sohn des Häuptlings.*

»Sein Vater war sehr zornig. ›Warum ist dieser Powaka mit uns heraufgekommen?‹, sagte er. ›Wir gedachten, allein zu leben, und wollten diese gefährlichen Menschen loswerden.‹ Er versammelte die Leute um sich, um herauszufinden, wer für den Tod seines Kindes verantwortlich war. Er formte eine Kugel aus Maismehl und warf sie hoch in die Luft. Derjenige, auf dessen Kopf sie fallen würde, war für den Tod verantwortlich, war die gefährliche Person. Sie fiel auf den Kopf des Neffen vom Häuptling.«[93b]

Wir ersehen daraus, daß der Gott des Todes wahrscheinlich der Vater ist, da die erste Person, die stirbt, der Sohn des Häuptlings ist und der Häuptling einen Sündenbock für seine eigene Aggression zu finden sucht.

Amerikanische Anthropologen, die mit »Primitiven« außerhalb Nordamerikas keine Erfahrungen gesammelt haben, neigen dazu, die Toleranz in der Kindererziehung der nordamerikanischen Indianer zu überschätzen, weil sie diese mit der Kindererziehung der Weißen vergleichen, die wahrscheinlich noch strenger ist. Die Indianer selber wissen es jedenfalls besser. So sagte zum Beispiel ein etwa 42jähriger Hopi-Mann zu Dorothy Eggan: »Du hast Bücher über die Hopi gelesen? Als ich ein Kind war, wurde ich von Vater und Mutter geprügelt; von den Brüdern von Vater und Mutter, und manchmal sogar von einer älteren Schwester. Sie prügelten uns, aber sie nörgelten nicht ständig an uns herum, wie es weiße Eltern tun, und sie fingen auch nicht so früh damit an.«[94]

Voth zufolge versetzt der Tod oder der bevorstehende Tod dem Herzen des Hopi einen solchen Schock, daß er so bald wie nur möglich vom Krankenbett wegläuft. Ein Mann, der für seinen Bruder das Grab aushob, rannte fort, als er ein Stück unter der Erdoberfläche war. – »Das erste Gebet, das für das Kind gesprochen wird, ist an die ›Sonne‹, die Quelle der Langlebigkeit, gerichtet: ›Mögen deine schönen Strahlen unsere Gesichter färben; nachdem wir von ihnen durchdrungen sind, werden wir irgendwann in hohem Alter als alte Menschen in den Schlaf sinken.‹«[95]

Kann es ein beredteres Zeugnis für die ambivalente Vaterimago (d. h. für den Ödipuskomplex) geben als dieses? Der Gott des Todes ist vermutlich der Vater; im Zusammenhang mit dem Tod und den Toten besteht eine große Angst; der erste Tote ist der Sohn des Häuptlings, und wenn ein Säugling zur Welt kommt, bitten sie zuerst die ›Sonne‹ um ein langes Leben – wobei die ›Sonne‹ als die Quelle der Langlebigkeit angesehen wird. In einem Navaho-Mythos hingegen sagt die ›Sonne‹ beim Tode des ersten Menschen: »Ich bin froh, wenn eine Person stirbt, weil mich das in Bewegung hält, und ich bin froh, mich weiter in Bewegung zu halten.«[96]

Eggan stellt fest, daß weitere Beweise erforderlich wären, um die Existenz eines Ödipuskomplexes bei den Hopis zu begründen.[97] Meines Erachtens reichen die Beweise völlig aus. Wenn aber jemand weitere Beweise braucht, bin ich bereit, sie zu liefern. E. und P. Beaglehole[98] berichten von einem jüngsten Kind, einem etwa 5jährigen Knaben, der bei seiner Großmutter lebte (die Mutter war gestorben): er pflegte sich jeden Abend auf ein Schaffell zurückzuziehen und seinen Penis zu streicheln, bis er eine Erektion hatte. Er schob seine Hand unter das Kleid der Großmutter und streichelte ihre Brust.

Ein etwa 35jähriger Mann heiratete. Als er jedoch zum ersten Mal mit seiner Frau zusammensein sollte, kehrte er mehrmals ins Haus seiner Mutter zurück und vollzog mit ihr den Beischlaf, vielmehr, er vergewaltigte sie. Sie war sechzig, beinahe blind und so korpulent, daß sie sich kaum bewegen konnte.[99] – Auch die folgende Episode ist aufschlußreich. Der ›Sonnen-Häuptling‹ findet zwei »Penispflanzen«. Sie sehen wie ein Penis aus und können für den Liebeszauber verwendet werden. Er hatte vor, sie für seine Frau und sich zu gebrauchen, um ihr gemeinsames Leben »in Schwung zu bringen« und ein Kind zu bekommen. Als er eben beginnen wollte, vernahm er den Rat, es bleiben zu lassen. Es war sein ›Schutzgeist‹, der ihn rettete.[100] Im Traum führt der Schutzgeist ihn in ein Haus und spricht: »Mein Sohn, ich bin der Schutzgeist, der dich dein ganzes Leben lang beschützt hat.«[101]

2. Nachtrag: Apollon Pythoktonos und die Religion der Navaho

Der Gott, den ganz Hellas verehrte, und von dem ich hoffe, daß wir ihm immer noch Treue erweisen, ist Apollon, der Sohn des Zeus. Mythenerzähler haben seine erste Tat aufgezeichnet: Kurz nach seiner Geburt tötete er den Drachen Python, der seine Mutter Leto angreifen wollte.[102] Leto war von Zeus geschwängert worden und hatte Apollon und Artemis geboren. Die eifersüchtige Hera stachelte den Drachen

Python an, Leto anzugreifen. Aber der neugeborene Gott tötete den Drachen mit seinen Pfeilen.

Hunc (Python) deus arcitenens et numquam talibus armis
Ante nisi in damnis capreisque fugacibus usus
Mille gravem telis, exhausta paene pharetra
Perdidit effuso per vulnera nigra veneno.

Zum Andenken an den Sieg über Python wurden Wettkämpfe veranstaltet. Und der Jüngling, der aus dem athletischen Wettkampf als Sieger hervorging, »[...] *aesculae capiebat frondis honorem.*«[103] Nach dem Sieg über Python fährt Apollodorus unmittelbar mit dem Bericht von der Besiegung des Tityos fort.[104] Ich zitiere aus meinem Buch *Animism, Magic and the Divine King:*

»In einer ursprünglichen Fassung der Geschichte, die nicht der Überarbeitung späterer Jahrhunderte unterzogen wurde, muß Python der Liebhaber oder vielmehr der Gatte von Leto gewesen sein. Diese Deutung wird durch eine Parallelfassung der Geschichte gestützt, in welcher der Riese Tityos anstelle der Schlange Python Apollons Gegner ist. Neben dem bekannteren Apollon Pythoktonos gibt es einen Apollon Tityoktonos. Tityos versuchte, mit Leto sexuell zu verkehren, und wurde vom Kleinkind Apollon für diese Verwegenheit getötet. Sowohl der Name als auch der Charakter des Riesen bestätigen unsere Interpretation und die Identifikation des Mythos mit der Geschichte vom Tod der phallischen Schlange. Das Wort geht auf die Wurzel ›anschwellen‹ zurück, und Tityos galt allgemein als Personifikation ungehemmter Wollust. ›*Sane de his omnibus rebus mire reddit* (Lukrez, III, 991) *et confirmat, in nostra vita esse omnia quae finguntur de inferis. Dicit enim Tityon amorem esse, hoc est* libidinem *quae secundum Physicos et Medicos in iecore est. Unde etiam exesum a vulture dicitur in poenam renasci et enim libidinem non satisfit re semel peracta, sed recrudescit semper.*‹ (Servius, *ad Verg. Aen. VII*)* Es besteht gar kein Zweifel, daß der Name auf den erigierten Penis hinweist.[105] Die nach dem Tode weiterwachsende Leber wird von Geiern oder von einer Schlange gefressen, da die Strafe nach dem Talionsprinzip bemessen wurde, wie die Alten sehr wohl wußten – oder da sie eine übersteigerte Wiederholung des Lasters selber ist, wie wir im Lichte der Psychoanalyse hinzufügen können. Für die Alten war die Leber der Sitz der Liebesleidenschaft, und deshalb entspricht die ständig nachwachsende Leber dem immer wieder erigierenden Penis, in Verbindung mit der

* Georg Thilo und Hermann Hagen (Hg.), *Servii Grammatici qui feruntur in Vergilii Carmina Commentarii;* Vol. II: *Aeneidos Librorum VI-XII Commentarii.* Hildesheim 1961 (Nachdruck der Ausgabe Leipzig 1884), S. 124-129.

Schlange, der wohlbekannten Personifikation des phallischen Prinzips. Python und Tityos sind Söhne der Gaia; Tityos kann aber auch der Sohn einer Heldin sein, die als Personifikation der Erdgöttin betrachtet wird. Im Interpretationsvorschlag, welcher Leto mit Gaia gleichsetzt und Apollon und die Schlange als Brüder auffaßt, steckt ein Teil unbewußter Wahrheit. Jedenfalls sind sie nahe Verwandte und unserer Auffassung nach ursprünglich Vater und Sohn. *Apollon apud Delon vero formam habet draconinam*, wird uns berichtet. Apollon Pythoktonos ist natürlich Apollon der Pythontöter; Apollon Pythios hingegen ist einfach der Python-Apollon. Bei Porphyrius gibt es eine merkwürdige Umkehrung des bekannten Mythos: ihm zufolge war es Python, der Apollon tötete und ihn im Dreifuß begrub – was zeigt, daß die beiden Protagonisten des Schauspiels als untereinander austauschbar betrachtet wurden.«[106]

Ephoros versuchte eine euphemistische Deutung des Mythos. Seiner Fassung zufolge begegnet Apollon auf dem Weg von Athen nach Delphi zuerst Tityos und dann Python. Python ist ein brutaler Mensch und wird deshalb als Drachen bezeichnet. Der Gott tötet ihn mit Pfeil und Bogen, und die Einwohner freuen sich über den Sieg. Die Leute aus Delphi brennen anschließend seine Hütte nieder, und diese Handlung wird im Ritual wiederholt. Die Hütte ist angeblich ein Königspalast: auch hier wird die Schlange mit dem Riesen verwechselt, denn es ist der letztere, Tityos, der als Tyrann erscheint. Bei Heliodor, einem Dichter aus der römischen Zeit, ist es der Drache, der Leto zu vergewaltigen sucht, während dies im allgemeinen Tityos zugeschrieben wird.[107] Die Symbolik der Schlange weist auf die Verbindung zwischen Python und Apollon hin. Schlangen waren dem Gott heilig. Sie wurden in Epirus in seinem Grab gehalten und als Nachkommen seines berühmten Widersachers betrachtet. Eine nackte Jungfrau diente diesen Schlangen als Priesterin, und wenn die Tiere aus ihrer Hand Nahrung anzunehmen geruhten, war dies ein sicheres Zeichen für ein überreiches neues Jahr.[108]

Asklepios, der Sohn Apollons, ist eine Schlange, und es erscheint als sehr wahrscheinlich, daß die andere Schlange sein Vater gewesen sein könnte.

»Sie erzählen auch, sie [die Menschen aus Limera] hätten von zu Hause aus Epidauros eine Schlange (Drachen) mitgenommen, und die Schlange sei ihnen vom Schiff entschlüpft; sie verkroch sich dann nicht weit vom Meer entfernt, und zugleich mit dem Traumgesicht kam ihnen auch wegen dieses Zeichens von seiten der Schlange der Entschluß, dort zu bleiben und sich niederzulassen. Da, wo sich die Schlange verkrochen hatte, stehen Altäre des Asklepios, und es wachsen Ölbäume um sie herum.«[109]

Nur in Epidauros findet man Schlangen (δράκων, Drachen) von rötlicher Färbung; sie sind zahm und dem Asklepios heilig.[110] Der Gott ist eine Schlange[111]; sein Symbol ist der schlangenumwundene Stab. Hygeia, die Tochter des Asklepios, wird mit einem schlangenumwundenen Arm dargestellt.[112] Aristophanes berichtet, wie ein Kranker den Gott um Hilfe bittet:

»Karion:
Dann setzt er sich zum Reichtum hin, betastet
Den Kopf ihm rings und nimmt ein reines Tuch
Und wischt ihm ab die Lider; Panakeia
Verhüllt ihm Kopf und Angesicht rundum
Mit einem Purpurschleier. Plötzlich schnalzt
Der Gott und aus dem Innern schossen vor
Zwei ungeheure Schlangen –
Frau:
Gute Götter!
Karion:
Die krochen unterm Schleier sacht hinauf
Und leckten ihm die Lider, wie mir schien;
Und eh du, Frau, zehn Becher Wein verschluckst,
Stand Plutos aufrecht da und konnte sehn!
Laut klatscht ich voller Jubel in die Hände
Und weckte meinen Herrn. Alsbald verschwand
Im Heiligtum der Gott mit seinen Schlangen.«[113]

Im Zusammenhang mit Asklepios stoßen wir nicht nur auf die Schlange, sondern auch auf den *Omphalos,* der Python und Apollon heilig war.[114] Welcker zufolge bedeutet der Name *Asklepios* ursprünglich ›Schlange‹.[115] Für Apollon selbst ist die Schlange eines seiner göttlichen Attribute; der Säulen-Apollon oder Apollon Aguieus steht im Zusammenhang mit einer Schlange, die sich aus einer Säule erhebt, oder die um einen Baum gewunden ist.[116] »In der mittelalterlichen und neuzeitlichen Folklore Griechenlands und des übrigen Europa gilt die junge Schlange oder Natter als ein Tier, das seinen Vater tötet, und wenn unsere Vermutung zutrifft, entspricht dies genau dem Inhalt des Mythos vom Pythontöter

Apollon.«[117]

Betrachtet man den Mythos aus dieser Sicht, so wird deutlich, weshalb Apollon nach der Tat sich einer Strafe unterziehen muß. *Der Gott bedarf der Reinigung und der Sühne.* Deshalb muß der Gott den Ort seines Sieges verlassen und in einem fremden Land gedemütigt werden. Die Leidenszeit wird als Wanderschaft oder Knechtschaft aufgefaßt; ihr Zweck besteht darin, den Gott nach dem Mord von seiner Schuld zu befreien. O. Müller vermutet, daß Apollon in die Knechtschaft des Admetos gerät, der mit Hades, dem Todesgott, identisch ist.[118]

Aufschlußreich sind die von Edelstein gesammelten Belege. In Euripdes' *Alcestis*, 1-7, sagt Apollon:

»O Haus Admets, worin ich einst mit Sclavenkost mich gern begnügen mochte, war ich gleich ein Gott. Denn Zeus verschuldet's, welcher mir den Sohn erschlug, Asklepios, den Blitz ihm schleudernd in die Brust; darob erzürnet, ich die blitzeschmiedenden Cyclopen tödte; da nun zwang der Vater mich, zur Strafe dienstbar einem Sterblichen zu seyn. So kam ich hieher, ward des Gastfreunds Rinderhirt und schützte dieses Haus noch bis auf diesen Tag [. . .]«.[118a]

In der *Poetica Astronomica* des Hyginus heißt es: »Ut Eratosthenes autem de Sagitta demonstrat hac Apollon Cyclopas interfecit qui fulmen Iovi fecerunt, quo Aesculapium interfectum complures dixerunt.«[119] – Zeus tötet den Sohn des Apollon durch den Blitz. Apollon, der Sohn des Zeus, kann Zeus nicht selbst töten, deshalb bringt er diejenigen um, die den Blitzstrahl geschmiedet haben, und nicht den einen, der ihn schwang.

»Zu den erhabensten und tiefsinnigsten Ideen der griechischen und aller Religion überhaupt gehört der Gedanke, daß der mit Schuld behaftete Mensch durch einen Gott gereinigt und erlöst werden könne. Dieser den Schuldbeladenen erlösende Gott ist in der Regel kein anderer als Apollon, in dessen Kultus die Reinigungen und Sühnungen von jeher eine bedeutsame Rolle gespielt zu haben scheinen, wie man schon aus der Feier des delphischen Stepterionsfestes erkennen kann, bei welcher Apollon selbst als ein vom Morde (des Drachens) Gereinigter aufgefaßt wurde [. . .].«[120]

Apollon ist der Gott der Reinigung. Er rettet Orest vor den Eumeniden und verschafft dem Sohn, der seine Mutter umgebracht hat, den Seelenfrieden. Er selbst war der erste, der sich durch Wanderschaft der Reinigungszeremonie unterzog, nachdem er den Drachen getötet hatte.[121]

»In der frühen griechischen Gesellschaft ist es offensichtlich, daß die Tötung eines Fremden eine weltliche Angelegenheit war, die nur die Verwandten des Erschlagenen, die Bluträcher, betraf, die den Mörder verfolgen oder ein Bußgeld für die Tötung verlangen konnten; es war keine Sünde, außer wenn der Fremde ein Bittsteller gewesen war oder unter dem Schutz des fremden Gottes stand. Der Mörder eines Verwandten war jedoch ein von Gott geächteter Sünder.«[122]

Das Los desjenigen, der einen Verwandten getötet hat, ist das Exil, da er eine Art von Ansteckungsstoff (Miasma) verbreitet, den die Stadt loswerden will.[123] Deshalb ist die »Wanderschaft« des Gottes durchaus kein Rätsel mehr. W. F. Otto schreibt:

»Apollon und Artemis sind die sublimsten unter den griechischen Göttern. Das sagt ihre Erscheinung, wie Poesie und bildende Kunst sie gesehen haben. Für ihre Sonderstellung im Kreise der Himmlischen zeugt schon das Prädikat der Reinheit und Heiligkeit, das ihnen eigentümlich ist. Nach Plutarch und anderen bedeutet Phoibos ›rein‹ und ›heilig‹, und ohne Zweifel treffen sie damit das Richtige. [. . .] Und Artemis ist von allen himmlischen Gottheiten die einzige, die Homer mit dem Beiwort ἁγνή ehrt, das heilig und rein zugleich bedeutet. Dasselbe Prädikat geben Aischylos und Pindar dem Apollon. [. . .] Und zum Wesen Apollon gehört die Entrücktheit.«[124]

Und Kerényi schreibt:

»Apollons Beiworte sind Phoibos und αγνός. Er ist der reine, heilige, läuternde Gott. Seine Reinheit macht ihn dem Sonnenlicht vergleichbar. [. . .] Die ferne Gottheit ist er, deren Orakelsprüche aus der Ferne treffen, und aus der Ferne treffen auch seine Pfeile – mit sicherem Tod. Der Hyperboreer entferntes Geisterland ›jenseits der Berge‹ (das bedeutet dieses Wort) ist sein Reich.«[125]

Apollon mit Pfeil und Bogen ist Apollon *kourotrophos,* dem der erste Haarschnitt der Jugend geweiht wurde; er war die Idealvorstellung des griechischen Jünglings.[126] Plutarch berichtet, zur Zeit des Theseus sei es üblich gewesen, daß die von der Kindheit ins Mannesalter übergehenden Jünglinge nach Delphi wanderten und dort ihr erstes abgeschnittenes Haar dem Gott weihten. Auch Theseus ging dorthin, und angeblich gibt es in Delphi einen Ort, der nach ihm Theseion genannt wird. Er rasierte sich nur den Vorderteil des Schädels, wie es nach Homer bei den Abantes Brauch war, und diese Art der Tonsur wurde nach ihm *Theseis* genannt. Die Tonsur war wahrscheinlich von Gruppe zu Gruppe verschieden. Worauf es uns hier jedoch ankommt, ist, daß »›Er-mit-dem-ungeschorenen-Haar‹ der versinnbildlichte Jüngling, der kurz vor der Weihe stehende Jüngling war.«[127]

Dieses griechische Jünglingsideal, der Gott der Harmonie, hat sein Gleichgewicht gefunden, nachdem er seinen Vater getötet und für die Tat gebüßt hatte. Wenn wir die logische Schlußfolgerung ziehen, dann bedeutet dieses Ideal der Entrücktheit, der Heiligkeit und der Freiheit von Seelenbewegungen den Tod. Das Land der Hyperboreer ist das Land der unbewegten Existenz, das Land der Euthanasia. Die Griechen erblickten dieses Land des Thanatos oder Apollon in den schneebedeckten Bergen im hohen Norden.[128] Der Schwan, der im Augenblick des Todes singt, ist Apollon geweiht[129], und das etruskische Äquivalent Apollons ist ein Gott des Todes.[130]

Der ›Monstrum-Mörder‹ der Navaho tötet den ›Riesen‹, das Vatersymbol, der seine Mutter vergewaltigen will. Apollo vollzieht das gleiche, sei es nun an Python oder an Tityos. Beide Götter haben die ›Erde‹ (›Wechsel-Frau‹) zur Mutter, und während Apollon selber eine Sonnengestalt ist, ist die ›Sonne‹ im Falle von ›Monstrum-Mörder‹ und ›Kind des Wassers‹ gewöhnlich deren Vater. ›Monstrum-Mörder‹ und Apollon sind Jünglingsideale. Da sie den Riesen oder den Drachen getötet haben, müssen sich beide einer Reinigung unterziehen. ›Monstrum-Mörder‹ ist eine sinnbildliche Gestalt im Heilungsritual; Apollon ist der Vater von Asklepios und selbst der große Heilende.[131]

Die Entrücktheit und Distanz Apollons kann sehr gut mit jener der ›Heiligen Menschen‹ bei den Navaho verglichen werden. Aber ebenso wie die ›Heiligen Menschen‹ in Wirklichkeit geheilte Kranke oder Sünder sind, die zerschmettert und wiederhergestellt wurden, um unverändert in Ewigkeit zu leben, hat Apollon seine Heiterkeit erst nach seiner Reinigung erlangt. Das apollinische Gleichgewicht bedeutet das Gleichgewicht zwischen Es und Über-Ich. Kein Sterblicher erlangt jedoch dieses Gleichgewicht ohne vorherigen Konflikt[132], und nicht einmal die Götter, in denen wir unsere Begierden und Hoffnungen personifizieren, können diesen apollinischen Zustand unmittelbar erreichen. – Sind die basalen Institutionen oder die Kulturen der Griechen und der Navaho so eng verwandt, daß wir diese Ähnlichkeiten derart erklären können? Wie kann die Entfernung zwischen dem Mount Taylor und dem Olymp so gering sein, wenn alles von der Konditionierung abhängt?

3. Nachtrag: Phoibos Apollon

Apollon ist wie Hermes ursprünglich der *Säulen*- oder phallische Gott. »Das Gelöbnis seines göttlichen Schutzes des Hausstandes war das Weihegeschenk des Ἀγνιεύς (›jener von der Säule‹), das vor dem Tor öffentlicher oder privater Gebäude im Freien stand. Die Bezeichnung war deshalb funktional gleichbedeutend mit ϑυραῖος, womit der Gott benannt wurde, der Eingang und Ausgang der Menschen wohlgesonnen war.« Farnell ist der Ansicht, daß diese Verehrung des Säulengottes zur frühesten Periode der auf ihn gerichteten Gottesverehrung gehörte.[133] Apollon ist der Gott, der den Stamm auf seinem Wanderweg beschützt und der ihn auf dem gefahrvollen Eroberungsweg leitet.[134]

Betrachten wir den Säulen-Apollon – ähnlich wie Hermes – als einen phallischen Gott, so gewinnt seine Verbindung mit dem heranwachsenden Jüngling eine neue Bedeutung. »Er war es, der dem heranwachsenden Knaben Kraft und gutes Aussehen verlieh und welchem die Eltern ihren männlichen Nachkommen weihen konnten.«[135] Ein weiterer Aspekt des Gottes, nämlich der des Ahnherrn, scheint auf Attika beschränkt zu sein. Apollon Patroos oder Apollon der Ahnherr ist auch Apollon Μύϑιος.[136] »Ob Apollon nun der vermeintliche Ahnherr der Gemeinschaft war oder nicht, so war er doch für die meisten griechischen Staaten vor allem eine Wächtergottheit der Polis, die in dieser Hinsicht neben Zeus und Athena den gleichen Rang einnahm.«[137]

Farnell ist über die bildlichen Darstellungen des Apollon Smintheus, des Mäuse-Apollon, verwundert. Im Apollontempel zu Chrisa gab es eine Säule, die den Gott mit einer Maus zu seinen Füßen zeigte. In anderen Darstellungen hält er Pfeil und Bogen in der rechten und eine Maus in der linken Hand. Die Griechen selber erklärten diese Verbindung des Gottes mit einem so unbedeutenden Tier durch das Prinzip des Unheil abwehrenden Apollon *(Alexikakos)*. Aelianus zufolge wird eine Feldmausplage durch ein Opfer für Apollon Smintheus beendet, und Strabo vergleicht Apollon Smintheus mit Apollon Pornopion, dem Apollon als Vernichter der Heuschrecken.[138] Der Säulen- oder Schlangen-Apollon ist ursprünglich ein phallischer Gott. Die gleiche Symbolik könnte auch als Erklärung für die Bedeutung der Maus und vor allem von Pfeil und Bogen dienen (Pfeil des Cupido).

Die zweite Entwicklungsstufe wäre dann der *kouros* (Jüngling in der Pubertät), der in der Sprache der nordamerikanischen Indianer als »Schutzgeist« symbolisiert ist, oder als »Freund« und »Begleiter«, wenn wir die Sprache des Traums verwenden. *Das Ich-Ideal beschützt das Ich; es ist die auf Dauer gestellte Euphorie oder Erektion.* Es ist der aus der Ferne schießende Apollon *(hekebolos)*, der *Schutzgeist der Helden.* Phoibos ist der Schutzgeist des Aeneas. Als Diomedes seine Angriffe auf Aeneas wiederholte und die Anwesenheit des Gottes mißachtete, »Rief mit schrecklichem Drohn der treffende Phoibos Apollon: / Hüte dich, Tydeus' Sohn, und weiche mir! Nimmer den Göttern / Wage dich gleich zu achten; denn gar nicht ähnliches Stammes / Sind unsterbliche Götter und erdumwandelnde Menschen!« (*Ilias,* V, 439-442; Übers. Voß)

Die unsterblichen Götter verkörpern ewige Euphorie. Um den Zustand der Bewegungslosigkeit erreichen zu können, müssen zwei Kräfte von ähnlicher Intensität miteinander ins Gleichgewicht kommen: bei Apollon wird das Gleichgewicht durch die wechselseitige Kontrolle der Prinzipien von Leben und Tod oder der Tendenz zur Steigerung und Verringerung von Spannung erreicht. Der Thanatosaspekt Apollons wird von Kerényi sehr gut beschrieben:

»Auf dem Berge Soracte verehrte man Apollon als den Soranus Pater, der eins ist mit dem Herrn der Unterwelt. Seine Priester nennen sich dort Wölfe. In Rom ist er Veiovis, der Jupiter der Unterwelt. Das kapitolinische Asyl bei seinem Tempel steht unter dem Schutz des Deus Lucoris, und dieser Name weist auf Lykoreia, die Wolfsstadt über Delphi, hin. In Italien ist Apollon ein finsterer, tödlicher Gott: selbst das wissende Lächeln des Apollon von Veji – das bewunderte ›etruskische Lächeln‹ – ist ein Wolfslächeln. Wer mit Wölfen geht, dem folgt auch das verschlingende Todesdunkel nach. Dunkelheit und Wölfe, sie sind zu eins verschmolzen: lupi ceu raptores astra in nebula . . . Leto, Apollons göttliche Mutter, kam in Wolfsgestalt nach Delos, um den Sohn zu gebären.«[139]

Auch die Leier in Apollons Hand – oder Apollon als Gott der Musik – erscheint vor allem wegen ihrer besänftigenden Wirkung beachtenswert. Die Leier schläfert alles ein – und der Schlaf ist wie der Tod.[140]

»Goldene Leier, du Stolz Apollons und der dunkellockigen Musen, dich hört das Schreiten der Füße, des Festleuchtens Aufgang. Dein Tönen merken die Sänger, wenn aufrauschend du das Lied erweckst, das den Reigen beginnt. Selbst des Blitzes ewigen Feuerstrahl löschest du aus. Und entschlummert ist auf dem Szepter des Zeus der Adler, gesenkten Flügels, der König der Vögel; Dunkelheit gossest du ihm über das gebogene Haupt, süßen Augenverschluß; so schlafend regt er den wogenden Rücken, überwältigt von deinem Sturm.«[141]

Wenn wir unterstellen, daß der Adler des Zeus sich im wesentlichen von Zeus selbst nicht unterscheidet, dann können wir die volle Bedeutung dieser Ode erfassen. Leben und Tod werden im Gleichgewicht gehalten – das ist Apollon.

Ich nehme folgende Stufen an, die zu der Deutung des Gottes und der Sublimierung im allgemeinen geführt haben[142]:

1. Der Gefühlszustand der Euphorie; auf der genitalen Stufe der Gefühlszustand der Erektion.
2. Der Versuch oder die Phantasievorstellung, in der dieser Gefühlszustand auf Dauer gestellt wird (Pfeiffer: *Dauerlust*).
3. Die projizierte Personifikation des erigierten Phallus (Säulen-Apollon usw.).
4. Ödipuskomplex und Über-Ich (Tötung des Python und die Bestrafung).
5. Die Gegenbewegung, die eigentlich mit Stufe 4 beginnt: Mechanismen, die auf Spannungsverringerung abzielen (Todestrieb).
6. Apollon nun nicht als erregender Gott betrachtet, der Gott der Säule oder der Schlange, sondern als besänftigender Gott; als Todesgott, Wolf und Schwan.
7. Gleichgewichtszustand, apollinische Stimmung: die Resultante aus den beiden Gegensätzen.
8. Apollon als der ferne Gott. Entfernung bedeutet Abstraktion, Absehen von Einzelheiten und Vereinigung von Gegensätzen.

Im Anschluß an Kerényi haben wir oben erwähnt, daß Soranus Pater mit Apollon gleichgesetzt wurde. Das folgende Gedicht von Horaz zeigt den gesamten Vorgang in umgekehrter Abfolge: vom Bild des Todes zu dem des Lebens.

Vides, ut alta stet nive candidum
Soracte, nec iam sustineant onus
Silvae laborantes, geluque
Flumina constiterint acuto?

Dissolve frigus, ligna super foco
Large reponens, atque benignius
Deprome quadrimum Sabina
O Thaliarche, merum diota

Permitte divis caetera; qui simul
Stravere ventos, aequore fervido
Deproeliantes, nec cupressi
Nec veteres agitantur orni

Quid sid futurum cras, fuge quaerere
Quem fors dierum cumque dabit, lucro
Adpone, nec dulces amores
Sperne puer, neque tu choreas

Donec virenti canities abest
Morosa. Nunc et campus et areae
Lenesque sub noctem susurri
Composita repetantur hora

Nunc et latentis proditor intumo
Gratus puellae risus ab angulo
Pignusque dereptum lacertis
Aut digito male pertinaci.[143]

(Siehst du, wie weiß im tiefen Schnee der Soracte ragt und wie die Wälder ihre Last kaum noch zu tragen vermögen und die Bäche im klirrenden Frost erstarrt sind?

Vertreibe die Kälte, mein Thaliarch: leg reichlich Holz ins Feuer und hole nicht zu wenig vom Wein, dem vierjährigen im sabinischen Krug!

Das übrige stelle den Göttern anheim: wenn sie die Winde, die auf dem brandenden Meere kämpfen, niederschlagen, rühren sich weder die Zypressen, noch die alten Eschen.

Frage nicht danach, was morgen geschehen wird; zähle jeden Tag, den dir das Schicksal schenkt, als Reingewinn und achte nicht gering, mein Knabe, die Liebesspiele und die Reigentänze, solange noch dem jungen Leben das mürrisch machende Grauhaar fern ist. Noch mag dich der Sportplatz und das Marsfeld und bei Nacht das süße Flüstern zu abgesprochener Stunde locken,

noch gehört dein Herz dem verräterischen Lachen des Mädchens, das sich im abgelegenen Winkel verborgen hält, und dem Liebespfand, das du dem Arm oder dem kaum sich wehrenden Finger raubst.)

Anmerkungen

1 Father Berard Haile, *Origin Legend of the Navaho Enemy Way*, in: *Yale University Publications in Anthropology*, No. 17 (1938), S. 53.

2 Franciscan Fathers, *An Ethnologic Dictionary of the Navaho Language*, Saint Michael's, Arizona 1929, S. 366.

3 D. Coolodge und M. R. Coolidge, *The Navaho Indians*, Boston 1930, S. 168.

4 Ibid., S. 180-182.

5 Ibid., S. 162.

6 Clyde Kluckhohn und Dorothea Leighton, *The Navaho*, Cambridge, Mass. 1946, S. 124.

7 In der Fassung der Lipan-Apachen ist der ältere Knabe die ›Sonne‹. M. E. Opler, *Myths and Legends of the Lipan Apache Indians*, in: *Memoirs of the American Folk-Lore Society*, XXXVI (1940), S. 16.

8 ›Wechsel-Frau‹ unter anderem Namen.

9 Coolidge, ibid., S. 127-129.

10 Ibid., S. 129, 130.

11 Gladys A. Reichard, *Navaho Medicine Man*, New York 1939, S. 39. Vgl. auch dies., *Navaho Religion*, Vol. I u. II, New York 1950. Vgl. auch die Geschichte, in welcher der ›Heilige Mann‹ und der ›Heilige Junge‹ als Kinder der ›Sonne‹ auftreten.

12 Die ›Dämmerungskinder‹ sind auch die Kinder der ›Sonne‹.

13 B. Haile, ibid., S. 91-111.

14 B. Haile, *Head and Face Masks in Navaho Ceremonialism*, St. Michael's, Arizona 1947, S. 8, 9.

15 Für weitere nordamerikanische Mythen mit der ›Sonne‹ in der Rolle des feindlichen Vaters vgl. R. H. Lowie, *The Test Theme in North American Mythology*, in: *Journal of American Folklore*, XXI (1911), S. 414.

16 W. Matthews, *The Treatment of Ailing Gods*, in: *Journal of American Folklore*, XIV (1901), S. 20.

17 W. Matthews, *Navaho Legends*, in: *Memoirs of the American Folk-Lore Society*, V (1897), S. 58, 59.

18 Die Rollen der beiden Helden sind vertauscht.

19 M. E. Opler, *Myths and Tales of the Chiricahua Apache Indians*, in: *Memoirs of the American Folk-Lore Society*, XXXVI (1940), S. 16.

20 M. E. Opler, *Myths and Legends of the Lipan Apache Indians*, in: *Memoirs of the American Folk-Lore Society*, XXXVI (1940), S. 16.

21 Franciscan Fathers, ibid., S. 495.

22 Feldaufzeichnungen, 1947. Diese Feldforschung wurde von der Viking-Stiftung unterstützt.

23 Feldaufzeichnungen, 1947.

24 E. Sapir und H. Hoijer, *Navaho Texts*, Iowa City, Iowa (Linguistic Society of America) 1942, S. 25-73.

25 Für einen analogen Mythos von der Eule als Pflegevater vgl. J. A. Teit, *Traditions of the Thompson River Indians of British Columbia*, in: *Memoirs of the American Folk-Lore- Society*, VI (1898), S. 63, 64; sowie Teit, *The Shuswap*, in: *Memoirs of the American Museum of National History*, IV (1909), S. 698. Zum Krieg und dem Ödipuskomplex allgemein, vgl. G. Róheim, *War, Crime and the Covenant, New York 1945, S. 25-68.*

26 *B. Haile, Origin Legend of Navaho Enemy Way*, ibid., S. 141-145.

27 Ibid., S. 149.

28 »Der Pfosten oder Stab ist das Emblem des Lebens in der verlängerten Bogensehne und dem breiten Zopf. Diese beiden Figuren symbolisieren den Tod der Monstren, deren Geister den Tod oder den Schwächezustand mit eventuellen Todesfolgen hinterlassen haben. Die Geister jedes Feindes werden mit den Geistern dieser Monstren identifiziert und müssen entfernt werden.« (Ibid., S. 256). Für den Zopf gibt Haile die folgende Erklärung: »Von der ›Wechsel-Frau‹ wird behauptet, daß sie bei der Geburt von ›Monstrum-Mörder‹ und ›Fürs Wasser Geboren‹ ihr Haar zusammengebunden habe.« (Ibid., S. 59). »Das Haar von ›Wechsel-Frau‹ wurde wegen der Monstren aufgebunden.« (Ibid., S. 179).

29 Ibid., S. 207-209.

30 Dorothea Leighton und Clyde Kluckhohn, *Children of the People; the Navaho Individual and his Development*, Cambridge, Mass. 1947, S. 14.

31 Ibid., S. 23.

32 B. Haile, *Stick Cutting in a Five Night Navaho Ceremonial of the Male Branch of Shootingway*, Chicago 1947, S. 101.

33 Ibid., S. 179.

34 Ibid., S. 204, 205, 206.

35 C. Kluckhohn und D. Leighton, ibid., S. 136.

36 Der folgende Abschnitt ist eine Zusammenfassung aus meinen Feldaufzeichnungen.

37 Vgl. »Bevor eine Mutter das zweite Kind zur Welt bringt, verhält das erste Kind sich gewöhnlich kindisch und schreit die ganze Zeit.« W. W. Hill, *The Agricultural and the Hunting Methods of the Navaho*, in: *Yale University Publications in Anthropology*, XVIII (1938), S. 56.

38 Leland C. Wyman und Flora L. Bailey, *Navaho Striped Windway, an Injury Way Chant*, in: *Southwestern Journal of Antrhopology*, II (1946), S. 215, 216.

39 B. Haile, *Origin of the Navaho Flintway*, in: *University of Chicago Publications in Anthropology, Linguistic Series* (1943), S. 60.

40 Ibid., S. 61.

41 Ibid., S. 30.

42 ›Feind-Gaffer‹ und ›Fürs-Wasser-Geboren‹ sind ein und dieselbe Person.

43 Ibid., S. 125.

44 Ibid., S. 187. Dieser merkwürdige Widerspruch wird von den Informanten Pater Hailes nicht befriedigend geklärt. Der eine Informant behauptet, daß die Farbe der Behausung dieses Büffels für seinen Namen ausschlaggebend gewesen sei. Weil die eine Hälfte der Behausung weiß und die andere schwarz sei, werde der Büffel ›Abelone-Frau‹ genannt, was offensichtlich keine Erklärung ist. Der Informant

glaubte, daß die Farben der Behausung des zweiten Büffels vertauscht sind und daß dieser deshalb ›Büffel-Frau‹ genannt wird.

45 Ibid., S. 44.

46 Ibid., S. 166, 167.

47 Ibid., S. 169.

48 Ibid., S. 178, 179. Das bedeutet, daß er mit ihr und ihrer Tochter Geschlechtsverkehr hat, oder zumindest, daß sie ihn zu verführen versucht.

49 Ibid., S. 187.

50 Ibid., S. 187.

51 Ibid., S. 189.

52 Ibid., S. 191-288. Zu Mythen über die Paarung mit Büffeln vgl. A. George A. Dorsey, *The Pawnee: Mythology*, Washington 1906, S. 370; ders., *The Mythology of the Wichita*, Washington 1904, S. 199.

53 Die Götter erscheinen oft in Gestalt von Bergschafen.

54 B. Haile, ibid., S. 10.

55 Ibid., S. 8.

56 C. Kluckhohn und D. Leighton, ibid., S. 124.

57 Mary C. Wheelwright, *Navajo Creation Myth*, Santa Fe, New Mexiko 1942, S. 112.

58 Eine Abelonemuschel ist das angemessene Opfer für ›Sonne‹ (B. Haile, ibid., S. 29); ›Sonne‹ ist der Gatte von ›Wechsel-Frau‹.

59 B. Haile, *Navaho Flintway*, ibid., S. 18.

60 Gladys A. Reichard, *The Story of the Navaho Hail Chant*, New York 1944, S. 3-7.

61 Ibid., S. 8-27.

62 Mary C. Wheelwright, *Hail Chant and Water Chant*, Santa Fe, New Mexiko 1946, S. 55-57.

63 Ibid., S. 58-60.

64 Ibid., S. 60-72.

65 Er bezieht sich hier auf den alten Mexikaner, dessen Autobiografie er veröffentlichte.

66 Walter Dyk, *A Navaho Autobiography*, in: *Viking Fund Publications in Anthropology*, No. 8 (1947), S. 180, 181.

67 George A. Pettitt, *Primitive Education in North America*, in: *University of California Publications in American Anthropology and Ethnology*, Vol. 43, 1 (1946), S. 15.

68 M. E. Opler, *Childhood and Youth in Jicarilla Apache Society*, in: *Publication of the Frederick Webb Hodge Anniversary Publication Fund*, V (Los Angeles, 1946), S. 42-44.

69 Ibid., S. 44.

70 Ibid., S. 45.

71 Ibid., S. 47.

72 Die Situation entspricht jener in unseren eigenen Märchen, in welchen der allezeit jugendliche Held Riesen und Drachen tötet.

73 G. A. Reichard, ibid., S. 17.

74 Dieser Traum wurde veröffentlicht in meinem Aufsatz *Technique of Dream Analysis and Field Work in Anthropology*, in: *The Psychoanalytic Quarterly*, XVIII (1949), S. 476.

75 Hier wird uns zum ersten Mal berichtet, daß die fragliche Person tot ist.

76 D. h. eine kleine Gummipuppe, die einem Kind gleicht.

77 Eine große Puppe, die wie ein Indianer rot angezogen ist.

78 Zufällig ist die Gesellschaft der Navaho auch matrilokal und matrilinear, was sie jedoch keineswegs daran hindert, einen Ödipuskomplex zu haben.

79 D. Eggan, *The General Problem of Hopi Adjustment*, in: Clyde Kluckhohn und Henry A. Murray, *Peronality in Nature, Society and Culture*, New York 1948, S. 229.

80 Wayne Dennis, *The Hopi Child* (New York, 1940), S. 65.

81 Ibid., S. 230.

82 W. Dennis, ibid., S. 173.

83 H. R. Voth, *The Traditions of the Hopi*, in: Field Columbian Museum Anthropological Series, VIII (1905), S. 173-175.

84 Ibid., S. 83.

85 L. Frobenius, *Zeitalter des Sonnengottes*, Berlin 1904. Die Bedeutung dieser Mythen habe ich diskutiert in *The Dragon and the Hero*, in: *American Imago*, I (1940), S. 54.

86 H. R. Voth, ibid., S. 143-146.

87 L. Thompson und Alice Joseph, *The Hopi Way*, Chicago 1944, S. 54.

88 Leo W. Simmons, *Sun Chief*, New Haven 1942, S. 47.

89 Hervorhebung von mir. L. Thompson und A. Joseph, ibid., S. 53.

90 D. Eggan, ibid., S. 232.

91 L. Thompson und A. Joseph, ibid., S. 50.

92 J. W. Fewkes, *Hopi Katcinas*, in: *Annual Report of the Bureau of American Ethnology*, XXI (1903), S. 76, 77.

93 Ibid., S. 38.

93a E. C. Parsons, *Pueblo Indian Religion*, Chicago 1939, S. 183, 284.

93b H. R. Voth, ibid., S. 11, 12. In einem Brief weist mich jedoch Dr. Goldfrank darauf hin, daß in diesen Mythen vom »Ursprung des Todes« gewöhnlich nicht der Sohn als erster stirbt. Vgl. Esther Goldfrank, *The Impact of Situation and Personality in Four Hopi Emergence Myths*, in: *Southwestern Journal of Anthropology*, IV (1948), S. 241.

94 D. Eggan, ibid., S. 229.

95 E. C. Parsons, ibid., S. 74.

96 M. C. Wheelwright, *Navajo Creation Myth*, S. 68.

97 D. Eggan, ibid., S. 226.

98 E. und P. Beaglehole, *Hopi of the Second Mesa*, in: *Memoirs of the American Anthropological Association*, No. 44 (1935), S. 39.

99 Ibid., S. 60.

100 L. W. Simmons, ibid., S. 271.

101 Ibid., S. 381. Sein toter Großvater erscheint ebenfalls im Traum, um ihm zu helfen.

102 Libanius, *Narrationes*, 19 (Westermann, Mythogr., S. 376).

103 Ovid, *Metamorphosen*, I, 440-450 (»Ihn hat der bogenführende Gott erlegt, und mit Waffen, / wie sie zuvor nur gebraucht auf Damwild und flüchtige Ziegen; / fast erschöpft er dabei den mit tausend Pfeilen beschwerten / Köcher und ließ das Giftblut den schwarzen Wunden entsrömen.«

(»Und, daß den Ruhm der Tat die Zeit nicht könne vertilgen, / stiftete er die Spiele, die Kämpfe, die heiligen, berühmten: / pythischen, wie sie genannt nach der Schlange, die er bezwungen. / Wer von den Jünglingen dort mit Faust, zu Fuß oder Wagen / siegte, empfing als Preis den Schmuck vom Laube der Eiche.« Zit. nach der Übersetzung von Erich Rösch, München 1952, S. 29.)

104 *Apollodori Bibliotheca*, I, S. 23; T. Schreiber, *Apollon Pythoktonos*, Leipzig 1879, S. 4, 5.

105 Vgl. G. Kaibel, *Göttinger gelehrte Nachrichten*, Göttingen 1901, S. 490, 595.

106 G. Róheim, *Animism, Magic and the Divine King*, London 1930, S. 299, 300.

107 Schreiber, ibid., S. 56 (mit Belegstellen).

108 Erich Küster, »Die Schlange in der griechischen Kunst und Religion«, *Religionsgeschichtliche Versuche und Vorarbeiten*, Bd. XIII, Heft 2, hg. v. Richard Wünsch und Ludwig Deubner (Gießen, 1913), S. 123, 124. M. M. de Visser, *Die nicht-menschengestaltigen Götter der Griechen* (1891), S. 146, 147 (zit. in G. Róheim, *Animism* . . ., ibid., S. 300).

109 Pausanias, III, 23:6,7. (= Pausanias, *Beschreibung Griechenlands*. Übersetzt, eingeleitet und kommentiert von E. Meyer. 2. ergänzte Aufl. 1967, Zürich und Stuttgart, S. 179 f.).

110 Pausanias, a.a.O., II, 28:1 (Exkurs über die Schlangen; fehlt in der Ausgabe von Meyer, vgl. Anm. 109).

111 de Visser, ibid., S. 164, 165.

112 E. Küster, ibid., S. 136.

113 Aristophanes, *Plutos*, 728-742. In *Sämtliche Komödien*, Hg. H.-J. Newiger und P. Rau (München 1976), S. 607 (Neubearbeitung der Übersetzung von Ludwig Seeger). Emma J. Edelstein und Ludwig Edelstein, *Asclepius. A Collection and Interpretation of the Testimonies*, Baltimore 1945 I, S. 219.

114 I. E. Harrison, *Themis*, Cambridge 1927, S. 381, 382.

115 »Asklepios«, in: W. H. Roscher (Hg.), *Ausführliches Lexikon der griechischen und römischen Mythologie*, Leipzig 1884, Band I, S. 622.

116 E. Küster, ibid., S. 123, 124; de Visser, *op. cit.*, S. 146, 147.

117 G. Róheim, *Animism* . . . ibid., S. 301 (mit Belegstellen).

118 Schreiber, ibid., S. 11, 12.

118a *Alceste. Trauerspiel des Euripides. Teutsch. Nebst einer Abhandlung*, von David Christoph Seybold. Zweite, ganz umgearbeitete Ausgabe von W.(agner), Leipzig 1826, S. 1; Edelstein und Edelstein, ibid., S. 53-54.

119 (»Eratosthenes sagt über den Pfeil, daß Apollon damit die Zyklopen tötete, die den Donnerkeil geschmiedet hatten, durch den Asklepios starb.«) Hyginus, *Poetica Astronomica*, II, 15. Vgl. *The Myths of Hyginus*. Translated and edited by Mary Grant, Lawrence, Kansas 1960, S. 202.

120 »Apollon«, in: Roscher (Hg.), *Lexikon* . . ., ibid., Bd. I, S. 441. (vgl. Anm. 115).

121 Walter F. Otto, *Die Götter Griechenlands*, Bonn 1929, S. 86.

122 L. R. Farnell, *The Cults of the Greek States*, Oxford 1896, I, S. 66.

123 Farnell, *The Evolution of Religion*, New York 1905, S. 144-147.

124 W. F. Otto, ibid., S. 80.

125 K. Kerényi, *Apollon*, Düsseldorf [2]1953, S. 41 f.

126 »Apollon«, *Roschers Lexikon*, ibid., S. 442.

127 J. E. Harrison, ibid., S. 441.

128 K. Kerényi, ibid., S. 42.

129 Ibid., S. 44.

130 Ibid., S. 45.

131 Vgl. die Artikel »Apollon« und »Asklepios« in *Roschers Lexikon*, ibid., sowie Edelstein und Edelstein, ibid., Stichwort »Apollon«.

132 Vgl. A. L. Kroeber, *A Southwestern Personality Type*, in: *Southwestern Journal of Anthropology*, III (1947), S. 108-113. Kroeber stellt fest: »Es ist nicht

notwendig, alle zwanzig Träume zu analysieren. Sie sind allesamt sachdienlich, prägnant und bestätigend.« *Sapienti sat.* Kroeber scheint zu glauben, daß menschliche Wesen ohne Frustrationen aufwachsen können.

133 L. R. Farnell, *The Cults of the Greek States*, Oxford 1907, IV, S. 148, 149.

134 Ibid., S. 150.

135 Ibid., S. 148.

136 Ibid., S. 157.

137 Ibid., S. 161.

138 V. Grohmann, *Apollo Smintheus und die Bedeutung der Mäuse*, Prag 1862, S. 1, 2.

139 K. Kerényi, ibid., S. 44, 45.

140 Vgl. G. Róheim, *The Song of the Sirens*, in: *Psychiatric Quarterly*, XVII (1948), S. 18-44.

141 Pindar, *Pyth.*, I, 1 ff.; zit. nach W. F. Otto, ibid., S. 93.

142 Vgl. G. Róheim, *Sublimation*, in: *Psychoanalytic Quarterly*, XII (1943), und E. Bergler, *Five Layers of Sublimation*, in: *Psychoanalytic Quarterly*, XIII (1944).

143 Horaz, *Carmina*, Lib. I, ix *(Ad Thaliarchum)*; deutsche Übersetzung von Will Richter; in Horaz, *Carmina*, Frankfurt am Main 1964, S. 21 (Fischer Exempla Classica Band 86).

Psychoanalyse einer matrilinearen Kultur
(Normanby-Insel)

Der Kulturtypus bei der Bevölkerung auf der Normanby-Insel ist der gleiche wie bei den Dobu[1] und weitgehend ähnlich mit dem der Trobriander.[2] Wenn die benachbarten Inseln Tubetube, Sanaroa und Fergusson sowie das Ostkap des Festlandes, anthropologisch gesprochen, nicht *terra incognita* wären, dann befänden wir uns zweifellos in einer besseren Lage, um die Variationen der kulturellen Grundmuster in diesem Gebiet zu verfolgen. Gleichwohl glaube ich, daß die Umrisse der Situation ziemlich klar sind.

I. Versorgungsmittel

Ziel und Mittelpunkt im Leben dieser Menschen sind der Garten, die Ernte und deren Verteilung. Die Tätigkeiten im Verlauf des Jahres richten sich nach einem Mondkalender, der dreizehn Monde umfaßt. Vielleicht die beste Illustration für den jährlichen Lebenszyklus finden wir in der Fassung dieses Kalenders bei den Sigasiga (Name einer Gruppe von Dörfern). Der *erste Monat* heißt *kohokohoj* (Säuberung).[3] In dieser Zeit muß das Land für die Anlage neuer Gärten gerodet werden. Der Urwald wird mit Äxten geschlagen. Die Axtblätter sind aus Stahl, die Eingeborenen haben sie gekauft; bevor die Weißen ins Land kamen, waren sie aus Stein. Der erste Monat wird auch »Blüte der *wenia*-Blume« genannt. Der *zweite Monat* heißt ebenfalls *kohokohoj*, da weiterhin gerodet wird. Er heißt auch *lowana* (Name eines Baums). Auf dem Gartengelände schlägt man die Bäume. Die beiden ersten Monate werden auch »schmutzig« genannt, weil jedermann wegen der Gartenarbeit schmutzig ist. Die Haut wird weder eingeölt noch bemalt, es gibt keine Feste, keinen Tanz und kein Liebeswerben.[4] Der *dritte Monat* wird *gabugabu* (›brennend‹ oder ›heiß‹) genannt, erstens, weil es sehr heiß ist, und zweitens, weil der grüne Busch verbrannt werden muß, damit das Gelände für die Pflanzungen frei ist. Das *gwari* beginnt; d. h.

die jungen Männer wandern von einem Dorf zum andern, auf der Suche nach Mädchen. Es ist die Zeit für die *beso*- und *hihinara*-Blumen. Die *beso* werden als Schmuck ins Haar gesteckt. Die *hihinara* werden für das Kreiselspiel verwendet. Es ist dies die Zeit für das *lopopora* (Holz schneiden, um im Garten Furchen zu ziehen).

Der *vierte Monat* heißt *gesogesowa* (graben) – sie graben Löcher, um Jams zu pflanzen –, und das ist die Zeit für viele Beschwörungen. Einige Jamswurzeln sind bereits aus der Erde genommen worden, und die Menschen beginnen, das *mwadare*-Haus zu füllen, aus dem später die Jamswurzeln für die Zeremonie der Nahrungsverteilung genommen werden. Der *fünfte Monat* heißt *kebukebudi* (Stangen). Es müssen Stangen in die Erde getrieben werden, damit die Sprossen der Jamspflanze daran emporranken können. Der Jams ist ein Knollengewächs wie die Kartoffel, aber auch ein Klettergewächs, das die Stangen als Stützen für die Sprossen braucht. Es ist sehr heiß, die Inselbewohner machen viele Spaziergänge, und die Segelfahrten für das *kune* (Tauschhandel) beginnen. Sie machen Ausflüge auf nahegelegene Inseln oder kleine Halbinseln. Duftende Blumen blühen jetzt, die sie in ihre Armbänder stecken.

Der *sechste Monat* heißt *lolokini* (Jätzeit). Es ist der Monat der *gwarauto* (eine rote Blume) und des *gwari*, des Wanderns in andere Dörfer und der Suche nach Mädchen. Mango, alle möglichen Sorten von Nüssen sowie Brotfrucht sind reichlich vorhanden. Der *rausa* (Tanz mit Trommeln) beginnt. Die Frauen jäten das Unkraut, und die Jäger gehen mit ihren Netzen in den Busch. Der Wind kommt aus dem Norden. Es gibt zahlreiche Gewitter und viel Regen. Gleichwohl ist dies die große Zeit für das *kune*. – Der *siebte Monat* (er entspricht ungefähr dem März) ist der Hungermonat. Die alten Jamswurzeln sind aufgebraucht; die Menschen besuchen sich gegenseitig, und deshalb heißt dieser Monat auch *hedahedadana* (›umhergehen‹). Einige Besucher des *kune* sind immer noch unterwegs.

Der *achte Monat* wird *keli-keli-buru* (›graben graben mehr Platz‹) genannt. Man gräbt die alten Jamspflanzen aus, um Platz für die neuen zu schaffen. Die Orangen reifen und auch eine kleine rote Beerenart, die die Kinder im Busch essen. Man muß sich um die kune-Gäste kümmern, um das Ansehen des Dorfes zu wahren. Vogelnetze werden ausgespannt, da auf den Bäumen die Früchte reifen, und die Vögel kommen, um sie zu fressen. Der *neunte Monat* heißt *kajkajtoga* (›Schnitze essen‹), d. h. man beginnt, die neuen Jamswurzeln zu essen. Das Leben konzentriert sich auf den *rausa* (Tanz). Man säubert die Taro-Gärten. In dieser Periode wird der alte Jams aufgegessen. Der *zehnte Monat* heißt *sipwa-sipwa* (gebunden-gebunden). Die Jamsstengel werden an die Stangen gebunden, und die Menschen feiern ein kleines Fest, das *gabu-gabu* (rösten-rösten) heißt, weil sie die neuen Jamswurzeln ausgraben und rösten.

Der *elfte Monat* heißt *sagosagoru* (trocken). Die Jamsblätter trocknen aus. Das ist die Zeit für den großen zeremoniellen Tanz *(doe)* und alle die übrigen großen Feiern, und es ist auch die Zeit, in der die Geister aus der anderen Welt kommen, um unter den Menschen zu wohnen und an ihren Freuden teilzunehmen. – Der *zwölfte Monat* heißt *loloragu* (›mit dem Graben beginnen‹). Der Jams wird nun in den Häusern eingelagert für die große Ernte- und Nahrungsverteilung. – Der *dreizehnte Monat* ist die Zeit des größten *sagari* (Nahrungsverteilung; *sagasagari,* großes sagari). Die Geister kehren in die andere Welt zurück.

Der Kalender zeigt viele Einzelheiten auf: a) den Vorrang des Jamsanbaues bei diesen Menschen; b) ihre ästhetische Neigung – Primitive auf der Stufe des Jagens würden sich kaum derart ausführlich mit rein dekorativen Blumen beschäftigen[5]; c) ihre Gewohnheit, zur Suche nach Mädchen auf Wanderschaft zu gehen, die Nachbarn zu besuchen und nach anderen Inseln zu segeln wegen der berühmten *bagi* (Muschelschnüre) und *mwari* (Armmuscheln).

Zentral für das Leben dieser Eingeborenen ist der Jams. Nicht alle Jamspflanzen sind jedoch gleichwertig; *suasua* gilt als der Aristokrat unter den Jamssorten; andere gelten als zweit- und drittrangig, und so weiter. Ich weiß nicht, worauf diese Klassifikation beruht. Ich habe nie den Eindruck gehabt, daß suasua besser schmeckt als die anderen Arten. Wenn zwei Frauen sich über irgend etwas streiten, so beendet die eine den Streit gewöhnlich mit den Worten »Wie kannst du es nur wagen, mit mir so zu reden? Meine Kinder essen nur suasua.«

Es ist notwendig, die Beziehung der Eingeborenen zu ihren Gärten zu erklären. Es gibt zwei Arten von Gärten, den *uranugeta-* und den *sagari*-Garten. Der bei Feiern als Geschenk überreichte Saatjams wird im uranugeta angebaut, im sagari hingegen nur die vererbten Pflanzen. Der uranugeta ist klein, und er dient einem praktischen Zweck, nämlich der Deckung des täglichen Bedarfs der Familie. Der sagari ist groß, und sein Zweck ist ein zeremonieller. Seine ökonomische Funktion ist sekundär. Es ist unerläßlich, einen sagari zu haben, damit man Jams verschenken kann; aber natürlich werden die Geschenke erwidert. Ein weiterer wichtiger Unterschied besteht darin, daß der sagari-Garten nur Jams liefert, während im uranugeta-Garten sowohl Jams als auch Taro angebaut wird (Taro: *Colocasia esculatum;* Jams: *Dioscorea sp.*). Alle Eingeborenen glauben, daß es ihnen besser ginge, wenn sie im uranugeta mehr anpflanzen würden. Nach diesem Glauben handelte jedoch nur ein einziger Abweichler. Ein Mann namens Boredi (aus Nadinadia) wurde gefragt: »Wann wirst du deinen Jams anpflanzen? Du pflanzst nur Taro.« Er antwortete: »Ihr seid die Söhne des Jams; ich bin der Sohn des Taro. Beim Jams gibt es nur eine Ernte, beim Taro hingegen viele.« Während der Zweck des kleinen uranugeta-Gartens ein rein ökonomischer ist, haben die anderen Gärten eine soziale (psychologische) Funktion.

So hat zum Beispiel ein Mann in Sipupu gewöhnlich seinen eigenen uranugeta-Garten. Er hat jedoch noch einen zweiten Garten in Boasitoraba. Der Garten (oder ein Teil davon), dessen Ertrag an seinen Onkel geht, ist der *boruboru* (›Haufen‹). Wenn er keinen Onkel hat, fällt der boruboru seinem Vater zu. Außerdem gibt es den *debwa* (›Ecke‹), und was er im debwa produziert, geht an den Bruder seiner Ehefrau. Hat er keinen Schwager, so geht der debwa an seinen Onkel. Wenn er nun außerdem noch ein *esaesa* (Häuptling) ist, dann hat er noch einen vierten Garten für das *sagari,* der viel größer ist als die anderen.

Natürlich gibt es die Hungermonate, die in der Phantasie der Eingeborenen als drohende Gefahr erscheinen. Sie zeichnen sich jedoch nur dadurch aus, daß der eingelagerte Jams verbraucht ist und es noch keinen neuen gibt. Es gibt allerdings »Buschnahrung«, zu der eine Anzahl wildwachsender Gemüsepflanzen gehört. Sie werden mit dem Sammelnamen *paj* bezeichnet und offen mit Verachtung bedacht. Die Eingeborenen behaupten, es sei keine Kraft darin. Wenn sie Jams essen, dann schwitzen sie, was beweist, daß der Jams ihnen Kraft gegeben hat. In Wirklichkeit ist Jams wohl die letzte Nahrung, von der man annehmen kann, sie gäbe einem Kraft, es sei denn, man äße sie in großen Mengen.[6] Von einigen der wildwachsenden Gemüsepflanzen heißt es, daß sie wie Jams schmecken; andere wildwachsende Lebensmittel wie Nüsse, Pilze und fette Raupen müssen sehr nahrhaft sein. Die Eingeborenen haben eine große Auswahl an Früchten, von denen einige ihrer Brotfrucht ähnlich sind. Mangos und eine Birnensorte sind sehr gut, und sicherlich sind Bananen und Kokosnüsse sehr nahrhaft. Überdies gibt es den tropischen Urwald mit seinem Reichtum an Vögeln aller Arten, Känguruhs, kleineren Tieren (genannt *quadoja*) und Wildschweinen. Der Fischfang dauert das ganze Jahr hindurch, und es gibt reichlich Krabben und Muscheln. Wir müssen uns wirklich wundern, weshalb sie über Hunger klagen. Außerdem ist die Gegend sehr dünn besiedelt, und selbst wenn das Land nur mit dem Grabstock als einzigem Agrarwerkzeug bearbeitet wird, könnte es eine viel größere Bevölkerung versorgen. Wenn sie mehr Taro und weniger Jams anpflanzen würden, könnten sie sogar mit Leichtigkeit jenes Maß an »Hunger« vermeiden, dem sie sich aussetzen.

H. J. Hogbin liefert uns über den Taro folgende Information. Es gibt zwei Hauptnahrungsmittel, die das ganze Jahr über angebaut werden können (Wogeo): Taro und Bananen. Die für Neuguinea so typischen Lagerhäuser fehlen auf der Normanby-Insel, weil sie nicht nötig sind, und weil Taro und Bananen sehr schnell verfaulen; sie können nicht gelagert werden. Beim Taro verfährt man so, daß für den Notfall ein Pflanzstück schon einige Wochen vor dem Zeitpunkt reif ist, an dem der alte Taro aufgebraucht ist. B. Malinowski erklärt die Situation folgendermaßen:

»Um das Verhältnis der Taro-Gärten zu den anderen Gärten zu verstehen, müssen wir daran erinnern, daß der Taro wesentlich weniger Zeit bis zur Reife braucht als der Jams. Die Eingeborenen erzählten mir, daß der Taro vier Monate braucht, der Jams hingegen ein ganzes Jahr. [. . .] Es scheint demnach einfach zu sein, die Kontinuität durch den Anbau von Taro zu sichern.«[7]

Warum pflanzen sie also nicht mehr Taro an? Ist der Boden vielleicht nicht feucht genug? Sipupu und Boasitoroba sind zwar keine Sumpfgebiete, aber es gibt keine trockene Jahreszeit – es regnet das ganze Jahr hindurch. Außerdem herrscht in den Sumpfgebieten von Kelologeia die gleiche Situation: am meisten wird Jams angebaut.

II. Die gesellschaftliche Organisation

Die Gesellschaft ist in matrilineare Totemclans eingeteilt, und jeder dieser Totemclans bildet zugleich ein Dorf. Tatsächlich gibt es im Dorf auch Heiratsverwandte, die natürlich aus anderen Totems stammen. Die folgende Liste enthält die Dörfer des Küstenbezirks Boasitoroba mit ihren Totemvögeln:

1. Sabajia: Adler
2. Kenolia: Rabe
3. Kareha: Eule
4. Nuadubu: Adler
5. Liasura: Eule
6. Wedona: Adler
7. Wehosara: Adler
8. Rabewaga: Adler
9. Kitakita mwasara: Adler

Die Mitglieder eines Totemclans sind die Abkömmlinge derselben mythischen Stammutter. Die Dörfer sind sehr klein, sie zählen durchweg zwischen vier und dreißig Einwohner. In den Dörfern, in denen ich die Bevölkerung gezählt habe, war auffallend, daß es mehr Erwachsene als Kinder gab, zuweilen sogar viermal soviele. Bewohner des Dorfes sind die Dorfeigentümer *(toniasa)* und die Heiratsverwandten *(hajhaj)*. Beide Gruppen sind keineswegs gleichrangig.

In vielen Dörfern gibt es in der Dorfmitte einen Steinhaufen *(boru)*. Weder den Heiratsverwandten *(hajhaj)*, den direkten Verwandten (*rabaraba;* d. h. den Kindern der Heiratsverwandten) noch den Frauen allgemein ist es gestattet, auf diesen Steinen zu sitzen. Dieses Vorrecht bleibt den Männern des Clans vorbehalten; wenn sie Jams aus dem Garten holen oder wenn sie Schweinefleisch oder sonst etwas zu essen haben, dann essen sie es dort. Der Steinhaufen ist *keramo* (›vorbehalten‹) *toniasa* (›Dorfeigentümer‹) *kadiboru* (›ihr Haufen‹).

Wenn ein Häuptling beschließt, in seinem Dorf einen boru zu errichten, dann hält er die gleiche Beschwörung ab wie für ein Fest. Dieser Brauch ist aufschlußreich: er zeigt zwar den Vorrang des matrilinearen Clans, aber das Gegenteil des Matriarchats – eines Zustands, der nur in der Phantasie gewisser Schriftsteller existiert.

Ein weiteres äußeres Zeichen für den Vorrang der einheimischen Dorfbewohner ist, daß der Heiratsverwandte (wenn der toniasa sein *jejena* [Schwager] oder *bwasiana* [Schwiegervater, einschließlich Onkel der Ehefrau] ist) am (sitzenden) toniasa nicht in aufrechter Haltung vorbeigehen darf, sondern ihn deutlich gebückt passieren muß. Im Alltagsleben geht diese Beziehung auf bedeutsame Weise in die Dorfstreitigkeiten ein, wie das folgende Beispiel zeigt: Der Streit beginnt wie üblich wegen eines Schweins. Das Schwein von Samwero (der ungefähr fünfzig Jahre alt ist) lief in den Taro-Garten von Jarekeni (etwa fünfundzwanzig Jahre alt). Jarekeni tötete das Schwein, und Samwero rächte sich, indem er Jarekenis Hund tötete. Jarekeni rächte sich anschließend nicht noch einmal, weil er in Nadinadia ein hajhaj (Heiratsverwandter) ist. Samwero hingegen war mit dem Töten des Hundes noch nicht zufriedengestellt, er mußte Jarekeni töten. Dieser erwartete einen Angriff und hielt sich in der Defensive.

Als das Schwein ausgestreckt im Garten lag, schickte Jarekeni eine Botschaft an die Familie von Samwero, sie sollten das Schwein abholen und essen. Sie lehnten ab. Darauf befahl er seinem *jejana* Seguragura, das Schwein zu braten, und sie trugen es zum Haus von Seguragura. Das war der Augenblick, in dem Samwero den Hund tötete. Jarekenis Frau rief: »Sie haben unseren Hund getötet!« Jarekeni nahm einen Speer und eine Axt und wollte Samwero verfolgen, der sein *bwasiana* war (Onkel der Ehefrau). Gomanudobu hielt ihn jedoch zurück, zum einen, weil der andere Mann viel älter war, zum andern, weil er ein *toniasa* war. Daraufhin verließ Jarekeni das Dorf, weil er Angst hatte, sie würden ihn *barau* (durch Zauberei umbringen). Die Heiratsverwandten stehen unter dauerndem Verdacht. Bei jedem Todesfall sind sie die potentiellen Zauberer, die mit ihrer Magie den Tod verursacht haben.

Was geschieht nun aus der Sicht des Kindes, wenn es diese

Dinge zu verstehen beginnt? Der Vater gehört zur gefährlichen Gruppe der Heiratsverwandten, während es mit der Mutter »einen Körper« bildet. Wir erkennen hier deutlich die durch den mütterlichen Clan verkörperte Dualunion, die durch einen gefährlichen Zauberer – den Vater – aufgebrochen wird.[8]

III. Kindheit auf der Normanby-Insel

Die schwangere Frau bringt ihr Kind in knieender Stellung zur Welt; ihre Mutter oder eine andere ältere Frau hält ihr den Rücken. Sie bespritzt ihren Körper mit Wasser aus einem Krug, damit das Blut herauskommt, und anschließend legt sie sich eine Weile in die Nähe des Feuers.

Die Frauen gebären inmitten des Dorfes, *so daß jedermann zuschauen kann.* Mädchen werden allerdings weggejagt, denn wenn sie sähen, wie ein Kind zur Welt kommt, würden sie so sehr erschrecken, daß sie sich niemals mit Männern einließen. Wenn die Männer anwesend sind, behalten die Frauen bei der Geburt einen ihrer Grasröcke an. Während meines ganzen Aufenthaltes auf der Normanby-Insel (zehn Monate) gab es in Sipupu nur eine einzige Geburt, und ich hörte davon erst, als sie schon vorüber war. Dennoch bezweifle ich die Wahrheit dieses Brauchs nicht, obwohl ich aus der Anthropologie keinen Parallelfall kenne. Ich nehme an, daß er zum Teil auf die symbolische Identifikation von Frau und Dorf zurückzuführen ist.

Für das Kind wird eine neue Matte hergestellt. Das Kind schläft neben der Mutter, und wenn sie zur Gartenarbeit geht, trägt sie es mit sich auf dem Rücken oder auf der Hüfte.[9] Die Mütter auf der Normany-Insel haben eine eigentümliche Gewohnheit: Wenn sie ihren Kindern die Brust geben, singen sie ein Wiegenlied und wiegen sich im Rhythmus der Melodie. Am Ende jeder Verszeile wird das Kind gewaltsam von der Brustwarze gerissen. Mit dem nächsten Vers beginnt es wieder zu saugen. Wir nehmen an, daß diese Erfahrung traumatisch ist. Der kritische Leser wird einwenden: »Wie können Sie das so sicher wissen?« Dessen sicher sind wir aufgrund der folgenden Geschichte; sie handelt von den Hexen, die im Volksmund »unsere Mütter« genannt werden: »In alter Zeit, als noch die Mütter unserer eigenen Mütter lebten, gab es zwei Hexen. Die eine wurde Butumaja (›Unser Ruhm‹) genannt, die andere Bomutu (›Schlag es aufs Ende‹). Die erste Hexe pflegte der zweiten zuzurufen: ›Bomutu, da ist ein Boot.‹ ›Vernichte du es, ich kann es nicht, weil ich mein Kind halten muß.‹« Die Hexen bringen das Boot zum Kentern, damit sie die Insassen aufessen können.

Die beiden Hexen sind in Wirklichkeit eine einzige *Hexenmutter.* Diejenige, welche das Boot zum Kentern bringt, ist zugleich die, welche das Kind hält (wiegt). Andererseits essen die Hexen die Bootsinsassen auf; das heißt, daß die beiden Hexen eine einzige und als solche die Mutter sind, die dem Kind Enttäuschung bereitet und deshalb als kannibalische Hexe gesehen wird. Es ist eine bemerkenswerte Tatsache, daß diese Menschen auf ihren Meeresausflügen vor dem *barau* (männlicher Zauberer) noch mehr Angst haben als vor der Hexe, während sie angeblich nur von der Hexe verfolgt werden. Einer der Gründe dafür muß darin liegen, daß die wiegende Bewegung des Meeres unbewußt mit der Mutter identifiziert wird, die ihr Kind wiegt.

Wir können jenes *unterbrochene Saugen* als das erste spezifische Trauma auffassen, das im Leben des Kleinkinds vorkommt.[10] Das zweite ist der einschneidende Vorfall des Entwöhnens: Nach einem Jahr wird das Kind abrupt entwöhnt. Die Schwester der Mutter oder die Großmutter übernimmt nun das Kind, und die Pflegemutter wird für ihre Dienste mit einem kleinen Fest geehrt. Das Kind bleibt etwa einen Monat bei ihr; es erhält nur Kokoswasser, Zuckerrohr und Fleischsaft; anschließend bringt man es wieder nach Hause.

Die Kinder wandern ziemlich häufig zwischen den Verwandten hin und her. Das geschieht aus folgenden Gründen: a) die Eltern wollen das Kind loswerden; b) die Verwandten wollen das Kind haben; c) das Kind ist auf seine Eltern böse; d) der wichtigste Grund ist wahrscheinlich die hohe Sterblichkeitsrate.

Der gelähmte Jakudi, ein Wahrsager im Dorfe Wairakeli, erzählte sein Leben folgendermaßen: »Meine Mutter starb, als ich noch ein ganz kleines Kind war, mein Vater, als ich schon größer war. Dann heiratete mein Vater die *tasina* (Schwester;

in diesem Falle also die Ortho-Cousine*) meiner Mutter. Mein Vater starb, und dann starb meine zweite Mutter. Deshalb lebte ich zeitweise beim Ehemann meiner ältesten Schwester und zeitweise bei meinem Onkel. Dann starb mein Onkel, und ich nahm bei einem weißen Mann Arbeit an.« Nach alledem steht zu erwarten, daß das Trauma der Trennung stark ausgeprägt ist.

Das beliebteste Spiel ist das *pwasi saura* (›Glücklichsein spielen‹). Die Kinder sitzen in einer Gruppe, und jedes verkörpert eine Taropflanze. Eines spielt den »Dieb« und holt die anderen nacheinander von der Gruppe weg. Dann kommt der »Eigentümer« und fragt: »Wer hat aus meinem Garten gestohlen?« Die anderen Kinder sagen dauernd *kiko,* als ob dies der Name des Diebes wäre. Kiko ist jedoch ein Geisterwort und bedeutet »nichts«.[11] Am Ende sind alle Kinder gestohlen worden bis auf eines. Dieses letzte wird »Mutter des Taro« genannt. Jetzt wird der »Eigentümer« böse, und er sagt zum »Dieb«: »Warum hast du aus meinem Garten gestohlen?« Darauf bilden die Kinder eine Gruppe und rufen: »Große Läuse fliegen weg! / Große Läuse fliegen weg!« Die »Läuse« sind *ona semalimali* (symbolische Ausdrucksweise für ›Kinder‹). Wir brauchen hier die vielen Varianten des »Trennungs«-Spiels nicht zu untersuchen; ich habe dies in einem anderen Aufsatz bereits getan.[12] Es ist sehr wahrscheinlich, daß der »Eigentümer« und der »Dieb« in Wirklichkeit ein und dieselbe Person, das heißt der Vater, sind. In diesem Zusammenhang soll uns dies jedoch nicht beschäftigen. Wichtig ist nur, daß die formellen Spiele das ganze Gewicht auf die Situation der Trennung oder des Objektverlusts legen.

* Anm. zur Unterscheidung zwischen Ortho- und Kreuz-Cousin(e): (Vgl. *Psychoanalysis of Australian Culture,* in: *Psychoanalysis and Anthropology,* S. 48)

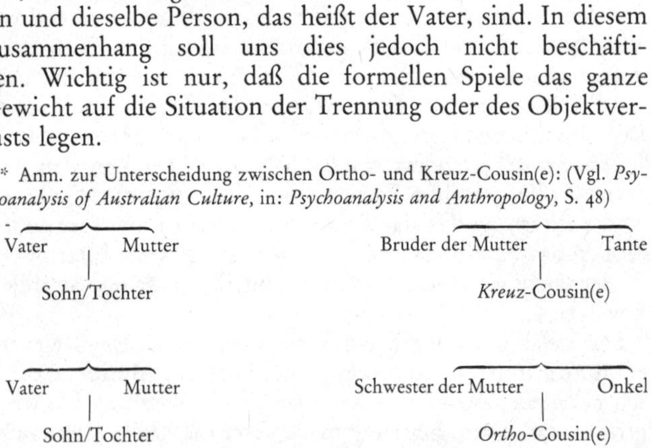

Aus diesem Grund könnte man natürlich vermuten, daß das gleiche sich in der Spielanalyse wiederholt hätte. Das war jedoch keineswegs der Fall. Das Hauptthema während der Kinderstunde war der Ödipuskomplex. Ich entdeckte indes eine spezifische oder kulturell bedingte Form, in der der Ödipuskomplex auftrat. Die kleinen Puppen wurden als »Gatten« der Knaben oder Mädchen bezeichnet, und sie wurden gewiegt. Ilaisa sagte zu den kleinen Mädchen: »Dein Gatte weint. Nimm ihn in den Arm und wiege ihn.« Das Spiel dramatisiert nicht nur den Ödipuskomplex (Sohn als Ehegatte, Mutter als Ehefrau), sondern auch einen Grundzug dieser Kultur, die »Infantilisierung« einer Erwachsenensituation. Die eheliche Beziehung wird als Eltern-Kind-Beziehung dargestellt.[13]

Bis hierher haben wir die Situation in der oralen Phase behandelt. Es trifft zwar zu, daß die letzten Bemerkungen darüber hinausgehen, aber wir hatten ja die formelle und die informelle Situation miteinander zu vergleichen.

Was geschieht nun mit dem Anal- und dem Urethraltrieb? Eine im Wald ausgehobene Grube wird *mwasisi* genannt. Die Dorfbewohner gehen dorthin, um zu defäkieren und zu urinieren. Auf der rechten Seite des Dorfes gibt es eine Grube für die Frauen, auf der linken Seite eine für die Männer. Die Kinder werden angehalten, zum Urinieren und Defäkieren dorthin zu gehen, und sie werden gescholten und geschlagen, wenn sie nicht gehorchen. Da es in der Persönlichkeitsstruktur dieser Menschen im Vergleich zu den Trobriandern eigentlich keinen großen Unterschied geben kann, sind an dieser Stelle einige Bemerkungen über eine von Malinowskis »Entdeckungen« angebracht. Er berichtete den Anthropologen, daß es unter den Trobriandern keine Analerotik gebe.[14]

Als ich vor der Abreise zu meiner Feldforschung Freud besuchte, las ich ihm diese Passage vor. Seine Antwort war so charakteristisch, daß ich sie wörtlich zitiere: »Was, haben denn die Leute keinen Anus?«[15] Natürlich haben sie einen. Als ich auf der Insel war, erörterte ich die Sache mit einigen weißen Händlern, die viel Erfahrung mit Frauen bei den Trobriandern und auf der Normanby-Insel hatten. Sie sagten mir, daß dies wohl die Entgegnung sei, die die Eingeborenen auf die Behauptung von Malinowski geben würden, und daß ich entscheidende Aufschlüsse von einem der Richter auf den Trobriand-Inseln erhalten würde. Ich schrieb an Richter Bellamy, und dieser bestätigte mir, was der Händler bereits gesagt hatte. Viele eingeborene Frauen waren mit der Frage zum Richter gekommen, ob sie gemäß den Gesetzen der Weißen dazu verpflichtet seien, den analen Geschlechtsverkehr mit ihren Männern zu dulden.[16]

Die Inselbewohner von Normanby kennen wie die Trobriander eine Vielzahl von eingestanden obszönen Erzählungen. Analerotische Impulse sind in ihnen sehr deutlich; in einer dieser Geschichten liegt sogar Perversion vor: Eine Frau aus Wejoko lehnt es ab, im Garten ihres Mannes zu arbeiten, weil dieser vor dem Geschlechtsverkehr jedesmal seine Blähungen direkt über ihrer Vulva entläßt. Es gibt überdies Beschwörungen für die Defäkation, woraus deutlich wird, daß an diesem Thema Interesse besteht.[17]

Es gibt eindeutige Beweise für *kindliche Masturbation, für die Kastrationsdrohung und für die Latenzperiode.* Der offiziell als *to-sapwara* oder ›Streichler‹ bezeichnete Vater (man erwartet von ihm, daß er häufig mit den Kindern beider Geschlechter spielt), reizt die Kinder schon sehr früh sexuell, schon in der Zeit, da sie noch herumgetragen werden. Er beriecht spielerisch die Vagina oder berührt sie mit dem Mund, die Knaben beißt er zum Spiel in den Penis. Die Kinder werden gekitzelt, und sie lachen. Der eingeborene Informant sagte weiter: »Wenn die Kinder älter werden, machen sie deshalb nach, was der Vater an ihnen machte.« Die Mädchen stecken die Finger in die Vagina, und die Knaben ziehen an ihrem Penis. Der Unterschied in der Betonung verdient Beachtung. Der Vater küßt oder beriecht die Vagina, in den Penis beißt er hinein. Es gibt genügend Beweise, um zu belegen, daß der männliche Zauberer (barau) den Vater darstellt, und die Formel »sie werden dich *barau*«[18] ist die übliche Drohung im Falle des Ungehorsams. Sie sagen auch: »Ich werde deinen Penis abschneiden, dann kannst du nicht mehr urinieren!« Das Mädchen wird bedroht: »Ich werde deine Vulva herausschneiden!« Viele Kinder haben Angst, vom Hund gebissen zu werden und zu sterben. Vater oder Mutter sagen gewöhnlich zum Kind: »Der Zauberer oder die Hexe wird deinen Penis abschneiden, dich beißen oder dich fressen!«

Wenn sie häufig masturbieren, droht man ihnen, eine Schlange werde den Penis abbeißen. Mutter, Vater oder der Onkel sagen dann zum Kind: »Ich werde ihn abschneiden«, oder: »Die Schlange wird ihn auffressen.« Der etwa siebenjährige Ilaisa bestand darauf, ohne seine kurzen Hosen herumzurennen, worauf sein Vater zu ihm sagte: »Wenn du nackt herumrennst, wird die Schlange dir den Penis abbeißen, und wie wirst du dann urinieren? Außerdem wirst du von mir noch Schläge bekommen, wenn du deinen Penis verlierst.« Die Normanby-Inselbewohner kennen mit Sicherheit die Latenzperiode. Die Kinder beschäftigen sich anfänglich spielerisch mit dem Geschlechtsverkehr, dann beginnen sie sich zu schämen und hören damit auf.

Es ist ziemlich aufschlußreich, die Erkenntnisse über die Entwicklungsstufen in Zentralaustralien mit denen auf der Normanby-Insel zu vergleichen:

Zentralaustralien	*Normanby-Insel*
keine orale Frustration	unterbrochenes Saugen
keine Entwöhnung	Entwöhnung, früher Objektverlust aufgrund hoher Sterblichkeitsrate
frühe libidinöse Situation, die Mutter legt sich auf das Kind	frühe Kastrationsdrohung und genitale Reizung durch den Vater
Kinderkannibalismus	
keine Tabus auf analen oder urethralen Funktionen	die Kinder werden geschlagen, wenn sie nicht in die zu diesem Zweck ausgehobene Grube defäkieren und urinieren
Masturbation unbehindert	Kastrationsdrohung im Zusammenhang mit Masturbation
keine Latenzperiode	Latenzperiode
völlige Nacktheit	Scham vor der Nacktheit

Der Prozeß des Aufwachsens kann auch von einem anderen Gesichtspunkt aus betrachtet werden. In einer früheren Veröffentlichung habe ich im Zusammenhang mit zwei Träumen von Normanby-Einwohnern berichtet, wie das zuerst bei Vater und Mutter lebende Kind später zu einem Verwandten, meist dem Onkel mütterlicherseits, geschickt wird, um die Magie und andere Dinge zu erlernen; wie es dann heiratet und beim Geschenkaustausch anläßlich der Hochzeit von diesem Onkel unterstützt wird.[19]

Vielleicht fange ich die Darstellung dessen, was ich als die Psychologie einer matrilinearen Gesellschaft ansehe, mit zwei Traumbeispielen an: Taugujagujaj, ein etwa zwanzigjähriger Mann, den ich nur flüchtig kannte, kam aus Bunama, von der entgegengesetzten Inselseite. Er erzählte mir den folgenden Traum: »Ich schlief in Dauada und träumte, daß das Haus über meinem Kopf zusammengestürzt war.« – Er wachte auf und erzählte seinem Freund von dem Traum. Er dachte, daß ihm ein Schwein in die Falle gegangen sei – das müsse die Bedeutung des Traums sein. – In Dauada besuchte ihn sein Schwager, der Bruder seiner Ehefrau. Dieser Mann namens Libita war ein großer Gärtner, und er hatte viele Frauen. Er baute sehr exakte Häuser; wenn ein Haus nur ein wenig schief war, zerstörte er es und baute ein neues. Libitas Haus hieß »Fallende Tränen«, weil es so schön war, daß die Kinder stehenblieben und zu weinen begannen, wenn sie es sahen. »Meine Mutter pflegte zu sagen: ›Hör auf zu weinen, ich gebe dir eine Banane.‹ Immer wenn mein Vater zu einer Reise nach Kelologeia oder Sawatupwa aufbrach, wollte ich ihn begleiten, ich weinte. Er brachte mich zur Mutter zurück und sagte: ›Du bleibst hier! Die Leute von Bijawa und Loboda sind unsere Feinde. Sie werden dich auffressen.‹ ›Weine nicht um mich‹, sagte mein Vater dann, ›denn ich bin ein Fremder *(tokukumara)*. Wenn ich sterbe, werden meine Neffen alles erben.‹ Aber das half nichts. Als ich jedoch größer wurde, entfernte ich mich von meinem Vater und wandte mich der Mutter zu. Ich wußte nämlich, daß ich im Bauch meiner Mutter gewesen war und ihr mit meinem Gewicht Mühe bereitet hatte. Später baute ich ein Haus, und sie schlief darin. Als ich größer war, machte ich einen Garten, und sie aß die Jamswurzeln. Dann ging ich zu meinem Onkel Moemoe, er bereitete mein Hochzeitsfest vor, und ich heiratete.«

Dann erzählte er mir eine Geschichte über den Buschdämon

Kokomu (versteckte Person). Er berichtete von einer Begegnung im Busch mit diesem Wesen, das Menschen frißt. Er hörte durch seinen Onkel von diesem Wesen. Diese Dämonen haben verwachsene Gesichter, sie sind sehr groß und schlagen die Menschen auf den Nacken. »Ich wollte ausprobieren, ob das stimmte, und fällte einen Baum in der Nähe seiner Höhle. Er fing an, Steine und eine Axt nach mir zu werfen. Ich rannte um mein Leben. Dann zupfte ich meine Augenwimpern aus und warf sie in Richtung jenes Hügels. Das sollte mich daran hindern, dorthin zurück zu gehen. Eine andere Methode besteht darin, einen Stein am Kopf zu reiben und ihn an eine bestimmte Stelle zu werfen, an die man dann nicht mehr zurückkehren wird.«'

Der Traum zeigt deutlich, daß die von der matrilinearen Organisation diktierte Einstellung alles andere als natürlich ist. Das Kind hat eine unmittelbare Zuneigung zu seinem Vater, aber es wird ihm ständig gesagt, sein Vater sei ein Fremder und habe nichts mit ihm zu schaffen. Nun sind aber alle Fremden potentielle Kannibalen, und unter diese Kategorie fällt auch sein Vater. Diese Einstellung entspricht der vor-väterlichen Identifikationseinstellung, die wir von unseren Patienten her kennen. Wie es in den matrilinearen Gesellschaften heißt, bildet das Kind mit seiner Mutter »einen Körper«; der Vater tritt als Kannibale dazwischen, weil er zur Wiederholung der dem Kinde eigenen oralen Aggression wird.

Was den Traum selber betrifft, so handelt es sich um einen Angsttraum. Reisen sind gefährlich, die Welt ist voller Zauberer und Kannibalen. Wie die Assoziationen deutlich zeigen, ist das Haus ein Symbol der Mutter. Der Zusammenbruch des Hauses weist darauf hin, daß die Angst auf die Geburtsangst zurückgeht. Der Schwager, der die besten Häuser baut und alle Mädchen bekommt, repräsentiert das Ich-Ideal.

Es stellt sich nun die Frage, ob wir matrilineare Gesellschaften als (ontogenetisch) so primitiv ansehen sollen, daß sie die ödipale Phase – oder zumindest die Stufe der Identifikation mit dem Vater – noch nicht erreicht haben. Oder handelt es sich um eine regressive Weise, mit den ödipalen Schwierigkeiten umzugehen? Wenn ja, ist diese Regression dann eine psychologische Realität (sind die Individuen so weit regrediert?) oder eine Gruppenfiktion?

Ein anderer Informant (Kaubwana) erzählte mir, daß ihn etwa im Alter von zwei Jahren ein übernatürliches Wesen, ein Mann, von zu Hause wegnahm und mit ihm zusammen ungefähr sechs Tage im Dschungel verlebte, wo sie sich von Früchten ernährten. »Meine Mutter wollte eine Trauerfeier (basa) für mich veranstalten, sie hielt mich für tot. Meine Frau zog Trauerkleidung an (ich meine natürlich meine Mutter)[20]. Meine Mutter fand mich hinter dem Dorf im Busch sitzend. Dort hatte mich der *nigonigogo* (der ›Übernatürliche‹) zurückgelassen. Die Körper dieser Dämonen sind behaart wie die der Hunde, ihre Augen stehen heraus. Sie schlafen im Stehen, und sie vollziehen den Beischlaf im Stehen, weil ihre Augen vertikal angeordnet sind und nicht horizontal. Als sie mich zurückbrachten, sagte meine Mutter: ›Spiele nicht zuviel, sonst werden sie dich auffressen.‹«

Der männliche Dämon stellt offenbar den Vater in seiner phallischen Aktivität dar, wobei die Erektion sich auf die gesamte Person ausgedehnt hat. Der Lapsus »Mutter« anstelle von »Ehefrau« beweist sicherlich nicht, daß der Ödipuskomplex in der matrilinearen Gesellschaft nicht vorkommt.

Bulema, ein etwa fünfundvierzigjähriger Mann und ein großer Zauberer (barau), war einer meiner besonderen Freunde. Seine Trauer bei unserer Abreise war ungekünstelt. Er hatte es mit folgendem Problem zu tun: Er bereitete ein *sagari* für die Familie seiner Frau vor. Dabei stellte sich die Frage nach dem Besitz eines Landstücks. Seine Mutter hatte den Eindruck, daß Geschenke und Gegengeschenke bei ihrer Hochzeit nicht ausgewogen gewesen waren und daß deshalb ihr Clan, in diesem Fall also ihr Sohn Bulema, einen Teil jenes Landes besitzen sollte, das seinem Vater gehörte – es sollte nicht alles an die Neffen des Vaters fallen. Als er nun ein sagari (Nahrungsverteilungszeremonie) für die Familie seiner Frau vorbereitete, kam der alte Konflikt wieder auf und brachte ihn zum Nachdenken. Bulema hatte den folgenden Traum: »Ich kämpfe mit einem Mann um den Garten. Er säubert ihn und ich sage ›Was ist das? Du säuberst meinen Garten?‹ Er antwortet: ›Das ist mein Garten. Meine Vorfahren haben ihn schon vor langer Zeit angelegt.‹ Ich sage: ›Geh, laß ihn so, wie er ist!‹ Ich werfe ihm eine Axt hinterher. Er hat einen Stock und schlägt mich. Ich sage zu ihm: ›Geh in dein Dorf.‹ Er geht nun, kommt aber mit einem anderen Mann und mit einem Knüppel zurück, um mich zu schlagen. Ich sage: ›Ich bin der Eigentümer dieses Gartens. Wir haben ihn zuerst bepflanzt. Meine Vorfahren haben zuerst den Dschungel gerodet.‹ Sie sagen: ›Gut, wir gehen und du säuberst ihn.‹«

Der erste Widersacher im Traum erinnert ihn an einen Mann namens Turumae. Er nennt Turumae einen Verwandten (*bukunao;* d. h. zu Mutters Clan gehörig), obwohl er, genau genommen, ein *iabwebwe* war (ein Kind, das vom Clan adoptiert worden war). Er war als Säugling adoptiert und von den Frauen in Bulemas Clan aufgezogen worden. Der andere Mann, der später im Traum als Verbündeter von Turumae auftaucht, ist Duigu, sein wirklicher Bruder. Beide Männer sind sehr viel älter. Turumae pflegte ihn zum Fischen mitzunehmen, und Duigu gab ihm Früchte, als er klein war. Der Streit erinnert ihn an einen Streit, der zwischen seinem Vater und dem Bruder seines Vaters stattgefunden hatte. Die Worte, die im Traum an ihn gerichtet werden, sind in Wirklichkeit von dem Bruder des Vaters an seinen Vater gerichtet. Der Gegner des Träumers in diesem Traum ist demnach sein Vater. Was war geschehen, als sein Vater mit dem Bruder diesen Streit hatte? Bulemas Vater gab zu, daß sein Bruder früher dort gearbeitet hatte, sagte aber: »Du bist weggegangen, und deshalb habe ich ein Recht, darin zu arbeiten!« Es kam fast zu einem Kampf, und obwohl Bulemas Vater nominell Eigentümer blieb, mußte er das Dorf verlassen, um einen Zweikampf mit seinem Bruder zu vermeiden.

Der Fall bedarf der Erklärung: da ist zunächst die Rolle, die Turumae, der adoptierte Angehörige des *susu* (›Brust‹, matrilinearer Clan) spielt. Rechtlich ist er ein Verwandter; in Wirklichkeit ist er aber keiner. Nun ist der Vater in dieser Gesellschaft rechtlich ein Fremder, denn die Deszendenz ist matrilinear, und der matrilineare Clan bildet die gesellschaftliche Grundeinheit. Tatsächlich ist er jedoch eine Person, zu der das Kind eine natürliche, starke emotionale Beziehung hat. Deshalb kann Turumae den Vater darstellen, denn das Symbol ist häufig das Gegenteil des latenten Inhalts. Weshalb mußte Bulemas Vater das Dorf verlassen? Offenbar bestand zwischen den beiden Brüdern eine echte Feindschaft, so daß einer den anderen im Kampf hätte töten können. Wenn einer seinen Bruder tötet, muß er das Dorf verlassen – nicht weil irgend jemand sich gegen ihn wendet, sondern weil er in dem Dorf, wo das Blut seines Verwandten vergossen wurde, keine Nahrung zu sich nehmen kann. Die Nahrung würde ihn töten. Die Antwort, die Bulema von seinem Widersacher im Traum vernahm, war die Erwiderung, die Sawakeya gegeben hatte, Bulemas Onkel, der sich mit seinem Halbbruder um einen Garten stritt.

Wir entdecken hier ein weiteres Gleichnis im Traum. Wir sagten zuerst, der Feind sei der Vater; jetzt sehen wir, daß der Onkel der Feind ist. In dem anschließenden kurzen Satz sagt Bulema: »Geh weg, lasse ihn so, wie er ist!« Das sind wiederum die Worte, die der Bruder gebrauchte, als er mit Bulemas Vater stritt. Wir sehen im Traum sowohl die Aggression gegen die Vertreter jeder gesellschaftlichen Autorität (Vater und Onkel) als auch die Rückwendung der Aggression gegen das Ich. Der Satz: »Ich bin der Eigentümer dieses Gartens!« wurde in Wirklichkeit vom Onkel im Streit mit seinem Halbbruder gebraucht. Bulema identifiziert sich also in diesem Satz mit seinem Onkel. Im letzten Satz, wenn Turumae und sein Freund sagen: »Gut, wir gehen und du säuberst ihn«, wiederholen sie, was der Bruder des Vaters sagte, als er Bulemas Vater in jenem denkwürdigen Disput den Besitz überließ. An dieser Stelle nimmt der Träumer in der Rolle des »glücklichen Besitzers« den Platz seines Vaters ein.

Der Axtwurf im Traum ist ebenfalls eine Wiederholung tatsächlicher Ereignisse. Bulemas Vater besaß ein Schwein. Dieses Schwein drang wiederholt in Wanakedas Garten ein. Wanakeda wollte das Schwein aufspießen, Bulema bedrohte ihn mit einer Axt: auch hier sehen wir ihn wieder als Stellvertreter seines Vaters. Es wird deutlich, wie der Träumer im Traum eine »Imago« des Gartengrundstücks bekämpft, eine Kombination aus Vater und Onkel. Was ist der Garten? Was Bulema im Traum sagt – »Geh in dein Dorf!« –, waren genau die Worte, die er an Bwabwaroy, seinen Schwager, richtete. Bwabwaroy hatte sich mit seiner Frau (der Schwester von Bulema) gestritten. Ihr Kind war krank, und der Vater hatte ihm Fisch zu essen gegeben. Die Mutter meinte, dies sei dem Kind nicht zuträglich, und sie schrie: »Was machst du da? Du bringst mein Kind um!« Er wurde wütend und schlug sie. Bulema, der dieses Verhalten sehr übelnahm, schlug daraufhin seine Schwester ebenfalls. Ich hatte dies zuerst mißverstanden, bis mir erklärt wurde, daß es die gleiche Bedeutung hat, wie wenn er seinen Schwager schlagen würde. Den Schwager zu berühren ist jedoch tabu. Die Aggression wird nach innen gegen einen Vertreter des eigenen Clans gerichtet. Als er dies seinem Schwager antat (d. h. als er seine Schwester schlug), mußte der Schwager das Dorf verlassen. Im assoziativen Material gibt es noch eine Person, die das Dorf verläßt: Bulemas Vater. Als Bulema erklärte, weshalb es unmöglich sei, den Schwager zu schlagen, sagt er: *Wahana* (›Onkel‹) *be tamana* (›und Vater‹) *ada taurawa* (›unsere Feinde‹); d. h. wir können mit dem Onkel und dem Vater kämpfen, und wir tun es auch, weil sie unsere wirklichen Verwandten sind, aber den Schwager können wir nicht anrühren.

Welche Schlüsse können wir aus diesen Angaben ziehen? Was uns zuerst auffällt, ist, daß der Garten eine Frau darstellt: Bulemas Schwester. Wir wissen, daß in dieser Gesellschaft ein Knabe sich anfänglich an seinem Vater orientiert[21], später, von der vorpubertären Periode bis zur Heirat, an seinem Onkel, und schließlich an seinem Schwager. In allen drei Fällen finden wir eine aus Identifikation und Aggression gemischte ambivalente Einstellung. Zwischen Vater und Sohn und auch noch zwischen Onkel und Neffe herrscht die Vorstellung, daß die Sympathie stark genug sein wird, um feindschaftliche Einstellungen auszugleichen. Schwäger dürfen jedoch nicht kämpfen, weil sie Feinde sind und weil es zu gefährlich wäre; außerdem würde ein Streit den Frieden zerstören, der zwischen den beiden, durch das nicht allzu zuverlässige Band des hochzeitlichen Geschenkaustausches verbundenen, Clans besteht.

Die beiden Männer, die mit einem Knüppel auf ihn losgehen, erinnern ihn an zwei frühere Ereignisse. Das eine fand statt, als er ein junger Mann war und des *loyawe* (Liebeswerben) wegen nach Meudana ging. Er trat vor das Haus eines Mädchens, als dessen Liebhaber mit einem Knüppel herauskam, um ihn zu schlagen. Er schloß das Tor, und sie rangen miteinander. Das zweite Ereignis fällt in die Zeit seiner Kindheit. Er spielte auf einem Floß mit seinem Halbbruder Tubuyay und schnitt diesem in den Finger. Die beiden Väter wurden sehr böse und verjagten die Kinder mit Knüppeln. Die Knaben schliefen im Busch, bis die Frau des *nibana* (des Kreuz-Cousins) kam und sie zurückholte.

Die Bedeutung des Gartens im Traum ist unklar. Die erste Assoziation führt uns zur Schwester in ihrer Rolle als Mutter und Ehefrau; die zweite zeigt, daß der »Garten« in Wirklichkeit eine Frau ist, in die er verliebt war. Der nächste Satz führt uns zum frühkindlichen Ödipuskomplex mit dem Vater als Widersacher zurück. Der Garten, in dem er seinen Gegner bekämpft, gehörte seinem *nibana* (Kreuz-Cousin), einem Angehörigen des Clans seines Vaters, den er ebenfalls *tamana* (Vater) nennt. Der nibana ist der Neffe des Vaters und somit dessen rechtmäßiger Erbe, während der Sohn der natürliche Erbe ist. Im Traum ist er erfolgreich bei der Verteidigung eines Anspruchs, den er im wirklichen Leben nicht aufrechthalten kann: er bleibt im Besitz des Landes seines Vaters, d. h. der Mutter.[22] Diese Gesellschaft beruht auf einer Reihe von Verschiebungen der ödipalen Situation: erstens auf die Beziehung zwischen Onkel und Neffe und zweitens auf die zwischen Schwager, Ehefrau und Gatte.

In Wirklichkeit ist der Onkel nicht immer der Lehrer des Knaben. Einige Knaben bleiben bei ihren Vätern. Manchmal gehen sie auch zu einem anderen Verwandten im Clan der Mutter. Wenn zum Beispiel mehrere Kinder vorhanden sind, geht eines von ihnen zum Onkel mütterlicherseits, und die übrigen gehen zu anderen Verwandten. In einem solchen Fall arbeitet er für diesen Verwandten (vgl. den debwa-Teil des Gartens oben), der ihm auch bei den *pokara* (Hochzeitsgeschenken) hilft. Von einem Neffen wird erwartet, daß er das Ebenbild *(lopaeru)* seines Onkels ist. Der Onkel gibt die Überlieferung der Magie an den Neffen weiter, und wenn es Streit gibt, dann erwartet man, daß ein Mann sich an die Seite seines Neffen, auch gegen den eigenen Sohn, stellt.

Im wirklichen Leben laufen die Dinge jedoch anders ab:

Gagasileos Vater besaß ein Schwein. Dieses Schwein kämpfte mit dem Schwein von Taudili. Taudilis Schwein, das sehr stark war, gewann die Oberhand. Da spießte Gisowa[23] das Schwein von Taudili auf. Die beiden Männer kämpften miteinander, und dann setzten sie sich nieder, um Frieden zu schließen. Taudili griff jedoch plötzlich nach einem versteckten Speer, und Gisowa rannte weg. Gisowas Vater Taujawej war durch die Feigheit seines Sohnes so aufgebracht und gedemütigt, daß er Taudili töten wollte. Er wurde aber zurückgehalten. Das war eine schlimme Geschichte, weil Taudili sein Neffe war. Drei Männer, Taudili, Wajadi und Seureja, wollten ihren Onkel umbringen, weil er ihnen hätte helfen müssen und nicht seinem Sohn.

Zwischen dem Natürlichen – der Vater-Sohn-Beziehung – und dem Gesetzlichen – der Onkel-Neffe-Beziehung – besteht ein Gegensatz. So wird zum Beispiel ein Mann versuchen, zu Lebzeiten so viel wie möglich von seinem Besitz seinem Sohn zu überlassen, da er weiß, daß nach seinem Tode ausschließlich seine Neffen ihn beerben werden. –

Manifeste Konflikte und sogar Kämpfe mit dem Onkel kommen häufig vor: Daniels Onkel bot seinem Neffen[24] Betel an. Daniel fand, daß es nicht genug war, und er sagte: »Wenn du mir nicht mehr gibst, dann fälle ich alle Bäume«, und er fügte hinzu: »Du behandelst mich wie einen Fremden.« »Mein Onkel weinte, als ich ihm dies sagte«, berichtete Daniel, als er mir die Geschichte erzählte. Daniel versprach sich jedoch und sagte »Vater« statt »Onkel«. Ein anderer Mann wollte gegen seinen Onkel kämpfen, der mit seiner Schwester (der Mutter des Neffen) im Streit lag.

Im manifesten Trauminhalt ist der Onkel natürlich oft deshalb der Feind, weil der Konflikt mit dem Onkel häufig bewußt oder vorbewußt ist. Fügt man hier den Mythos des Geschwister-Inzests von Tauhau hinzu und die Tatsache, daß die Freundin oder Geliebte *(rawerawe)* vornehm als Schwester *(nuhuna)* bezeichnet wird, dann ist das Bild Malinowskis vollständig: Es gibt keinen Ödipuskomplex, sondern einen Mann, der in seine Schwester verliebt ist und der eine ambivalente Feindschaft gegen den Onkel hegt . . . Auf der Basis eben dieser Informationen machte Malinowski seine große Entdeckung.[25] Freilich handelt es sich dabei um einen Irrtum. Wie sollten wir zu der Annahme kommen, das Kind wachse mit einem Onkelkomplex statt einem Ödipuskomplex auf, wenn es die ersten fünf bis zehn Jahre bei seinen Eltern verbracht hat und erst danach zu seinem Onkel geht? In der Tat formuliert Malinowski die Sachverhalte klar und in einer solchen Weise, daß er seine eigene Theorie außer Kraft setzt:

»Das Wort *tama* (Vater) konzentriert demnach in seiner emotionalen Bedeutung eine ganze Menge früher Kindheitserfahrungen, und es bringt die typische Empfindung zum Ausdruck, die zwischen einem Mädchen oder Knaben und einem liebevollen erwachsenen Mann des gleichen Haushalts besteht; in gesellschaftlicher Hinsicht bezeichnet es hingegen die männliche Person, die in einer intimen Beziehung zur Mutter steht und Herr des Hauses ist. [. . .]

Soweit unterscheidet *tama* sich nicht wesentlich von ›Vater‹ in unserem Sinne. Sobald das Kind jedoch größer wird und sich für Dinge interessiert, die außerhalb der Haushaltsangelegenheiten liegen, sowie für seine eigenen unmittelbaren Bedürfnisse, entstehen gewisse Komplikationen, die nun die Bedeutung von *tama* für das Kind verändern.«[26]

Das Kind beginnt das Leben in der ödipalen Situation mit einem Ödipuskomplex. In der vorpubertären Phase setzt ihm die Gesellschaft einen anderen, strengeren Vater vor, mit dem es wetteifern muß: den Onkel mütterlicherseits. Deshalb ist es möglich, einen Teil der Feindseligkeit vom Vater auf den Onkel zu verschieben. Der dritte Nachfolger in dieser ambivalenten Stellung ist, wie ich bereits gezeigt habe, der Schwager. Mit diesem Schwager meine ich den Bruder der Ehefrau, d. h. den *toniasa,* im Gegensatz zum angeheirateten Verwandten. Häufig kommt es vor, daß der toniasa-Schwager ebenfalls sehr viel älter ist; dann ist er natürlich noch in einem viel größeren Maße ein Vaterersatz. Da die Verbindung zwischen Schwester und Bruder nie ganz gelöst wird, dreht sich eine Menge unbewußter Feindseligkeiten um diese Eifersuchtsbeziehung. Dujero wollte seinen Schwager erstechen, weil dieser ihn öffentlich bezichtigte, mit der eigenen Schwester sexuell verkehrt zu haben.

In meinem ersten Feldforschungsbericht über die Zentralaustralier hob ich die Tatsache hervor, daß dort das Problem der Anpassung an die Realität in einer ungebrochenen Entwicklungslinie aus der spielerischen Tätigkeit heraus gelöst wird. Der kleine Junge wächst mit seinem Spielzeugspeer auf, und mit ihm wachsen auch die Tiere, die seine Ziele sind. Den Gegensatz dazu bildet unsere eigene Gesellschaft mit ihrer scharfen Abgrenzung von Arbeit und Spiel. Auf der Normanby-Insel ist die Tätigkeit im Garten eindeutig Arbeit und nicht Spiel: *pajsewa,* ›Arbeit‹. Neben den spielerischen Nachahmungstätigkeiten, wie wir sie überall finden, stellen wir folgende Entwicklung fest: Sobald die Kinder laufen können, bekommen sie ein kleines Stück Garten, das »ihnen gehört«. Sie beobachten Vater und Mutter bei der Arbeit, bis sie groß genug sind, um mitzuhelfen. Toa Kaura aus Boasitoroba erzählte über die Anfänge der Gärtnerei in seinem Leben: »Sie gaben mir ein kleines Messer. Vater und Mutter nahmen mich mit und ließen mich meinen kleinen Garten besorgen. (Im Alter von etwa sechs Jahren). Ich fragte meine Mutter ›Kann ich den Jams essen?‹. ›Warte, bis er reif ist‹, sagte sie, ›sonst machen sich die Leute über dich lustig.‹[27] Später, als ich wußte, wie man den kleinen Garten besorgt, baute Vater ein kleines Haus für mich, wo ich allein leben konnte. Die Erwachsenen lachten und sagten ›Jetzt bist du ein esaesa (Häuptling)‹.«

IV. Das Liebesleben

Wie alles übrige entwickelt sich auch das Liebesleben der Eingeborenen allmählich. Wenn der Anthropologe Weiße befragt, die lange auf der Insel gelebt haben, so hört er zwei absolut widersprüchliche Antworten: Der Missionar sagt, Knaben und Mädchen verbringen zwar die Nacht miteinander, gehen aber über Umarmungen nicht hinaus. Das Mädchen behält seinen Rock an, der Knabe die Hosen; sie liegen Wange an Wange nebeneinander und umarmen einander; das ist alles. Der Händler sagt dagegen, natürlich ist das ein Unsinn, den die Eingeborenen einem Missionar eben erzählen: die Kinder haben Geschlechtsverkehr, sobald sie dazu körperlich in der Lage sind.

In Wirklichkeit geschieht folgendes: Wenn sie acht oder zehn Jahre alt sind, haben die Knaben und Mädchen nicht nur ihre eigenen kleinen Gärten, sondern auch ihre eigenen kleinen Häuser. Diese sind nach dem Vorbild der großen Häuser gebaut. Sie sind hauptsächlich dazu da, daß die Mädchen die Knaben empfangen können, und daß die Knaben unbeobachtet ein- und ausgehen können. Auch von Mädchen, die bei ihren Eltern wohnen, wird erwartet, daß sie ihre Besucher haben. Die Eltern schauen weg, und das junge Paar verbringt die Nacht zusammen.

Normalerweise – wenn auch mit Ausnahmen – ist es der Knabe, der zum Haus des Mädchens geht. Man erwartet von ihm, daß er mit dem Mädchen Zärtlichkeiten austauscht (*sisunusunuy*, ›sie streicheln einander‹; Petting). Sie streicheln und liebkosen einander auf eine zärtliche Weise. Die Knaben betreiben es zuerst mit ihren jüngeren Schwestern. Sipeta erzählt, daß ihre älteren Brüder sie jeden Abend streichelten, bevor sie zu den Mädchen gingen. Zum *sunusunuy* gehört auch, daß der (etwa zehnjährige) Knabe das Mädchen mit Öl einreibt, damit es »wächst«. Die Eltern necken den Jungen mit den Worten: »Du bist ein komischer Junge, daß du mit einem kleinen Mädchen schlafen willst!« Er widerlegt sie, indem er dafür sorgt, daß das Mädchen wächst. Er bringt ihm »Wachstumsblätter«, mischt diese mit Kokosöl und reibt dann das Mädchen mit diesem »Wachstumsöl« ein. Zu diesem Vorgang gehören sicherlich auch Beschwörungsformeln. In meiner Feldforschung habe ich jedoch diesen Punkt übersehen und nicht nachgefragt. Nachdem der Junge das Mädchen mit dem »Wachstumsöl« eingerieben hat, sagt er zu ihr, daß sie ihren »Liegeplatz« mit niemand anderem teilen soll, sonst würde ihr das Wachstumsöl weggenommen, und sie würde nicht wachsen. »Rolle deine Matte nicht zusammen, sondern breite sie aus und wisch sie nicht ab wegen des Öls.« Magie ist in einem gewissen Sinne Libido; durch die Liebesbeziehung mit dem Jungen wächst das Mädchen tatsächlich. Sie würde natürlich auch wachsen, wenn sie Kontakt mit anderen hätte, aber dann würde er sein Wachstum verlieren, d. h. Kastrationsangst erleben.

Die Jungen wandern von Dorf zu Dorf auf der Suche nach einem Mädchen, mit dem sie die Nacht verbringen können. Das ist die offizielle und anerkannte Form des vorehelichen Liebeslebens, *kainatore* (›fragen‹, ›versuchen‹) oder *gwari* (›wandern‹) genannt. Sie treten gruppenweise mit einem Anführer vor das Haus eines Mädchens. Der Anführer fragt das Mädchen, ob ein bestimmter Junge A. eintreten könne. Sie antwortet mit Ja oder Nein, bis es einen findet, der ihr gefällt. Ein Junge darf sich nicht weigern, einzutreten; die Weigerung wäre ein so schlimmer Verstoß gegen die Sitten, daß alle Mädchen sich gegen ihn zusammentun würden und keine andere ihn danach noch haben wollte. Zumindest ist dies die offizielle Version; ob es sich tatsächlich so abspielt, ist zweifelhaft.

Ein weniger anerkannter, halboffizieller Brauch ist das Zusammentreffen bei einem sagari-Tanz, *hedidive* (›ködern‹ oder ›versuchen‹) genannt. Der Junge ist der Fischer, das Mädchen der Fisch und die Frage der Köder. Die Jungen brauchen dabei nicht einmal zu sprechen; ihre Gesichtsbemalung sagt alles. Der Junge, der ein Mädchen haben will, hat unter der Nase zwei sichelförmige Linien wie ein Schnurrbart. Ein Mädchen, das mit einem Jungen einverstanden ist, hat eine gerade, horizontale Linie unter der Nase. Beide sind eingeölt, haben sich schön gemacht und Blumen in ihre Armbänder gesteckt. Der Junge wirft eine Betelnuß. Sie antwortet in Zeichensprache, indem sie die Zunge herausstreckt. Das bedeutet: »Ich bin einverstanden.« Darauf streckt der Junge nochmals den Arm aus und sagt, daß er das Mädchen haben wolle. Sie legt den Kopf in ihre Handfläche, das Zeichen für Schlafen. Das heißt: »Komm heute abend.« Er kratzt sich am Kopf – das bedeutet »ja«. Kratzt er sich aber mit der Linken, so bedeutet dies »nein«. Ein weiteres Zeichensystem bezieht sich auf das Zusammentreffen im Busch. Wichtig ist jedoch, daß das Zusammentreffen im Busch eindeutig Koitus bedeutet, während das Zusammentreffen im Haus bedeutet: zusammen liegen und *vielleicht* Koitus.

Eine sehr charakteristische Einrichtung in dieser Kultur ist das *eliamu*. Zwei Jungen besuchen ein Mädchen. Das Mädchen liegt zwischen den beiden. In der Morgendämmerung sagt der eine zum andern: »Du wirst mein Tabu, und wir werden uns *eliamu* nennen. Wir schenken uns gegenseitig Tabak, Betelnüsse, Fleisch und Jams. Wir nennen unsere Frauen gegenseitig ›Schwester‹ oder ›Schwägerin‹, und uns nennen wir ›Sohn‹, ›Neffe‹ oder ›Stiefsohn‹.«

Das Wort *guhetabu* bedeutet: »er wird mein Tabu«; d. h. ich verhalte mich so, wie wenn er mein Bruder wäre – keiner ißt das *bwabware* (Leichenmahl) des anderen.[28] Ein oder zweimal gehen die beiden Männer zusammen zum Mädchen, aber danach hören sie auf, weil sie sich schämen *(omayamaya)*. Es wird unterstellt, daß keiner von beiden mit dem Mädchen Geschlechtsverkehr hat. Die Freundschaft ist wichtiger als der Koitus.[29] Ein Informant beschreibt, wie die Männer zusammen mit der Frau in der Mitte schlafen. Nach dem Schlaf nehmen sie eine Jamswurzel, und jeder beginnt an einem Ende zu essen, bis sie sich in der Mitte treffen. Da die Jamswurzel symbolisch für die Frau steht, muß angenommen werden, daß beide mit der Frau Geschlechtsverkehr haben. An die Stelle der Jamswurzel kann auch ein anderer eßbarer Gegenstand treten, zum Beispiel eine Banane. Wenn nun einer von den beiden Männern stirbt, veranstaltet der andere ein großes bwabware, und damit ist das Tabu aufgehoben.

Die Aussagen der Eingeborenen zu diesem Punkt sind zweifelhaft. Ich glaube mit Bestimmtheit, daß beide Männer mit dem Mädchen Geschlechtsverkehr haben und anschließend die Beziehung tabuisieren, sonst bestünde kein Anlaß, sich zu schämen. Die Betonung dagegen, die sie auf *oboboma* (Liebe ohne Koitus) legen, stimmt natürlich mit dem allgemeinen Verhaltensmuster überein. Die Zusammenfassung der Berichte aller meiner Informanten über ihr Liebesleben bringt etwa folgendes Ergebnis: Das kulturelle Verhaltensmuster ist das Zusammenliegen ohne Koitus. Bei der Bewertung ihrer Aussagen muß man sich immer vergegenwärtigen, daß sie gern lügen, um diesem Muster zu entsprechen – und nicht umgekehrt. Dabei sind die Frauen weniger wahrheitsliebend und eher verlegen.

Gidaroija, eine Frau aus Kitakitamasara, hatte folgende Geschichte zu erzählen: »Tomajero war mein erster Liebhaber. Er kam zum *gwari*, als ich in Ramoramos Haus schlief. (Ramoramo ist ihr Bruder.) Ramoramo kam zu mir und lud mich ein, zu ihm nach Duruha zu kommen. Ich schlief zwei Nächte mit Tomajero. Dann kam Majlawedi, mein Cousin. Er schlief zwei Nächte mit mir. Wir mögen die Jungen nicht, die *gwausoara* sind.« Niemand hatte sie danach gefragt, sie gab diese Auskunft freiwillig. *Gwausoara* bedeutet »erfolgreich«, in diesem Falle »zu erfolgreich«, d. h. ›aggressiv‹, ›dreist‹. Offensichtlich gibt sie sich jedem hin, und Majlawedi hatte tatsächlich Geschlechtsverkehr mit ihr. Nach ihm kam Toromwedi, der zum selben Totem gehört. Anschließend war es Kuloidi, ein weiterer Kreuz-Cousin, der vier Nächte blieb. Dann kam Jalopote gidara (Jalopote junior). Auf einem Tanz schickte er einen Botschafter zu ihr. Bei dem Tanz *(rausa)* kam auch Tuboni, ein Mann aus Lomitawa, zu ihr. Er sagte:

»Komm mit mir in meinen Garten, um das Unkraut zu jäten.« Er machte ihr keine Hochzeitsgeschenke; sie blieben während der Jätzeit einen Monat lang zusammen. So konnte es nicht weitergehen, sagte sie, weil ihr *madiana* (Stiefvater, Bruder des Vaters) dagegen war. »Lomitawa ist unser *tarauwara*« (traditioneller Feind). Deshalb können sie nicht die gleiche Nahrung einnehmen, und eine Heirat ist ausgeschlossen. Die Erzählung zeigt jedoch auch etwas, das sie nicht sagt, nämlich, daß Tubonis Absichten absolut unehrenhaft waren. Er gab ihr kein Hochzeitsgeschenk, und dennoch lebten sie im Haus des Mannes einen Monat lang zusammen und hatten offensichtlich eine Liebesbeziehung.

Arani, der eine Zeit lang Hausdiener bei uns war (er kam aus dem Dorf Kasebwau, einem Bergdorf in der Region von Boasitoroba), berichtete: »Zuerst hatte ich ein Mädchen namens Sibonaj-waine. Bei einem Tanz lud sie mich in ihr Haus ein und ich ging mit. Fünf Nächte lang schlief ich bei ihr, nach der dritten Nacht gab sie mir die Erlaubnis (d. h. sie hatten Geschlechtsverkehr).« Er berichtete von den Nachteilen dieser Verhaltensweise, bei der man angekleidet zusammen liegt. Sein Penis erigierte, er ejakulierte *ante portas* und fühlte sich anschließend müde. Daraufhin gab er eine widersprüchliche Erklärung ab, weshalb er aufhörte, dieses Mädchen zu besuchen. Das Fazit schien darin zu bestehen, daß sie einen anderen bevorzugte. Er ging dann zu Matanogi, die zu der Zeit, da er diesen Bericht abgab, bei uns Dienerin war. Bei einem Tanz in Nuadubu lud sie ihn ein, und er besuchte sie im Haus ihrer Mutter. Er verbrachte dort zwei Nächte, ohne daß sie ihm jedoch die *tagwara* (›Erlaubnis‹; siehe oben) gab. »Sie schlief mit Taboijara, deshalb verließ ich sie.« Dann ging er zu Neneora und schlief mit ihr im Haus ihres Vaters. Gomawidi[30] traf ein, und so verließ er sie nach fünf Nächten, ohne ein Wort zu sagen. Er gab an, daß er wegging, ohne den Versuch zu machen, das Mädchen zu halten, weil Gomawidi sein Cousin ist.

Darauf gab es ein *kainatore* im Haus einer Frau in Nuadubu, d. h. eigentlich im Haus ihres Onkels. Sie wollte den Koitus. Arani lehnte ab, weil er zu jener Zeit gerade das Öl für den Liebeszauber mischte. Wenn er mit ihr Geschlechtsverkehr gehabt hätte, dann wäre das Öl verdorben worden, und die

Mädchen hätten ihn nicht mehr haben wollen. Bei diesem Mädchen blieb er wiederum fünf Tage. Dann kam Neneoras Bruder und schlief mit dem Mädchen, worauf er sie verließ. Dann gab es Sine Beja, ein Mädchen in den Bergen von Nuadubu. Er verbrachte fünf Nächte bei ihr, ohne daß es zum Koitus kam, denn sie war zu jung. Nach fünf Nächten ging er weg; die Mutter des Mädchens sagte, die Kleine sei zu jung für die Liebe, und sie sollte ihrem zukünftigen Ehemann erhalten bleiben. Dann ging er zu Ne Siwio in Nuadubu. Die gleiche Geschichte: fünf Nächte, sie zu jung; die gleiche Entschuldigung bei Sine Hetupa, obwohl es diesmal sieben Nächte waren. Ein anderer Mann kam an, und er ging weg. Die nächste war Debareu aus Liasuru. Sie lud Arani bei einem Tanz ein. Sie lebte im Haus ihres verheirateten Bruders, wo er fünf Nächte blieb. »Kein Geschlechtsverkehr. Wir haben Angst, sie zu schwängern, und wir schämen uns.« Dann kam Badi sineja, ein Wejoko-Mädchen. Sie lud ihn bei einem Tanz ein. Es dauerte nur eine Nacht; kein Koitus.

So weit der Bericht. Er zeigt deutlich das neurotische Verhaltensmuster des Unterlegenen. Immer wenn ein Rivale auftaucht, läuft Arani kampflos weg, und dort, wo es gar keinen Rivalen gibt, entfernt er sich mit irgend einer anderen Entschuldigung. Als er die Erzählung seines Liebeslebens abschloß (ein einziger Koitus!), brachte er die folgende »freie Assoziation« hervor: »Mein Vater und meine Mutter hielten mich immer zurück. Geh nicht aus dem Dorf, sagten sie, sonst werden die Zauberer dich töten.«

Wir wollen nun ein Gegenbeispiel betrachten. Gomawidi, der Don Juan in diesen Dörfern, war damals ein Junge von ungefähr dreizehn Jahren und von weichem Wesen, das den Frauen gefiel. Sein Sexualleben begann, als einige ältere Jungen ihm und seinen Freunden Tabak schenkten, wobei sie auf den Gedanken kamen, diesen für die Mädchen zu verwenden. Gomawidi ging mit einem anderen Jungen namens Jabeteilo zum gwari nach Meudana. Das Mädchen wies seinen Freund zurück, schlief jedoch sofort mit Gomawidi. Als er nach Boasitoroba zu seinen »Müttern« zurückkehrte, lehnte er den *buyo* (in Öl gebratener Jams) ab. Damit wußten sie, daß er Geschlechtsverkehr gehabt hatte, denn wenn die Jungen, die mit dem Geschlechtsverkehr begonnen haben, »fette Sachen«

(Öl oder Fleisch) essen, bekommen sie am ganzen Körper Entzündungen. Mutter und Großmutter sagten zu ihm: »Geh zu deinem Mädchen zurück, wir werden die *pokara* (Hochzeitsgeschenke) vorbereiten, und dann wirst du sie heiraten.« Er lehnte jedoch ab: »Meudana ist zu weit weg«, sagte er.[31] Er verbrachte zwei weitere Nächte mit dem Mädchen und schlief dann mit Jagitani, einer anderen Frau aus Meudana. Das war ein normales gwari. Sie gab keine tagwara, weil sie heiraten wollte, und so blieb er nur eine Nacht. – In Lomitawa war Tanz. Gomawidi verbrachte dort drei Nächte, jede mit einem anderen Mädchen. Zwei Mädchen lehnten ab; eine gab ihm die Erlaubnis, aber dann lehnte er ab, weil er dachte, sie sei zu jung, es sei tabu und er würde nicht mehr wachsen. Dann gab es eine eliamu-Situation mit zwei Mädchen. Eines der Mädchen war »gut« und hielt die Beine geschlossen, das andere öffnete sie ständig, und er wiederholte immer wieder: »Bitte, tue es nicht, ich bin zu jung.« – Die beiden Mädchen heirateten, und er ging zu Neneora. Dieses Mal war es eine offizielle Geschichte, bis der Eingeborenenmissionar Einspruch erhob. Nach Neneora schlief er mit Matanogi. Es dauerte drei Nächte, bis deren Mutter ihn wegschickte. Er erzählte mir, daß die jungen Leute den Koitus in der Seitenlage vollziehen. Auf diese Weise kommt der Boden, d. h. die Plattform, nicht so stark in Schwingung, und sie erregen keine Aufmerksamkeit. Als er diese Geschichte erzählte, war Gomawidi gerade in eine Liebesbeziehung mit einer doppelt so alten, verheirateten Frau verwickelt, deren Mann ihn schwer verprügelt hatte. Er »beichtete«. Obwohl er in sexueller Hinsicht offensichtlich große ›Leistungen‹ vollbrachte, war auch er nicht ohne Angst.

Hören wir nun, was Bebe (Sawaitoja, der berühmte barau und mein ganz besonderer Freund) erzählte: »Wenn wir früh vögeln, dann wachsen wir nur langsam, und unsere Gesichter werden runzlig. Die Namen meiner ersten Geliebten werde ich nicht angeben, sie sind jetzt alle tot.«[32] Er begann seine Geschichte mit jenen, die noch am Leben waren. »Zuerst hatte ich Sine Mwaidilo, sie ist jetzt Quarados Frau. Sie schickte Pamukeni zu mir. ›Du sollst kommen und mit meiner Cousine schlafen‹. Ich schlief in ihrem Haus, aber sie war sehr hartnäckig (d. h. sie wies seine Annäherungsversuche zurück), weil sie *hauhauuna* (jung) war.«

Er besuchte sie ein Jahr lang, ohne daß es zum Koitus kam. Sie wollten heiraten, aber seine Familie sagte ihr, er würde *rara* (›Blutkrankheit‹)[33] bekommen. Ein weiteres Jahr wurde mit Sine Bonadej verbracht, auch dieses ohne Koitus. »Sie kannte die Liebe noch nicht, und ich versuchte, sie zum Wachsen zu bringen.« Während Bebe mit ihr Petting machte, kaute er eine bestimmte Wurzel und sprach Beschwörungen, damit sie größer werde.

Er erzählte mir, daß er nach Woodlark ging, und verschwieg dabei offensichtlich den Umstand, daß er dort Geschlechtsverkehr hatte. Er zeigte auch starke Widerstände, als er die nächste Geschichte erzählte. »Ich ging nach Meudana zum *gwari*. Dort war Tanz, und Sine Beija bat mich um Tabak. Mein Freund sagte mir, sie sei verlobt. Sie bestritt dies aber und bat mich, die Nacht mit ihr zu verbringen.« Sie wünschte den Geschlechtsverkehr mit ihm, er ging vier Nächte zu ihr, und sie hatten jede Nacht zwei bis drei Mal Verkehr. Er prahlte damit, wie die Frauen ihm nachlaufen würden. Die jetzige Frau von Tanailo wollte ihn haben. Seine Freunde warnten ihn, sie habe Gonorrhö, und deshalb blieb Bebe ihr fern. Das gleiche geschah mit Meujo, der Schwester von Diakiki. Sie schliefen zusammen, aber es gab keinen Geschlechtsverkehr, weil er vor Geschlechtskrankheiten Angst hatte. Er hatte schon für die nächste Frau den Liebeszauber vorbereitet, und sie war nur zu willig. Ihre Mutter und Schwester lebten jedoch im selben Haus, und so geschah nichts. Vier Nächte lang hatte er mit Sine Jadeja Geschlechtsverkehr, bis er befürchtete, sie könnte schwanger werden, was eine große Schande bedeuten würde.

Wenn wir versuchen, die Linien des vorehelichen Liebeslebens zu skizzieren, sehen wir, wie sich die vollständige Sexualität allmählich gegen drei Widerstände entwickelt: Der erste ist »normal« – sie beginnen zu früh, bevor sie den Koitus wirklich wollen. Der zweite ist »neurotisch« – im Falle von Arani ist dieses individuelle neurotische Verhaltensmuster ganz deutlich. Der dritte ist kulturell bedingt – es besteht die allgemeine Tendenz, das voreheliche Sexualleben so darzustellen, als ob es sich dabei um *oboboma* (Liebe ohne Koitus) handle, wobei es offiziell drei Stufen gibt: a) Junge und Mädchen liegen mit den über der Brust verschränkten Armen so da, daß sie sich gegenseitig nur mit den Armen berühren; b) um Mitternacht beginnen sie zu frieren, sie umarmen einander und liegen enger beisammen; c) Geschlechtsverkehr. In Wahrheit sind die Dinge sicherlich anders. Sie berufen sich so stark auf zärtliche Liebe, daß wir das Gegenteil davon vermuten. Aufschlußreich sind hierfür die Neckereien zwischen den Geschlechtern. Die Männer sagen: »Wenn wir euch aufspießen, schwellt ihr an wie ein Fisch.«[34] Die Frauen erwidern: »Wir verschlucken euch und spucken euch aus; ihr und euer Körper (Penis) werden schwach.«

In den Erzählungen vom Typus der *mesorama* gibt es hinreichende Beispiele für Angst und Aggression im Geschlechtsverkehr. Die Männer masturbieren die Frauen durch gleichzeitige Reizung von Klitoris und Brustwarzen bis kurz vor den Orgasmus. Mädchen pflegen die Männer aufzufordern: »*Kususugu* (saug mir) *matana* (Brustwarzen) *be enega* (und dann) *nuanuago sinabwana apana* (werde ich große Lust zum Vögeln haben).« Sowohl Cunnilingus als auch Fellatio sind häufig. Zwei Frauen aus Tauru (Fergusson-Insel), Kreuz-Cousinen, liefen fort ins Innere der Insel, lebten dort zusammen und vollzogen wechselseitig den Cunnilingus. Der Terminus technicus für Homosexualität bei jungen Männern lautet »verstreuender Penis«. Sie kommt meist dort vor, wo die Männer bei der Mission oder bei Händlern arbeiten.

Das Wort *kapana* bedeutet Koitus. *Loyawe* ist der Ausdruck für ›Lieben‹, und zwar mit oder ohne Koitus. *Kenokeno* bedeutet ›zusammen schlafen‹ und ist ein euphemistischer Ausdruck für den Koitus. ›*Pwako*‹ heißen die Bewegungen des Mannes während des Beischlafs; *pwakwa-hehsu* die Gegenbewegungen der Frau (*hekisa* = ›bezahlen‹). Der Koitus wird auch als *guna* (›aufdrücken‹) beschrieben. *Keliahi* bedeutet dasselbe, aber im Sinne von ›reiben‹, ›hart nach unten stoßen‹. Sexuelles Verlangen wird als Jucken beschrieben, und wenn man sich in der Zeichensprache die Handfläche kratzt, so bedeutet das, daß man Geschlechtsverkehr wünscht.

Der Koitus selber ist unverhohlen sadistisch und masochistisch. Die beiden Beteiligten beißen, kratzen und schlagen einander. Das geschieht vor und bei dem Akt, wird aber vermieden, wenn jemand im Haus ist und die beiden keinen Lärm machen wollen. Wir haben hier eine der wichtigsten

Tatsachen für das Verständnis der Psychologie dieser Menschen vor uns: *sie geben vor, sehr sanft zu sein, sind aber in Wirklichkeit sehr gewalttätig.* Grausamkeit ist ihr hervorstechender Charakterzug. Kriegsgefangene werden gezwungen, zwischen zwei Feuern hin und her zu laufen, bis sie buchstäblich geröstet sind. Die eigenen Verwandten, die an der *rara*-Krankheit leiden, werden lebendig begraben. Wenn sie eine Schildkröte aus ihrem Panzer nehmen oder eine Ziege enthäuten, töten sie die Tiere vorher nicht einmal.

V. Die Heirat

Dem Liebeswerben sind Grenzen gesetzt. Die Jungen müssen vor Sonnenaufgang zurück sein, sonst werden die Leute daheim *nadiwara* (›stein-krank‹). Sie sagen dann von dem Jungen *nadiwara iraguya* (›er hat uns nadiwara auferlegt‹). Niemand arbeitet dann mehr, weil sie sich müde fühlen; die Sonne schrumpft ein, der Jams und alle anderen Anpflanzungen verfaulen. *Nadiwara* kann ein ganzes Dorf mit sämtlichen Häusern treffen. Einer, der nur ein wenig krank ist, wird bei Eintreten von *nadiwara* schwer erkranken. Die Angehörigen des Mädchens machen sich keine Sorgen, sie wollen, daß er die Nacht bei ihr verbringt. Seine Eltern hingegen und die Onkel zanken sich mit ihm: »Warum hast du uns *nadiwara* gemacht?« Von der Familie des Mädchens wird angenommen, daß sie nadiwara haben wird, wenn der Junge zurückkehrt; dies wird jedoch bei weitem nicht so betont wie der umgekehrte Fall.

Schließlich hat der Liebhaber sein Mädchen eine Weile regelmäßig besucht. Die Angehörigen des Mädchens entscheiden, daß etwas zu unternehmen sei. Darauf setzt sich die Mutter des Mädchens (oder der Vater oder Onkel) vor die Haustüre. Da sie seine zukünftigen Schwiegereltern sein werden, darf er nicht über sie hinwegtreten. Am Morgen findet man ihn dann im Hause des Mädchens.

Selebo erzählte, wie seine Heirat zustande kam. Er begann, um Seuradi zu werben, und sie lud ihn in ihr Haus ein. Anfangs gab es keinerlei Hinweise, daß sie auf etwas Dauerhaftes hinauswollte, aber dann fing sie an, Andeutungen zu machen. Sein kleiner Cousin spielte den Vermittler und erzählte ihm, daß Seuradi ihn zurückerwarte und Geschlechtsverkehr mit ihm haben wolle. Seuradis Angehörige waren jedoch ständig eifersüchtig, und sie wiederholten immer wieder: »Wage es ja nicht, mit ihr zu schlafen! Wage es ja nicht, mit ihr zu tanzen!« Einmal schlief er nachts mit ihr. Gewöhnlich lief er vor Tagesanbruch wieder weg. Aber diesmal verschlossen sie die Tür und behielten ihn zur Hochzeit da.

Die Hochzeit findet im Dorf der Frau statt. Wenn das Paar im Dorf des Mannes heiratet, heißt es: »Ein Hund ist gekommen, er hat im Haus ein Schwein gestohlen und ist damit weggelaufen!« Oder, anders ausgedrückt: diese Menschen benehmen sich nicht so, wie die Sitte es will, sondern verhalten sich wie Tiere. –

Die Angehörigen des Mannes fangen mit dem Austausch der Geschenke an, mit einem Schwein, einem *quadoya* (Kuskus oder Beuteltier), einem Fisch, mit Jams oder Bananen. Das bedeutet *pokara* (›Verlobung‹). Die Angehörigen des Mädchens erwidern das Geschenk, und so geht es weiter mit Geschenken und Gegengeschenken, bis die Zeit für das *sara-erera* (›Zusammensitzen‹, ›Hochzeit‹) gekommen ist. Die Angehörigen des Mannes kochen im Dorf der Frau ein Schwein mit Jams. Inmitten des Dorfes wird eine kleine Plattform errichtet, auf der alle zum Essen zusammensitzen. Die Angehörigen des Mannes sagen zum Mädchen: »Wir haben es für dich getötet, damit du später nicht untreu wirst.« Der Vater oder die Mutter des Mädchens richtet das Wort an die Angehörigen des Mannes, als ob sie der Mann selber wären, und geben zur Antwort: »Und wie steht es mit deiner Untreue?« Der Clan des Mannes muß nun das erste pokara oder Hochzeitsgeschenk machen. Es wird als Ausgleich für das nadiwara (Steinkrankheit) betrachtet, das der Mann den Schwiegereltern zugetragen hatte, als er in ihr Haus ging und sie vor Sonnenaufgang wieder verließ.

In Loboda wird das erste pokara *oesi* genannt. Wenn ein esaesa heiratet, kann es sich dabei um ein beträchtliches Geschenk handeln. Wird ein großes Fest (sagari) damit verbunden, so wird es *maisa enadiwara* genannt (›Bezahlung für die Steinkrankheit‹). In diesem Fall geht das Mädchen für ein paar Tage ins Dorf des Mannes, und das Fest ist für die

Angehörigen des Mädchens bestimmt, weil sie jetzt an nadiwara leiden. Natürlich gibt es daraufhin ein Gegengeschenk oder -fest. Diese Zeit endet mit der Hochzeit oder dem sararerea (›Zusammensitzen‹). Das Fest wird vom Bruder der Frau veranstaltet; es setzt den Ehemann in den gleichen gesellschaftlichen Rang mit seinem Schwager. Vorher wird von ihm erwartet, daß er bescheiden ist, keine Kalkflasche (yaguma) mit sich trägt, nicht mit seiner »Zukünftigen« zusammensitzt und nicht in den Busch oder in den Garten geht. Nachher tötet der Schwager ein Schwein für ihn oder sorgt für andere Lebensmittel, setzt ihm den Kalkkrug auf die Schulter, und alle oben angeführten Einschränkungen fallen weg.

Das hier beschriebene Verhalten entspricht dem allgemeinen Grundmuster: Der Heiratsverwandte wird so lange als schuldig betrachtet, bis er sich als unschuldig erwiesen hat. Die Hochzeitszeremonie ist jedoch mit dem sararerea noch nicht beendet. Es ist eigentlich gar keine Hochzeitszeremonie, sondern ein ehelicher Geschenkaustausch: andauernd werden Geschenke und Gegengeschenke zwischen dem Clan der Frau und dem des Mannes getauscht. Sogar der Zweck der kannibalischen Überfälle besteht manchmal darin, für den anderen Clan ein solches Ehegeschenk (sebua) zu beschaffen.

Wie wir bereits gesagt haben, ist die Ehe matrilokal, d. h. der Mann bleibt im Dorf seiner Frau. Dementsprechend ist er der Heiratsverwandte, und das bringt ihn in eine schlechtere Position, weil er sich nämlich vor der Zauberei des Clans seiner Frau fürchten muß. Zumindest theoretisch ist es so; in der Praxis wird dieser Nachteil durch die körperliche Überlegenheit des Mannes mehr als ausgeglichen. Das wahre Wesen dieses sogenannten »Matriarchats« wird in einem Liedtext gekennzeichnet, in dem es heißt: »Schlag deine Frau nicht mit einem Stock, sondern nur mit der Hand, denn sie ist schwanger.« Zauberei ist ein Spiel, das zwei Leute spielen können. Man steht dem Glauben nicht vorbehaltlos gegenüber. Bebe teilte mir eine Beschwörungsformel mit, durch deren Kraft man einen Speer, der auf einen zugeworfen wird, in der Luft aufhalten kann. Dann fuhr er fort: »Wenn also ein anderer Weißer auf dich schießt, dann brauchst du nur diese Formel zu sprechen, und die Kugel wird dich niemals berühren.« Ich antwortete: »Gut, da du der Meister dieser Beschwörung bist, zeigst du mir, wie das geht. Stell dich dorthin«, sagte ich. »Warte, bis ich mein Gewehr geholt habe und auf dich schieße. Wenn du die Kugel aufgefangen hast, tauschen wir die Plätze. Dann kannst du schießen, und ich werde sie auffangen.« Er sah mich an und sagte dann langsam: »Vielleicht probieren wir es besser nicht aus, denn die Formel ist vielleicht schnell genug für einen Speer, aber zu langsam für eine Kugel.«

Wir wollen nun in einem zufällig ausgewählten Dorf die verheirateten Paare betrachten. Wir befinden uns im Ufergebiet von Sigasiga, in einem kleinen Dorf namens High Water. Es besteht nur aus sechs Häusern. In dreien davon ist der Mann, in den drei anderen die Frau der *toniasa*. Das dahinter gelegene Bergdorf hat nur drei Häuser. In zweien leben Ehemänner, die ihre Frauen verlassen haben und hierher, in ihr Heimatdorf, zurückgekehrt sind; im dritten lebt ein Ehepaar, bei welchem der Mann toniasa ist. In Liasuru, in der Region Boasitoroba, ist das Verhältnis vier zu vier; ebenso in Nedona.

Wie sollen wir uns dies erklären, da doch der Regel zufolge der Gatte mit seiner Frau zusammenleben soll?

1. Die Abhängigkeit von der Individualität der Beteiligten ist größer als die von der Regel. Der große barau (Zauberer) Bebe z. B. dachte gar nicht daran, ins Dorf seiner Frau zu ziehen.

2. Im allgemeinen ist die Ehe bilokal; in beiden Dörfern haben die Gatten ein Haus und einen Garten. Mann und Frau wechseln zwischen den beiden Dörfern hin und her; d. h. zuerst ist sie toniasa, dann er. Es kommt dabei häufig zu Streitereien, entweder aufgrund von Eifersucht oder durch die Familienbeziehung. Oft ergreift die Ehefrau die Partei ihres Bruders oder ihrer Mutter, d. h. die Partei ihres Clans, gegen ihren Mann, indem sie ihm vorwirft, mit seinen Geschenken ihnen gegenüber nicht aufmerksam genug zu sein. Ohne eine zumindest skizzenhafte Darstellung der zeremoniellen Einrichtungen kann die Funktion dieser Geschenke nicht verstanden werden.

Ich werde hier so kurz wie möglich die Beschreibung eines mwadare aufgreifen, die ich vor vielen Jahren gegeben habe; für Einzelheiten verweise ich auf den früheren Bericht.[36]

To Yarere, ein esaesa (Häuptling) aus Gagayowana, heiratete Daiko, die Schwester von Doketa. Aus diesem Grund war seine Schwester To Dimurey verpflichtet, zu Ehren von Daiko ein Fest zu geben. Ein mwadare wird gegeben: a) von der Schwester des Ehemannes für dessen Frau; b) als Erwiderung darauf, d. h. als sogenanntes *Gegen-mwadare* der Ehefrau für die Schwester. Das mwadare soll ein Symbol der Liebe zwischen dem Gebenden und dem Nehmenden sein. Um ein mwadare zu erhalten, mußte Daiko jedoch erst einen Anstoß geben. Sie begann mit dem Geschenk einer ausgesuchten Jamswurzel und einem Fisch. Solche Geschenke werden *sebua* (Hochzeitsgeschenke) genannt. Außerdem heißen sie *kamwamwa.* Dieses Wort bedeutet ›streicheln‹, ›lieben‹, und es wird vor allem in der Eltern-Kind-Beziehung gebraucht. Die Geschenke werden nicht sofort erwidert. Ihr Zweck besteht darin, die Empfängerin so zu verwirren und in Schuldgefühle zu stürzen, daß sie, um die Schuld zu begleichen, mit einem einzigen großen Gegengeschenk antworten muß: dem mwadare.

Das mwadare oder mwadare-Haus ist ein schiefer Bau inmitten des Dorfes. Der Zweck des Rituals besteht darin, das mwadare-Haus mit Jams zu füllen und ihn nachher wieder herauszunehmen. Die für das Haus verwendete Beschwörung basiert auf dem Mythos des Weltbaums oder der Weltflut. Eine Frau namens Waine Nemureresi (›die sich sorglos ausstreckende Frau‹) findet in der Jätzeit unter einem Mangobaum einen Fisch, den sie von einem Mann erhalten haben muß. Die Männer des Dorfes beschließen, den Baum zu fällen; aber alles, was sie tagsüber mit ihren Äxten aus dem Baum schlagen, wächst nachts wieder zu. Schließlich verbrennen kleine Kinder, die unter dem Baum spielen, einen der Späne, wodurch sich das Loch nicht mehr schließen kann. Sie betasten das Loch – und Wasser fließt aus dem Stamm, das die Welt zu überfluten droht. Waine Nemureresi hält die Flut auf, indem sie ihre Vagina mit einer Muschel, in die sie die

Beschwörung hineinspricht, verschließt.

Der Stamm des Weltbaums und der als Grundlage für das mwadare-Haus benutzte Baumstamm werden somit einander gleichgesetzt.

1. Das Haus ist eine Frau.

2. Der unter dem Baum gefundene Fisch ist wahrscheinlich ein Embryo. Die Eifersucht des Ehegatten ist nicht unberechtigt, denn während der Jätzeit arbeiten die Frauen nackt im Garten, und sie »vergewaltigen« die Männer, die dort zufällig angetroffen werden.

3. Die Kinder sind nicht die Ursache der Flut, sondern die Flut selber.

4. Die Axt bedeutet *Körper*zerstörung in der Phantasie; das sich schließende Loch symbolisiert die *Wiederherstellung*. Wenn die Geburt des jüngeren Kindes bevorsteht, wird die Fähigkeit des älteren Kindes zur Wiederherstellung in der Phantasie bedroht.

Die in den Beschwörungen mit den Kindern gleichgesetzten Jamswurzeln befinden sich im Haus-Schoß. Der Zweck der Beschwörung ist, das Haus mit Jams zu füllen. Im Mythos verschließt die Beschwörung die Vagina von Waine Nemureresi. Flut, Kinder und Jams können nicht mehr herauskommen. In Wirklichkeit wird im Verlauf des Rituals der Jams aus dem Haus genommen und an den anderen Clan sowie an die Gäste verteilt, die die Geschwisterrivalen darstellen. In einer dieser Beschwörungen identifiziert sich der Zauberer sogar mit dem älteren Bruder, der zu Hause bleibt, während der Jüngere sich auf die Wanderschaft begibt. In einem anderen Mythos werden alle diese Beschwörungen *(kegumu)* auf eine Geschichte zurückgeführt, in welcher der Sohn einen Baumstamm mit seinem Samen füllt, während die Mutter zuschaut.

Eine weitere Beschwörung, die ebenfalls für das mwadare-Haus verwendet wird, beruht auf dem Mythos von Tauhau. Tauhau der Jüngere raubt die Ehefrau von Tauhau dem Älteren. Sie ist die Schwester von beiden Tauhaus. Sie haben Geschlechtsverkehr, der Samen tropft heraus und wird sofort zu einem Kind. Das Kind schreit »Vater, Mutter!« Der Vater antwortet: »Du gehst in die Vagina deiner Mutter zurück«, und das Kind geht zurück. Daraus geht deutlich hervor, daß der Jams, der ins Haus gebracht wird, das Kind darstellt, und in diesem Sinne hat das Ritual eine genital-ödipale Bedeutung. Andererseits werden die Jams-Kinder auch aus dem Haus herausgenommen; das Ritual hat somit auch die Bedeutung einer Körperzerstörung.

Als Tauhau sich entschließt, für seine Schwester ein mwadare zu geben, schneiden sie für das Fest ein Schwein in Stücke. In zahlreichen *sigaha* (Beschwörungen für den Liebeszauber), die ich gesammelt habe, wird Tauhaus Schwester im übertragenen Sinne als »Tauhau ana bawe« (›Tauhaus Schwein‹) bezeichnet. Sie schneiden das Schwein in Stücke, wobei Tauhau den Bauch für sich behält. Er hofft, Kot darin zu finden, statt dessen findet er kostbare Muscheln, *bagi* und *mwari.*

Es ist unmöglich, die dem Zerschneiden des Schweins, das für Ehefrau und Schwester steht, zugrunde liegende Körperzerstörung zu übersehen. Was wir tatsächlich mitverfolgen, ist die Arbeit der Wiederherstellung. Das Gleichnis Geschenk = Kot wird hier bestätigt, da die bagi und mwari die Geschenke beim Tauschhandel zwischen den Inseln sind und manchmal auch auf sagaris auftauchen. In den prahlerischen Ausrufen am Ende eines dieser sagari äußerten die Eingeborenen angesichts eines Haufens Jams: »Das ist gar nichts, das ist nur der Kot der kleinen Kinder, der nach der Defäkation im Enddarm zurückgeblieben ist!«

Bei der folgenden Beschwörung ist das mwadare-Haus eine Hexe; die Hexe ist die typische Repräsentantin des Talionsaspekts in der kindlichen Phantasie der Körperzerstörung: die böse Mutter. – Es gibt noch eine weitere Beschwörung, in der ein Ehemann von seiner Frau verlangt, mitten auf der Straße den Geschlechtsverkehr mit ihm zu vollziehen – was natürlich zuviel verlangt ist, genauso, wie mit der Annahme zuviel verlangt ist, daß sie das mwadare-Haus ganz füllen könnten. Auch hier müssen wir zwei Aspekte hervorheben: a) die Frau stellt die Mutter dar (die zuviel verlangt); b) es besteht eine Abneigung dagegen, den Schoß zu füllen (Geschwister zu haben). In diesen Beschwörungen kommt ständig zum Ausdruck, daß der Jams nicht aus dem Haus herauskommen sollte. In der nachfolgenden Beschwörung heißt es:

Yaboaines Samen kommt heraus,
ich werde ihn einschließen, festhalten.

Der Jams ist Yaboaines Samen. Yaboaine ist jedoch auch der

Vater. Halte seinen Samen fest! Er soll mit der Mutter nicht sexuell verkehren, und er soll keine Kinder mehr zeugen.

Das gesellschaftliche Vorbild ist der esaesa. Das Wort kann man übersetzen mit »reicher Mann« oder »Häuptling«. Außerdem bedeutet es »Schatten«; *esaesara* heißt ›spielen‹. Zu definieren, was ein esaesa ist, fällt nicht schwer. Allen Informanten gemäß ist er das, was wir einen »guten Menschen« *(tay boboana)* nennen würden. Ein esaesa ist jemand, der sich um alle seine Verwandten kümmert, der nie zornig ist und allen Geschenke macht, ohne dafür eine Gegenleistung zu fordern. Die einzige Gegenleistung, die er erwartet, wird ihm im butu (Ruhm) zuteil. Ein esaesa sein bedeutet, berühmt sein, ein großer Mann sein. Als ich Bebe nach der Regenbeschwörung fragte, sagte er: »Du kannst nicht von mir erwarten, daß ich sie dir jetzt angebe. Ich bereite mich auf mein Fest (sagari) vor, deshalb geht es nicht. Wenn ich mich mit ihnen zusammenschließe, wird die Straße ganz naß sein, es werden nur wenige Leute kommen, und dann wird mein Fest mißlingen!« Mit anderen Worten: Der esaesa ist ein gütiger Gastgeber.

Der bewußten Vorstellung nach ist dies wahr. In einem scharfen Gegensatz dazu steht der Allgemeincharakter dieser Gestalten. Wenn ein Kind unaufhörlich seine Mutter plagt, indem es nach Nahrung oder ihrer Aufmerksamkeit verlangt, sagt sie gewöhnlich: *»O Gewana arena oyo!«* (›O du allergrößter Plagegeist, du Unersättlicher!‹) Freud hat diese allgemeine Unersättlichkeit von Kindern erläutert, die die Mütter in der Analyse als schlechte Mütter erscheinen läßt. Hier liegt jedoch noch etwas anderes vor. Wenn das Kind ein schrecklicher Quälgeist ist, sagt man gewöhnlich zu ihm: »Du bist so *gewana* wie ein erwachsener Mann!« Mit anderen Worten: Erwachsene Männer sind so *gewana,* wie es eigentlich nur Kindern ansteht. – In dieser Hinsicht unübertrefflich war der alte Kauanamo, der große Zauberer und Häuptling von Mayawa. Seine besten Freunde sagten von ihm, er sei ein *taubada geyogeyoy,* ein häßlicher oder vielmehr ein ekliger alter Mann. Damit wollten sie ausdrücken, daß er ein lästiger Mensch war, ein richtiger *gewana.* Obwohl er im Sinne der Eingeborenen reich war, zögerte er niemals, auch die kleinste Betelnuß zu erbetteln, die er in irgendeinem Korb anderer Leute vermutete, und niemand wagte, ihn zurückzuweisen, aus Angst vor seiner Hexerei. Andererseits beklagte er sich ständig, daß die Leute von Sipupu ihn um Geschenke angingen; sie seien schlecht, wiederholte er, und wenn es nicht meinetwegen gewesen wäre, so wäre er niemals hergekommen. Er machte keine Projektionen, sondern wählte bewußt den Angriff als das beste Mittel zur Verteidigung.

Eines Tages mußte ich nach Samari gehen, weil ich eine neue Brille brauchte. Wir beschlossen, den Alten auf die Probe zu stellen. Wir brachten ihm Tabak mit, ein Unterhemd, ein Buschmesser, Tabaksbeutel, Pfeife, Gürtel und so fort – kurz, all die Dinge der Zivilisation, von denen wir wußten, daß er von ihnen gehört oder sie gesehen hatte und benutzen konnte. Wir übergaben ihm die ganze Sammlung und warteten auf seine Reaktion. Er schaute sich alles mit einem Pokergesicht an und nahm es mit. Am nächsten Tag kam er zurück und sagte: »Es war aber keine Seife dabei.« Er benötigte einen ganzen Tag, um sich etwas auszudenken, worüber er *gewana* sein konnte. »Knickerig« oder »gierig« genannt zu werden, ist die schlimmste aller Beleidigungen, und doch sind diese Menschen gerade das.

Eines Tages wartete ich auf meinen Dolmetscher und ersten Diener, der mir bei den Eingeborenen helfen sollte. Es war ungefähr neun Uhr vormittags. Meine Frau sah, daß ich ungeduldig wurde, und da sie wußte, daß er in seinem Haus war, rief sie ihm zu : »Der *taubada* (›Herr‹) wartet, die Leute sind da. Iß nur erst dein Frühstück und komm anschließend!« Es zeigte sich, daß er überhaupt nicht erschien. Als wir nach ihm suchten, fanden wir ihn; er war bleich vor Wut und forderte, sofort ausgezahlt zu werden; er wolle gehen, sagte er. Er gab keine Begründung dafür und wollte sich auch keine Einwände anhören. Er könne einfach nicht länger bleiben. Er rannte mit seinem Speer in der Gegend herum, und ich nahm meinen Revolver aus der Kiste. Es geschah nichts, er rief seine Familie zusammen und ging. Als er sich später beruhigt hatte und ihm von einem Missionslehrer gut zugeredet worden war, kam er zurück und erklärte uns den Vorfall. Er hatte nämlich bereits gefrühstückt gehabt, mit ihrem Aufruf hatte meine Frau aber unterstellt, er sei ein Mensch, der zweimal frühstükken wolle, d. h. der gierig sei.

Ihre Gier kommt in der Beziehung zu einem Weißen noch

stärker zum Ausdruck als sonst. Der esaesa, der Mensch, der den anderen nur gibt, erwartet ein Erwiderungsfest, auf dem er der Gast ist. In der Beziehung zum weißen Mann besteht dagegen völlige Einseitigkeit. Ein Beispiel dafür war Ramoramo, der nicht einmal der schlimmste unter den gewana-Typen war. Wir hatten ihm schon viele Dinge geschenkt, aber als wir ein Stück Land roden und neben dem Dorf ein Haus bauen ließen, war er ungehalten darüber, daß die Arbeiter einige seiner Bäume gefällt hatten. Er hatte mir einmal ein paar Truthuhneier zum Frühstück besorgt, für die wir ihm die entsprechende Menge an Tabak gaben. Danach hörten seine Ansprüche überhaupt nicht mehr auf, und er stützte seine Forderungen jeweils mit dem Hinweis: »Hab ich euch nicht die Truthuhneier gebracht?«

Der ganze Vorgang der Verteilung von Nahrung insgesamt – oder von Wohlstand und Erfolg – ist mit Angst besetzt. Bulema, von dem ich oben bereits einen Traum berichtet habe, hatte den folgenden Traum: Ich kletterte an einem Baum hoch, als mich eine Frau rief. Sie sagte, ich solle meinen Kalkkrug bringen. Ich steige vom Baum herunter und bringe den Kalkkrug mit. Wir fangen beide an, Pfeffer zu kauen. Sie fragt: »Bist du fertig?« Dann sage ich, daß ich wegen des Schweins für das sagari gekommen bin. Die Frau heißt Gogonore. Sie ruft ihre Schwestern herbei, die die Nahrung für das Fest bringen. Gogonore streitet mit den Schwestern. Mein Bruder Hirata baut ein Kanu; sie behauptet, wir können mit diesem Kanu in die *numu*-Welt fahren (d. h. sterben). Hirata aber sagt: »Geh zurück, ich brauche dich nicht.« – So kam er also zurück. Bulema bereitete für den Clan seiner Frau ein sagari vor. Er behauptete, wegen dieses Traums krank geworden zu sein (d. h. er hatte nach dem Traum Fieber oder einen Malariaanfall). Wenn einer der *numu* (Geister der Unterwelt) im Traum erscheint und dem Träumer eine Betelnuß gibt, wird der Träumer krank. Solche Träume treten auf, wenn sie im Garten viel Jams haben, d. h. Erfolg verursacht Angst.

Wenn jemand im Traum einen numu-Geist sieht, sagt der numu: »Gib mir dein Kind.« Ist der Sterbliche einverstanden, dann stirbt das Kind, und er wird in seinem Garten viel Jams haben. Es ist gefährlich, im Garten eines Mannes herumzugehen, der den numu-Zauber kennt – weil jeder, der dort herumgeht, die Person sein kann, die geopfert wird. Gonore erinnert ihn an ein Lied:

Gogonore, gogonore
Mein Gewinn läßt mich zornig leiden
Nimm mich dorthin mit
Meinen Geist, meine Gedanken
Ich ging umher, sie strömten aus.[37]

Die alte Hexe Gogonore brachte aus der Unterwelt Jams mit und dieses Lied. Sie war die ältere Schwester seiner Mutter.[38] Wenn ein Mann zornig wurde, ging er zu seinem Feind und wurde getötet (*isipawa;* eine Art des Selbstmords). Ein solcher Mann pflegte Gogonore anzurufen: »Nimm mich mit ins numu-Land, damit ich meine Sorgen vergesse.« (Vgl. das Lied).

Gogonore ist nicht hübsch, sondern eine untersetzte und stämmige Frau. Sie sieht aus wie eine gewisse Trobrianderin namens Babaidoa, die Frau eines Weißen. Dieser pflegte Babaidoa holen zu lassen und mit einer Axt auf sie zu warten. Er sah sich ihre Vagina an, und wenn diese feucht war, erschlug er die Jungen, die die Frau hergebracht hatten.

Zum Besteigen des Baums und dem Betelnußkauen mit einer Frau hatte Bulema folgendes zu sagen: »Gjuraj, meine Geliebte, kam immer so zu mir, und wir gingen dann in den Busch, um zu kauen. Sie folgte mir nach, als ich auf einen Baum kletterte, um Blumen zu pflücken, und sie rief nach mir. Wir kauten, sie nahm den Kalkkrug mit nach Hause, und in der Nacht ging ich zu ihr.« – Gogonore hat drei Schwestern und einen Bruder namens Hirata. Dieser ist der Kanubauer der numu. Er hat die Nase an der Seite, das eine Auge steht nach oben und das andere nach unten. Er ist sehr klein, wie die Menschen aus Sawatupwa. Gogonores Schwestern sehen aus wie Matanogi und Neneora (unsere beiden Mägde). Die drei Schwestern stritten sich um das Schwein (d. h. das menschliche Opfer), wobei Gogonore darauf beharrte, daß das Schwein ihr gehöre, weil sie später heiratete. Zu ihrem Bruder Hirata sagte sie: »Hier ist dein Schwager Bulema, ich habe ihn mitgebracht.«

Zuerst fiel uns auf, daß Bulema Angst hatte, weil seine Gärten in diesem Jahr sehr gut standen. Der Inhalt seines Angsttraums besteht darin, daß die Hexe Gogonora (seine

»Mutter«) mit ihm Geschlechtsverkehr hat und ihn dann ihrem Bruder opfert. Hirata, eine weitere mythologische Person, übernimmt die Rolle, die üblicherweise Tau Mudurure zugeschrieben wird. Er vergleicht Gogonore mit Doyaniyani, einer Frau aus Lomitawa, die sie zu einem Tanz einzuladen pflegten, damit alle Teilnehmer mit ihr sexuell verkehren konnten.

Erfolg bedeutet Angst, Geschlechtsverkehr mit mythischen Müttern den Tod. Überfluß an Nahrung und somit Nahrungsverteilung – sagari – bedeutet jedoch auch Selbstbestätigung.

Suguani, eine junge Frau aus dem Dorf Sawayara, träumte folgendes: Ich trage eine hölzerne Schale aus dem Haus und setze sie aufs Wasser, damit sie schwimmt. Ich setze mich ans Ufer. Dann nehme ich die Schale wieder heraus und gehe nach Hause. – Sie ging manchmal mit ihrem Gatten Muscheln und Krebse holen, legte diese auf die hölzerne Schale und ließ sie schwimmen. Bevor sie schlafen ging, empfand sie Heimweh. Die Muscheln und Krebse wurden für ein sagari gesammelt. Sie berichtet von mehreren sagaris, die sie gegeben hatte. Kinder pflegen die Holzschale als Kanu zu benutzen. Suguani spielte früher so mit ihrem kleinen Kreuz-Cousin Nimoyani, einem Waisen, den sie und ihre Mutter aufzogen. Ihre Mutter pflegte die Holzschale aufs Wasser zu setzen, und sie weinte jedesmal, wenn sie auf die Schale gehoben wurde. Die Bedeutung des Traums ist einsichtig: »Ich will nach Hause zurückkehren, zurück zur Mutter (Mutter = ›die Schale, die zu mir zurückkommt‹), damit ich wieder sagaris veranstalten kann, auf denen es haufenweise Jams gibt – haufenweise ›Mütter‹.«

VII. Das kune

Während der Wunsch, außer dem Ruhm auch noch andere Geschenke zu erhalten, in den Riten der Nahrungsverteilung verschleiert ist, kommt er in der als *kune*[40] bezeichneten Institution offen zum Ausdruck. In diesem Güteraustausch von Insel zu Insel sind die beiden wichtigsten Tauschobjekte die weißen Armmuscheln *(mwari)* und das rote Muschelhalsband *(bagi)*, die in entgegengesetzter Richtung von Insel zu

Insel wandern. Das bagi wandert von Süden nach Norden, das mwari von Norden nach Süden. Eine bestimmte Art, das kune zu beginnen, heißt *hekabi kune* (›abgehaltenes kune‹). Wenn Tubuyay, einer der esaesas aus Sipupu, wünscht, daß seine Tochter am kune teilnimmt, schickt er sie nach Duau mit einem *mwari*, das er aus Dobu bekommen hat. Sie erhält als Gegengeschenk ein bagi. Dieses schickt er nach Dobu, erhält dafür ein mwari und schenkt das erste mwari seiner Tochter. Mit anderen Worten, er bringt seine Tochter dadurch ins kune ein, daß er die Erwiderung des Geschenks hinauszögert.

Eine andere Situation ist für diese Einrichtung vielleicht noch charakteristischer. Es taucht einer nach einer Muschel und schnitzt ein neues *mwari* daraus. Der Ruhm dieses mwari verbreitet sich von Insel zu Insel, und viele beginnen, dem Besitzer Geschenke zu geben, um ihn zu bewegen, den Ruhm zu teilen und ihnen das mwari zu überlassen. Das Eigentum an beiden Muschelarten ist befristet; tatsächlich ist jeder nur für eine bestimmte Zeit der Besitzer des Gegenstands. Die Gegenstände sind gar nicht dazu bestimmt, aus dem kune-Ring herausgenommen zu werden. Das minderwertige bagi in meinem Besitz z. B. habe ich von meinem Namensvetter Doketa gegen drei Enten bekommen, allerdings nur unter der Bedingung, daß ein anderer Weißer ihn wieder besucht und es in den kune-Ring zurückbringt.

Es trifft zu, daß das »Eigentum« oder der zeitweilige Besitz dieser Gegenstände materielle Vorteile bringt, weil der Besitzer sowohl mit Nahrungsmitteln als auch mit Beschwörungen umworben wird, die Gegenstände an jene Personen weiterzugeben, die ein unwiderstehliches Verlangen danach haben. Gleichzeitig sendet er aber auch Jams und Schweine an einen andern Mann, um eine weitere, Einfluß verleihende Muschel zu erwerben, die in dessen Besitz ist. Der Anführer des kune arbeitet mit der Zauberei, die auf den Mythos von Kasabwaibwaileta zurückgeht oder er ist Kasabwaibwaileta selber. Wenn wir die unbewußten Motive des kune verstehen wollen, müssen wir mit dem Mythos von Kasabwaibwaileta beginnen.

Der Mythos von Kasabwaibwaileta

1. Fassung, die der Autor im Dorf Gomwa, auf der Fergusson-Insel, in der Nähe der Missionsstation aufgezeichnet hat.

Kasabwaibwaileta geht zum *kune* nach Boyowa und erhält das bagi, das goma-ara-eda-eda (›Eidechsen-Straße‹) genannt wird. Er versteckt es in einer Wunde an seinem Kopf. Seine Freunde sind böse auf ihn, weil er Erfolg hatte, während ihnen nichts gelang, und sie lassen ihn am Ufer zurück, während sie weitersegeln. Andere Menschen kommen auf ihren Segelbooten vorbei, und er bittet sie, ihn mitzunehmen. Daumen, Zeigefinger usw. weisen ihn alle zurück. Der Kleine Finger sagt: »Das Boot ist voll, aber du darfst dich auf meine wehende Fahne setzen.« (›Fahne‹ heißt *doe;* ein langes Band aus Palmblättern.) Die im Wind wehende Fahne schleudert Kasabwaibwaileta hoch in den Himmel, in ein Land, das nur von Frauen bewohnt wird.

Er befindet sich im Garten einer Frau, hat jedoch Angst vor ihr und versteckt sich im Zuckerrohr. Sie entdeckt ihn und verbirgt ihn als Ehemann in ihrem Haus. Eines Tages, als sie im Garten arbeitet, uriniert er, und andere Frauen sehen den Urin aus dem Haus fließen. Sie schicken eine Frau ins Haus, um nachzusehen, und Kasabwaibwaileta wird entdeckt.

Die erste Frau entdeckt bei ihrer Rückkehr, daß jemand in ihrem Haus war. Sie packt den Mann und wirft ihn den anderen Frauen hin. »Er soll euer Ehemann sein«, sagt sie. Sie befehlen ihr jedoch, ihn zu behalten. Die Frau hat zwei Kinder. Sie spielen mit Kreiseln *(noki).* Die Kreiselspitze verschiebt eine Muschel, und durch das Loch im Himmel zeigen sie ihrem Vater das alte Dorf. Ihr Vater erkennt das alte Dorf, seine Mutter, den Bruder und die Schwestern. Er holt das bagi, bittet die Kinder, ein Ende festzuhalten, während er sich an der Schnur hinunterläßt. »Wenn ich auf dem Betelbaum bin (in seinem Dorf), dann müßt ihr kräftig ziehen!«, sagt er. Das bagi wird in zwei Stücke gerissen, eines behalten die Kinder, das andere der Vater. Er wirft eine Betelnuß vom Baum, auf dem seine Mutter ihn findet. Er fragt nach dem Schwein und allen anderen Dingen im Haus. Seine Mutter beantwortet jede Frage mit dem Satz »Es gehört dir.« Er lädt

Leute zu einem Fest ein. Er verleiht seinem Stab Zauberkräfte und schlägt damit viermal aufs Haus. Die Gäste verwandeln sich alle in Vögel, aber es gibt keine Öffnung im Haus, durch die sie hinausfliegen könnten. Schließlich öffnet der Nashornvogel das Dach, und alle entweichen.

Anschließend versammelt Kasabwaibwaileta sie auf dem Boden, sagt ihnen ihr Schicksal voraus und wo sie zukünftig ihre Nahrung finden werden. Dies ist die Entstehung der Vögel. Der Erzähler fügt noch hinzu: »Die Vögel waren die Menschen, die ihn nicht mit auf ihr Boot nahmen, also rächte er sich an ihnen. Als er starb (aufgrund seines bagi war er ein großer Häuptling gewesen), nahmen alle Clans die Namen von Vögeln an.«

2. Fassung, die dem Autor von Doketa aus Loboda, in Duau, erzählt wurde.

Auf der Segelbootsfahrt von Tewara nach Boyowa sitzt Kasabwaibwaileta unter der Plattform und ist in Gefahr, von den Wellen weggespült zu werden. Er spuckt aus (zum Zwecke der Zauberei) und spricht zu den Wellen: »Ihr sollt unter mir zerfallen!« Er hat die große Betelnuß Bokunopita bei sich und macht *iwaduna* (›macht ein Bündel‹[41], d. h. rollt sie ein und verzaubert sie) und versteckt sie in seiner Kopfwunde. Sie gelangen nach Vakuta. Die andern gehen ins Dorf, um ihre bagi zu holen, während er am Ufer zurückgelassen wird, um auf das Boot aufzupassen. Sie lassen ihn zurück, weil er häßlich ist, *sipoma* (Hautkrankheit) und Geschwüre am ganzen Körper und den Kopf voller Läuse hat. Wegen des schlechten Geruchs seiner Wunden setzen sie ihn unter die Plattform; sie haben ihm eine zweite, kleinere Plattform gebaut. »Du bleibst hier und paßt auf unser Boot auf«, sagen sie zu ihm, »weil du so häßlich bist.« Sie bekommen alle *arumoy*[42] und mwari und kehren zurück. Am nächsten Tag gehen sie wieder nach Kaurakay (Urwald hinter Vakuta) und lassen Kasabwaibwaileta abermals zurück, damit er auf das Boot aufpasse. Da kommt eine *sinebwaina* (›Schönheit‹)[43], ein junges Mädchen, zum Strand, um Salzwasser zu holen. Er fragt sie: »Wo ist Gomakarakedakeda?« Sie antwortet: »Das ist mein arumoy.«[44]

Er nimmt die Betelnuß von seinem Kopf herunter und rollt sie unter folgender Beschwörung *(kajowa)* auf:

Deine Mutter Sineyareba[45]
Deren Betelnuß dies ist!
Ich mache ein Bündel[46]
Mein Mann mit seiner Frau
Für sie leg ich eine Betelnuß ins Bündel
Sie beben und zittern vor Verlangen
Sie wollen mir ihre Sachen übergeben
Sie wollen mir alles umsonst geben
Die Frauen schreien, um sie aufzuhalten
Sie wollen mir das Geschenk übergeben
Sie wollen es mir umsonst geben.

Kasabwaibwailetas Mutter sitzt still auf dem Berg Yareba in Tewara. Mutter, Ehefrau und Schwester unterstützen die Magie der kune-Teilnehmer, indem sie ruhig zu Hause sitzenbleiben. Nachdem er die Beschwörung ausgesprochen hat, gibt er ihr die Betelnuß und befiehlt ihr, sie mit Vater und Mutter zusammen zu kauen, worauf er dann zu Besuch kommen werde. Er entledigt sich seiner häßlichen Haut und versteckt sie unter der Plattform des Boots. Er verzaubert eine Kokosnuß, ölt und kämmt sich und geht in seinem besten Aufzug das Mädchen besuchen. Man läßt die Schneckenmuschel ertönen. Das Mädchen ruft aus: »O Mutter, er wird mein Gatte sein, gib ihm das arumoy!« Er geht an den Strand zurück und zieht sich wieder seine häßliche Haut über. Das Mädchen, das dem schönen Mann Nahrung bringen will, erkennt ihn nicht wieder.

Am folgenden Tag segeln alle nach Gabuwana (auf den Trobriand-Inseln). Alle sagen, daß sie Gomakara kedakeda haben. Kasabwaibwaileta sagt zu seinem Enkel: »Nimm mir meine entzündete Haut ab!« In einer Wunde auf dem Kopf seines Großvaters findet der Knabe das arumoy. Über diesen Erfolg werden die anderen wütend, segeln weiter und lassen ihn am Ufer von Gabuwana zurück. *Er weint, und aus seinem Weinen wird ein kayowa gemacht, eine Beschwörung, um Liebe zu erlangen.*

Dieselbe Beschwörung wird heute angewandt, wenn sie vor dem Gang ins Dorf baden gehen.

Kasabwaibwaileta! Sinetutubewabewa[47]
Kasabwaibwaileta! Die Frau, seine mitreißende
Du und die deines Onkels!
Sie segelten fort und verließen dich
Auf der Höhe von Gabunaya
Große mwari, mitreißende mwari[48]
Weinen mitreißend, für sie mitreißend
Weinen jäten, für sie jäten[49]
Du weinst jäten jäten
Das Eßgeschenk kommt an den Strand
Karumoy, langer
Weinen mitreißend, mitreißend für sie
Du weinst mitreißend, mitreißend
Weinen jäten, jäten für sie
Du weinst jätend, jäten.

Danach folgt das Motiv der Defäkation ins Wasser.[50] Nach dieser Fassung steigt die Fahne zum Himmel bis auf den Stern Kowa, und er kommt auf dem karumoj zur Erde zurück. Als er durch das von seinen Kindern geöffnete Loch hinunterblickt, ist die erste Person, die er erkennt, seine Mutter. Die Kinder rollen einen Stein, zerbrechen die *karitabu*-(Perlmutt-) Schale, und durch das Loch hindurch können sie Tewara sehen (sein Heimatdorf).

Die Axt, die er brauchte, als er auf das Haus schlug, um seine Feinde in Vögel zu verwandeln, heißt Bwajana (›auf dem Regal‹). Nachfolgend die Beschwörung, die er anwandte. Sie heißt »Jag sie weg«.

Kasabwaibwaileta! Deine Axt Bwanaja
Du und die deines Onkels[51]
Du vernichtest sie durch Zauberei
Durch deine Schläge verjagst du sie
Sie machen einen Lärm, einen Lärm[52]
Mit meinen Meeresenten
Schaust du nach ihnen[53]
Hinter Tewara
Kannst du sie fliegen hören.

Diese Beschwörung wird gebraucht, um im Januar die Flugfüchse herbeizurufen, damit sie Früchte fressen, wenn diese reichlich vorhanden sind. Die Füchse dienen überdies als Nahrungsmittel.

3. Fassung, eigene Sammlung. Nach Informanten aus Dobu.

Kasabwaibwaileta ist der Ursprung des bagi. Dann folgt die Episode mit dem bagi, das in der Kopfwunde versteckt ist, und dem Enkel. Als sie herausfinden, daß er das bagi hat, defäzieren sie in jede Wasserstelle im Landesinnern, und während er von einer Quelle zur anderen geht und überall das Wasser verschmutzt vorfindet, stoßen sie vom Ufer ab und lassen ihn zurück. Sie stoßen ab, und er schreit (an diese Stelle gehört die oben angeführte Beschwörung [kayowa]). Er wirft ihnen eine Kokosnuß oder einen Stein nach. Dann kommt die Stelle mit den Booten und den Fingern. Er läßt die Fahne los und fällt hinunter auf Wanwanuine. Wanwanuine liegt oberhalb von Tewara, und Tewara verhält sich zu Wanwanuine wie kasanumu zu Tewara. Der einen Fassung zufolge gibt es zwei Wanwanuine, eines im Himmel und eines unter der Erde.

Nach Auskunft eines weiteren Informanten aus Dobu heißen die Sternbilder: 1) Nara kajowo (nicht übersetzt); 2) To nana gobu (eine Bezeichnung aus der Tubetube-Sprache); 3) Niueramuna (Kokoswurzeln); 4) Lumalumabobu (Brust hübsch); 5) Kouwaji (Hoden). Das fünfte ist das Kanu, das ihn mitnimmt.

Einer anderen Fassung zufolge liegt Wanwanuine, das Land der Frauen, auf einer Insel in der Nähe des Festlands von Neuguinea. Die Frauen töten alle Knaben durch massenhaften Koitus mit ihnen. Sie setzen sich auf sie und bedecken ihre Penisse, Augen, Füße, Münder, Nasen, Ohren und Hoden. Die eine Frau zieht die Hoden direkt in ihre Vulva hinein, bis sie reißen. Die Frauen werden schwanger vom Saft junger Schößlinge, die sie zum Geschlechtsverkehr benutzen. – In Sinaketa und Vakuta arbeiten die Frauen in der Jätzeit nackt im Garten. Nähert sich ihnen zu dieser Zeit ein Mann, dann verfahren sie mit ihm genauso, wie es aus dem Land der Frauen berichtet wird. Sie erwähnen Buwera aus Gegesajy, der in der Jätzeit von den Frauen gejagt wurde, aber entkommen konnte.

4. Fassung von Susubwara aus Widiwidi.

Kasabwaibwaileta (›Wunden überall‹) macht sich auf, um das bagi ›Harter Samen‹ zu bekommen. Er segelt mit dem Stern Kouwa (›Hoden‹). Kouwa ist eifersüchtig, weil Kasabwaibwaileta das bagi erhält. Er läßt ihn in Wanwanuine am Ufer zurück. Kasabwaibwaileta befindet sich auf einem Baum. Eine Frau kommt ans Ufer, um Wasser zu holen, wobei sie sein Spiegelbild im Wasser erblickt. Sie haben Geschlechtsverkehr miteinander.

Sie versteckt ihn in ihrem Haus und geht zur Arbeit in den Garten. Aufgrund des Urins wird er von den anderen Frauen entdeckt. Es folgt eine masochistische Massenkoitusszene, wie sie oben beschrieben wurde. Seine Frau verletzt sich mit dem Jamsstock an der Hand, läuft nach Hause und sieht, wie die anderen Frauen ihren Gatten umbringen wollen. Sie jagt sie mit einem Stock weg und heilt seine Wunden.

Er steht wieder auf und koitiert mit allen. Er schwängert alle. Bevor er ins Land kam, wurde das Kind der schwangeren Frau immer aus der Gebärmutter herausgeschnitten und starb. Er verzauberte einen Stock und schlug den Frauen damit auf den Kopf. Danach wurden sie auf die richtige Weise entbunden. – Es folgen die spielenden Kinder, die Rückkehr nach Tewara, das Fest und die Vögel.

Den Namen Kasabwaibwaileta erklärt er so: kasa = Dorf, bwaibwaileta = eine Person, die allein auf einer Insel lebt. Er singt dabei offensichtlich ein Fragment eines Liedes.

Kasabwaibwaileta! »Samen-hart«
Stürmischer Seehund
Herr des Kanus
Der es bekommen hat.

Der »Hund« steht für Kasabwaibwaileta, weil der Name des bagi ›Der harte Samen des Hundes‹ lautet und Kasabwaibwaileta Herr des bagi ist. In einem anderen Fragment, das ich aufgeschrieben habe, verbindet kogisi aus Guregureu ebenfalls Kouwa mit Kasabwaibwaileta. Der Wind bläst Kasabwaibwaileta von der Fahne weg nach Wanwaniune. Kasabwaibwaileta verwandelt am Ende mit seinem Zauberstab alle anderen in Sterne (so wie früher in Vögel). Kobwa und seine Neffen gehören nach Gabuwana in der Nähe von Vakuta.

5. Fassung aus Tewara, gesammelt von Fortune.[54]

Jedes der neunundzwanzig Dörfer von Tewara und Uwamo rüstet ein Kanu aus. Kasabwaibwaileta, ein Mann, dessen Haut reichlich mit Wunden bedeckt ist, besitzt das Kanu mit dem Namen *Kegawagoa.* Vor Sonnenaufgang geht seine Mutter Boluba nach Mulia hinunter, um Wasser zu bringen. Sie verzaubert das Wasser in der Wasserflasche. Sie befiehlt ihrem Sohn, eine kleine unreife Kokosnuß zu pflücken, grüne Betelnüsse einzupacken und grüne Bananen abzuschneiden. Sie belegt das Ganze mit einem Zauberspruch und überreicht ihm die Wasserflasche mit dem verzauberten Wasser. Er gießt Wasser auf den Schiffsbug. Durch den Zauber unterstützt, läßt er alle andern Boote hinter sich. Sie gelangen nach Siyawawa, Sanaroa, Udaudana, Rapatat; sie *wabuwabu.*[55]

Sie fahren nach Wamea, aber Kasabwaibwaileta ist ihnen immer voraus, und wo immer sie hinkommen, ist ihr wabuwabu erfolgreich. Sie kommen in Vakuta an. Kasabwaibwaileta bleibt unter seiner Matte im Kanu. Sein Kreuz-Cousin geht pokara-Geschenke überreichen, erhält jedoch das Halsband Gomakarakedakeda nicht.

»Kasabwaibwaileta steht auf; er zaubert und seine kranke Haut fällt von ihm ab. Er entpuppt sich als ein sehr ansehnlicher Mann.« »Er verzaubert die grüne Kokosnuß; sie wächst und wird reif; er verzaubert die grünen Bananen; sie wachsen und werden reif; er verzaubert die grüne Betelnuß – sie wird reif.« Er geht dann zum gleichen Haus wie sein Kreuz-Cousin, die Herzen der Leute erzittern, als sie seine Schönheit erblicken. Sie geben ihm Gomakarakedakeda, das er unter einem Geschwür auf seinem Kopf versteckt. Es folgt dessen Entdeckung durch den Enkel, der dies seinem Vater berichtet (d. h. Kasabwaibwailetas Neffen). Die Neffen von Kasabwaibwaileta tun sich zu einer Verschwörung zusammen. Sie verschmutzen das Trinkwasser, und während Kasabwaibwaileta wartet, bis der Schmutz sich gesetzt hat, lassen sie ihn im Stich. Er schleudert ihnen riesige Felsbrocken nach. Man kann sie heute noch sehen. Kasabwaibwaileta weint. Die Nacht bricht herein; er verzaubert einen *kaiawana*-Baum, damit dieser wächst. Die Zweige sprießen in die Richtung verschiedener Winde; auf dem Zweig des Nordostwindes wächst eine *sagusagu*-Palme. Die Sterne werden sichtbar, und er will in ihr Kanu einsteigen. Kibi (ein Sternbild) hat keinen Platz für ihn. Er setzt sich ins Kanu der Plejaden; einige Sterne aus diesem Sternbild sind die flatternden Streifen *(doe)* an seinem Armband.

Dann folgen die Hochzeit im Himmel, die spielenden Kinder und der Abstieg am Halsband. Er landet auf einer Betelpalme, seine Mutter ist unten beim Fegen, er wirft ihr eine Betelnuß zu, um ihr seine Ankunft kundzugeben. Seine Verwandten, die ein Trauerfest für ihn abhalten, werden in Vögel verwandelt. Er teilt ihnen ihre Nahrung zu. Seine frühere Mutter »Buschhuhn« und seine Frau Yodudu sind immer noch freundlich zu den Menschen, und sie bleiben in der Nähe des Dorfes. Er taucht unter und kommt bei Woodlark wieder an die Oberfläche.

R. F. Fortune, der sich selber zweimal auf Expedition begab, klärt bestimmte Punkte auf. Wenn das Sternbild der Plejaden (Siebengestirn) am Nordosthimmel etwa in einem Winkel von fünfzehn Grad über dem Horizont steht, beginnen sie den Urwald zu roden (Oktober):

> »Bevor die Ernte fällig ist, geht das Siebengestirn, gefolgt von Orion, im Südwesten unter und wird eine Zeitlang nicht mehr gesehen. Es heißt dann, das Siebengestirn bewege sein Kanu mit einer Stange von Südwesten nach Nordosten um den Horizont herum, und Orion folge ihm während dieser Zeit der Unsichtbarkeit auf die gleiche Weise nach. Die beiden begegnen sich in ihren Kanus. Dann geht das Siebengestirn im Nordosten über der Woodlark-Insel auf und es ist Erntezeit. Säuberung und Neuanpflanzung schließen sich an, wenn das Siebengestirn etwas höher steigt. Die kula-Expeditionen finden kurz nach dem Roden und dem Anpflanzen des Jams statt. Jetzt beginnt Kasabwaibwaileta auf eine sagusagu-Palme zu steigen, die durch Zauberei auf dem Nordostwindzweig eines magischen Baumes gewachsen ist. Das Siebengestirn hat sich im Nordosten erhoben.«[56]

Die jährliche Wiederkehr der Tätigkeiten, einschließlich Agrikultur und Tauschhandel zwischen den Inseln, wird auf den Himmel projiziert. Wenn Kouwa (Hoden) am Nachmittag aufgeht, beginnen sie mit der Arbeit (Sipupu). Natürlich ist nicht viel damit gesagt, wenn wir feststellen, die Eingeborenen projizierten ihre Tätigkeit auf den Himmel. Wir wissen hingegen, daß der Held von jedem kune Kasabwaibwaileta *ist.*

Was wir aus dem Mythos erfahren, ist der emotionale und unbewußte Inhalt dieser Institution. Die Himmelsprojektion symbolisiert ihre ewige und immer wiederkehrende Geltung und verschleiert gleichzeitig ihren allzu menschlichen Gehalt.

In den mythologischen Texten, die ich aufzeichnete, steht, daß der Held *iwabuwabu* (›ein Bündel macht‹). Da ich selber jedoch nie auf eine kune-Reise ging, habe ich nie verstanden, was »ein Bündel machen« bedeutet. Fortune erklärt die Sache wie folgt:

»›Wabuwabu‹ oder ›ein Bündel machen‹ heißt, im Süden möglichst viele Schneckenmuschel-Halsbänder als Sicherheit gegen ein und dieselbe Armmuschel zu erhalten, die man im Norden gelassen hat; oder umgekehrt, so viele Armmuscheln wie möglich aus dem Norden gegen eine Sicherheit zu erhalten, die ihnen unangemessen ist, wobei man die einzig wertvolle Muschel, die man besitzt, verschiedenen Personen an mehreren Orten als Erwiderung auf ihre Geschenke verspricht, die man sich ausbedingt.«[57]

In dem Gebiet, wo ich arbeitete, nannte man diese Praxis »hart sein«. Bei der Beschreibung des kune von Matanogi nannte ich sie »aufgeschobene Bezahlung«. Es kann nun passieren, daß das Prestige eines einzigen Gegenstands einen fünffachen Ertrag einbringt: einer der fünf Tauschpartner erhält den erstrebten Gegenstand, die anderen werden neidisch und wütend, und schließlich erhalten auch sie einige Wertgegenstände, aber eben nicht den einen entscheidenden. Hören wir hierzu noch einmal Fortune:

»Sie neigen zu dem Versuch, ihren erfolgreichen Rivalen durch Zauberei umzubringen. [. . .] Aufgrund der Häufigkeit der wabuwabu-Praxis kommt es oft vor, daß ein Mann, der sich ein schönes Schmuckstück verschafft hat, von seinen Landsleuten, die einen gleichrangigen, aber zeitlich unangebrachten Anspruch darauf hatten, leidenschaftlich gehaßt wird. Er genießt alle Vorzüge und steht in hohem Ansehen, während sie gedemütigt und ein Jahr lang entehrt werden, obwohl sie eine ebenso gerechtfertigte Erwartung auf die Sicherung eines Ertrags für ihren Kredit hatten, wie ihr erfolgreicher Rivale. Von den kula-Wertgegenständen sagt man daher oft: ›Ihretwegen starben manche Männer‹. Dadurch erklärt man sich auch die Todesfälle bei Männern, die auf kula-Expeditionen gehen. Ihre Gräber auf schmalen Korallenriffvorsprüngen werden in Erinnerung gehalten und auf den Meeren aufgezeichnet. Sie wurden durch ihre glücklosen Rivalen verhext, die über ihren Erfolg aufgebracht waren.«[58]

6. Fassung, nach Malinowski

Die Geschichte beginnt wie oben, die Rivalen von Kasabwaibwaileta sind jedoch diesmal seine eigenen Söhne. Die Zauberei macht den alten Mann jung und schön, und er bekommt alle Wertgegenstände, um die sich seine Söhne vergeblich bemühen. Das in der Kopfwunde versteckte Halsband kommt ebenso vor wie das verschmutzte Wasser und der zurückgelassene Kasabwaibwaileta. Verschiedene Sternbilder nähern sich – Sirius, Kreuz des Südens, Alpha und Beta Centauri, Kibi (?). Das Siebengestirn weist ihn ebenfalls zurück. Daraufhin lassen ihn Kaykijadiga (die drei mittleren Sterne im Gürtel des Orion) im Kanu zwischen einem Stachelrochen und einem Fisch mit giftigem Stachel sitzen. Er läßt aus seinem Dorf einen Baum hochwachsen, an dem er hinunterklettert. Er ist zornig, weil seine Söhne ihn zurückgelassen haben, und geht deshalb unter die Erde, wo er sich in einen bösen Geist verwandelt, der menschliche Wesen tötet.[60] Die beiden folgenden Fassungen der Geschichte wurden ebenfalls von Malinowski aufgezeichnet. Der Name des Helden ist nicht Kasabwaibwaileta; beides sind jedoch kula-Ursprungsmythen, und sie haben mit dem Mythos von Kasabwaibwaileta einige Züge gemeinsam.

7. Fassung: Mythos des Tokosikuna aus Digumenu

Tokosikuna ist leicht verkrüppelt, sehr häßlich und hat eine fleckige Haut; er ist tatsächlich so häßlich, daß er nicht heiraten konnte. Der Häuptling seines Dorfes wünscht sich eine Flöte aus dem hohen Norden, aus dem mythischen Land Kokopawa. Alle, die ausgeschickt werden, bemühen sich vergeblich um die Flöte. Nur Tokosikuna ist erfolgreich. Bei seiner Rückkehr verwandelt er seine Erscheinung, er wird jung, glatthäutig und schön. Der Häuptling sieht Tokosikuna auf einer hohen Plattform (Zeichen für den Rang) sitzen, er spielt auf der Flöte und sieht sehr schön aus. Er sagt: »Alle meine Töchter, meine Enkeltöchter, meine Nichten und Schwestern, ihr alle sollt Tokosikuna heiraten! Eure Gatten werdet ihr zurücklassen.« Also heiratet Tokosikuna alle diese Frauen. Die anderen Männer sind zornig und beschließen, ihn zu beseitigen. Sie befehlen ihm, den Kopf in die große Muschelschale zu stecken, wenn sie offensteht. Er zerbricht die Muschelschale mit seinen Händen. Er erwürgt einen großen Hai und reißt das Maul eines Ebers auseinander. Schließlich lassen sie ihn in einem Kanu segeln, das nicht ordentlich zusammengebaut ist, so daß es auf See auseinanderbrechen wird. Gleichwohl geht das Kanu nicht unter, und er erhält immer die besten bagi. Bei der Anfahrt auf Gabuwana geht das Kanu jedoch unter.

Tokosikuna schwimmt mit einem Korb voller bagi. Er bietet den Männern die bagi an, wenn sie ihn mitnehmen; sie lehnen jedoch ab, indem sie sagen: »Du hast alle unsere Frauen geheiratet, jetzt werden die Haie dich auffressen!« Er ertrinkt aber nicht. Er schwimmt zu einem großen Felsen ans Land und verflucht sie.[61]

8. Der Mythos des Fliegenden Kanus

Es handelt sich um einen Kitava-Mythos. Mokatuboda hat einen jüngeren Bruder und drei Schwestern. Er besitzt ein fliegendes Kanu, mit dem er alle anderen überholt und beim kula jeden übertrifft. Schließlich bringen ihn seine Brüder und Neffen mütterlicherseits um. Als sie sich jedoch im nächsten Jahr wieder entschließen, auf eine Expedition zu gehen, entdecken sie, daß sie ihn umgebracht haben, bevor er ihnen alle seine Zauberkenntnisse verraten hatte. Die drei Schwestern sind darüber so aufgebracht, daß sie sich in fliegende Hexen verwandeln.[62]

Wir nehmen davon Abstand, weitere Fassungen desselben Mythos in anderen Gebieten Ozeaniens zu zitieren. Auf den Marquesas-Inseln heißt der Held Kae, und die Königin auf der Insel der Frauen heißt Hina. Bei der Unterweisung zur richtigen Geburt wird Hina im Meer verjüngt, Kae hingegen, alt geworden, kehrt in sein Land zurück. Er beginnt eine Pflanzung für seinen Sohn anzulegen, dessen Geburt bevorsteht. Der Sohn macht sich auf die Suche nach seinem Vater. Vater und Sohn werden, wie es in diesen Mythen üblich ist, auf dem Rücken eines Delphins, der wie im Arion-Mythos handelt, nach Hause getragen. Während der Delphin nach der Rettung des Vaters friedlich zurückkehrt, strandet er und stirbt, bevor er den Sohn retten kann. Als die Leute zum ersten Mal den Sohn auf der Suche nach dem Vater sehen, wollen sie ihn erwürgen, ändern dann aber ihre Meinung und feiern die Wiedervereinigung (oder Einigung) von Vater und Sohn.[63]

Einige Motive in diesem Mythos weisen auf periodische Wanderungen hin. In Ontong Java gibt es einen Mythos mit einer Himmelswanderung, dem Loch im Himmel, der Rückkehr auf die Erde und dem Austausch von Geschenken.[64] Auf Alor kennen wir den Himmelsbesuch, das Loch, die Rückkehr in das frühere Dorf, die unreine Haut und das Zusammentreffen am Wasser.[65] Welches auch immer der Ursprung für die Motivkombination gewesen sein mag, so kann doch die Kombination, wie sie gegenwärtig vorhanden ist, für die Interpretation der kune-Psychologie herangezogen werden.

Diese Menschen leiden an einer Reihe von Hautkrankheiten. Viele Männer und Frauen werden durch die Himbeerseuche (Framboesie) und *sipoma* (Hautkrankheit) entstellt. Auch Susubwara, einer der Informanten, der mir die Geschichte von Kasabwaibwaileta erzählte, ist voller sipoma. Überdies sind sie in Dingen der Schönheit überaus empfindlich, und eine Person mit schlechter Haut oder Entzündungen hat es sehr schwer, einen Gefährten zu finden. Schlechte Haut und weiche Haut erweisen sich in der Tat als das, was man Klassenunterschied nennen könnte. Deshalb ist die Geschichte darüber, wie der häßliche Mann schön und erfolgreich wird, eine Art männlicher Aschenbrödelgeschichte. Da aus dem Text dieser Geschichten zweifellos hervorgeht, daß mit Erfolg in erster Linie sexueller Erfolg gemeint ist, dokumentieren die Mythen auch die Angst vor dem anderen Geschlecht. Warum heißt das bagi Gomakarakedakeda »Eidechse auf der Straße«? *In einem gewissen Sinne ist die Waraneidechse der Held selber, weil man glaubt, daß er in regelmäßigen Abständen seine Haut abwirft und wieder jung wird.*[66] Es herrscht der Glaube, daß die Waraneidechse gomakara zu Hause in Tewara einen Ton ausstößt, wenn die Männer in der Ferne Geschenke erhalten haben. Die zu Hause gebliebenen Frauen hören diesen Ton und verbreiten die Nachricht, daß die Männer sich die Schmuckstücke gesichert haben. *Nicht jede Waraneidechse kann dieses Zeichen geben – nur die Waraneidechse aus Tribut, der legendären Heimat von Kasabwaibwaileta in Tewa-*

ra.[67] Die Waraneidechse auf der Straße ist *Kasabwaibwaileta auf der Straße, nach dem bagi Ausschau haltend.*

Die Haut der Waraneidechse wird als Trommelfell für die Trommel der Eingeborenen verwendet. Während die Männer auf See sind, ist das Tanzen streng verboten; wenn sie zurück sind, werden die Trommeln wieder hervorgeholt. Vielleicht wird ihre Rückkehr durch den Ton der Eidechse angekündigt.[68] Es könnte deshalb scheinen, als ob der Held seine eigene Haut nach Hause bringen würde. Wir könnten sagen, daß seine Rückkehr, nachdem er allen Gefahren der See und den Bedrohungen auf fremden Inseln getrotzt hat, der große Triumph ist. Wir können sogar noch weiter gehen. Die Haut ist die einer Eidechse und symbolisiert Verjüngung. Wie lautet der zweite Namen des bagi? ›Samen des Hundes‹ oder ›Harter Samen‹ – offensichtlich ein Deckname für den erigierten Penis eines Hundes[69]. Auf- und Abstieg im Traum sind Erektionssymbole. Der Held steigt an seinem eigenen Penis vom Himmel. Die Eidechse mit ihrem Vermögen, sich zu verjüngen, könnte gut ein phallisches Symbol sein. Koitus, Tanz usw. werden ausgesetzt, solange die Helden auf Reisen sind; sobald sie zurückkommen, wird damit wieder begonnen. Sie haben den Penis zurückgebracht.

Tomoire, ein Mann des *Wakeke*-Totems (Wakeke = weiße Kakadus) aus Delina (einem Dorf auf der Fergusson-Insel), erzählte den folgenden kune-Ursprungsmythos: Kusi-mamwarawete (›Penis sehr lang‹) war ein Mann, der in Sijausi (ein Dorf auf der Normanby-Insel, hinter der Region des Duau-Binnengebietes) lebte. Im Dorf gab es eine Frau, die eine junge Tochter hatte. Die Tochter ging zum Jäten in den Garten. »Penis sehr lang« hatte mit ihr Geschlechtsverkehr. Sein Penis war so lang, daß er ihn um seinen Körper winden konnte, wenn er saß. Die Brüder des Mädchens wurden wütend und schnitten den Penis in Stücke. Als er so dalag, wuchsen die Stücke wieder zusammen. Die Mutter des Mädchens (es scheint jetzt, daß das fragliche Mädchen zumindest im Sinne der Klassifikation seine Schwester war) hatte zwei Muscheln geboren; eine davon war das mwari mit dem Namen »Leicht zu brechen« und die andere das bagi »Rote Muschel«. Er sagte nun zu seinen Brüdern: »Ihr geht jetzt nach Boyowa wegen der mwari, und ich gehe nach Murua wegen der bagi.« Er ist noch immer dort in Quanateaj.[70]

Wir haben hier den phallischen Helden des kune vor uns, die durch die »gefährliche Mutter« der Jätzeit dargestellte Kastrationsangst sowie die Bewältigung der Kastrationsangst. – Tewara, die Heimat des Helden, ist Wanwanuine, das Himmelsland oder Land der Frauen; oder zumindest ist dieses mythische Land eine Projektion dessen, was sich auf der Erde abspielt.

Wir könnten unsere Interpretation mit der masochistischen Koitusszene im Land der Frauen beginnen. Es geschieht dort genau das gleiche wie auf der Erde, wenn ein Mann während der Jätzeit im Garten erwischt wird. Die Frauen haben in diesem Monat das Vorrecht, im Garten nackt zu sein und mit den eindringenden Männern anzustellen, was ihnen in den Sinn kommt – sie dürfen sogar die Hoden verletzen. Das Sternbild, mit dem Kasabwaibwaileta segelt, heißt ›Hoden‹; das Land der Frauen ist jenes Land, in dem alle Männer kastriert werden. Diese Orgien in der Jätzeit sind nicht allgemein verbreitet. Sie kommen nur auf einigen Inseln vor, besonders auf Vakuta und Sinaketa. Und Kasabwaibwaileta feiert ja seinen Triumph an den Ufern von Vakuta. Wir haben früher bereits festgestellt, daß die eigentliche Jahreszeit für das kune der sechste Monat ist. Er ist auch die Zeit des gwari, des Wanderns von einem Dorf zum anderen, auf der Suche nach Mädchen. In dieser Zeit blüht die rote Blume der Liebe, *gwarauto*, und in eben dieser Zeit jäten die Frauen das Unkraut in den Gärten.

Folgen wir nun unserem Helden bis zur Szene seines Abenteuers im Himmel. Seine Beziehung zur Himmelsgattin ist eindeutig die eines Kleinkinds zu seiner Mutter. Sie hat die Herrschaft inne, während er im Haus versteckt ist wie das Embryo im Schoß und, wie ein Kind, durch sein Urinieren entdeckt wird. Jetzt kommt es zur masochistischen Szene mit den vielen Frauen. Seine Frau eilt ihm zu Hilfe, und plötzlich wird der Spieß umgedreht. Er koitiert mit allen, aber diesmal ist er oben, hat er die Oberhand. Mit seinem Zauberstab (Phallus) lehrt er sie, wie sie normal entbunden werden können. Früher wurden die Kinder aus dem Schoß ihrer Mütter herausgeschnitten und starben.

Mittels genitaler Liebe (dem phallischen Stab) läßt der Held oder das Kind seine Körperzerstörungsphantasie hinter sich und überwindet sie. Wer ist nun die Heldin der Himmelsepisode? Sie muß identisch sein mit der Frau in Vakuta (Jätzeit). Er umwirbt die Frau in Vakuta mit einer Betelnuß, und ebenso wirft er seiner Mutter eine Betelnuß zu, als er zurückkommt (3. Fassung). In den oben angeführten Beschwörungen ist seine Mutter Sine-tutu-bewa-bewa, d. h. die ›Frau, die beim Fegen angetroffen wird‹. In einer anderen Beschwörung aus meiner Sammlung wird die während des kune umworbene Frau Sine-tutu-jarajara genannt, d. h. ›Frau beim Begehren angetroffen‹. In einer der oben zitierten Beschwörungen ist der Mann auf der kune-Reise selber die jätende Frau, und das Unkraut, das er einsammelt oder zusammenfegt, stellt die kune-Wertgegenstände dar. Da der Mann auf der kune-Reise, wie wir später sehen werden, sich in seiner Beschwörung mit der Hexenmutter identifiziert, ist es einleuchtend, daß auch die jätende Frau, die Himmelsfrau, und die Frau, die alle anderen zurückweist und nur Kasabwaibwaileta als Nachfolger akzeptiert, die Mutter ist.

Es ließe sich nun einwenden, daß diese Männer in Wirklichkeit von Insel zu Insel fahren, um glänzende Muscheln zu bekommen. Sind diese Gegenstände Muttersymbole? Wenn nicht, was sind sie dann? Wir bemerken hier, daß die genannten kune-Mythen sich alle mit dem Mann befassen, der zum ersten Mal auf die kune-Reise ging, nicht aber mit dem Ursprung der kune-Gegenstände selber. Wir haben einen Mythos erwähnt, bei dem bagi und mwari anstelle von Exkrementen im Bauch eines Schweines gefunden werden. In meiner Sammlung befindet sich eine Geschichte mit dem gleichen Motiv: Eine Frau wird von einem weiblichen Schwein entbunden. Dieses bringt im Urwald ein menschliches Geschwisterpaar zur Welt. Das Schwein dringt in den Garten ein, wird erstochen und in Stücke geschnitten. Die Kinder weinen um ihre tote Mutter. Sie finden den Bauch, und als sie ihn waschen wollen, sehen sie, daß er keine Exkremente enthält, sondern bagi und mwari. Sie gehen zu ihrem Vater, sagen ihm, daß er ihre Mutter umgebracht hat und was sie in ihrem Bauch anstelle des Kotes gefunden haben. So fing das kune an.

Der kune-Gegenstand ist ein Symbol für Exkremente, und als solches symbolisiert er auch den Körperinhalt der Mutter.

Die Nahrung (Mutter) wird, nachdem sie gegessen worden ist, zu Kot; das Kotsymbol ist auch ein mütterliches Introjekt. Als die Rivalen entdecken, daß Kasabwaibwaileta das begehrte bagi besitzt, defäzieren sie in ihrer Wut ins Wasser: hier haben wir das Symbol und den ursprünglichen latenten Inhalt.

Tauschpartner, die ihre Gegenstände ohne große Widerstände »weitergeben«, werden als »weich« bezeichnet; die anderen hingegen, die sich lange sträuben, werden »hart« genannt. Der manifeste Inhalt ist die Geschichte einer heftigen Geschwisterrivalität. Jeder will den anderen beim Erwerb der Muscheln übertreffen (Liebling der Mutter werden), und wehe dem, der erfolgreich ist! Die anderen lassen ihn auf einer Insel zum Sterben zurück oder sie versuchen, ihn durch Zauberei zu töten. Das Ende des Mythos erklärt den Ursprung der Totems. Diese Totems sind nun matrilinear, und in den Ursprungsgeschichten der Totems haben wir es immer mit einer Mutter und ihren Kindern zu tun. Die Totems sind alle kleine Vögel; es sind Geschwister. Das Ende ist eine Wiederholung der zentralen Eposide. Anstelle der Frau im Himmel haben wir die Mutter, auch der Zauberstab wird wieder angewandt; im Himmel werden Kinder geboren, hier fliegen Vögel aus. Hinter der Geschwisterbeziehung steckt jedoch Feindschaft, denn es sind seine Feinde, die der Held durch seine böse Zauberei in Vögel oder in Sterne verwandelt. Seine Feind-Freunde sind normalerweise seine *wahana* (Onkel, Neffe), Angehörige seines eigenen *susu* (matrilinearer Clan). Auf einer kune-Expedition im wirklichen Leben der matrilinearen Gesellschaft wären sie seine natürlichen Gefährten.

In einer von Malinowski aufgezeichneten Fassung siegt freilich der alte Vater in der Liebe gegen seine Söhne, und sie verbünden sich gegen ihn. Sein Untertauchen und das Wiederauftauchen in Woodlark ist seine Auferstehung. In einer anderen Fassung, bei der Tokosikuna und nicht Kasabwaibwaileta der Held ist, liegt die Betonung ganz auf seinem hohen Alter, dem Besitz der Zauberflöte (Penis) und der Monopolherrschaft über alle Frauen. Schließlich gibt es einen geringfügigen Hinweis auf dieses Urvatermodell in einem unserer Mythen, in dem Kasabwaibwaileta stirbt und danach die Totemnamen ausgewählt werden.

Die kune-Magie besteht aus zwei Typen der Beschwörung.

Kajowa ist eine Art *captatio benevolentiae* oder Überredungs-Magie. Zu ihr gehört die eigentliche Liebesmagie *(sigaha)*, und sie hat außerdem zum Ziel, Menschen dazu zu überreden, an einer Nahrungsverteilung oder an einem Tanz teilzunehmen, oder, wie in diesem Falle, sie zum Handel mit ihren potentiellen kune-Partnern zu überreden. Der Partner und dessen Frau werden so beschrieben, als ob sie brennend darauf warteten, ihren Besucher zu empfangen und Gegenstände an ihn weiterzugeben; ja, daß sie sogar mit Lebensmitteln dem Kanu entgegenschwimmen, um ihn zu begrüßen. Die Ausdrucksweise ist mit der eines Liebeszaubers vergleichbar. Die Schlüsselworte dieser Beschwörungen sind *igu taj mamwena*, »mein Mann mit seiner Frau«, und ich habe schon früher die Behauptung aufgestellt, daß es sich hier um eine Wiederholung des elterlichen Paares an fremden Ufern handelt.[71] In den trobriandischen Fassungen dieser Beschwörungen finden wir tatsächlich die folgende Zeile: »Meine Mutter ist nicht meine Mutter, die Frau aus Dobu ist meine Mutter.« Dobu ist der Bestimmungsort des Sprechers.

Der kune-Reisende ist somit ein Reisender auf der Suche nach einem neuen mütterlichen Objekt. Hermann hat gezeigt, wie das ursprüngliche »Anklammern« oder »Greifen« durch die frustrierende Mutter in ein »Suchen« verwandelt wird, und daß wir ohne diese Frustrationen niemals erwachsen würden. Wir haben gesehen, daß sowohl das Verhalten der Mütter als auch äußere Einflüsse, z. B. die hohe Sterblichkeitsrate, zu einer Verschärfung der Frustration führen und somit die Grundursache für die Tendenz zum Wandern werden. Mütter können lieblos sein; besitzergreifend sind sie immer. Nach dem Glauben auf der Normanby-Insel ist die große Gefahr, die den Wanderer bedroht, die Feindschaft aller Hexen. Die Hexen, auch *»unsere Mütter«* genannt, fliegen über das Meer und ergötzen sich daran, Kanus zum Kentern zu bringen. Anschließend fressen sie die Besatzung auf. Sie können jedoch einen Mann nur dann auffressen, wenn sie dazu die Erlaubnis von der Mutter oder der Schwester des Mannes erhalten haben. Ohne diese Erlaubnis würden Mutter und Schwester (ebenfalls Hexen) sich an den Verwandten der übrigen Hexen rächen. In den Schutzbeschwörungen dieser Gruppe lauten die Schlüsselworte *Jabom sinagu, jabom nuugo* (›Ich bin meine Mutter, ich bin meine Schwester‹). Durch die magische Identifikation mit der Mutter kommt der Wanderer ihrem Verrat zuvor.

Tauwanore, ein Mann aus Dobu, kam in Bwaruada an. Er war auf einer kune-Reise und hatte die letzte Nacht auf einer kleinen Insel namens Mewadi verbracht. »Ich träumte, daß eine Person kam und mir die Nase zuhielt. ›Ich habe keine Nahrung für dich!‹, schrie ich, ›ich komme mit leeren Händen‹.« Es muß eine Hexe gewesen sein, denn diese sind immer wegen Nahrungsmitteln hinter den kune-Reisenden her.

In der nächsten Nacht hatte er in Wejoko den folgenden Traum: Es findet eine große Versammlung statt. Ich gehe zu einem älteren Mann und frage ihn: »Ist einer deiner Jungen gestorben?« Es sind viele Trauergäste da, und auch die Toten kommen, um zu trauern. Ich sehe zwei tote Frauen: Bokoyare (meine Cousine) und Neuneguma (meine Schwester). Sie kamen auf einer *dutu* (schwarze Schnur), in einer hölzernen Schüssel oder einer Kokosnuß als Kanu. Einige hatten *soma* (Hexenstock) bei sich, um Menschen zu töten. Die Frauen unseres Dorfes sind immer zornig, wenn wir auf das kune gehen. Im Dorf könnten sie mit uns *loyawe* (›Liebe machen‹), aber wenn sie uns folgen, verfolgen sie uns, um uns zu töten. Sie sind böse auf uns, weil wir die *Nahrung aus dem Dorf mitgenommen haben.* Sie haben eine große Nase, Ohren so groß wie ein Haus, und sie nehmen ihren Kopf ab und tragen ihn unter dem Arm.

Zu den beiden Frauen im Traum hatte Tauwanore die folgenden sehr aufschlußreichen Assoziationen: Die erste Hexe ist seine Cousine Bokoyare. Sie wollte ihn heiraten, aber er schämte sich, weil sie miteinander verwandt waren. Die andere Hexe ist seine Schwester Neuneguma. Sie liebte ihn und weinte jedesmal, wenn er zum kune wegging. Sie sagte dann: »Wer wird für meine Kinder sorgen, wenn du unterwegs stirbst?« Auf ihrem Totenbett bat sie ihn, für ihre Kinder zu sorgen.

Die Hexe bedeutet sowohl sexuelles Verlangen als auch Schuldgefühle. Zwischen der Einstellung der zu Hause gebliebenen Frauen und der *nadiwara* (›Steinkrankheit‹) gibt es eine auffällige Parallele. Die Leute zu Hause wollen nicht, daß der Junge zum *gwari* (Liebeswerben) weggeht; die Frauen des

Dorfes wollen nicht, daß der Mann zum kune weggeht. »Wenn ein Kind zu häufig in andere Dörfer rennt und Vater und Mutter nicht richtig gehorcht, dann wird es wie *uwauwa* (›verrückt‹) sein, wenn die Eltern sterben, weil es nicht weiß, wie man etwas richtig macht. Als ich ein kleiner Junge war, rannte ich zu oft herum und mochte nicht arbeiten.«

Offensichtlich entspricht das Herumrennen des kleinen Jungen dem späteren Herumrennen des erwachsenen Mannes. Doch diesmal ist es nicht einfach Ungezogenheit, sondern eine soziale Einrichtung.

Nach seiner ersten Erinnerung befragt, gab Tauwanore zur Antwort: »Ich wollte immer zu meiner Mutter hinrennen.« – Wie wir früher schon gesagt haben, ist die Neigung »zur Mutter hin« das grundlegende Element in der Neigung »weg von der Mutter«.

Der große Mann, mit dem er im Traum spricht, ist der Cousin seiner Mutter; er heißt Towasigi und ist sein *wahana* (Onkel). Towasigi war der Onkel, bei dem er lebte und bei dem er auch die Zauberei erlernte. Er wollte nicht zu seiner Mutter zurückkehren.

Der Einstellungswechsel ist bemerkenswert: a) seine erste Erinnerung ist die, daß er immer zu seiner Mutter gehen wollte; dennoch b) weigert er sich, zu seiner Mutter zurückzukehren. Das Vorbild für die kune-Wanderung ist die Übernahme des Kindes durch den Onkel.

Die Person, die angeblich tot sein soll, ist sein »Bruder« Kauanamo. Kauanamo ist der große Häuptling und barau aus Mayawa, ein potentieller Rivale beim kune. Das Begräbnis erinnert Tauwanore überdies an die Zeit, als seine Schwester beerdigt wurde. Die Schwester (Muttterersatz) war die Person, die ihn immer zu Hause behalten wollte. Das Wandern bezeichnet Aggression gegen die Mutter.

Danach sprach er wieder über die Person im ersten Traum. Zuerst hielt er sie für einen Mann, dann änderte er seine Meinung zugunsten der Hexen, und schließlich sagte er: »Bevor wir mit unserem Freund auf der Insel schlafen gingen, kam ein Mann aus Miadebana. Er hatte eine dunkle Haut. Mein Freund sagte ›Schlaf nicht ein, er könnte ein barau sein, und der barau könnte dir Gift in die Nase stecken‹.«

»Als ich noch ein Kind war und sehr oft herumspielte, hatte

ich immer Angst, wenn meine Eltern sagten, der barau könne seine Hand verzaubern und sie an meinen Bauchnabel, meine Nase oder an ein Bein halten, um mich zu töten.«

Dies sind die Träume aus zwei aufeinanderfolgenden Nächten eines Mannes, der sich tatsächlich auf einer kune-Wanderung befindet. Die mit dem Wandern verbundene Angst und die Feindschaft und Rivalität (Tod von Kauanamo) sind deutlich zu erkennen. Sein latenter Wunsch ist, die Mutter zu töten. Nach außen stehen die menschenfressenden Hexen als Feinde im Mittelpunkt (das Kind, das seine Mutter auffrißt). In Wahrheit hat er jedoch sowohl vor der Hexen-Mutter als auch vor dem Zauberer-Vater Angst. Die allgemeine Auffassung ist aber die, daß die Hexe ihnen im Traum erscheint, wenn sie zum kune aufbrechen. Wenn sie auf einer Insel übernachten, kommt *werabana* auf einer hölzernen Schüssel *(gaeba)* mit einem Speer angeflogen. Der Speer gleicht ihrem Knorpelornament *(mwahu)*. Die Hexe nimmt ihnen das Herz heraus.

Sie verlassen die Mutter und versuchen, eine neue Mutter zu finden. Die Mutter der Vergangenheit oder vielmehr ihre eigene orale Aggression verfolgt sie jedoch in Gestalt der kannibalischen Hexe. Wir erinnern uns, daß eines der *typischen Traumata* damit zusammenhängt, daß das Kind beim Saugen geschaukelt wird und daß ihm nach jeder Verszeile des Wiegenlieds die Brustwarze gewaltsam entzogen wird. In einer der Geschichten rufen zwei Hexen, von denen jede das Echo der anderen ist, einander zu: »Geh du und wiege und laß das Kanu kentern, während ich das Kind halte.«

Wie wir gesagt haben, besteht in Tewara der Glaube, daß auf dem kune sich viele Todesfälle ereignen. Als Grund dafür wird angegeben, daß die unterlegenen Rivalen gegen die erfolgreichen *barau* üben. Auf der Normanby-Insel fand man eine andere Erklärung. Waigila, den wir in Esoraj zu seiner kune-Expedition aufbrechen sahen, starb innerhalb von zwei Wochen. Das gleiche geschah mit Kauyapou, der zu Malinowskis Zeiten das kune anführte. Was war der Grund? Alle Hexen hatten sich gegen ihn verbündet, und selbst wenn er ein noch so großer Meister des *gau* (schützende Magie) und des *barau* (Zauberei) gewesen wäre, hätte er unterliegen müssen. Daraufhin fragte ich, weshalb er denn überhaupt auf die Reise gehe. *Kana kesana manuna* (›um seines Namens willen‹), um des Ruhmes willen, der damit verknüpft ist. In die Sprache der Psychologie übersetzt, heißt dies: »Unsere Mütter lassen uns nicht erwachsen werden.« Es gibt hier auch eine deutliche Parallele zum Mythos des Frauenlands, wo der eine Held den vielen aggressiven Frauen gegenübersteht. Während der Held des sagari der gute Mensch ist, »der immer nur Geschenke macht«, ist der Held des kune einer, der »hart« sein und gegen seine Rivalen gewinnen kann.

Eine Art des kune heißt *hararaku* (Wettbewerb). Die Person, die im hararaku gewinnt, wird von allen außerordentlich verehrt. Die Huldigung nimmt allerdings eine eigentümliche Form an. Nicht nur sein eigenes Haus, sondern sein gesamtes Dorf wird von den Konkurrenten zerstört. *Tabula rasa.*

Wir haben oben gesehen, daß in einigen Mythen der *alte Mann*, der Vater, Sieger im kune ist: diese Mythen entsprechen dem Modell der Urhorde. Erwachsenwerden bedeutet für den Mann Identifikation mit dem Vater – ob es der Gesellschaft paßt oder nicht. Eine matrilineare Gesellschaft kann zwar versuchen, dieses Faktum zu minimalisieren und herunterzuspielen, aber: *natura expellas furca, tamen usque recurret.*

Vielleicht ist es erlaubt, sich über den kune-Ursprung in Spekulationen zu ergehen – der Leser wird gebeten, den anekdotischen Zugang zu entschuldigen. Eines Tages kam ein Mann namens Kaubwana aus Sigasiga, mich zu besuchen. Er sagte mir, daß ich ihm doppelt soviel Reis geben müsse wie den anderen, weil er die Weißen entdeckt habe. Ich bat diesen papuanischen Kolumbus, mir zu erklären, wie sich das abgespielt habe, worauf er mir berichtete, daß zu Lebzeiten seines Onkels am Ufer von Sigasiga ein weißer Mann gestrandet sei. Es wurden Vorbereitungen getroffen für das, was selbstverständlich war: nämlich ihn aufzuessen. Bevor jedoch die Vorbereitungen abgeschlossen waren, gab der Weiße dem Onkel ein wenig Tabak und brachte ihm das Rauchen bei. Dies gefiel dem Onkel so gut, daß er anstelle des Mannes ein Schwein tötete und es mit dem Fremden zusammen aß. Aus diesem Grunde war also sein Onkel Eigentümer der Weißen, und er, als Erbe des Onkels, war der gegenwärtige Eigentümer der Weißen.

Vor der Ankunft der Weißen überfielen die Eingeborenen beider Inseln sich entweder gegenseitig, um einander aufzuessen, oder sie standen in kune-Beziehungen zueinander. Sowohl Fortune als auch Lenoir haben die friedenstiftende Funktion des kune hervorgehoben.[72] Ein Melanesier dieser Inselgruppen würde niemals eine fremde Insel betreten, es sei denn, sein Kanu wäre durch einen Sturm an Land getrieben worden oder er wollte absichtlich in die Hand der Feinde fallen, um sich umbringen zu lassen. Wir könnten nun annehmen, so etwas sei einmal aus einem dieser Gründe geschehen, die Geschichte habe jedoch ein unerwartetes Ende genommen: Die Inselbewohner verzehrten den Fremden nicht, sondern freundeten sich mit ihm an. Der Grund für diese erstaunliche Tatsache könnte in seiner Zauberei, seiner Schönheit oder sexuellen Anziehung gelegen haben. Ihm folgten dann andere nach, die in der Überwindung ihrer Angst ihre große Tapferkeit beweisen konnten.

Tomoire von der Fergusson-Insel (Delina) hatte eine andere Fassung für den Ursprung des kune: Im Dorf Numanuma lebte ein Mann namens Mataudowa (›Augen gehorchen nicht‹). Eines Tages warf ihm sein Onkel, während er ein mwari polierte, vor: »Ich mache das Geschenk für deine Hochzeit (vermutlich war dieses Geschenk ein mwari), und du arbeitest nicht mal in meinem Garten!« Das verbitterte Mataudowa so sehr, daß er ein bagi in Stücke schnitt und mit Kokosnuß vermischt aufaß. Er beschloß, Selbstmord zu begehen, indem er zu den Feinden ging, um sich von ihnen verzehren zu lassen. Sie machten sich gerade daran, ihn in Stücke zu schneiden, als er zu einem seiner Jäger sagte: »Wenn ihr mich aufeßt, werdet ihr in meinem Bauch ein bagi finden!« – So geschah es; das bagi wurde Pwa-winiwini (Schnur auf Trobriand) genannt. Den Leuten von Numanuma zufolge war dies das erste kune.

Wir haben die psychologischen Motive aufzuzeigen versucht, die dieser großen Wanderungs- und Tauschhandelsinstitution zugrunde liegen. In einer Kurzformel ausgedrückt, handelt es sich hier um die Psychologie des *Erwachsenwerdens.* Es werden Ersatzobjekte gefunden, obgleich der Ersatz in einem gewissen Sinn das gleiche ist wie das Original; und das Ziel wird nur unter großer Angst erreicht.[73]

Was bedeuten nun aber die roten und weißen Muscheln, die wertvollen kune-Gegenstände, selber? Ein Teil des Tauhau-Mythos gibt dafür eine Erklärung. Unmittelbar nachdem Tauhau mit seiner Schwester den Inzest begangen hat, wird das Kind geboren. Tauhau befiehlt jedoch dem Kind: »Geh zurück in die Vagina deiner Mutter!«, und das Kind gehorcht. Dann entschließt er sich, zu Ehren seiner Schwester-Gattin ein Schwein zu schlachten. Tauhau teilt das Fleisch auf, behält den Bauch aber für sich. Als er den Bauch zu waschen beginnt und Exkremente zu finden glaubt, sind keine da, sondern nur *bagi* und *mwari*. Und so entstand das *kune*.

Entscheidend ist nun, daß in den Beschwörungen der Ausdruck »Tauhaus Schwein« oft *ona semalimali* (›symbolische Rede‹) für Tauhaus Schwester-Gattin ist. Im Innern dieser Schwester-Gattin sind die glänzenden Muscheln – primitive Äquivalente für Geld oder Wertgegenstände – tatsächlich Symbole für Exkremente. Überdies repräsentieren sie das Kind in ihrem Schoß – die »guten Körperinhalte« (M. Klein).

Die Bewohner der Gazelle-Halbinsel erzählen folgende Begebenheit: Es war einmal ein kleiner Junge, der seine Eltern um Essen bat. Sie sagten: »*Iß deine Exkremente* und die der übrigen Kinder, mit denen du immer spielst.« Er ging zum Meeresufer und klagte einem Baumstamm, wie Vater und Mutter ihn beleidigt hätten. Er setzte sich auf den Baumstamm, und das Meer trug ihn an jene Stelle, woher das Muschelgeld kommt. Auf einem anderen Baumstamm kam ein Huhn dazu und fragte den ersten Baumstamm: »Wo kommt diese Person her?« »Er begehrt die Exkremente des Meeres bei Nakanai!« war die Antwort. Darauf fragte der Baumgeist den Knaben: »Wie viele Körbe hast du?« Er hatte am Ende dreißig Körbe voll Muschelgeld. Dann trug der Baumstamm den Knaben nach Hause, wo seine Mutter und sein Vater sich darauf vorbereiteten, die Totenfeier für ihn abzuhalten. Er überreichte ihnen das Muschelgeld, und seither begehren alle Menschen die Exkremente des Meeres bei Nakanai. Der Mensch, der beleidigt wurde, ging als erster hin.[74]

In einer Erzählung aus Panamosi wird eine Frau von einem Schwein entbunden, worauf das Schwein schwanger wird und einen Knaben und ein Mädchen zur Welt bringt. Jemand ersticht das Schwein, das unter die Dorfbewohner aufgeteilt wird. Der Knabe und das Mädchen, die Kinder des Schweins, erhalten den Bauch. Anstelle von Exkrementen finden sie jedoch bagi, mwari und alle anderen Kostbarkeiten des kune im Bauch des Schweins. Sie waschen alle Muscheln, sich selbst und ihren Vater, und die Leute wundern sich über das Geschehene. Danach geben die Leute den bagi und mwari Namen und beschließen, daß die mwari immer nach Osten und die bagi immer nach Westen gehen sollen.

Ein anderer kune-Ursprungsmythos kam aus dem Dorf Kekutaj in Sigasiga (auf der Normanby-Insel). Ein Mann fängt eine Frau, die Tochter einer Schlange, die sein Zuckerrohr stiehlt. Er heiratet sie. Sie wird schwanger, und ein Kind kommt zur Welt. Die Schlangengroßmutter dringt in den Garten des Mannes ein, der sie deshalb in Stücke schneidet. Die Menschenfrau wäscht die Stücke in heißem Wasser, und die Schlange wird geheilt. Jetzt gleicht die Schlange einer Frau im Kindbett nach der Geburt. Die Frau sagt: »Du hast meine Mutter getötet, wir gehen jetzt fort.« Der Mann will die kune-Güter zurückbehalten, aber die bagi, die mwari und alle anderen Schmuckstücke sagen: »Das ist unsere Art zu sterben«, und sie folgen der Frau, der Großmutter und dem Kind. Weil die Schlange ihren Hals im Schmerz reckt, hat der Fluß Moadjikaja einen gekrümmten Lauf. Sie schickte dann die bagi und mwari nach Boyowa, Murua, Lowa und Dobu.

Aus diesen Mythen können wir den Schluß ziehen, daß die Gleichung Muschel – Geld – Exkremente in vollem Umfang erhärtet ist. Die Erzählung von der Gazelle-Halbinsel gibt uns jedoch noch einen weiteren Hinweis: als die Eltern sich weigern, dem Kind zu essen zu geben, beginnt es, sich für seine eigenen Exkremente zu interessieren. Wir vermuten, daß die anale Phase mit oraler Frustration zu tun hat. Die nächste Folgerung ist die, daß »Exkremente« im Grunde »Körperinhalte« bedeuten. Die Äquivalenz von Exkrementen und Kind wird bereits im Tauhau-Mythos deutlich. In dieser Schlangengeschichte werden die kune-Güter sämtlich in einer Höhle aufgehäuft, zusammen mit der Schlangentochter und dem Enkelkind. Der Schlangenkörper wird, nachdem er in Stücke geschnitten ist, durch den Schwiegersohn wieder zusammengesetzt (Wiederherstellung). Der Tod der Schlange und der der kune-Güter bedeuten das gleiche. Der Tod der kune-Güter entspricht deren Abreise nach verschiedenen Inseln: das Verb für ›sterben‹ hat auch die Bedeutung ›sich verstecken‹.

Die glänzenden und glitzernden Muscheln wären demnach die »guten Körperinhalte«, die das Kind durch Magie und gegen Nahrungsgeschenke von einer anderen »Mutter« erhält; und wie wir gesehen haben, repräsentieren die Hexen auf der Straße die eigene oder die eifersüchtige Mutter.[76] Pade, der Mann, der uns den Schlangenmythos erzählt hatte, fügte noch einen weiteren kune-Mythos hinzu: Kusilolopay (›Penis umwinden‹) und Ginebayabayawa (›Vulva-Korb‹) gingen nach Boyowa; deshalb haben die Leute von Boyowa große Penisse und große Vulven. Kusilolopay hat einen so langen Penis, daß er ihn um die Schultern winden muß, und Ginebayabayawa trägt ihre Vulva wie einen Korb auf dem Kopf. Die beiden sind Neffe und Nichte der Schlangenfrau; sie behaupten, daß sie sterben müssen, wenn die Schlangenfrau getötet wird. Sie sehen aus wie bagi, sind in Wahrheit aber Personen.

Wir müssen aus diesen Mythen schließen, daß zur kune-Wanderung im Grunde alle erogenen Zonen gehören, die orale, anale und genitale.

Wir haben uns hier mit den Zeremonien der Nahrungsverteilung befaßt, die verknüpft sind mit der Heirat und mit den Beziehungen der Heiratsverwandten ebenso wie mit den Wanderungen und dem zeremoniellen Tauschhandel, in denen ebenfalls Nahrungsgeschenke eine Rolle spielen. Der zweite Typus der Nahrungsverteilung steht im Zusammenhang mit dem Tod.

VIII. Begräbnisriten

Ein kurzer Überblick über das Begräbnisritual wird uns einige weitere Einblicke in die Psychologie dieser Kultur vermitteln. Einige Monate oder sogar ein Jahr nach einem Todesfall wird die als *bwabware* bezeichnete Trauerzeremonie abgehalten. Wenn wir zu dieser Zeit in ein Dorf gehen, beobachten wir, wie ein Mann im Fluß badet, wie einer Frau von einer anderen der Rock abgeschnitten und eine weitere Frau eingeölt wird oder wie ein Mann von einem anderen rasiert wird. Im Dorf sehen wir ordentlich aufgebaute Jamsstapel mit einigen Betelnüssen darauf. War die verstorbene Person ein verheirateter Mann, so sehen wir als Haupttrauernde die Witwe in einem merkwürdigen Gewand aus Schnüren. Wenn wir nachfragen, wird uns erzählt, daß die Menschen, die gewaschen, eingeölt usw. werden, die Trauernden sind. Diejenigen, die diese Dienstleistungen erbringen, sind keine Trauernden, sondern die nächsten Verwandten des Verstorbenen. Die nächsten Verwandten sind die Mitglieder des mütterlichen Clans (susu = Brust). Sie sind nicht in Trauer, weil ihr Körper mit dem Verstorbenen eins ist; um sich selbst können sie nicht trauern. Trauernde sind die Heiratsverwandten. Wenn zum Beispiel ein Ehemann stirbt, ist die Witwe die Haupttrauernde; stirbt ein Kind, ist der Haupttrauernde der Vater. Die Trauernden dürfen keine guten Kleider tragen, sich nicht schmücken, sich weder waschen noch rasieren. Trauernde dürfen nicht fröhlich sein, nicht auf das kune gehen, und vor allem dürfen sie keinen Geschlechtsverkehr haben. Wenn sie nicht ordnungsgemäß trauern, geraten sie in den Verdacht, den Verstorbenen durch Magie getötet zu haben.

Die Jamsstapel oder *bwabware* sind eine Art Buße oder Lösegeld. Dieses muß dem matrilinearen Clan entrichtet werden, d. h. den Hinterbliebenen. Als Gegenleistung für das Geschenk lassen sie die Trauernden »aus dem Gefängnis«, d. h. erlauben sie ihnen, die Trauer zu beenden, einen neuen Rock zu tragen, sich zu waschen und ihr Sexualleben wiederaufzunehmen. Unbewußte Feindschaft muß daher mit dem Sexualleben in Zusammenhang gebracht werden; eine potentielle Hexe oder ein Zauberer ist die Witwe, weil sie mit ihrem Gatten Geschlechtsverkehr hatte (oder umgekehrt), oder der Vater, weil er mit der Mutter geschlechtlich verkehrte. Alle Lieder, die bei diesen Zeremonien gesungen werden, betonen, daß die Trauer nun beendet ist, und das Sexualleben wiederum beginnt.

Es könnte demnach so scheinen, als ob das Ritual die Möglichkeit einer unbewußten Feindschaft in der Mutter-Kind-Beziehung nicht berücksichtigte. Dies entspricht jedoch keineswegs der Wahrheit. Die bwabware-Jamswurzeln werden zwar von den Mitgliedern des matrilinearen Clans gegessen, aber das bwabware entspricht dem, was Westermarck einen »bedingten Bannfluch« nannte. Wenn diejenigen das bwabware essen, die den Verstorbenen ermordet haben (durch Magie), wird die Nahrung, die sie zu sich genommen haben, sie töten.[77]

In einigen, aber nicht in allen Dorfgemeinschaften gibt es eine andere Form des Trauerrituals, die *gute* genannt wird. Mitglieder desselben matrilinearen Clans bemalen sich mit schwarzer Trauerfarbe, jedoch nur die entfernteren Verwandten, d. h. nicht die leibliche Mutter oder Schwester, sondern Mitglieder des gleichen Totems aus anderen Dörfern. Der Leichnam wird auf einer Plattform aufgebahrt, und die *kenogute* (›liegende *gute*‹) kümmern sich um ihn. Sie erhalten sehr gutes Essen und reichlich Betelnüsse. Wenn die Haut des Toten anzuschwellen beginnt, stechen sie mit einem Kamm in die Adern, bis Flüssigkeit austritt. Diese tropft auf ihre schwarze Bemalung und macht sie noch schwärzer. Deshalb werden die kenogute zunehmend schwärzer.

Während dieses Identifikationsvorgangs werden die kenogute immer leichenähnlicher und imitieren den verfaulenden Leichnam auf der Plattform. Das dauert fünf Tage. Sie nehmen die Eingeweide aus der Leiche und kochen sie zusammen mit Taro in Öl. Obwohl diese fürchterlich stinken, müssen die kenogute sie essen. Der von den engen Verwandten hergestellte *mona* (Pudding) ist besonders groß. Sie reiben sich jeden Tag mit der Flüssigkeit ein, die aus der Leiche austritt. Nachdem sie die Eingeweide im Pudding gegessen haben, bleiben sie einige Tage im Dschungel, waschen sich und reiben ihre Haut mit Öl ein und kehren dann in vollem Schmuck ins Dorf zurück. Eine aufs Meer vorspringende Brücke oder Veranda wird gebaut, auf die sich die gute-Teilnehmer setzen und singen. In steifer Gangart kommen sie paarweise aus dem Dschungel.

Wenn der *gute* aus dem Dschungel auftaucht, vollzieht er Magie in zweifacher Weise: zum einen *barau,* zum anderen Liebesmagie. Man nimmt an, daß Cupidos Pfeil aus ihm herauskommt und die Herzen aller Mädchen trifft. In einer Beschwörung finden wir beide Formen der Magie:

Beim Einreiben der schwarzen Farbe
O Person des Himmels!
Person mit schwarzem Gesicht
Mein Gesicht ist schwarz

Völlig dunkel
Mein Gesicht ist dunkel
Verheiratete Frauen und ledige Mädchen
Sie werden sich in die schwarze Farbe verlieben
Mein Gesicht ist schwarz!
Mein Gesicht ist dunkel!

Theoretisch sind die *gute*-Teilnehmer *barau*-Zauberer, und ihre Aufgabe besteht darin, die Leiche vor den anderen baraus zu schützen, die sie stehlen und für ihre magischen Zwecke verwenden könnten. Wenn die *gute*-Teilnehmer schließlich auf der vorspringenden Plattform sitzen, repräsentieren sie die Seelen der Toten. Wenn sie auf der Plattform kauern, im Takt auf ihre Kalkflaschen schlagen und singen, bringen sie die ganze Konstruktion ins Schwingen. So lautet eines ihrer Lieder:

Sie weinen, weinen vergeblich
Jemand wurde zur Witwe
Bwbeso weint vergeblich (Bwebweso = ›andere Welt‹)
Wir sind in Trauer
Ihm werden wir folgen.

Auf der Plattform erhalten sie Schüsseln mit Nahrung, die »Nahrung der Geister« genannt wird.

IX. Die Persönlichkeit

Wir machen nun den Versuch einer Zusammenfassung der Psychologie dieser Gruppe.

a) *Zauberer und Hexe.* Hexe und Zauberer repräsentieren Mutter und Vater. Die Art des barau ist die des Vaters, und die Art der Hexe ist die der Mutter. Sie behaupten, der Begriff des barau und der der Verheimlichung hingen eng zusammen. Wenn ein Vater die Kunst des barau (Zauberei) kennt, nimmt er seinen Jungen gewöhnlich mit zum Meer. Er muß eine Menge Salzwasser trinken, damit seine Eingeweide gereinigt werden, bevor er ein barau wird. *Bwajawes* (Beschwörungen) und Gift kommen erst später hinzu. Der barau übt seine Kunst immer nachts aus. Er wartet unter dem Haus, bis jemand herauskommt, den er dann tötet. Zur Kunst des barau gehört es auch, die Stimme des Opfers zu unterdrücken.[79]

Bulema, der selbst ein großer barau war, hatte vor anderen baraus ständig Angst. Der folgende Traum enthüllt die Eigenart des barau: Die baraus umringen mich, während ich gehe, und befehlen mir, auf einen Betelnußbaum zu klettern.[80] Ich falle hinunter und breche ein Bein. »Legt mich bitte nicht ins Grab«, sage ich. Meine eigenen Frauen (Verwandten) sagen: »Du solltest sie daran hindern, Beschwörungen gegen dich zu machen« (d. h. eigentlich, über dich zu reden). – Die Frauen im Traum sind seine Nichten (wahana) Bomawajero und Daunolija. Beide sind hübsche junge Frauen, die aufrichtige Zuneigung zu ihm haben. Als sie zu Waisen wurden, blieben sie bei ihm, und er kümmerte sich um ihre Heirat. Was hatte das Klettern auf den Baum zu bedeuten? »Ich forderte meine Söhne – nein, die Söhne meines Onkels – dazu auf, ich half den Kindern meines Onkels immer, wenn sie ein Fest machten.« Durch die erste Assoziation verriet er sich, denn einer Person zu befehlen, auf einen Baum zu steigen, um Betelnüsse zu holen, ist genau das, was der barau macht, wenn er jemanden töten will. Deshalb sagt er »... nein, die Söhne meines Onkels«, und gibt sich gegen seine Neigung alle erdenkliche Mühe, um auszudrücken, wie sehr er den Kindern seines Onkels helfe. Begräbnisse erinnern ihn an die Zeit, als er seinen Onkel begrub. Einer der baraus, die ihn zu töten versuchten, war sein *tamana* (Vater), derjenige, der nach seines Vaters Tod für ihn sorgte. Die baraus im Traum sind Kopien seines Vaters, und die Frauen, die ihn beschützen, sind verjüngte Nachkommen seiner Mutter.

Der kurze *Ursprungsmythos* des barau ist höchst aufschlußreich.

In Soija gab es einen Mann, der aus einem Baum herauskam. Kinder spielten in der Nähe des Baums, und er tötete eines nach dem anderen durch Zauberei. Schließlich kam jemand und fragte, was hier vor sich gehe. Eines der überlebenden Kinder sagte: »Vater, woher kommt die Person, die zaubert?« »Vielleicht kam derjenige, der euch durch Zauberei tötet, aus dem Baum heraus«, sagte der Vater und rief: »Woher, Woher? Vielleicht aus dem *wasijoe*-Baum.« Dann versammelte sich eine Menge, und der Mann versteckte sich im Baum. Aber die Menge sah ihn (*mata negu iapwesa* – ›aus dem Auge herauskommen‹). Sie fällte den Baum und schlug diesen in kleine Stücke, aber er zog sich in immer kleinere Stücke zurück. Als sie schließlich zur Baumkrone gelangten, sprang er heraus und lief weg. »Tötet mich nicht«, sagte er, »ich werde euch Zauberkräfte verleihen.« So blieben sie also stehen und warteten, bis er ihnen alle Arten von Beschwörungen beigebracht hatte; darauf verschwand er in einem anderen Baum.

Ein Mann beginnt als barau, indem er Kinder umbringt. Er kommt aus einem Baum heraus, in den er auch wieder zurückgeht. Man versucht, den Baum in Stücke zu schneiden, um ihn zu töten. *Kaiwe* (Baum) bedeutet auch ›Blatt‹ sowie die aus dem Blatt gewonnene giftige oder magische Substanz, die der barau verwendet. In der Erzählung kommen zwei Gruppen und zwei einzelne *dramatis personae* vor. Die beiden Gruppen sind die Kinder und jene Leute, die später Schüler des barau werden. Die beiden einzelnen Akteure sind der barau und der Vater oder, mit anderen Worten, der böse und der gute Vater. »Alle Leute halten mich für einen barau«, sagt Bulema[81a], »und manchmal kommen nachts Leute und versuchen, mich zu töten, weil mein Vater die Hexerei gelernt hat[81b], aber dann *rufe ich ihre Namen aus,* so daß sie es nicht wagen, mich anzurühren.« (Er bezieht sich dabei wahrscheinlich auf Alpträume.)

Natürlich bringt ein barau seinem eigenen Sohn diese Kunst bei, aber daneben gibt es noch viele andere, die sie erlernen wollen; ihnen wird sie nur sehr allmählich vermittelt, gewisse Kenntnisse werden zurückgehalten. Sein gesamter Bericht ist mit Protesten gegen die Gründe und Umstände durchsetzt, die ihn an der Erlernung des *barau* hinderten. Er vermittelte freiwillig viele Beschwörungen für die Gartenzauberei und später sogar richtige barau-Zauberei, was mein Argument bestätigt.

Bulema fährt fort: »Die *mwedi* kommen im Traum zu mir und bringen mir *nabwasua* (Garten-Magie) bei. Diese eine mwedi war eine Frau mit langem Gesicht und rotem Haar. Als ich die Stange für die Ranken in den Boden schlug, betrieb ich selber Magie.« In der Nacht erhob die *mwedi* (Wesen aus der Unterwelt, das dem numu entspricht) im Traum jedoch Vorwürfe gegen ihn: »Warum hast du nicht auf mich gewartet?« Dann brachte der Geist ihm den folgenden Zauberspruch bei:

Ja tauwau tauwau
Ich bin tauwau tauwau[82]

Tauwau nubuna
Tauwau seine Haut Schmutz

Bwauara lokalemuja
Südwestwind bläst ihn fort

Ku suva butu kuhane
Du verlierst Ruhm du steigst auf[83]

Bwara bwaga bwagurej
Haut Kriechtier kriecht

Ku siwa butu kuraga
Du verlierst Ruhm du gehst in den Busch

Bwara bagu bwagurej
Haut Kriechtier kriecht[84]

Bunebune yamwatubi
Bunebune-Jams mit seinen langen Sprossen

Ja Duau mamwahasi
Der Duau-Jams mit seinen langen Blättern

Kahagu kaha quateja
Mein Mund Mund sein Jams

Silelegu suruaja
Speichel mein tropft herab

Kawa ena kijeguja
Mund in meinen Herrn

E tamagu Borosota
O mein Vater, Berg von Borosota[85]

Kahagu kaha quateja
Mein Mund Mund sein Jams

Ya kahara magegera
Ich trage wie ein Papagei[86]

Igu kaha kudukudu
Mein Mund kurz kurz[87]

Diese Beschwörung machte er für sich selber. Im Traum gab es die folgende:

Borosota tai ni *nina*
Borosota-Berg Mann der

Tai *to-gagasa*
Mann stolz

Igagasa *tabuijia*
Wurde stolz im Fallen

Igagasa *bauraja*
Wurde stolz in der Erde

Igagasa *sobwataju*
Wurde stolz unter der Erde

Tabuya *kenokeno*
Im Fallen liegt

Silo *deba* *guyenaya*[88]
Ihr Kopf sein Schmerz

Keli *yoge* *tanoina*
Graben vergeblich seinen Boden

Iliguia *kenokeno*
Er liegt liegt am Boden

Der stolze Mann aus Borosota. Er fiel nieder, als er Zauberei betrieb, und liegt tot da. Der Jams wird wie ein stolzer Mann wachsen und nach dem Fallen auf der Erde liegen.

Sodann machte Bulema einige Bemerkungen, die mich überzeugen sollten, daß er kein barau sei: »Mein richtiger Onkel, der große Bulema, sagte mir immer: ›Warte nur, bis ich es dir beibringe.‹ Ich war sehr jung, als mein Vater starb.« Der Onkel unterrichtete ihn nur in der Jams-Magie.

Wenden wir uns wieder der Beschwörung zu: Hochmut kommt vor dem Fall. Der »Mann aus Borosota« ist eine Art Personifikation des Jams; er war hochmütig, betrieb Zauberei und fiel. Auch Bulema hat Angst, wenn seine Gärten zu gut stehen. Wer ist nun der Mann aus Borosota? Die Assoziationen enthüllen es: »mein Vater«. Bei irgendeiner Sache Erfolg zu haben, bedeutet, an die Stelle des Vaters zu treten; deshalb muß man Angst davor haben. Selbstverständlich wird der unbewußte Vaterkonflikt nun bewußt und erscheint im manifesten Traumtext häufig im Zusammenhang mit dem Onkel, besonders mit dem Onkel, der als Lehrer auftrat.

Bulema erzählte zwei Träume: Im ersten sagte Bulema der Ältere: »Ich komme morgen zum Fischen.« Ich sage zu meiner Frau: »Bereite das Essen vor, Bulema wird heute kommen.« – Diesen Traum hatte er, als er in Widiwidi seine zweite Frau heiratete. – Vor kurzem träumte er: »Ich sehe Mwaina rohihira (›Korken rund‹), er kommt mit einem Knüppel und zaubert. Ich wache auf.« – Als er diesen Traum seiner Frau erzählte, trat »Korken rund« tatsächlich ein. Bulema schrie, faßte sich ins Haar und rief die anderen herbei; es war ganz klar, daß »Korken rund« ein barau war, deshalb wollten sie ihm die Kehle durchschneiden. »Korken rund« pflegte mit seinen Händen einen Trichter zu formen, durch den er die Leute mit seiner Zauberkraft anblies.

Dieser Mann hatte einigen Grund dazu, Bulema durch Zauberei zu töten, weil Bulema Mwaina – rohihiras wahana (Onkel oder Neffe) erstochen hatte, da dieser Bulemas Frau geraubt hatte. Bulema fügte noch eine Einzelheit des Traums hinzu: »Im Traum sage ich zu meiner Frau: ›Ich werde Bulema töten‹.«[89] Dann fuhr er fort und sagte, daß er und der ältere Bulema gute Freunde gewesen seien, die sich gegenseitig immer geholfen hätten.

Als er nach Dobu ging, hielt er sich bei Bulema auf. Nachts kam der ältere Tubuduau, um ihn durch Zauberei zu verletzen. Tubuduau wollte zuerst den großen Bulema töten und anschließend den kleinen. Bulema sah, wie Tubuduau seinen Kopf durch die Tür steckte und einen Stein in der Hand hatte. Er rief: Du bist Tubuduau! Worauf dieser nach Hause zurückkehrte.

Wir erkennen in diesen Träumen den großen und berühmten barau als einen Mann, der an Alpträumen leidet, an einer bedrohlichen Furcht, von anderen baraus angegriffen zu werden. Diese Alpträume drehen sich um Schuldgefühle, die teilweise mit seinem Namensvetter – dem Onkel, der ihn in der Kunst des barau unterrichtete – und, in einer sehr viel tieferen Schicht, mit seinem Vater zusammenhängen. »Die Art des barau ist die Art des Vaters.« Eines von Bulemas Opfern war sein »Sohn« oder vielmehr der Sohn seines Bruders. Er prahlte damit, den jungen Mann durch barau umgebracht zu haben, weil dieser aus dem *gwara rasa* (der für die Trauerfeier seines Vaters reserviert war) Früchte gestohlen hatte. Der ödipale Charakter dieses barau-Vollzugs ist offensichtlich.

Notura, der allgemein als jähzornig und sonderbar galt, gab

offen zu, ein barau zu sein. Er spuckt auf einen Stock, zeigt damit auf einen Mann, der daraufhin umfällt. Auf diese Weise tötete er drei Leute, weil sie *gagasa* (›hochmütig‹) waren und seine Frau eroberten.[90] Jedesmal, wenn er auf einer fremden Insel übernachtete, kaute er Pfeffer und richtete folgende Worte an den Pfeffer: »Wenn du einen Feind siehst, dann bring ihn um.« Dieser Zauber wendet sich gegen einen barau oder werabana, der ihn im Traum töten könnte.

Es handelt sich hier um die *kaiwe*-Magie (*kaiwe* = ›Baum‹, ›Blatt‹). In einer Nacht tötete er zwei, in einer anderen Nacht zwei weitere. Auf mich war er nur ein wenig zornig; wenn er sehr zornig gewesen wäre, hätte er auch gegen mich barau geübt.[91] Die entscheidende Probe seiner barau-Kräfte ergab sich, als in einer Nacht sein Onkel kam, um ihn zu töten. Er bemerkte die Anwesenheit des Onkels, blieb am Leben und wurde somit ein barau. Zum Unterweisungsprozeß gehört auch, daß der Schüler den Versuch unternimmt, seinen Lehrer zu töten, oder umgekehrt – aber gewöhnlich bleiben beide am Leben und somit sind beide große Zauberer. Wenn der Vater die Rolle des Lehrers übernimmt, fällt dieser Teil des Verfahrens weg.

Im Zusammenhang mit Träumen und Assoziationen erfahren wir über den barau noch weit mehr. Doketa erzählte mir, wie sein Vater zusammen mit seinem Onkel Kauanamo auf barau-Ausflüge zu gehen pflegte. Sie töteten einen Mann durch Zauberei, schnitten ihm die Adern heraus und trockneten sie. So entsteht ein *bona* oder Köder, der sowohl Fische wie auch Mädchen anlocken kann. Der Traumkontext läßt deutlich werden, was dies bedeutet: der Vater treibt nachts geheimnisvolle Dinge, tötet Menschen und erweckt sie wieder zum Leben.[92] Ein ungarischer Lehranalysand erzählte mir, daß er im Alter von ungefähr drei Jahren hörte, wie sein Vater mit der Mutter den Beischlaf vollzog. Er unterbrach die beiden und fragte, was der Vater da mache. »Er ist am Operieren«, war die Antwort. Darauf verkündete er, daß er *barau* – ich meine natürlich Arzt – werden wolle. (In Duau ist dies gleichbedeutend.) Der ödipale Inhalt des barau-Komplexes zeigte sich in Ramoramos erstem Traum ganz deutlich. Der Mann, der mittels barau zu töten versucht, ist im klassifikatorischen Sinn sein »Sohn« (d. h. der Sohn seines Bruders).

Kuhuwas Sohn ist gestorben; er trauert um ihn.[93] Er erinnert sich, daß er um seinen Kreuz-Cousin und zuvor um seinen Vater getrauert hatte.[94]

Aus der erwähnten Arbeit werde ich den siebten Traum Kauanamos ausführlich zitieren, da er umfassend verdeutlicht, was die nächtliche Tätigkeit des barau bedeutet: Ich gehe im Busch umher, da machen die Guy-Menschen Jagd auf mich. »Warum kommst du hierhier«, fragen sie mich. »Ich komme wegen der Betelnüsse«, gebe ich zur Antwort. Sie werden von einem Mann namens Napiyeni angeführt, verfolgen mich, ich laufe weg und springe in ein Wasserloch. Sie wollen mich töten. Ich beteuere, daß ich nur wegen der Nüsse gekommen bin. Sie antworten: »Wir haben unsere Betelnüsse selber angepflanzt. Sie sind unser Eigentum. Du kannst haben, was im Urwald wächst.« Schließlich geben sie mir ein paar Betelnüsse, befehlen mir aber, nie mehr zurückzukommen.

Assoziationen: Der im Traum erwähnte Mann ist Napiyeni, der Sohn seines Bruders *(rabaraba).* Napiyeni nennt ihn ›Vater‹. Napiyeni ist ein häßlicher Mann und ein großer Witzbold. Jedesmal, wenn er eine Frau sah, sagte er: »Das ist meine Frau, wir haben schon Geschlechtsverkehr gehabt.« Er war tatsächlich zu Napiyeni gegangen, um ihn um Betelnüsse zu bitten. In Wirklichkeit freilich ist Napiyeni außerordentlich pflichtbewußt. Er verhält sich wie ein Sohn und schenkt Kauanamo Betelnüsse. *Das Wasserloch, in das er springt,* ist das Kekura-Wasserloch, der Ort des Matakapotaiataia. Dort sind die Fußabdrücke von Matakapotaiataia zu sehen; es ist der Ort seines Hochmuts *(gagasa).* Matakapotaiataia ist *tau tokumalina* (›Mensch schlecht‹). Er ist *gamwasoara arena* (›die Wurzel des Zorns‹).[95] Der Traum wiederholt ein Ereignis, das tatsächlich vorgefallen ist: Er hatte einen Onkel besucht und war damals auf ähnliche Weise verjagt worden, obwohl sein Besuch ganz ohne Hintergedanken war. Das gleiche geschah einst mit seinem Onkel. Er kam nachts in ein Dorf und wurde von den Männern festgehalten. Er beteuerte, daß er nur wegen der ledigen Mädchen gekommen sei. Die Männer aber sagten: »Wir haben Selilo gefangen, weil wir dachten, er komme wegen der verheirateten Frauen oder als barau.«

Die Äußerung: »Wir haben unsere Betelnüsse selber angepflanzt, sie gehören uns. Du kannst nehmen, was du im

Urwald findest«, entspricht dem, was die jungen Männer immer von den Alten hören, wenn sie nachts umhergehen. Auch Kauanamo selbst sagte oft zu den jungen Männern seines Dorfes (Kebeluga): »Was ich selbst gepflanzt habe, gehört mir. Laßt mich die Nüsse kauen; wenn ich sterbe, wird alles euch gehören.« – Die jungen Männer wollen die Betelnüsse haben, um sie als Geschenke zu verteilen, wenn sie zum *gwari* (Liebeswerben) gehen. Als er jung war, sprach der Ehemann seiner Schwester die gleichen Worte zu ihm.

Bei der Traumdeutung sehen wir, daß der Hauptgegner ein Mann ist, den er »Sohn« und der ihn »Vater« nennt. Die Rollen sind jedoch vertauscht. Im Traum ist er ein junger Mann, der hinter den jungen Mädchen, d. h. den Betelnüssen, her ist. Das entscheidende Element des Traumes ist das Wasserloch von Matakapotaiataia. Kauanamo ist Matakapotaiataia, der große Held, der mit seiner Mutter Geschlechtsverkehr hatte, und von dem eine Unterart der schwarzen Magie, die *Zorn-Magie*, herstammt.[96]

Bebe (sawaitoya) gab schließlich ebenfalls zu, ein barau zu sein. Wenn die baraus auf ihre nächtlichen Beutezüge gehen, waschen sie sich und ziehen sich so an, als ob sie auf die Suche nach jungen Mädchen gehen würden. Der barau versteckt sich im Urwald und wirft einen Miniaturspeer nach seinem Opfer. Der Speer ist unsichtbar, er berührt den Mann und fliegt dann in die Hand des Werfers zurück, der sich versteckt hat. Ist der Angegriffene ebenfalls ein barau, dann spürt er den unsichtbaren Speer und wirft ihn zurück. Ist er kein barau, dann stirbt er innerhalb von zwei bis drei Tagen. Wenn die baraus einen Mann getötet haben, schneiden sie ihm einen Hoden ab und verwenden dessen Flüssigkeit als Köder (bona) beim Jagen und/oder Fischen. Manchmal schneiden sie dem Mann auch die Zunge oder den Penis ab und lassen dann an der entsprechenden Stelle eine Pseudozunge oder einen Pseudopenis wachsen, so daß die Leute, die den Mann begraben, das Fehlen des Organs nicht bemerken.

Der barau ist der Vater; seine nächtlichen Streifzüge und Zaubereien repräsentieren die sadistische Vorstellung des Kindes von der Urszene.[97] Vielleicht können wir sogar noch einen Schritt weitergehen. Warum schwindet die Macht des barau mit dem Ausrufen seines Namens? Es wäre plausibel, diese

Szene als Wiedererleben der Urszene in der passiven Rolle eines Alptraums[98] zu interpretieren und anzunehmen, daß der Alptraum ein konstitutives Element für den barau-Glauben darstellt. Das Ausrufen des Namens bedeutet Aufwachen. Den Mailu zufolge kommt der barau ins Haus, wenn sein Opfer schläft, er nimmt etwas aus ihm heraus und bringt es wieder zum Leben, usw. Immer wenn ein barau ein Haus mit der Absicht betritt, einen Mann zu töten, versucht er, mit einem weiblichen Mitglied im Haushalt des Mannes Verbindung aufzunehmen, während es schläft – entweder mit der Ehefrau, mit seiner Schwester oder seiner Tochter. Nach dem Aufwachen weiß der Mann nicht, was geschehen ist, weil er vom barau verhext wurde, die Frau hingegen erinnert sich sehr wohl.[99] Der Zauberer oder barau ist der Vater in der Urszene.

Die Art der Hexe ist die der Mutter, und die Art des barau ist die des Vaters.[100]

Selbstverständlich wird weder eine Hexe noch ein barau zugeben, daß sie oder er zu den Hexen oder den baraus gehört. Es gibt hier jedoch einen klaren Unterschied. Während alle Häuptlinge oder esaesa tatsächlich auch barau sind, kommen Hexen nur sehr selten vor, und sie sind Frauen ohne jedes gesellschaftliche Ansehen. Die Unterweisung des barau ist eine Tatsache, die der Hexe eine Phantasievorstellung.

Das Mädchen hält die Haustüre ganz einfach für die Haustüre, aber in Wirklichkeit ist es die Vagina ihrer Mutter oder Großmutter. Die Mutter hat das Licht ausgelöscht und öffnet ihren Mund oder ihre Vagina so weit wie die Haustüre, und dann schickt sie ihre Tochter nach dem geheimnisvollen Licht der Hexerei, dem *kaya*. Das Mädchen wird ein zweites Mal verschluckt und wiedergeboren, und dann lernt es alle Beschwörungen und Gifte kennen, die mit der Hexerei in Zusammenhang stehen.

Kaya ist ein Feuer, das zu einer Schnur wird und aus der Vagina der Hexe kommt. Mehrere Hexen fliegen auf dieser Lichtschnur, die in Gestalt einer Sternschnuppe sichtbar ist. Fortune fügte noch eine sehr wichtige Einzelheit hinzu, die für die Psychologie der Hexerei bedeutsam ist: Aus dem Körper der Hexe steigt nachts ein gewaltiger Hoden empor und wird zu einer Feuerkugel, die durch die Luft fliegt. Berührt ein Schlafender das Bein einer Hexe, dann fährt dieser

Hoden in ihn hinein, nistet sich in seinem Hodensack ein und verursacht Elefantiasis.[101] Die *geraboi* sind fliegende Hexen in Männerkleidern mit Gürtel und Hose *(hwaraj)*. Sie gleichen den *sebulu igwana* (›Schnur-singen‹). Ihr Haar ist weiß wie eine Schnur. Ihr Schiff ist aus Stein, und sie befinden sich dauernd im Streit. Einige sitzen auf dem Steinschiff und rufen »Vorwärts!« Während sie sich vorwärtsbewegen, wird das Steinkanu immer länger. Die Hexen werden auch »Türe fliegen-fliegen« genannt. Sie verbinden zwei Bäume, von denen der eine in Duau und der andere auf den Trobriand-Inseln steht, mit einer Schnur *(dutu)*. Sie reiten darauf und ziehen daran. Wenn die Leute eine Sternschnuppe sehen, sagen sie: »Die Hexen sind weggeflogen«, dann klopfen sie sich auf die Lippen und rufen: »U, u, u!«. Die Hexe verwahrt in ihrer Vagina viele Dinge: außer dem bereits erwähnten geheimnisvollen Licht den Leuchtkäfer, einen kleinen Flugfuchs, der ihr Bote ist; außerdem den *mwakwakwa*, der ihr hilft, die Menschen zu töten, eine hölzerne Schale, die als Boot verwendet wird[102], und einen kurzen Stock, mit dem sie die Leute schlägt.

Ein anderer Aspekt der Hexerei ist die Nekrophagie. Die Hexen tanzen nachts um die Gräber herum. Eines der Gräber öffnet sich, und eine Leiche steigt weinend heraus. Durch ihre Zauberei schaffen sie aus dem Meer Wellen herbei und waschen die Leiche. Sie erhebt sich. Sie ist jetzt ein wiederbelebter Körper, ein *kokoa*. Anschließend töten die Hexen den *kokoa* und teilen ihn auf. Wenn die Männer nachts auf Brautschau gehen, hören sie, wie in einem Topf gekocht wird. Sie wissen dann, daß die Hexen eine Leiche essen. In Duau wird zwischen den häßlichen und den schönen Hexen unterschieden. Die häßlichen Hexen essen die Leiche; die schönen bringen die Seele zu ihrem Gatten Tau Mudurere. Die Geister der Unterwelt *(kasa numu)* sind die Gatten aller Hexen, und Tau Mudurere (›der Mann mit dem tätowierten Schamhügel‹) ist ihr Häuptling. Die Hexen bringen die Seelen der Menschen als Nahrung zu Tau Mudurere hinunter. Sie nennen sie ihre Schweine und sammeln sie überall ein. Sie kämmen sie, damit sie schön aussehen, denn wenn er mit ihrem Äußeren nicht zufrieden ist, weist er sie zurück. Anschließend tanzen die Hexen mit ihren Opfern. Danach werden diese von Tau Mudurere geröstet, und die Hexen nehmen ihren Anteil mit nach Hause, so wie andere Leute ein Stück Schweinefleisch von einem *sagari* nach Hause nehmen würden. Wenn Tau Mudurere diese Seelenstücke röstet, stirbt die wirkliche Person. Tau Mudurere schenkt den Hexen Zauberkraft, Boote, Jams usw., aber dafür müssen sie ihm die Opfer bringen. So bringt zum Beispiel eine Hexe ihren Bruder zu Tau Mudurere und tauscht ihn gegen ein neues Kanu ein.

Doketa erzählt: »Wenn sich meine Frau zum Beispiel über ihren Vater Lobeseni (den großen Häutling von Duau) aufregen würde, dann könnte sie ihn Tau Mudurere übergeben.« In einer anderen Fassung ist Tau Mudurere der Gatte aller Hexen. »Sie töten uns alle, um ihn zu ernähren.« Wenn es eine große Epidemie gibt, leuchtet überall das Licht von Tau Mudurere. Eine alte Hexe ging in die Unterwelt und brachte eine neue Jamsart zurück. Sie spielte dort unten und hatte mit den Geistern der Unterwelt Geschlechtsverkehr. Jedes Geschenk und jeder nützliche Gegenstand beruht a) auf dem Koitus der Hexe mit ihrem Geisterliebhaber, b) auf der Opferung eines menschlichen Wesens.

Wir haben im Zusammenhang mit den fliegenden, phallischen Hexen bereits auf den »ozeanischen« Aspekt der Hexerei hingewiesen. Die Hexe will das Boot zum Kentern bringen und durch den Rachen des Hais, der als identisch mit dem Mund der Hexe aufgefaßt wird, die Reisenden verschlingen. Übernatürliche Wesen und Hexen verschmelzen miteinander. Die *geraboi*, die *sebulu igwana*, die *sesegant* usw. werden alle als Hexen bezeichnet. Außerdem gibt es eine oberste Hexe: Sine mata nogi nogi oder Sine gaga roi roi, oder Silili. »Wenn wir in einem Boot sitzen, an den Himmel blicken und dann eine ›Wolke wie aus Asche‹ sehen, dann ist dies Silili.« »Wenn wir hungrig sind und bei unseren Freunden Jams stehlen, blickt uns Silili vom Himmel herab an und sagt: ›Ja, genau so seid ihr‹.« Ein *gau* bezeichnet eine Beschwörung, um Nebel zu erzeugen, damit man sich darin vor den Hexen verstecken kann. Bevor sie zum Schwimmen ins Wasser springen, sprechen sie eine *gau*-Beschwörung. Die *gau*-Beschwörung stammt von Tau Mudurere, dem Ehemann aller Hexen. Wenn dieser seine Flasche zerbricht, wird der Ozean mit Nebel bedeckt. Es besteht die allgemeine Tendenz, die Bewohner der unterirdischen Welt mit den Geistern des Meeres gleichzusetzen.

Eine Hexe kann jemandem nur dann Schaden zufügen, wenn dessen eigene Mutter oder Schwester ihn einer anderen Hexe »übergibt«. Mit anderen Worten, aus der Sicht des Mannes ist die Hexe seine Mutter oder Schwester; der Austausch der Opfer ist nur eine Tarnung der ursprünglichen Vorstellungen. Die euphemistische Bezeichnung der Hexen als *»unsere Mütter«* erklärt den wirklichen Sachverhalt. Als ich Samwero nach Hexen befragte, antwortete er mit großer Entrüstung: »Woher soll ich das wissen! Meine Mutter war keine Hexe.«

Im Alltagsleben, in dem die mythologische Projektion fehlt, dreht sich die Hexenvorstellung um ein einziges Thema: um die *orale Frustration.* Eine alte Hexe, die ich kennenlernte, hieß Libwebweso. Man berichtete mir, sie habe ihren Bruder in einem Streit um Tabak getötet. Eines Tages war ihr Bruder mit einer Schachtel Tabak von der Arbeit nach Hause gekommen. Ein Viertel davon schenkte er seinem Schwager, dem Ehemann von Libwebweso. Als er seinen Anteil aufgebraucht hatte, nahm er den ihrigen an sich. Sie wurde so wütend, daß sie sagte: »Geh an die Arbeit zurück und stirb.« Er antwortete: »Du wirst dich selber treffen«, d. h.: »Deine Boshaftigkeit wird sich gegen dich selber wenden!« Da erhob sich ihr Zorn gegen ihn, und sie tötete ihn. Ihre eigene Darstellung des Vorfalls war eine andere. Sie beschuldigte die Liebhaberin ihres Bruders. Der Bruder hätte eine Freundin gehabt, die er verlassen habe. Daraufhin habe das Mädchen »ihren Müttern« davon erzählt, d. h. den Hexen von Sigasiga. Diese seien nach Nadinadia geflogen und hätten dem Bruder den Kamm und damit die Seele weggenommen. Anschließend sei auch sein Körper verschwunden. Die Hexen hätten ihn in Sisileta verzehrt.

Ein Knabe mit Namen Iledi, der aus Dauwada kam, erzählte die folgende Begebenheit: Seine Großmutter Wadanoi pflegte ihn sehr häufig zu streicheln, als er noch ganz klein war. Später kam sie gelegentlich während der Nacht und warf ihm vor, daß er ihr keinen Fisch zu essen gebe. Wenn seine Mutter ihr kein Fleisch gebe, werde sie ihn verjagen. Er träumte: »In der Nacht kam Wadanoi und verjagte mich. Ich hatte Flügel und flog weg. Dann fiel ich zu Boden und war bedeckt mit

Fliegen und Ameisen. Sie wuschen mich mit heißem Wasser, und ich wachte auf.« – Hier handelt es sich offensichtlich um eine Mischung von oralen mit genitalen (›wegfliegen‹) Elementen und Schuldgefühlen. Sinebonakia aus Sigasiga behauptete, die wichtigste Handlung der Hexen sei, daß sie die Menschen krank machten, die ihnen die Nahrung verweigerten. Gimwagimwareya aus Nadinadia erinnert sich, daß sie als Mädchen von etwa sieben Jahren nicht essen konnte und ihr der Speichel heruntertropfte. Eine Hexe hatte ihr einen Angelhaken in den Mund gesteckt.

Die Mutter wird durch orale Frustration zur Hexe. Es ist bezeichnend, daß die eine der beiden authentischen Hexen, denen ich begegnete, tatsächlich eine schlechte Mutter war. Sie klagte darüber, daß ihr erwachsener Sohn nichts mit ihr zu tun haben wolle und daß er sie niemals besuche, weil sie sich einmal, als er klein war, geweigert hatte, ihm Kokosmilch zu geben. Wir haben bereits auf die dreifache orale Frustration des Kleinkindes hingewiesen: a) durch das unterbrochene Säugen, b) durch abrupte Entwöhnung und c) durch Objektverlust, d. h. durch die hohe Sterblichkeitsrate. Das Kind muß darauf mit der Körperzerstörungsphantasie reagieren, d. h. es will alle phantasierten begehrten Objekte aus dem Körper der Mutter reißen.[103]

Es war einmal ein kleiner Junge, der besaß einen *gatura* (Fischart). *Seine Mutter und sein Vater nahmen ihm den Fisch weg und aßen ihn auf.* Deshalb weinte er von morgens bis abends. Sie wurden dessen bald überdrüssig. Nachdem sie zwei Schüsseln Essen für ihn gekocht hatten, beluden sie ihr Kanu mit Taro, Jams und Bananen und *fuhren weg, als das Kind noch schlief. Sie gingen fort, und dann kam die Hexe heraus* (d. h. die Eltern, die das Kind verlassen, *sind* die schlechte Mutter). Sie aß das ganze Essen auf. Sie nahm ihre Vulva ab und verschloß damit die Haustüre. Als der Junge dies sah, ging er zum Schlafen in ein anderes Haus, das mit Kriechtieren überfüllt war. Als die Hexe ihn sah, sprach sie zu ihrer Vulva (die Vulva der Hexe ist ein wildes, beißendes Tier): »Das ist unser Mann, beiß ihn, erledige ihn!« Der Junge erhitzte einen Stein und warf ihn in die Hexenvulva – worauf die Hexe starb.[104] – Diese Erzählung stellt eine Situation dar, in der das Kind Frustration (Aggression) erfährt und (Gegen-)

Aggression entwickelt.

Nun folgt die Geschichte einer Frau namens Kapoi (Bezeichnung für eine Frucht). Sie war schwanger und befand sich mit ihrem Mann auf einer Segelfahrt. *Sie hatten kein Wasser mehr* (orale Frustration) und entschlossen sich deshalb, ans Ufer zu fahren, um Wasser zu holen. Er blieb am Ufer, während sie den Fluß hinauf ging, um Wasser zu holen. Da trat eine Hexe aus dem Urwald, nahm der schwangeren Frau das Wasser weg, verschluckte sie, ging mit dem Wasser zu dem Mann zurück und täuschte diesem vor, sie sei seine Frau. – Orale Frustration und Identität von Hexe und schwangerer Frau sind die auffallenden Merkmale dieser offensichtlich unvollständigen Geschichte.

Die Körperzerstörungsphantasie ist die Reaktion auf orale Frustration, und erst durch die projizierte Aggression des Kindes werden die »Körperinhalte« der Mutter gefährlich.[105] Der Neophyt versinkt in den Körper der Mutter, die Hexe versinkt ins Innere der Erde, und die Vagina oder der Schoß der Hexe steckt voller gefährlicher, magischer Objekte oder Tiere. Die Hexe markiert somit deutlich den Talionsaspekt der kindlichen Körperzerstörungsphantasie. Sie verzehrt Leichen. Der Zerstörung folgt die Wiederherstellung: die Leiche wird wiederbelebt. Die Hexe nimmt die Seele mit in die Unterwelt – und bringt Jams zurück. Die Hexe nimmt das Herz aus dem Körper, aber vorher spricht sie magische Worte in ihren eigenen Mund und berührt erst dann das Opfer mit dem Mund und saugt den Körper aus. In einer von der Hexe Donigo übermittelten Beschwörung wird offenbar, daß »Frau sich öffnend« oder »Frau Angst verursachend« die Perlmutter in der Vagina ist; die Hexe nimmt die Leiche aus dem Grab und frißt sie. Die Abwehr gegen diese orale Aggression ist wiederum oral: der Zauberer kaut Pfeffer, benutzt seinen Kalkkrug, sondert Speichel ab. Wenn die Hexe im oben erwähnten Mythos die schwangere Frau verschluckt und deren Stelle einnimmt, repräsentiert sie die kindliche Körperzerstörungsphantasie.[106]

Überall (nicht nur auf der Normanby-Insel) beginnt das Kleinkind sein Leben in der psychologischen Situation der Einheit mit der Mutter, und aus dieser Einheit löst es sich durch die unumgänglichen Frustrationen und die durch sie hervorgerufenen Aggressionen. Auf diesen Vorgang ist der grundlegende ambivalente Dualismus unserer Psyche zurückzuführen: das Über-Ich als Repräsentant des mütterlichen Introjekts und die damit verbundene, nach dem Talionsprinzip wirkende Aggression, die hauptsächlich der objektgerichteten Aggression des Kindes entstammt. Hexe, Mutter und Über-Ich bestrafen den Erfolg oder bestrafen das Weggehen von der Mutter; deshalb wird der Anführer der kune-Expedition von den Hexen umgebracht.[107]

Häufig ist die Hexe eine frühere Geliebte oder Ehefrau, und dann haben wir die gleiche Situation, wie sie uns aus der europäischen Hexenüberlieferung vertraut ist. Bulema erzählte mir, wie eine Hexe ihm das Blattzaubermittel verschaffen wollte, um das Kanu im Wasser schneller zu machen. Als Bezahlung sollte er mit ihr den Geschlechtsverkehr ausüben. Er war jedoch ein junger Mann und sie eine alte Frau. Er hatte Angst vor ihrer Vagina und befürchtete, daß sie ihm im Schlaf das Rückgrat brechen könnte. Er überlistete sie, der Geschlechtsverkehr mit ihr fand nicht statt.

Aus welchem Grund kommen die Hexen der Normanby-Insel immer in Zusammenhang mit dem Fliegen vor? Auch europäische Hexen fliegen, und es besteht kein Zweifel, daß dieses Merkmal mit ihren männlichen Attributen zusammenhängt. Die fliegende Hexe ist eine phallische Hexe.[108] Während meiner gesamten klinischen Praxis habe ich bestätigt gefunden, daß Flugträume Erektionsträume sind; bei der Frau weisen sie auf sexuelle Spannungen in der Klitoris hin. Wir haben oben Belege gesammelt, die den Zusammenhang zwischen dem Fliegen der Hexe und ihrer Männlichkeit herstellen.[109] Es ist sehr verlockend, eine Theorie über die Rolle der Träume in der Entwicklung des Glaubens an barau und Hexen *(werabana)* aufzustellen. Ich will jedoch dieses Thema erst später ausführlich erörtern.

Die Hexen erscheinen auf der Ebene der ödipalen oder Urszene noch einmal. Sie fahren in die Unterwelt und haben dort Geschlechtsverkehr mit Tau Mudurere, dem Herrscher über alle Hexen. (Diese Figur von der Normanby-Insel entspricht dem Satan bei uns.) Sie geben ihm *Kinder zu essen* (d. h. menschliche Wesen). Er ist die Gestalt des Vaters als Menschenfresser. Wir haben bereits darauf hingewiesen, welche zwei traumatischen Situationen wir für dieses Gebiet als entscheidend ansehen: 1. die Mutter frustriert das Kind oral; 2. der Vater frißt das Kind oder kastriert es. Diese ursprünglichen Situationen spiegeln sich in den Figuren der werabana und des barau wider.

Die Knaben dieser Region spielen ein merkwürdiges Spiel; man könnte es als dramatisiertes Märchen oder Volkslied bezeichnen: Sie rennen um das Dorf herum und singen von einer Frau, die Kinder zur Welt brachte, die aber von dem Vater aufgefressen wurden. Eines ihrer Kinder legte die Frau jedoch in eine Muschel. Diese Muschel pflegte das Kind, bis es groß war. Dann begann das Kind zu singen: »Freunde, eure Mütter haben euch gesäugt, ich hingegen bin nur das Kind einer Muschel.« Als der Knabe herangewachsen war, ging er ins Dorf. Seine Verwandten eilten herbei. Der Vater umarmte ihn und sagte: »O Kind, es tut mir leid!« Und die Mutter sagte: »Du hast alle Kinder gegessen, deshalb brachte ich dieses eine zu der Muschel.« Darauf hießen sie ihn willkommen und veranstalteten ein Fest für ihn (wie für jemanden, der heimgekehrt ist).

Offensichtlich identifizieren sich die Sänger mit dem Helden der Geschichte. Wenn wir die zeitliche Ordnung umkehren, werden Bedeutung und Vorwurf klar. Das Kind wird von der Muschel, dem hier üblichen Symbol für die Vagina, »gehätschelt«. Dann aber kommt der Vater und droht, das Kind zu fressen. Wir haben hier die typische Ödipus-Situation von Uranos und Kronos. Wenn es überlebt, hat es allerdings ein »Fest« verdient.

b) Yabaoaine. Alle Anthropologen werden mir darin zustimmen, daß Religion und Mythos auf die latenten Inhalte in der psychischen Struktur einer Gruppe hinweisen. Ich will hier zusammenfassen, was ich an anderer Stelle über den Himmelsgott Yaboaine geschrieben habe:[110] Yaboaine ist ein alter Mann im Himmel. Er wird »Großvater« genannt. Er formt das Kind im Schoß und bestraft eheliche Untreue mit einer Fehlgeburt. Am Anfang schuf er einen Mann und eine Frau und steckte sie in einen Becher, und als sie aufwuchsen, wuchs der Becher mit ihnen. Der Becher ist offensichtlich die Gebärmutter. Obwohl Yaboaine gewöhnlich als Mann dargestellt wird, erscheint er (oder sie) in einigen Geschichten als

Frau. W. E. Bromilow zufolge gibt es zwei Yaboaine. Der eine lebt auf der Milchstraße, und der andere bewacht die Diebe, wobei er sie weder zu bestrafen noch zu beschützen scheint.[111] In Sigasiga wurde mir jedoch erzählt, daß ein Gartendieb stirbt, wenn der Besitzer als Zeugen für den Diebstahl Yaboaine anruft. Aber Yaboaine ist auch zornig über einen Mann, der seinen Garten nicht richtig »fertiggestellt« hat. Dieser hört dann die Stimme von Yaboaine: »Du hast deinen Garten nicht fertiggestellt, jetzt wird er für immer unfertig bleiben. Der Zaun wird offen bleiben, Schweine und Diebe werden kommen, und dich wird man immer einen faulen Gärtner nennen.« – Nach Auskunft von Doketa aus Loboda gibt es noch ein anderes, ein weibliches Wesen, das nicht im Himmel, sondern in der Luft lebt; sein Name ist Silili, das bedeutet: »der Antreiber«. Silili bringt Menschen um, während Yaboaine ihnen hilft. Silili schickt Leute auf Segelausflüge, und wenn sie kentern, steckt sie sie in ihren Korb, um sie zu fressen; d. h. Silili frißt nur die Reichen und die Schönen, die Häßlichen überläßt sie den gewöhnlichen Hexen.

Samayawina, ein sehr zuverlässiger alter Informant aus Lomitawa (im Innern der Insel) behauptete freilich, Silili sei bloß ein anderer Name für Yaboaine. ›Silili‹ bedeutet si-lohe-sili (›ausschicken zum Antreiben‹, etwa so wie Hunde zum Treiben ausgeschickt werden). Yaboaine oder Silili *ist eine Frau*. Sie lebt im Himmel, schickt Menschen in den Krieg und veranlaßt sie zum *loyawe* (d. h. dazu, Liebesbeziehungen zu unterhalten). Das stimmt mit dem überein, was Bromilow uns über die zwei Aspekte von Yaboiane berichtet hat. Ein Mann vernimmt Yaboaine als innere Stimme, das heißt: als Stimme des Gewissens oder, in analytischer Terminologie, des Über-Ichs.

Sawaitoya zufolge beginnt der Zauberer, wenn er eine Person töten will, damit, ihr den Mund zu verschließen. Das Opfer schreit nach Hilfe, aber nur Yaboaine kann sie hören. Yaboaine ruft die *numu*, die Geister der Unterwelt, zu Hilfe. Die numu rufen den anderen Leuten zu: »Was macht ihr? Schaut ihr bloß zu, wenn ein Mann umgebracht wird?« Die Leute hören aber ihrerseits die Stimmen der Geister nicht. Yaboaine und die numu wissen alles über die Leute, sogar das, was sie denken. Yaboaine ist das Über-Ich der Eingeborenen, und wenn eine Depression sie verläßt und eine Phase der Euphorie eintritt, rufen sie Yaboiane an. – Wenn sie eine Trauerzeit beenden und wieder frei sind, auszugehen und zu lieben, sich zu erfreuen und zu arbeiten, dann töten sie ein Schwein und rufen Yaboaine an: »Blicke zu uns herab, nimm dieses Opfer an und sende uns ein anderes mitten in unser Netz herab.« Wenn sie ein neues Kriegskanu gebaut haben und in den Krieg ziehen, rufen sie: »Yaboaine! Nimm diese Feiglinge in den Himmel auf und schicke uns Helden, um unser Kanu zu bemannen.« Dann spritzen sie Wasser hoch und schreien: »So werden wir töten und abermals töten.« Fällt das Wasser wieder herunter, erfüllt Yaboaine ihnen diesen Wunsch. Die Vorwegnahme des Sieges wie auch der Sieg selber werden mit der Anrufung Yaboaines verbunden.

Nachdem die Einwohner von Guregureu die Angreifer[112] verjagt hatten, nahmen sie ihre Röcke[113], Federn und Kalktöpfe und brachen in einem Kanu auf. Als sie fertig angekleidet waren, riefen sie vor der Abfahrt Yaboaine an, um sich ihrer Schwäche zu entledigen:

O Yaboaine, es kommen Schwächlinge
Nimm sie auf und schicke Tapfere
Dann werde ich töten und abermals töten.

Anschließend bringen sie den Mann, den sie getötet haben, ins Dorf zurück. Sie essen ihn nicht selbst, sondern tauschen Teile seines Körpers gegen kune-Güter. Das *bagi* ist das *pokara* (Anfangsgeschenk) für Menschenfleisch. Für ein *mwari* geben sie eine Brust, für ein *dona* einen Arm, für ein *bagi* ein Bein. Ein Nasenbein wird gegen einen Kopf getauscht, eine Steinaxt gegen einen Hals. Hat einer kein kune-Geschenk, dann sagt er: »Schneide doch bitte ein kleines Stück für mich ab.« Sie pflegen zu sagen: »Schwein ist schlecht, Mensch schmeckt besser«; »Es ist unser eigener Geruch, deshalb ist es gut.« »Ihr Glück« bedeutet Menschenfleisch. Der Mann, der den Feind getötet hat, darf nichts von ihm essen, weil sonst sein Fuß immer schwach sein wird und er keine Feinde mehr töten kann. Der Mann, den sie rösten, bevor sie ihn essen, wird selbst ein Yaboaine. Sie schlagen zwei Pfähle in den Boden und errichten zwei Feuer. Der Mann muß von einem Feuer zum anderen rennen, bis er geröstet ist und stirbt. Im Rauch steigt sein Geist zu Yaboaine auf, und er wird ein Yaboaine. Einer anderen Fassung zufolge ist der schwarze Himmel oder Nachthimmel der Aufenthaltsort Yaboaines, und der Weg zu ihm ist die Milchstraße. Die Geister der gerösteten Opfer steigen als kleine Wölkchen aus dem Rauch in den Himmel empor.

Das Opfer eines kannibalischen Überfalls wird in einem Boot zurückgebracht. Sein Bezwinger hält es am Arm, während ein anderer Mann, der einen Rock *(dobe)* trägt wie eine Frau, die Trommel schlägt, singt und tanzt. Dieser Brauch wird *besa* genannt (›der Tanz mit dem Rock‹). Das besa-Lied lautet: »Krank, krank, krank, ho! Froh, froh, froh, ho!« Wenn der Mann, den sie getötet haben, arm und mager ist, sind sie froh. Darin kommt das gleiche Muster von falscher Bescheidenheit zum Ausdruck, das den gesamten Yaboaine-Kult durchzieht. Wenn sie Yaboaine anrufen, klingt dies ähnlich wie die Ausrufe auf einem sagari, die eher den Eindruck eines Streits als den einer Feier erwecken. Jeder prahlt mit den Geschenken, die er der Gegenseite gemacht hat. So ruft zum Beispiel eine Schwägerin aus: »Ich werde meinem Bruder erzählen, was ich von ihm halte. Ich ging den Pfad hinauf und kam wieder herunter, um beim heißen Wetter in deinem Garten zu arbeiten, und trotzdem hast du mir Vorwürfe gemacht: ›Wann machst du ein Fest für meine Frau?‹« Sie äußert dies in einem Augenblick des Triumphs. Das Haus ist geschlossen, das Fest wurde abgehalten, ihre Verpflichtungen sind erfüllt, und die Vorwürfe werden zurückgewiesen.

Auf derselben Feier wird der Turm *(siwaha)*, der den Jams enthält, nachdrücklich Yaboaine geweiht. Wenn der Turm fertig gebaut ist, rufen sie (wie oben) Yaboaine an und singen folgende Beschwörung:

Meine Freunde, euer Schmetterling ist groß
Mein Schmetterling ist nur klein
Eine Leiter wird zum Himmel gebaut
Er geht hinauf
Mein Ruhm geht zum Himmel
Nimm meinen Ruhm auf
Ich bin nur ein kleines Kind
Aber mein Ruhm wächst hoch.

Sodann ruft der am nächsten beim Turm stehende Mann Yaboaine an: »Yaboaine, o! Er geht hinauf, aber er ist gar nicht voll. Wenn er herunterkommt, wird er voll sein.« Das bedeutet: ›Alles dies ist gar nichts‹. »Wer würde dies ›voll‹ nennen?«

Im Grunde ist der Yaboaine-Kult eine Mischung aus Prahlerei und falscher Bescheidenheit. *»Ich bin zwar nur ein kleines Kind, aber mein Ruhm erhebt sich zum Himmel.«* Die Normanby-Insulaner sind mit Worten bescheiden und geben sich als unbedeutend aus. Ist dies nun Verstellung oder ist es aufrichtig? Ihre Anrufungen sind Widerlegungen dessen, was irgend jemand gesagt haben könnte, um ihren Ruhm zu schmälern. »In Ordnung«, sagen die Sieger, »wenn du behauptest, wir seien schlechte Krieger, dann nimm uns in den Himmel auf und schicke bessere.« Das bedeutet: »Niemand kann sagen, wir seien keine echten Helden; hier ist der Gefangene als Beweis dafür.« Würde ihre Anrufung mißlingen, und würde in zweideutigen Wendungen Triumph mit Bescheidenheit vermischt, dann würde das Über-Ich (oder die Angst) ihren Siegeswillen schwächen, Hungersnot und Niederlagen wären die Folgen.

Wir halten diese Interpretation für stichhaltig, weil wir noch einige weitere Daten besitzen, die nur in diesem Sinne gedeutet werden können. In den Mythen wird Yaboaine gewöhnlich als Mann aufgefaßt, aber in einigen Erzählungen erscheint er als Frau. Die Erklärung des Namens aus »Ya-bowaine« – ›ich bin eine Frau‹ – wurde von mehreren Informanten bestätigt. Allerdings würde eine Frau für ›ich‹ *ku* sagen, ein Mann hingegen *ya.* Beim kannibalischen Überfall trägt der Held einen Rock, und zwar deshalb, weil er glücklich ist, wie sie behaupten. Er ruft einen Gott im Himmel an, dessen Name lautet: »Ich bin eine Frau.« Ist der Himmelsgott möglicherweise eine Projektion des Menschenwesens? Eine Beschreibung, die mir Inois aus Sipupu von dem Tanz mit dem Rock und der Anrufung Yaboaines gegeben hat, erklärt die Situation. Demnach scheinen sie gewöhnlich sowohl zum Töten eines Schweins als auch zum Töten eines Menschen einen Rock anzuziehen. Sie rufen Yaboaine an: »Yaboaine! O, schau herab, wir haben nichts (wörtlich: wir jagen vergebens), nimm es an und schicke uns wirkliche Beute in die Mitte unserer Netze.« Danach ruft einer der Männer dem andern zu: »Was für einen Rock hast du an? Zieh ihn aus, damit ich sehen kann.« Der zweite antwortet: »Meinen Spielrock, meinen Spielrock! O! O! O!«

Wenn die Männer aus dem Krieg oder von der Jagd zurückkehren, werden sie als »Frauen, die Röcke tragen« bezeichnet. Dabei ruft einer dem anderen zu: »Was, du hast einen Rock an? Wirf ihn weg, sei nicht wie die Frauen!«, und der andere antwortet: »Aber es ist doch nur ein Spielrock. Ich bin doch nur zum Spiel eine Frau.« (Der Name des Gottes, den wir zu erklären versuchen, hat die Form einer Aussage, die von einem Mann gemacht wird, der einen Rock trägt: »Ich bin eine Frau«.) Natürlich meint er das nicht. Er ist mit einem Gefangenen siegreich aus dem Krieg zurückgekommen. Die Frauen auf dem Fest zeigen auf das Haus und sagen: »Es ist voll von Jams; könnt ihr nun behaupten, wir seien faul?« Der Held aus der Kriegergruppe dramatisiert die verleumderischen Anklagen seiner Feinde, indem er sagt: »Ihr denkt also, ich sei eine Frau, ein Feigling. Kann denn eine Frau eine Kriegergruppe anführen?« In diesem Sinne ist Yaboaine lediglich die Projektion eines Ausrufs, ein echter *Augenblicksgott* im Sinne von H. Usener.[114]

Es gibt noch ein zweites übernatürliches Wesen, das mit dem Krieg in Zusammenhang gebracht wird. Es ist weiblich und heißt Silili, was bedeutet: »fangt ihn« (d. h. den Feind). Diese Wendung gebrauchen sie beim Aufbruch. Wenn der Überfalltrupp zurückkommt, behaupten die Teilnehmer: »Ich bin eine Frau« (Yabowaine), womit alle potentiellen Vorwürfe zurückgewiesen sind. Wir müssen etwas gegen solche Selbstvorwürfe tun, weil wir dazu neigen, sie zu internalisieren. Krieg und Kannibalismus scheinen Mittel zur Abwehr solcher Vorwürfe zu sein. Wir dürfen auch nicht vergessen, daß das Opfer, das nach einem solchen Überfall gegessen wird, ein Yaboaine (d. h. eine Frau) wird, während der Sieger nur zum Spiel einen Rock trägt.

Yaboaine wird vor allem mit dem Essen und dem Hunger in Zusammenhang gebracht. Es ist ein eigentümliches Merkmal der Duau-Magie, einer möglichen Nahrungsknappheit dadurch vorzubeugen, daß man den Kindern den Appetit verdirbt. Es wird eine Beschwörung über Pilzen gesprochen, welche dann von den Kindern gegessen werden. Das Ergebnis ist, daß die Kinder nur wenig essen und sich widersetzen, wenn man ihnen große Mengen anbietet. Sie sind dauernd beim Spiel und wollen kaum essen, was zur Folge hat, daß sie nur langsam wachsen. Es handelt sich hier jedoch nicht um schwarze Magie, denn der Zweck besteht ja darin, einer Nahrungsknappheit vorzubeugen. Die lange Beschwörung handelt ausschließlich von einem übernatürlichen Wesen, das sich nicht bewegt: Wenn menschliche Wesen sich wenig bewegen, werden sie nicht so schnell hungrig. Das in der Beschwörung angesprochene übernatürliche Wesen heißt »Himmelsmann, reibende Person«. Es ist nicht Yaboaine, es sitzt jedoch im Land von Yaboaine und bewegt sich nicht. Merkwürdigerweise wird Yaboaine in einer der heiligsten Beschwörungen mit der leichenfressenden Hexe gleichgesetzt. Donigo, eine junge Frau, die öffentlich den doppelten Rock der Hexe trägt, teilte mir die folgende Beschwörung mit:

Augenmagie
Frau öffnet sich, sie ist eine Hexe
Frau lehnt ab[115]
Person Yaboaine
Dinieyo-Baum macht rot
Herr des Steinhaufens
Frau Angst?[116]
Person Yaboaine
Muschelklappen öffnen sich
Öffnen und öffnen sich
Frau, Frau geht mit mir
Schmetterlingsfarbe.

Ohne die folgenden Bemerkungen bliebe die Beschwörung unverständlich: Sine Magissa ist ein weiterer Name für Yaboaine. Manchmal wird Yaboaine zu einer Frau und hilft den Frauen, manchmal ist Yaboaine ein Mann und hilft den Männern. Die bloße Tatsache, daß diese weiblichen Gegenstücke Hexen sind, beweist jedoch, daß die männlichen Gegenstücke Zauberer sein müssen. Donigo und eine weitere Hexe – die jetzt tot ist – sind Gehilfinnen von Yaboaine oder Sine Magimagissa. Die roten Blätter des Baumes symbolisieren die als *rara*[117] bezeichnete Krankheit, und die sich öffnenden Muschelklappen sind der symbolische Ausdruck *(ona semalimali)* für das Grab. So wie die Muschel sich öffnet und schließt, so wird das Grab jeden verschlingen, den sie töten wollen.

Wir dürfen nicht vergessen, daß es W. E. Bromilow zufolge zwei Yaboaine gibt – den Schöpfer und den Wächter über die Diebe. Silili, die Antreiberin, ist auch die oberste Hexe Sine Matanoginogi (›Frau Augen hart hart‹). Die beiden werden gelegentlich auch als Schwestern von Yaboaine beschrieben und manchmal auch mit ihm gleichgesetzt. Wenn ein Boot verunglückt, rufen sie sie an wie Yaboaine. Yaboaine ist der Hüter der Gerechtigkeit, während Silili die Kraft darstellt, die eine Frau zur Kleptomanin werden läßt. Silili ist Yaboaine – eine Frau, die stiehlt und dann beim Selbstmord überrascht wird. Die Kräfte des Über-Ich sind Abkömmlinge des Es. Yaboaine ist Silili. – In der oben zitierten Beschwörung heißt die weibliche Form von Yaboaine »Frau, die sich öffnet und öffnet« oder »Frau, die Angst bereitet«. Die spezifische Angst, um die es hier geht, hängt mit der Öffnung der Vagina zusammen, der Perlmutter-Muschel (das in der Beschwörung verwendete Wort heißt *karitabu*). In einem der Mythen wird die Perlmutter-Muschel zur Bedeckung der Vagina gebraucht; in dem oben zitierten Lied symbolisiert sie die Vagina. Die Hexen versuchen, die Leiche im Grab und den Embryo in der Gebärmutter zu vernichten.[118]

Das Hauptmerkmal in der Persönlichkeit der echten, nichtmythischen Hexen ist ein orales; dies würde gut zum Element der Geschwisterrivalität passen, das häufig mit Körperzerstörungsphantasien verbunden ist. Das Kleinkind, das in seiner oralen Phase selbst den destruktiven Zug spürt, und der Säugling, der durch Unterbrechung des Säugens und abrupte Entwöhnung frustriert wird, müssen Angst davor haben, von den »Müttern« oder Hexen aufgefressen zu werden. Yaboaine wird gelegentlich mit der leichenfressenden Hexe identifiziert. Beim kannibalischen Überfall setzt der Held sich selbst mit der »schlechten« (fressenden) Mutter gleich, wobei er einen Rock trägt. Es ist jedoch das Opfer, das ein Yaboaine wird; schließlich ist es ja auch die Mutter, die vom Kind *»gefressen«* wird. In einigen Mythen ist Yaboaine eine reiche Frau, die reichlich Nahrung produziert und den Embryo in der Gebärmutter formt. In einer Hinsicht stellt Yaboaine somit die Phase der Wiederherstellung dar, die der Körperzerstörungsphantasie folgt. Er verkörpert jedoch auch die Schuld, die von der Körperzerstörungsphantasie hervorgerufen wird, und hieraus erklären sich die Anrufungen, die stattfinden, wenn ein Kanu gebaut oder ein Mensch oder ein Schwein getötet worden ist. Sie haben die Bedeutung, den Angriff des Über-Ich durch eine Einstellung abzuwehren, in der sich falsche Bescheidenheit und Aggression mischen.

c) *Mythologie.* Anthropologen und Psychoanalytiker stimmen heute darin überein, daß Inhalte des Unbewußten durch die Mythologie aufgedeckt werden. Es ist oftmals schwierig, auf dieser Grundlage die jeweilige Bedeutung unbewußter Konstellationen einzuschätzen, wenn es in einer einzigen gesellschaftlichen Gruppe Hunderte von Mythen und Märchen gibt. Wenn wir jedoch einige der Mythen kennen, die von der Gruppe selbst als die wichtigsten betrachtet werden, wird die Aufgabe erleichtert.

Da ist etwa die Erzählung von Matakapotaiataia und Tokedukeketai: Matakapotaiataias Dorf hieß Kapoakajoai (›Sprudelndes Wasser‹) und seine Mutter Kakasiro (›Brotfrucht‹). Die Bewohner dieses Dorfes sollten von Tokedukeketai (›Menschenfresser‹) und Bawe garegara (›Schwein grunzend‹) getötet werden. Sie hatten Angst und liefen weg, bis auf eine schwangere Frau. Sie hatte mit vielen Männern Geschlechtsverkehr. Als der Riese alle Leute auffraß, versteckte sie sich in einer Höhle und brachte Matakapotaiataia (›Augen vorstehend‹) zur Welt. Er wurde so genannt, weil er vier Augen hatte, zwei vorne und zwei hinten. Er wuchs auf und fragte seine Mutter: »Wo sind alle die Leute geblieben?« Als seine Mutter ihm erklärt hatte, was geschehen war, ging er zum Berg Toyay, wo Tokedukeketai lebte. Er stellte viele Speere her und härtete sie im Feuer. Matakapotaiataia malte sich schwarz an, und als er sich aus seinem Versteck erhob, kündigten Blitz, Donner und Regen seine Ankunft an.[119] Er befahl den Kindern im Dorf, seinem Großvater (Tokedukeketai) auszurichten, daß er in drei Tagen zurück sein werde. Unterdessen versteckte er die Speere einzeln an verschiedenen Stellen. Als er Tokedukeketai begegnete, warf er mit einem Speer nach ihm, der jedoch in dessen Körper abbrach. Er warf dann alle versteckten Speere nach ihm, und mit dem letzten tötet er schließlich den Riesen. Nahezu die gleiche Geschichte wiederholt sich mit Bawe garagara (›grunzendes Schwein‹). Danach macht er sich auf, um den dritten Feind zu töten, den Großen

Tintenfisch. Er verbirgt sich hinter Matten, um sich vor der schwarzen Flüssigkeit zu schützen, die aus der Wunde des Fisches strömt. Die schwarze Flüssigkeit breitet sich jedoch langsam über den Himmel aus und zerstört seine beiden hinteren Augen. Obwohl er verwundet wird, kehrt er zurück und lebt eine Zeitlang mit seiner Mutter zusammen. Als der Sohn fühlt, daß er sterben muß, sagt er: »Ich gehe jetzt fort und verlasse dich.« Aber seine Mutter antwortet: »Wir werden zusammen gehen und auf dem Meeresgrund einen Ruheplatz finden.« Seither lebt Matakapotaiataia also unweit von Bwaruada auf dem Meeresgrund, und wenn es regnet, kommt er herauf und ist glücklich. In solchen Zeiten treiben Baumstämme auf dem Meer, die er aufspießt. Seine Mutter verwandelte sich in einen Stein, der bei Bwaruada auf dem Meeresgrund liegt; bei Ebbe erhebt er (oder sie) sich aus dem Meer.

Von einem Eingeborenen aus Meyoko wird die Geschichte folgendermaßen dargestellt. Der Vater von Matakapotaiataia wurde Sequani (›Gebunden‹) genannt. Als der Riese die Menschen tötete, flüchtete Sequani mit seinen Onkeln nach Boyowa. Er lehnte es ab, seine schwangere Frau im Kanu mitzunehmen, weil sie zu schwer war und das Kanu zum Sinken gebracht hätte. Als der Held alle Feinde getötet hatte, kam sein Vater mit den Onkeln (d. h. den Mitgliedern des matrilinearen Clans) zurück, worauf Matakapotaiataia sie mit Hilfe seiner Zauberei allesamt in Steine verwandelte. Er war zornig über sie, weil sie seine Mutter im Stich gelassen hatten.

Die Herkunft des Helden ist nicht ganz geklärt. In dieser Fassung besitzt er einen leiblichen Vater, während in der vorherigen Fassung seine Mutter eine *sogara* (Prostituierte) und der Vater unbekannt ist. In beiden Erzählungen besitzt er zwei Brüder und Gehilfen, den Adler und den Hund. Kauanamo behauptete, Matakapotaiataia habe mit seiner Mutter geschlechtlich verkehrt, und auf diese Weise seien die beiden Brüder zur Welt gekommen. Daraufhin widersprach er sich aber und erklärte, die Tiere seien Zwillinge, und die Mutter hätte sie dadurch empfangen, daß sie fettes Fleisch gegessen habe. Er verwickelte sich in Widersprüche. Matakapotaiataia sei so stark, weil er weder Penis noch Hoden besitze. Anschließend leugnete er diese Darstellung.[120]

Wir wissen nicht, ob diese widersprüchlichen Ergänzungen

von Kauanamo auf Abweichungen innerhalb traditioneller Elemente zurückzuführen oder aber als seine freien Assoziationen zu verstehen sind. Jedenfalls ist klar, daß der Menschenfresser der Vater ist; der Held ist der siegreiche Sohn, der in einem ewigen Leben-Tod, in enger Verbindung mit der Mutter, auf dem Meeresgrund existiert. Selbstverständlich dürfen wir das »väterliche Trauma« nicht vergessen. Wie oben gesagt wurde, nimmt der Vater das Genitale beider Geschlechter in den Mund und sagt: »Ich fresse oder beiße es« – und das entspricht durchaus dem Motiv des Kannibalenvaters und dem der Kastration.

Andere Mythen von der Normanby-Insel bestätigen diese Interpretation. Ramoramo und Booki, beide aus Sipupu, erzählten den folgenden Mythos: Tokedukeketai[121] heiratete. Seine Frau brachte ein Kind zur Welt. Sobald er jedoch das Kind sah, fraß er es. Dies wiederholte sich einige Male. Schließlich wurde ein Mädchen geboren, das die Mutter im Bach versteckte. Sie wiederholte dies so lange, bis sich sechs Kinder im Bach befanden, drei Knaben und drei Mädchen. Sie wuchsen auf und gingen ins numu-Land hinunter.[122] Dort hatten sie ihre Gärten, die sie pflegten. Nachts kamen sie ins Dorf hoch, um zu tanzen. Schließlich merkten die Leute im Dorf, was los war: »Ihr seid unsere Verwandten, bleibt doch bei uns«, sagten sie. Aber die Kinder antworteten: »Vielleicht sind wir übernatürliche Wesen, und der Bach ist unsere Mutter.« Es wurde jedoch ein Fest zu ihren Ehren abgehalten, und sie blieben bei den Leuten im Dorf und heirateten.

Es wird zwar keine Erklärung gegeben, was aus dem Riesen geworden sei, aber die Identität von Riese und Vater ist eindeutig. In Mwatebu wird das Grab von Tokedukeketai gezeigt. Er starb auf folgende Weise: Der Riese machte einen Spaziergang und sah eine Frau mit ihren Söhnen um ein Feuer sitzen. Die Frau wollte weglaufen, aber er sagte: »Hab keine Angst, wir bleiben zusammen.« Nachts gingen sie ins Dorf, und er heiratete sie. Ihre Söhne waren wütend, und sie beschlossen, ihn mittels Zauberei (barau) zu töten. Er wurde krank und fand die Ursache heraus. Da maß er selber die Länge seines Grabes aus, baute einen Zaun darum, legte sich hinein und starb.

In einer anderen Version sind es die Brüder der Frau, mit der er sexuell verkehren will, die ihn töten. Matakapotaiataia ist die Hauptquelle der »Zorn«- oder Kriegsmagie. Der Mythos von Tauhau ist der prototypische Mythos der Liebesmagie, wobei jedoch nicht nur berücksichtigt werden sollte, daß Tauhau seine Schwester heiratet, sondern auch, daß in dieser Erzählung das Kind sofort nach der Geburt in den Mutterschoß zurückgeht. Es gibt zwei Tauhau. Die Schwester-Gattin wird dem älteren vom jüngeren geraubt. Überdies ist das Kastrationsmotiv in dem Mythos enthalten. Der Mythos von Kasabwaibwaileta, der um Körperzerstörungsphantasien und Geschwisterrivalität kreist, ist oben schon untersucht worden. Der Held kann dabei der jüngste Sohn oder der Vater sein (ödipale Varianten); einer phantasierten Wiederherstellung liegt jedoch immer das phallische Prinzip zugrunde.

Dies alles erklärt jedoch nicht die Kompliziertheit des Persönlichkeitsaufbaus auf der Normanby-Insel. Gruppenideal ist der esaesa. *Esaesa* bedeutet ›Ruhm-Ruhm‹, ›reich‹ oder ›Häuptling‹. *Esaesara* heißt ›spielen‹. Was ist ein Häuptling? Ein Mann, der allen Mitgliedern seines Clans und auch Fremden ständig Nahrung und andere Geschenke gibt, ohne dafür ein Gegengeschenk zu erwarten. H. J. Hogbin berichtet, daß in Dap

»Großzügigkeit mit Nahrungsmitteln als höchste Tugend gilt, und daß die meisten Leute sich bemühen, jeden Vorwurf der Knauserigkeit zu vermeiden. [. . .] Beide [Hogbin schreibt über ein Ehepaar. Anm. d. Autors] machten ihren Verwandten immer wieder Geschenke, denn die Leute in Wogeo besuchten das nächste Dorf nur selten, ohne Geschenke mitzubringen, und die Mithilfe in der Landwirtschaft wird immer mit einem Essen belohnt.«[123]

Demonstrative Großzügigkeit ist jedoch auch ein Mittel, um Unbehagen auszudrücken. »Sie waren knauserig und geizig«, berichtete Jaua, »während ich ihnen doppelt soviel wie alle andern gab, damit sie sahen, was ich bemerkt hatte. Sie werden sich jetzt schämen und schweigend dasitzen, während wir sagen: ›Wir aus Dap machen immer wieder Geschenke, auch wenn wir keine anständige Gegenleistung dafür bekommen‹.«[124] Hogbin erklärte den Leuten in Dap, daß es weitaus wirtschaftlicher wäre, wenn sie ihre Nahrungsmittel selber essen würden, statt sie in den Zeremonien zu tauschen. Sie gaben ihm zwar recht, wendeten aber ein, daß sie gern mit der

Nahrung hantierten und daß ihnen der Anblick großer Mengen gefiele. Viel zu essen gilt überdies als lustvoll, und deshalb sagen sie oft: »Für meinen Magen wäre es zwar besser, wenn ich jetzt aufhören würde, aber ich werde so lange weitermachen, bis ich die Schmerzen nicht mehr ertragen kann.«[125]

Eine Möglichkeit, den Sachverhalt zu bestimmen, wäre, die gute Mutter als Ich-Ideal zu bezeichnen. Das würde dem entsprechen, was Bergler eine magische Geste nennt, mit welcher der Mutter gezeigt werden soll: »So hättest du mich behandeln müssen.« E. Bergler schreibt:

»Aus der Geschichte dieses Patienten lernen wir, daß seine Mutter von den sechs Kindern enige bevorzugte und andere vernachlässigte. Der Patient hatte sich als benachteiligt empfunden. Mittels seiner Verschwendung und Unentschlossenheit agierte er eine ›magische Geste‹ aus. Er vollzog unbewußt eine magische Handlung, die eindeutig ein Akt der Aggression gegen seine Mutter war, und mit der er zeigen wollte, wie er gerne behandelt worden wäre.«[126]

Die Struktur ist jedenfalls sehr kompliziert. Eine gute Mutter sein heißt, Dinge verschenken und Menschen ernähren. Ein *sagari* (Ritual der Nahrungsverteilung) ist offiziell eine Gelegenheit, sich mit anderen anzufreunden. Auf die genitalen Aspekte des sagari mit der Symbolik des Hauses als Mutter usw. haben wir bereits hingewiesen. Das unterschwellige Element des sagari ist jedoch die Aggression; es ist die Zeit, in der es schnell zum Streit kommt. Für einen Streit, der auf einem sagari beginnt, gibt es sogar einen besonderen Ausdruck: *sasara.* Ich war einmal auf einem sagari in Nadinadia Zeuge eines solchen Streites und konnte beobachten, daß er sich wie ein Buschfeuer zwischen den Angehörigen verschiedener kleiner Dörfer ausbreitete, die sich offensichtlich zu einem freundlichen Geschenkaustausch eingefunden hatten. Diesem Aspekt entspricht auch die Tatsache, daß der großzügig Schenkende, der esaesa, nicht eben das ist, was er zu sein scheint. Die schlimmste Beleidigung, die man einem esaesa zufügen kann, ist die, ihn knauserig *(ose)* zu nennen – aber im Grunde ist er gerade das. Zwar macht er fortwährend Geschenke und Gegengeschenke; aber was diese Leute wirklich wollen, ist zweierlei: Sie wollen sowohl *butu* (den Ruhm, das Ansehen) eines großzügig Schenkenden als auch den materiellen Gewinn des Gegengeschenks. Überdies erhielt ich die erstaunliche Information, daß jeder *esaesa* in Wahrheit ein *barau* ist; d. h. jeder gute Mann (Häuptling) ist in Wirklichkeit ein schlechter (ein Mörder). Ich fragte nach dem Grund. »Das ist sehr einfach: weil alle *barau* auf sein Ansehen neidisch sind, versuchen sie, ihn zu töten, und die bloße Tatsache, daß er noch am Leben ist, beweist über jeden Zweifel hinaus, daß er ein noch größerer barau ist als sie.« Das ist eine sehr prägnante psychoanalytische Einsicht: Jemand, der äußerlich sehr liebenswürdig ist, ist in Wirklichkeit sehr aggressiv. In der speziellen Version, die für Duau gilt, geben sie vor, gute Mütter zu sein, und verbergen damit, daß sie in Wirklichkeit männlich und aggressiv sind. Die »sich versteckende Person«, wie der barau genannt wird, ist der Vater in der Urszene. Entsprechend sind diese Menschen, die vorgeben, *schenken* zu wollen, in Wirklichkeit solche, die *zurückhalten* wollen. Die Tatsache, daß diese Kultur auf der Vorstellung der Anhäufung von Reichtümern beruht und eine besondere Magie besitzt, um den Menschen den Appetit zu verderben, spricht für sich selbst.

Eine ganze Reihe von Mythen und Beschwörungen behandeln das Motiv des *Zurückhaltens*. Das Ziel aller *kegumu*-Magie, ohne die keine Zeremonie der Nahrungsverteilung stattfinden kann, besteht darin, die *Nahrung* im Dorf zu behalten, obgleich der äußerliche Zweck der Zeremonie die Verteilung der Nahrung ist. So lautet eine der *kegumu*-Beschwörungen:

To Wesilo *Burerara*
To Wesilo Burerara

Burerara *kutauya*
Burerara du gehst

Jabweyagu *To Wesilo*
Ich bin nach Wesilo

Da kasaya *yamiyamia*
Unser Dorf ich bleibe

Kasa *Yagisohoaya*
Dorf Ich helfe ihnen

Kasa *Yagisohonaya*
Dorf Ich halte es fest[127]

Hona raga
Reden hochmütig

kasa ina
Dorf seines[128]

Da kasaya yamiamia
Mein Dorf ich bleibe

Da *kasaya toatoa*
Mein Dorf ich halte an

E! tabuna yawarina
Ho! tabu ist es herumzugehen

E! tabuna yakunina
Ho! tabu ist es sich zu bewegen

Tua yamamiamo
Nur ich blieb nur

Tua yatoatoamo
Nur ich setzte mich nur

Hona raga hanauana
Wort auf sein Dorf[129]

Hona sae kasa ina
Wort Ruhm Dorf sein

Keiwa! kau masura
Hoch! meine Nahrung

So nanuana igona
Ernte denken an dich

Ya sopaki pakigoa
Ich ernte behalte dich

Ya Murua masurina
Das Woodlark* ist Nahrung

Keiwa kagu masura
Hoch! meine Nahrung

Yagajogayo ragasi
Ich sammle sammle auf[130]

Riaria dudunama
Es kommt vom Strand

* Ortsname

Riaria *sohotama*
Es kommt zusammen

Der Sänger sammelt aus den Dörfern die Nahrung ein und hindert andere daran, sie aus seinem Dorf wegzunehmen. Dazu gehört folgende Erklärung: Es gab zwei Brüder, der jüngere hieß Towesilo, der ältere Burerara (Warzen-Blut). Dieser, der Zauberer, identifiziert sich mit seinem jüngeren Bruder. Tarokariri behauptet, er sei ein *kegumu*-Spezialist (*kegumu taugu!*[131]), aber wir wissen, daß er auch ein *sone*-Spezialist ist. *Sone* ist die dem *kegumu* entsprechende destruktive Magie. Es ist das eingestandene Ziel dieser Magie, die gesamte Nahrung im Dorf zu behalten; doch wie die letzten Zeilen zeigen, zielt sie auch darauf ab, aus anderen Dörfern Nahrung zu sammeln. Eine ähnliche Vorstellung über den Bruder, der fortgeht, spiegelt sich in einem anderen *kegumu* wider.

To Bebeta sein Korb
To Madawa an seine Mündung
Du trugst den Korb
An einer Schnur drehend trugst du ihn
Nur ich setzte mich nieder nur
Nur ich setzte mich nieder nur
Nur ich setzte mich nieder nur
Meine Freunde ihr geht fort
Dorf nur ich warte hier
Nur ich setze mich hier nieder.

To Bebeta soll angeblich einen sehr großen Korb besitzen, und er bleibt in Sawatupwa, während sein Bruder fortgeht. Der große Korb ist offensichtlich als Behälter für den Jams gedacht. – Das nächste kegumu ist sogar noch aufschlußreicher:

Mwedili (Name eines Vogels)
Dinaujo (roter Ingwer)
Dein Budo-Baum auf seiner Spitze
Darauf sitzt du
Der Samen tropft heraus
Ich sollte ihn aufhalten
Ich sollte ihn anhalten
Du sitzt auf der Spitze deines Budo-Baums
Der Samen tropft heraus
Ich werde das Tropfen aufhalten

Ich werde ihn verschließen
Mein Dorf seine Nahrung
Mein Körper lehnt sie ab.

Diese Beschwörung beruht auf dem Mythos von einer Frau namens Mwedili (Bezeichnung eines Vogels) und ihrem Sohn Dinaujo (Roter Ingwer). Der Sohn verwandelte sich in ein übernatürliches Wesen mit vier Augen[132], dessen Körper nur aus Knoten bestand. Seine Mutter befahl ihm, auf den *budo*-Baum zu klettern. Sein Samen tropfte in den Stamm des budo-Baums und füllte die Höhlung. Die Menschen essen die Nuß des budo-Baums und gelangen so zum Samen. Eine Hexe beobachtete diesen Vorgang, berichtete davon, und so entstand die Magie.

Sie sammeln ihre Nahrung, so wie Dinaujo auf dem *budo*-Baum den Samen sammelte. Ziel der Beschwörung ist es, die Nahrung wie den Samen am Heraustropfen zu hindern. Von der inzestuösen Konnotation einmal ganz abgesehen, erkennen wir hier die Bedeutung, die dem Anhalten, Verschließen und Zurückhalten beigemessen wird. In einer Reihe von Mythen und Beschwörungen ist der Jams zuerst im Innern eines Menschen gebunden und wird dann durch Gewalt oder Magie herausgelassen. Der Jams kann sich dabei in das Blut einer Frau verwandeln, die von ihrem Mann geschlagen wurde, oder in die Tränen eines Menschen, der nicht weinen konnte, oder in den Embryo in einer Frau.

Es war einmal ein Mann namens Mundlos (Mythos von Kelologeia); in seinem Kopf war eine Höhlung, durch die er gefüttert wurde. Die Kinder aßen seinen Kot und litten keinen Hunger. Ein Teil des Kots, der zu Boden fiel und von den Kindern nicht gegessen wurde, verwandelte sich in Jams. – In den als obszön eingestuften Erzählungen *(mesorama)* kommen häufig anale Witze vor. Auf der Grundlage meiner klinischen Erfahrung bin ich zu der Folgerung gelangt, daß das Schließen des Sphinkters sowohl im wörtlichen wie im metaphorischen Sinne (d. h. im Sinne des analen Charakters) mit der Ablehnung in der oralen Phase und mit Körperzerstörungsphantasien zusammenhängt. Wenn sie keine Milch (oder zu wenig Liebe) bekommen haben, geben sie keine Geschenke, d. h. keinen Kot ab. Sie sind hart, wenn sie das *bagi* zurückhalten, und weich, wenn sie es widerstandslos weitergeben. Indem sie den Kot (oder die Körperinhalte) zurückhalten, leugnen sie die Möglichkeit einer Ahndung ihrer Körperzerstörungsphantasien durch das Talionsprinzip. Sie sind voll, d. h. reich, und nicht leer oder arm. In der Beschwörung identifizieren sie sich mit dem Jams im Haus, dem Embryo im Schoß und dem Bruder, der zu Hause bleibt. Die »schlechten« Mütter müssen im Kind eine zusätzliche Aggression provozieren. Die Grenzen zwischen oraler Aggression und analem Zurückhalten sind hier sehr undeutlich. Sie achten äußerst genau darauf, ihre analen Züge und ihre Aggression zu verdecken. Wie wir gesehen haben, lehnen sie auch die Vorwürfe des Über-Ich bei beiden Zeremonien der Nahrungsverteilung ab und bauen sogar ein System aus Beleidigungen und Kompensationen auf, um eine Zeremonie durchführen zu können. Ein Ehemann nennt seine Frau »dicke Vulva«, wofür er dann ihr und ihrem ganzen Clan eine Entschädigung in der Form eines sagari zu entrichten hat. Darüber hinaus entschädigen sie sich auch selber. Wenn ein Mann beinahe im Meer ertrunken ist, wird er das Kanu, das er erreichen kann, »ertrunken« nennen, und wenn er hungrig war und ohne Nachtessen zu Bett ging, wird er das nächste wertvolle Objekt »hungrig« nennen. Sie sind immer begierig, mehr zu erhalten; das Gegenteil eines *esaesa* oder freigiebigen Spenders ist der *gewana* (ein lästiger Mensch). Wenn ein Kind dauernd seine Mutter belästigt, wird sie zu ihm sagen: *»O gewana arena oyo.«* (›Du bist der größte Quälgeist‹.) Der Übergang vom Nehmen zum Geben, vom gewana zum esaesa, ist ein Teil des universalen Übergangs vom Passiven zum Aktiven, den alle menschlichen Wesen im Verlauf ihres Erwachsenwerdens durchlaufen; es läßt sich jedoch auch über ein Volk insgesamt[133] sagen, daß dieses Ziel nur oberflächlich und um den Preis einer stark regressiven Tendenz erreicht worden ist.

Wir haben die eigentümliche Beziehung dieser Menschen zu ihren Gärten bereits erwähnt. Es gibt jeweils einen kleinen Garten, den *uranugeta,* und einen großen Garten, den *sagari*-Garten. Der kleine Garten enthält Taro und Jams, der große nur Jams. Der kleine Garten dient unmittelbar praktischen Zwecken, der große dem Vorzeigen und Verteilen sowie dem gesellschaftlichen Ansehen. Faul oder arm zu sein, ist eine Schande; ein guter Arbeiter *(pajsewa karena)* und reich (*esaesa*

= ›Ruhm-Ruhm‹) zu sein, ist ruhmvoll. Die Volksmeinung kommt in den Liedern zum Ausdruck.

Ich bin nur eine Witwe
Ich pflücke kuradidi-Frucht
Witwer von Wejoko
Später werden sie mein Lied hören.

Eine Witwe ging nach Wejoko, um Früchte zu pflücken. Ein Witwer kam und fragte: »Wer ist bei dir?« Sie antwortete: »Ich bin allein, du kannst mich haben.« Er machte aus diesem Ereignis ein Lied *(wari)*, behielt jedoch die Frau nicht bei sich.

Lebt eine Frau einige Jahre allein, dann ist sie eine *abisidia* (›arme Frau‹), weil ihr niemand bei der Arbeit im Garten hilft. Sie hat deshalb auch nur einen kleinen Garten. Ein armer Mann wird *nanaewa* genannt, was besagen soll, daß er faul und deshalb arm ist. Ein fauler Mann soll angeblich der Autor des folgenden Liedes sein, in welchem er sich über sich selbst lustig macht:

Du machst jetzt deinen Garten,
Deine Axt schwimmt hinunter nach Boyowa,
Ihr Mann, »kleiner grüner Mann«.

Der Mann spricht zu sich selbst: »Siehst du, du bist ein Nichtsnutz, deine Axt schwimmt nach Boyowa hinunter (du bist spät dran, du hast Zeit verloren)«. Der »kleine grüne Mann« ist eine Taro-Art, die *kajdohoej* genannt wird. Er ist jedoch ein so schlechter Gärtner, daß er aus Versehen *taukubwa* (Busch-Taro) gepflanzt hat. Die Pointe ist, daß er eigentlich Jams anpflanzen müßte, da Taro minderwertig ist, und der Busch-Taro läßt ihn als völlig hoffnungslosen Gärtner erscheinen.

Der Garten wird in horizontaler und vertikaler Richtung mit Stäben in Reihen eingeteilt. Die ersten Reihen (von unten)[134] sollten mit *suasua* (rosa Jams) bepflanzt werden; das ist die sagari masurina, die Art, welche sich zur Verteilung bei einer sagari-Zeremonie eignet. Die richtige Pflanzzeit ist die Mitte der Arbeitsperiode, während oder nach Gesogesowa. Einige Leute beginnen beim Anpflanzen mit suasua, damit sie immer genügend Saatjams haben. Ihr *gagasa* oder Stolz beruht auf diesem Jams. Wenn zwei Männer sich streiten, sagt der eine gewöhnlich: »Wieviel suasua-Jams hast du angepflanzt?

Komm nur zuschauen, wenn ich meinen verteile!« Damit soll gesagt sein, daß der Mann, der mehr von diesem Jams besitzt, recht haben muß.

Mein erster Diener erzählte mir voller Stolz, daß die Mutter seiner Frau für ihre Kinder nur suasua kochte, und wenn sie mit einer anderen Frau Streit hatte, schnitt sie eine suasua-Wurzel entzwei und schickte sie ihr – worauf der Streit beendet war. Er fügte noch hinzu, daß der Besitz von Jams nicht ungefährlich sei; wenn jemand sehr viel davon besitze, würden die anderen darüber zornig und ihn mittels barau umbringen.

Der *mainina* (›sein Geruch‹) ist ein Jams, der sehr schnell wächst und für die Anpflanzung im uranugeta-Garten verwendet wird, der vielen Zwecken dient. Er wird jedoch auch für den sagari-Garten gebraucht, wenn es nicht genug *suasua* gibt. Auch *mainina* symbolisiert in einem Wortstreit die Überlegenheit einer Person. Ein weiterer sagari-Jams ist der *quateja Duau* (Jams aus Duau). Seine Schale ist rot, aber innen ist er weiß. Es ist nur ein zweitklassiger sagari-Jams. Sie schneiden ihn mit Muscheln in kleine Stücke und legen die Stücke oben im Garten in die Erde. Daraus entsteht Saatjams. Wollen sie aber Jams zum Essen produzieren, dann brauchen sie weiche Erde und pflanzen ganze Wurzeln in der Nähe des Flusses an. Diese Art findet sich nur in Sipupu, Sigasiga und Duau – obwohl sie durch das kune auch nach Bunama gelangen kann.

Sambara (›quer über die Insel gehen‹), der so heißt, weil er rund ist und die Form einer Insel hat, wird zuletzt angepflanzt, weil er sehr schnell wächst. *Marasi* oder *Bunebune* (›weiße Taube‹) wird an den Ecken und in der Mitte der obersten Reihe angepflanzt. Das ist die Jamssorte, die sie an ihre Onkel und Schwäger verteilen. Die Jamssorten für den kleinen Garten, den *uranugeta,* sind anders. Der uranugeta heißt »erster Wurf«, weil er zuerst bepflanzt wird und zuerst gedeiht; wenn ein Kind schreit, läuft die Mutter zu diesem Garten und wirft dem Kind eine Jamswurzel nach, daher der Name. Alle in diesem Garten gepflanzten Sorten zeichnen sich dadurch aus, daß sie rasch wachsen und nicht viel Pflege brauchen. Beim sagari-Jams hingegen muß dauernd der Boden aufgelockert, das Unkraut entfernt werden, usw. *Für ein sagari solchen Jams zu verwenden, der nicht viel Pflege benötigt, wäre eine schreckliche Schande.*

Die Jams-Magie – d. h. die Magie zur Steigerung der Fruchtbarkeit in den Gärten – könnte man als orthodoxe Magie bezeichnen oder als eine, deren Kenntnis bei jedermann vorausgesetzt werden kann und die von jedermann auch zugegeben wird.

Wir haben uns schon mit dem Verhältnis zwischen Taro und Jams beschäftigt und mit der Frage des Praktischen im Verhältnis zum Unpraktischen. Wenn wir die verschiedenen Jamssorten, die angepflanzt werden, im einzelnen betrachten, dann wird der Kontrast noch deutlicher. Weshalb wird harte Arbeit geleistet, wenn man das gleiche Resultat mit geringerer Anstrengung erzielen kann? Weshalb sagari-Jams und nicht die Sorten im uranugeta-Garten? Weshalb Jams statt Taro?

In seinen Ausführungen über die Trobriander liefert uns B. Malinowski den Schlüssel zu dem gesamten Problem:

»Wenn wir die Beziehung des tapopu (Taro-Garten) zu den anderen Gärten verstehen wollen, müssen wir daran denken, daß der Taro sich vom Jams und vom Taytu (minderwertige Jamssorte) erheblich unterscheidet, und zwar durch den zu seiner Pflege nötigen Zeitaufwand bis zur Reife, durch die Bedingungen, unter denen er wächst, sowie durch die Lagerfähigkeit. Seine Wachstumsperiode ist viel kürzer. Die Eingeborenen erzählten, daß der Taro bis zur Reifung vier Monde brauche, und daß sie im fünften Monat mit der Ernte beginnen müssen. Deshalb kann es in einem Jahr drei Taroernten geben im Gegensatz zu einer einzigen Ernte beim Jams und Tayutu.

Taro ist weniger von der Jahreszeit abhängig, sofern er während der Zeit gepflanzt wird, in der er genügend Feuchtigkeit erhält. Im Gegensatz zum Jams wächst er auch in jeder Art von feuchtem Boden, der nicht gerade ein Moorboden ist.«[135]

In der Stammeswirtschaft ist der Taro weniger wichtig als der Jams. Die Erklärung dafür ist, daß Taro sofort nach dem Ausgraben gegessen werden muß und sich deshalb nicht zum Vorzeigen eignet. Die großen Jamswurzeln taugen zur Nahrung nicht so gut wie die kleineren Sorten; dafür haben sie phantastische Formen und können lange gelagert werden. Aus beiden Gründen lassen sie sich gut zur Schau stellen.[136] Über die Taro anbauende Bevölkerung von Wogeo schreibt H. J. Hogbin: »Die Lagerhäuser, die für die Dörfer Neuguineas, in denen Jams angepflanzt wird, so charakteristisch sind, fehlen also; sie wären tatsächlich nutzlos, weil Bananen und Taro sehr schnell faulen.«[137] Außerdem wird berichtet, daß jedermann ungefähr dreimal so viele Gartenschößlinge besitzt, wie er benötigt. Viele davon werden einfach weggeworfen.[138] Wir sehen also, daß a) der Hungermonat unserer Einschätzung nach eigentlich gar kein Hungermonat ist; b) auch bei der gegenwärtigen Anbauweise kein Hungermonat eintreten müßte, da es auf der Insel noch viel ungerodeten Dschungel gibt, und wenn sie größerer Gärten anlegen und den Jams einlagern würden, könnte auch damit die Hungerperiode überbrückt werden; c) sie ausreichend zu essen hätten, wenn sie mehr Taro anpflanzen würden; da Taro sehr viel Feuchtigkeit braucht, gilt dieser Schluß für einige Teile der Normanby-Insel nicht, weil es dort zu trocken ist, wohl aber gilt er für Kelologeia und andere Inselteile; und d) behaupten die Eingeborenen ausdrücklich, daß sie größere Ernten erzielen könnten, wenn sie jenen Jams pflegten, der nicht zum Vorzeigen gedacht ist; gleichwohl beharren sie auf mehr Arbeit und geringerem Ertrag.

Weshalb bestehen sie nun darauf, sich die Arbeit schwerer zu machen? Ihre Wirtschaft steht unter dem Einfluß einer Kindheitserinnerung: unterbrochenes Säugen, plötzliche Entwöhnung, Objektverlust – der Hungermonat ist die alljährliche Wiederholung dieser Kindheitstraumen. Was bedeuten aber die Zurschaustellung und das Haus, das mit Jams angefüllt wird? Ich habe eine ganze Anzahl von Mythen und Beschwörungen über den Ursprung des Jams gesammelt. Gemeinsames Thema in allen diesen Mythen ist eine Frau, die a) schwanger war und das Kind nicht gebären konnte, b) traurig war und nicht weinen konnte, c) voller Blut war und nicht menstruieren konnte, d) voller Kot war und nicht defäzieren konnte. Dann ereignet sich etwas Überraschendes, und was zurückgehalten wurde, kommt heraus. Auf diese Weise bringt das Blut oder der Kot dieser Frau den Jams zum Wachsen. Wir können nun erkennen, was es bedeutet, ein Haus voller Jams zu haben oder reich zu sein. Es bedeutet dem Talionsprinzip gemäß: unzerstörte Körperinhalte und die Widerlegung des Wunsches, den Körper der Mutter zu zerstören. Da die Mutter ihnen nicht das Gefühl einer unzweideutigen Liebe vermitteln konnte, bedeutet es auch, daß sie jetzt selber zu Müttern werden, die reichlich mit Nahrung versehen sind. Eine Unabhängigkeitserklärung, die auf Körperinhalten beruht – auf Kot.

Weshalb aber die Zurschaustellung? Sie müssen den schwerwiegenden Vorwurf des Geizes widerlegen. Sie sind »spendende Mütter« und wollen dies offen zeigen. Ein echter esaesa spendet nur, und was er zurückerwartet, ist nichts als Ruhm, Lob, Mutterliebe. *Ona raga hada ina, igu asa masurina!* (›O Haus stolzer Worte, o Nahrung meines Dorfes!‹) Dieser häufig wiederholte Satz in ihren Beschwörungen ist wahrhaftig der *Grundton* ihrer Kultur. Aufgrund der kindlichen Traumen müssen die Körperzerstörungsphantasien sehr stark sein, und sie werden hauptsächlich durch zwei Mechanismen bewältigt: 1. meine Mutter war eine gütige Mutter, ich bin eine gütige Mutter, ich bin nicht böse und durchaus bereit, jeden zu ernähren; 2. ich will es nicht noch einmal riskieren, ich will alle guten Körperinhalte in meinem Innern ›stapeln‹.

Eine Frage, die sich in diesem Zusammenhang stellt, ist die nach dem analen Charakter. In der ursprünglichen Beschreibung des Analcharakters, die Abraham gegeben hat, fällt auf, daß die Fäces in Wirklichkeit Symbole für die Nahrung oder für die Mutter sind.[139] Das frustrierende Liebesobjekt (in erster Linie die Mutter) wird durch orale Aggression vereinnahmt und dann in der Form von Fäces ausgeschieden.[140] Das Essen von Kot erscheint als Re-Introjektion des schlechten Objekts; das Ausstoßen des Kots bedeutet, die Mutter loszuwerden und sie vollständig zu zerstören. Eine der erstaunlichsten Entdeckungen Freuds war, daß Wertgegenstände aller Art wie Gold, Geld usw. eigentlich Symbole für Exkremente sind, die im Körper zurückgehalten werden.[141] Besonders wichtig ist die Kotsymbolik bei Geld, Juwelen oder wertvollen Gegenständen. Überdies leitet Abraham die anale Stufe ausdrücklich aus der oralen Stufe ab.[142] Unter Bezugnahme auf Vorlesungen, die ich selbst in Berlin gehalten hatte, bevor sein Buch erschien, hebt Abraham die Gleichsetzung von »Mutter« und Kot hervor.[143] In meiner Arbeit wies ich vor allem darauf hin, daß das Geld aus Muschelgeld bestand und daß das Tabu, d. h. Eigentum, und das Muschelgeld mit demselben Terminus bezeichnet wurden.[144] Bei der Zusammenfassung analer Charaktermerkmale hebt Jones hervor, daß sowohl das »Zurückhalten« wie das »Ausstoßen« aus der Art des Umgangs eines Individuums mit seinem Kot erklärt werden können.[145]

Welche Rolle spielt nun der Analcharakter in der Persönlichkeitsstruktur des Normanby-Insulaners? Wir haben zum einen festgestellt, daß das gesellschaftliche Ideal unbegrenzte Schenkbereitschaft ist, während die real zugrunde liegende Tendenz in dem Wunsch besteht, alles im Innern zurückzuhalten. Muschelgeld wird dort gefunden, wo man normalerweise die Exkremente eines Schweins erwartet; ganz deutlich ist dabei die Muttereigenschaft des Schweins. Außerdem wird die große kune-Wanderung als eine Form des »Weggehens« von der enttäuschenden Mutter verstanden, und der Feind, dem man auf dieser Wanderung begegnet, ist die kannibalische Hexenmutter. Die Inseln, welche nicht durch Handel miteinander verbunden sind, gelten als verfeindet; d. h. ihre Bewohner unternehmen gegeneinander Kannibalenüberfälle. Der Handelspartner heißt *igu magi* (›meine Betelnuß‹, d. h. der Mann, mit dem ich Betelnüsse kaue); aber im Unbewußten ist er auch der Mann, der »gekaut« wird. Der Übergang vom Oralen zum Analen ist unverkennbar. Ebensowenig kann man zwischen beiden Bereichen eine scharfe Grenze ziehen, denn was wir in diesen Symbolen vor uns haben, sind »gute Körperinhalte« der Mutter (Mutter Ozean).

Die Beobachtungen, die R. Spitz an Kleinkindern gemacht hat, sind besonders überzeugend im Hinblick auf die Fäkalsymbolik und das Verhalten der Mütter. Er beschreibt Kinder, die Fäkalspiele pflegen, wie folgt:

»Als der Beobachter sich ihr nähert, während sie steht, bietet sie ihm ihre mit Kot gefüllten Hände an und versucht diese in den Mund des Beobachters zu stecken. Sie ist nicht unfreundlich. Geht im Spiel auf den Beobachter ein. – Als der Beobachter sich zurückzieht, ergreift das Mädchen ein Kotkügelchen, rollt es zwischen Daumen und Zeigefinger und schmiert es dann auf das Leintuch und auf ihre Beine. Sie nimmt ein neues, hantiert damit, gibt es von einer Hand in die andere. Zum Hantieren verwendet sie walnußgroße Stücke. Sie kaut sie und verschluckt sie wahrscheinlich auch. Sie defäziert in ihre Windel und ihr Gesicht leuchtet vor Freude auf, als sie auf den Flatus hört, den sie entläßt.«[146]

Die von Spitz beobachtete Beziehung zwischen diesem Fäkalspiel und dem Verhalten der Mutter ist überaus aufschlußreich. Zwischen depressiven Müttern und Kindern, die solche Fäkalspiele pflegen, besteht eine positive Korrelation.

»Das Bild, das die Mütter dieser kotessenden Kinder abgeben, ist das einer Persönlichkeit mit tiefliegender Ambivalenz. In periodischem Wechsel hat das Über-Ich die Oberhand, die feindlichen Anteile werden unterdrückt und das Erscheinungsbild entspricht dem einer sich selbst aufopfernden und erniedrigenden Mutter, die ihr Kind mit Liebe umfängt. [. . .] Im Falle von elf Müttern mit periodischem Verhaltenswechsel hielt diese liebevolle Einstellung ziemlich lange an, d. h. nie weniger als zwei Monate. Danach wurde sie durch eine Verkehrung ins Gegenteil abgelöst: durch offene Feindschaft oder unbewußte Äußerung offener Feindschaft.«[147]

In unserem Fall gibt es zahlreiche Verunsicherungen am Anfang der Mutter-Kind-Beziehung: unterbrochenes Säugen, abrupte Entwöhnung und vor allem eine hohe Sterblichkeitsrate (Objektverlust). Meines Erachtens liegt hier eine weitere ›magische Geste‹ (Bergler) vor. Durch das Zurückhalten der Fäces wird die Trennung des Kindes von der Mutter aufgehoben, und sowohl das Ich als auch das Partialobjekt (Fäces oder symbolische Fäces) spielen gleichzeitig die Rolle von Mutter und Kind. Die Auflösung der Dualunion wird durch die Wanderung von Insel zu Insel gleichzeitig geleugnet und wiederholt. Der Wunsch, alles im Innern zurückzuhalten, wird wegen seiner sadistischen Nebenbedeutungen (›alles aus dem Körper der Mutter herausreißen und es in seinem eigenen Körper horten‹) geleugnet. Deshalb ist das Ideal das des Schenkens, obgleich diesem das Horten notwendigerweise vorangehen muß. Der große Anteil der Magie in allen diesen Handlungen, habe sie nun orale oder anale Motive, bestätigt meine Theorie (die ich an anderer Stelle entwickeln will), daß hier die Magie das Wesen der Persönlichkeit ist.

Fromm spricht von einem »hortenden Typus«, beschreibt jedoch genau das, was wir als Analcharakter bezeichnen. Natürlich ist dessen »ausbeuterische« Orientierung »oral aggressiv« usw.[148] Fromm gibt keine Erklärung dafür, woher diese »Typen« kommen, und er bestimmt seine Differenz zu Freud mit dem Hinweis, daß diese Persönlichkeiten ihre Wurzel nicht in den Typen der Libidoorganisation haben, sondern in den verschiedenen Formen, in denen der Mensch sich auf die Welt bezieht.[149] Fromm übersieht, daß er in Wirklichkeit die Kontinuität der Psyche und die konstitutive Rolle der frühkindlichen Situation leugnet. Das Kind reagiert auf die Mutter mittels jener erogenen Zonen oder Substanzen, die ihm zur Verfügung stehen (orale, anale, urethrale, genitale und wahrscheinlich auch noch andere). Spitz hat gezeigt, was ich schon lange vermutet habe, daß nämlich dieser Autoerotismus nicht gänzlich *auto* ist; ich möchte allerdings hinzufügen, daß er nicht nur objektbestimmt, sondern auch objektgerichtet ist und den Kern von Magie und Persönlichkeit bildet.[150]

Nicht einmal das sagari selbst, sondern das, was sich an das sagari anschließt, bringt mich zu der Überzeugung, daß die Normanby-Insulaner in Wirklichkeit oral anspruchsvoll *(gewana)* sind. Nach der Heimkehr der Sipupu-Gruppe von einem sagari hört man Bemerkungen wie diese: »Schau dir dieses Stück Schweinefleisch an! Das ist gar nichts! Warte nur, bis wir ein sagari geben! Das wird etwas ganz anderes sein«, usw. Und obwohl ihre Einstellung des »Gebens« gewiß überwältigend ist, ist ihre Einstellung des Nehmens viel authentischer kindlich und glücklich, wie jeder sehen kann, der sie auf einem sagari beobachtet.

Der Zusammenhang zwischen dem unstillbaren oralen Verlangen des Kindes und den Lagerhäusern, der Verteilung und der Zurschaustellung der Nahrung, kommt in der folgenden Erzählung von Tanga klar zum Ausdruck: Es war einmal ein kleiner Junge, der jede Nacht weinte, weil er Wasser trinken wollte. Eines Nachts ärgerte sich die Mutter so sehr über das Kind, daß sie es aus dem Haus jagte. Der Bruder seines Vaters hatte Mitleid mit ihm. Er forderte den Jungen auf, mit ihm zur Quelle bei Gaga zu gehen, wo er trinken könne, soviel er nur möge. Nachdem sich der kleine Junge vollgetrunken hatte, trank er in Ambaba, in Angfara, in Fadan, in Anlamis, in Tenmatuk, in Aebil, in Pakat, in Torur, in Sunking, in Polpol, in Pilingfat und in Burburlaw überall noch einmal. Schließlich hatte sich sein Bauch gewaltig ausgedehnt, und als er den letzten Schluck Wasser nahm, »platzten seine Eingeweide«. Der Junge zerfiel in zwei Teile, die sich in Stein verwandelten, und aus ihrer Mitte ergoß sich ein Strom von Wasser, den man noch heute in Burburlow fließen sehen kann. – Wenn auf der

Insel Boieng die Lagerhäuser leer sind, bedeckt sich die Oberfläche der beiden Felsen mit einem hellgrünen moosigen Belag – dem Haar des Knaben. Wenn die Ernte eingebracht und Nahrung wieder reichlich vorhanden ist, nimmt das »Haar« des Knaben wieder seine natürliche dunkle Tönung an.[151]

Sobald wir die ödipale mit der vorödipalen Ebene vergleichen, gelangen wir zu folgenden Schlüssen: Die Szene wird von Nahrungsriten beherrscht. Die phallische Symbolik ist hier weitaus geringer ausgeprägt als in Australien. In formalisierten Kinderspielen stoßen wir auf Trennung und Wiedervereinigung, im Puppenspiel jedoch auf den Ödipuskomplex. Bei der Deutung ihrer Träume finden wir meist den Ödipuskomplex vor; es ist jedoch klar, daß in dieser Situation keine gründliche Analyse möglich ist. Wir dürfen auch das orale Trauma von seiten der Mutter und das genitale Trauma von seiten des Vaters nicht vergessen, und vielleicht entsteht der Eindruck, daß die gesamte Kultur eine gewaltige Anstrengung ist, um auszudrücken: »Wir sind alle gute Mütter« oder, auf einer tieferen Ebene, »wir sind alle verärgerte Kinder«, aber bestimmt keine Väter. Der Geschlechtsverkehr mit einer wesentlich älteren Person wird als gefährlich, ja sogar als lebensgefährlich angesehen. Die Schlußfolgerung scheint zu sein, daß alle diese oralen, mütterlichen und frühkindlichen Elemente in Ritual und Persönlichkeit Abwehrmechanismen gegen den weitgehend verdrängten Ödipuskomplex sind. Diese Menschen, die in der Sexualität Liebe und Zärtlichkeit so stark betonen, beißen, schlagen, kratzen einander in Wirklichkeit vor und bei dem Akt. Da Schuldgefühle immer auf Aggression zurückgehen (Freud), folgern wir daraus, daß die starken Schuldgefühle und der Versuch, der Identifikation mit dem Vater zu entgehen, auf ein mächtiges Frustrations-Destruktions-Syndrom und auf eine deutliche frühzeitige ödipale Einstellung zurückzuführen sind.

Wir müssen uns nun fragen, warum sie beim Koitus eine stärkere Aggression als andere Menschen zeigen. Der Grund liegt nicht in ihrer »Gesamtpersönlichkeit«, die lediglich eine Definition im Sinne des *idem per idem* ist. Ebensowenig ist er in der Nahrungsversorgung oder im Existenzkampf zu sehen, da es ausreichend Platz für neue Gärten gibt, sofern jemand bereit ist, sie anzulegen. Der Grund für die Aggression kann hingegen die hohe Sterblichkeitsrate sein, sowie die frühe Angst und Feindseligkeit, die durch eine derartige Verunsicherung in der Kindheit erzeugt werden. – Fassen wir nun zusammen, dann haben wir a) das gesellschaftliche Ideal des Schenkens und b) die infantile Persönlichkeit des anspruchsvollen *gewana. Persona* bedeutet jedoch ›Maske‹; die Persönlichkeit ist eine Abwehr gegen das Es, gegen frühe libidinöse und aggressive Strebungen, wie sie im Ödipuskomplex Gestalt annehmen.

Die *orale* Bedeutung des sagari wird durch das Wort *soi* (*sesoi* = ›Ernte‹) verdeutlicht. Mit *soi* ist ein sehr großes sagari, ein *sagasagari* gemeint. *Soi* ist jedoch auch der Ausdruck für eine harte Geschwulst am Zahnfleisch. Sie entsteht durch übermäßiges Betelkauen und das Lecken an gebranntem Kalk, das dazugehört. Meine Informanten verglichen das *soi* mit Zement. Menschen, die daran leiden, essen immer nur sehr wenig Jams und kauen den ganzen Tag. Schließlich muß die Geschwulst entfernt werden, was sehr schmerzhaft ist. Wird dies ohne ein soi (sagari) durchgeführt, wird der barau sie töten. Lomenaj aus Loboda, der mir diese Information gab, erzählte mir, daß er, um eine solche Geschwulst zu vermeiden, immer nur wenig esse und dann ein Abführmittel *(bwajane)* nehme, in diesem Fall einen Sud aus Blättern und Wurzeln.[152] Dadurch werde, wie er behauptete, der *yaguma* (gebrannter Kalk) ausgeschieden und die Geschwulst vermieden. Sie kauen nämlich den ganzen Tag Betelnüsse, und um den scharfen Geschmack zu mildern, lecken sie gebrannten Kalk von einem flachen, löffelähnlichen Instrument, das sie in die Kalkflasche, die sie bei sich haben, tauchen.

Wenn wir die mechanische Tätigkeit des Betelkauens betrachten, können wir nicht umhin, oralen Sadismus als Schlüssel zu ihrem Charakter zu erkennen. Der orale Sadismus muß eine Reaktion auf die mütterliche Frustration sein. Er ist mit Sicherheit von einem Talionsaspekt begleitet (Über-Ich, oraler Masochismus; Menschen, die von Hexen oder vom barau getötet werden), und vom Gegenzug zur Talionsangst – dem esaesa, der schenkt und nicht geizig ist. In der Koitussituation taucht der orale Sadismus jedoch wieder auf – sie beißen und kratzen einander. Wir vermuten, daß die beim Sexualakt beteiligte Aggression oralen Ursprungs und auf den frühen

Objektverlust – aufgrund von Krankheiten – zurückzuführen ist. Praktisch alle leiden an Malaria, Hautkrankheiten, Hakenwürmern und Himbeerpocken, und es ist anzunehmen, daß ihre Vitalität dadurch außerordentlich geschwächt wird.

Statistiken zeigen, daß Kinder in Wahrheit »unerwünscht« sind. In der Dörfergruppe von Sigasiga haben wir folgende Zahlen festgehalten:

1. Tokupata: 11 Erwachsene, 5 Kinder
2. Djilubwa: 4 Erwachsene, 1 Kind
3. Somosia: 10 Erwachsene, 2 Kinder
4. Pwepwaiya: 14 Erwachsene, 1 Kind

Die Erklärung, die dafür gegeben wird, ist die, die Frauen wollten keine Kinder haben, um jugendlich zu bleiben. Wie verhüten sie die Empfängnis? Ich bin sicher, daß ich dazu nicht alle Angaben besitze; gewöhnlich wurden Beschwörungen und in Wasser getauchte Blätter erwähnt, und bisweilen wurde auch Coitus interruptus zugegeben. Mit anderen Worten, die Frauen wollen nach traumatischen Erfahrungen sowohl durch die Mutter wie den Vater eigentlich gar nicht Mütter sein, und die Männer haben Angst davor, Vater zu werden. Jede Frau ist für den Mann eine Vertreterin seiner eigenen Mutter; im Coitus interruptus kastrieren sie sich selbst und halten sich von ihren Müttern fern.[153] Auf das unterbrochene Säugen folgt der unterbrochene Koitus.

Zusatz über die Entvölkerung

Über die Ursachen der Entvölkerung in Neuguinea und Melanesien bestehen unterschiedliche Meinungen. Der sogenannte psychologische oder, korrekter, der *romantische Ansatz* (Rivers u. a.) kommt in der angeblichen Behauptung eines alten Häuptlings in Spanisch Guinea zum Ausdruck: »Die Weißen haben uns unsere Glaubensformen weggenommen und uns an ihrer Stelle nichts gegeben, deshalb werden wir sterben.«[154] Mit anderen Worten: Das Leben wird ohne entsprechende kulturelle Sublimierung unerträglich. Das Christentum und die Kultur der Weißen konnten auf der Normanby-Insel nicht sichtbar Fuß fassen; der einzige Teil der Eingeborenenkultur, der fünfzehn Jahre vor meinem Eintreffen endgültig eliminiert worden war, war der Kannibalismus, und ich vermag nicht einzusehen, wie dieser in der Vergangenheit die Bevölkerung hätte vermehren können. Eine weitere vermeintliche Ursache ist die Lebensmittelknappheit. Diese These trifft auf die Normanby-Insel mit Sicherheit nicht zu, und überall dort, wo sie verifiziert werden kann, muß sie eher als Folge und nicht als Ursache der Papua-Psychologie betrachtet werden. Williams schreibt hierzu:

»Es ist schwierig, die Gesetze der optimalen Dichte und abnehmenden Erträge auf Papua insgesamt anzuwenden, denn in vielen Teilen gibt es sehr viel brauchbares und leicht erreichbares Land, das nie genutzt wurde. Gleichwohl trifft es allgemein zu, daß jede Gruppe ein mehr oder weniger beschränktes Gebiet besitzt, über das hinauszugehen sie gar kein Interesse hat. [. . .] Darüber hinaus ist er [d. h. der Eingeborene im allgemeinen] faul; wer gegen diesen Ausdruck etwas einzuwenden hat, wird mir sicher darin zustimmen, daß er zumindest nicht unermüdlich ist.«[155]

Auf der Normanby-Insel gibt es genügend Land. Unser Haus am Meer war gänzlich vom Dschungel umgeben; Dschungel bedeutet aber mögliches gerodetes Land und Gärten. Die Eingeborenen wiederholten oft, daß es auf den Saatjams ankomme; es gab immer ausreichend Land für jemanden, der sich die Mühe machte, es zu kultivieren. Außerdem war das Innere der Insel praktisch unbewohnt: es war »das Land der tokwatokway (Dämonen)«.

Die eingeborenen Missionare erwähnten zwei Faktoren als Ursachen der Entvölkerung in Süd- und Südost-Neuguinea: die bei den Frauen allgemein verbreitete Meinung, daß ihre Kinder von bösen Geistern getötet würden und es deshalb sinnlos sei, sie auszutragen, und die öffentliche Meinung, daß es entwürdigend sei, eine große Familie zu haben.[156] Schließlich gibt es noch die von Cilento vertretene medizinische These, daß die Stimmung von Hoffnungslosigkeit nicht die Ursache der Entvölkerung, sondern die Wirkung endemischer Krankheiten sei, und daß dies der ausschlaggebende Faktor bei der Bevölkerungsabnahme sei.

Auf der Normanby-Insel hat jeder Eingeborene Malaria, die meisten leiden an der Himbeerseuche und viele haben Hakenwürmer. Biographische Angaben belegen, daß die Eltern häufig sterben, wenn ihre Kinder noch sehr klein sind; daß die Kinder dann adoptiert werden und auch die Ersatzeltern sterben, und so fort. Ich nehme deshalb an, daß die Zunahme von Aggression und Angst, der verstärkte Narzißmus der Frauen und die allgemeine Betonung der Jugendlichkeit auf die Häufigkeit des frühen Objektverlustes zurückgeführt werden müssen.

In Australien ist die Projektion der wichtigste Abwehrmechanismus. Hier finden wir dagegen die präödipale Frustration, orale und anale Charakterzüge und den Ödipuskomplex vor, der mit einem hohen Anteil von Schuldgefühlen verbunden ist und in der offiziellen Identifikation mit dem Onkel kaum bewältigt wird. Aggression ist ein Teil des Sexualakts; sie wird häufig, z. B. beim Selbstmord, nach innen gewendet; außerdem gibt es eine stark regressive Tendenz im Ausgang von der ödipalen Situation. ›Projizieren‹ entspricht den Verhaltensstrukturen in Australien, ›Zurückhalten‹ denen der Normanby-Insel.

Anmerkungen

1 R. F. Fortune, *The Sorcerers of Dobu,* New York 1932.

2 Vgl. B. Malinowski, *Argonauts of the Western Pacific,* New York 1922; ders., *The Sexual Life of Savages in North-Western Melanesia,* New York 1929; ders., *Coral Gardens and their Magic,* London 1935.

3 Entspricht ungefähr unserem September.

4 Wenn sie davon berichten, wird deutlich, daß sie sich aufgrund dieser Einschränkungen selbst bedauern.

5 Viele Einzelheiten habe ich hier aus Platzgründen weggelassen.

6 Diese Jamswurzeln sind am ehesten mit einer sehr minderwertigen Kartoffelsorte zu vergleichen.

7 B. Malinowski, *Coral Gardens and their Magic,* I, ibid., S. 296.

8 Vgl. G. Róheim, *War, Crime and the Covenant,* New York 1945.

9 Vgl. für eine andere Situation G. Róheim, *The People of Alor,* in: *Psychoanalysis and Anthropology,* New York 1950, S. 244-269.

10 Zur Theorie des ontogenetischen Traumas vgl. G. Róheim, *Psychoanalysis of Primitive Cultural Types,* in: *International Journal of Psychoanalysis,* XIII (1932).

11 Hier liegt eine merkwürdige Analogie zum Mythos von Polyphemos vor. Vgl. L. Laistner, *Das Rätsel der Sphinx,* Berlin 1889, II, S. 37, 111.

12 G. Róheim, *Children's Games and Rhymes in Duau,* in: *American Anthropologist,* XLV (1943), S. 102.

13 G. Róheim, *Play-Analysis with Normanby Island Children,* in: *American Journal of Orthopsychiatry,* XI (1941), S. 524.

14 B. Malinowski, *Sex and Repression in Savage Society,* London, 1927, S. 39.

15 (Im Original deutsch.)

16 »Ein auffälliges Merkmal des Sexuallebens bei den Trobriandern ist das Fehlen von Perversionen.« G. H. Seward, *Sex and the Social Order*, New York 1946, S. 98. Das sind die »Tatsachen«, die zu den Eckpfeilern der modernen Anthropologie geworden sind.

17 Eine alte Frau aus Dobu pflegte beim Defäzieren mit sich selbst zu reden: »Es kommt! Der Rattenbauch kommt heraus, der Känguruhbauch kommt heraus, der Bauch der Geister kommt heraus.«

18 ›barau‹ ist auch ein Verb, das bedeutet ›durch Zauberei töten‹.

19 G. Róheim, *War, Crime and the Covenant*, ibid.

20 Der Lapsus ist um so auffälliger, als die Mutter in dieser Gesellschaft für ihren Sohn gar keine Trauerkleidung anzieht.

21 Wir berücksichtigen nur Personen des gleichen Geschlechts und sprechen in diesem Sinne von Identifikation.

22 Vgl. G. Róheim, *War, Crime and the Covenant*, in: *Journal of Clinical Psychopathology, Monograph Series* No. 1 (1945), S. 73-76.

23 Gisowa muß ein Bruder von Gagasileo sein, aber dies wurde vom Informanten nicht erklärt.

24 Daniel, ein Missionslehrer, gebürtig aus Woodlark (Murua).

25 B. Malinowski, *Sex and Repression in Savage Society*, ibid., S. 79.

26 B. Malinowski, *The Sexual Life of Savages*, ibid., S. 5; ders., *Mutterrechtliche Familie und Ödipuskomplex*, in: *Imago*, X (1924), S. 228-277; ders., *Psychoanalysis and Anthropology*, in: *Psyche*, IV (1924).

27 Das Ausgelachtwerden ist entscheidend, nicht etwaige Verdauungsstörungen.

28 Erklärung weiter unten.

29 Offiziell!

30 Der örtliche Don Juan bei der jungen Generation.

31 Die Ehe ist matrilokal.

32 Er war etwa vierzig Jahre alt, als er dies sagte.

33 Vgl. unten.

34 Ein Fisch, der sich aufbläht, wenn er gefangen wird.

35 Dem deutschen *Schwank* vergleichbar.

36 Vgl. G. Róheim, *Tauhau and the Mwadare*, in: *International Journal of Psychoanalysis*, XIII (1932).

37 D. h. ›ich vergaß sie‹.

38 Es ist nicht klar, ob er seine wirkliche Mutter meint oder eine mythische Ahnin.

39 Runde Holzschale = *gaeba*.

40 Vgl. für eine detaillierte Beschreibung des tatsächlichen Geschehens B. Malinowski, *The Argonauts of the Western Pacific*, London 1927; R. Fortune, *Sorcerers of Dobu*, New York 1932.

41 Erklärung weiter unten.

42 Die *arumoy* sind Muschelschnüre von geringerem Wert, wie die *sapisapi*, aber sie werden zusammen mit den *mwari* getauscht (d. h. sie sehen wie die *bagi* aus, gehören jedoch zu den *mwari*).

43 Vgl. Róheim, *Professional Beauties of Normanby Island*, in: *American Anthropologist*, XLII (1940), S. 657.

44 Vom arumoy heißt es, daß es den Frauen gehöre. Das bagi wird hier zu einem arumoy, einem Gegenstand, der zum mwari gehört.

45 Sineyareba bedeutet ›Frauenberg‹. In dieser Fassung wird die Beschwörung heute ausgesprochen. »Deine Mutter« bedeutet die Mutter von Kasabwaibwaileta.

46 Oder *»Ich machte wabuwabu«;* vgl. die Erklärung unten.

47 Name seiner Mutter.

48 ›Mitreißend‹ bedeutet eigentlich ›viele‹.

49 Der Mann auf der kune-Expedition wird mit einer jätenden Frau verglichen; die mwari, die er sammelt, sind das Unkraut.

50 Erklärung siehe 3. Fassung.

51 *Wahana.* Das Wort kann auch ›Neffe‹ bedeuten. Die wahana sind jene, die er in Vögel verwandelt.

52 Wenn sie als Vögel wegfliegen. *Butu* bedeutet ›Lärm‹ und ›Ruhm‹.

53 Die Seemöwen fliegen in Schwärmen. Wenn sich eine davon jedoch niederläßt oder eine andere Richtung einschlägt, folgen ihr die anderen nach.

54 Ibid., S. 216-222.

55 Erklärung weiter unten.

56 Ibid., S. 223.

57 Ibid., S. 216-217.

58 Ibid., S. 217.

59 Hier nur als getrübt beschrieben, nicht als durch Exkremente verunreinigt.

60 B. Malinowski, *Argonauts of the Western Pacific,* ibid., S. 322-324. Nebenbei: ein weiterer, eindeutig ödipaler Mythos der »nichtödipalen« Trobriander.

61 Ibid., S. 306-309.

62 Ibid., S. 311-317.

63 K. von den Steinen, *Marquesanische Mythen,* in: *Zeitschrift für Ethnologie,* 65 (1933) S. 347-349. Vgl. auch R. Thurnwald, *Forschungen auf den Salomo-Inseln und dem Bismarck-Archipel,* Berlin 1912, I, S. 417.

64 H. Ian Hogbin, *Polynesian Ceremonial Gift Exchanges,* in: *Oceania* III (1932) S. 29, 30.

65 Cora Du Bois, *The People of Alor,* Minneapolis 1944, S. 166-168.

66 R. F. Fortune, *The Sorcerers of Dobu,* ibid. S. 221. Die Identifikation von Eidechse und Kasabwaibwaileta ist meine Interpretation.

67 Ibid.

68 Ibid.

69 Kasabwaibwaileta wird in einer der zitierten Beschwörungen »Hund« genannt.

70 Insel zwischen Missima und Sudest.

71 G. Róheim, *The Origin and Function of Culture,* in: *Nervous and Mental Disease Monograph Series,* No. 69 (1943), S. 33.

72 Fortune, *The Sorcerers of Dobu,* S. 209. M. R. Lenoir, *Les Expéditions Maritimes, Institution Sociale en Mélanésie Occidentale,* in: *L'Anthropologie,* XXXIV (1923), S. 387-410.

73 Vgl. Róheim, *The Origin and Function of Culture,* S. 25 (Vgl. Anm. 71).

74 P. Jos. Meier, *Mythen und Erzählungen der Küstenbewohner der Gazellehalbinsel,* Münster i. W. 1909, I, S. 95-106. Vgl. G. Róheim, *Heiliges Geld in Melanesien,* in: *Internationale Zeitschrift für Psychoanalyse,* IX (1923), S. 399.

75 Vgl. G. Róheim, ibid.

76 Es muß hinzugefügt werden, daß wir in der oben zitierten Erzählung über die Schlange Frau und Schlange als ein und dieselbe Person auffassen.

77 E. Westermarck, *The Origin and Development of the Moral Ideas,* New York 1906, I, S. 586; ders., *Ritual and Belief in Morocco,* London 1926, I. S. 499.

78 Sipupu, Wejoko, Sigasiga, Kelologeia und Mwatubu.

79 Das machen sie immer, wenn sie jemanden töten wollen.

80 Vgl. unten unter Yaboaine.

81 Ein sehr häufiges Ereignis.

81a Keiner wird jemals zugeben, ein barau zu sein.

81b *Tamagu werawerabanina.* Die beiden Systeme der schwarzen Magie, barau (männlich) und werabana (weiblich), d. h. Zauberer und Hexe, vermischen sich gelegentlich, wenn eine Mutter als Hexe nur einen Sohn und ein Vater als barau nur eine Tochter besitzt; in einem solchen Fall kann der Mann eine werabana und die Frau ein barau sein.

82 Wird als weißer Mann beschrieben, weil die Haut weiß ist. In Wahrheit einer der numu-Geister.

83 Was sich von der Haut des übernatürlichen Wesens abschält, ist der Tau, der die Dinge wachsen läßt; es ist das gleiche wie das kalte und feuchte Gefühl bei jedermann. *Schweiß, Tau* und *Ruhm* sind identisch.

84 Bedeutet die ›Haut des Kriechtiers‹ auf dem Borosota-Berg; dort war der Jams angesiedelt, als er von Missima herkam – Hinweis auf den mythischen Ursprung des Jams.

85 Ein großer Hügel, genannt »Kopf der Erde«, der hinter Bwebweso (›Berg der anderen Welt‹) liegt. Mit ihm ist ein Mythos verbunden, den er entweder nicht kennt oder nicht weitergeben will.

86 Bedeutet ›gebeugt‹: er hat so viel zu tragen, daß er gebeugt ist.

87 Der Jams sollte kurz sein.

88 Eine Verszeile, die in diesen Beschwörungen immer wiederholt wird: es gibt zuviel Jams, das Gewicht ist zu groß, er kann nicht getragen werden (sie tragen ihn auf dem Kopf).

89 D. h. den älteren Bulema, den Onkel, der ihn unterrichtet.

90 Daß die Betonung auf den Hochmut seiner Opfer und nicht auf die Eifersucht oder Liebe gelegt wird, ist bezeichnend.

91 Das bezieht sich darauf, daß er eine Zeitlang nicht mehr als Informant kommen wollte, weil er die Toten hätte erwähnen können, die ihm im Traum begegnet waren.

92 G. Róheim, *Psychoanalysis of Primitive Cultural Types,* in: *International Journal of Psycho-Analysis,* XIII (1932), S. 159.

93 Zwischen barau und Trauerndem besteht ein innerer Zusammenhang (vgl. den Aufsatz in Anm. 94).

94 G. Róheim, *Dream Analysis and Field Work in Anthropology,* in: *Psychoanalysis and the Social Sciences,* I (1947), S. 93. (*Traumanalyse und ethnologische Feldforschung,* in: W. Muensterberger (Hg.), *Der Mensch und seine Kultur. Psychoanalytische Ethnologie nach »Totem und Tabu«,* München 1974, S. 97-133, Zitat auf S. 102.)

95 Alle Zornmagie wird auf ihn zurückgeführt.

96 G. Róheim, *Dream Analysis* (vgl. Anm. 94).

97 Diese Aussage über den barau ist natürlich keineswegs vollständig, betrifft jedoch jenen Teil der barau-Psychologie, den wir in diesem Zusammenhang für wichtig halten.

98 Vgl. S. Schoenberger, *A Clinical Contribution to the Analysis of the Nightmare Syndrome,* in: *The Yearbook of Psychoanalysis* III, New York 1947, S. 189-212.

99 B. Malinowski, *The Natives of Mailu,* in: *Transactions of the Royal Society of South Australia, for 1915,* Adelaide 1915, S. 648-650.

100 Das Folgende ist eine Zusammenfassung meines Aufsatzes *Witches on Normanby Island,* in: *Oceania,* XVIII (1948), S. 297-308.

101 R. F. Fortune, *Sorcerers of Dobu*, ibid., S. 297.

102 Auch die Hexen in Europa benutzen merkwürdige Beförderungsmittel, wie z. B. Eierschalen, Nußschalen, usw. Vgl. F. Liebrecht, *Zur Volkskunde*, Heilbronn 1879, S. 375.

103 Vgl. Melanie Klein, *The Psychoanalysis of Children*, London, 1932.

104 Vgl. die ähnliche Situation in einer osteuropäischen Erzählung. G. Róheim, *The Story of the Light that Disappeared*, in: *Samiksa*, I (1947), S. 77.

105 M. Klein, *op. cit.*, S. 284.

106 Diese ist besonders stark ausgeprägt, wenn die Mutter schwanger ist.

107 Vgl. oben.

108 G. Róheim, *Aphrodite; or The Woman With a Penis*, in: *Psychoanalytic Quarterly*, XIV (1945), S. 350-390. (Deutsche Übersetzung: *Aphrodite oder die Frau mit einem Penis*, in: G. Róheim, *Die Panik der Götter. Die Quellen religiöser Glaubensformen in psychoanalytischer Sicht*, Hg. W. Muensterberger, München 1975, S. 228-264.)

109 Die Hexen fliegen in einer Kokosnußschale nach dem mehrere hundert Meilen entfernten Port Moresby. J. H. P. Murray, in: *Territory of Papua, Annual Report for the Years 1930-1931*, S. 15. Zusammen mit mehreren ähnlichen Fällen zit. bei H. Webster, *Magic, A Sociological Study*, London 1948, S. 427.

110 G. Róheim, *Yaboaine, A War God of Normanby Island*, in: *Oceania*, XVI (1946), S. 210-233, 320-336.

111 W. E. Bromilow, *Twenty Years among Primitive Papuans*, London 1919, S. 87.

112 Krieg und Kannibalenüberfall sind das gleiche.

113 Wird bei der Siegesfeier oder *besa* von einem Mann getragen; vgl. die Erklärung unten.

114 Vgl. H. Usener, *Götternamen*, Bonn 1896, S. 279.

115 Wenn wir Geschlechtsverkehr wünschen, aber Angst davor haben, sagen wir: »Mein Körper lehnt es ab.«

116 *Sine iboirere* kann sowohl als »ablehnende Frau«, wie auch als »Frau Angst« übersetzt werden.

117 Eine Krankheit, die man sich zuzieht, wenn man Nahrung in einem Dorf zu sich nimmt, in dem das Blut von einem der eigenen Vorfahren vergossen wurde (*rara* = Blut).

118 Vgl. oben zur Unterscheidung der Hexe.

119 Dies ist das *aniana* (Omen), das alle übernatürlichen Wesen *(nigonigogo)* auszeichnet.

120 Zusammenfassung aus: G. Róheim, *The Riddle of the Sphinx*, London 1934, S. 179-182.

121 Bedeutet ›Menschenfresser‹, wie in dem vorangegangenen Mythos.

122 Unterirdische Geisterwelt.

123 H. Ian Hogbin, *Tillage and Collection*, in: *Oceania* IX (1939), S. 289.

124 Ibid., S. 323.

125 Ibid., S. 324, 325.

126 E. Bergler, *Thirty Years After Ferenczi's ›Stages in the Development of the Sense of Reality‹*, in: *Psychoanalytic Review*, XXXII (1945), S. 139.

127 Damit es nicht vor Hunger zittert.

128 Dorf, wo sie hochmütig reden.

129 D. h. Dorf des hochmütigen Wortes.

130 D. h. aus dem Meer.

131 ›Kegumu gehört mir!‹, d. h. ›das weiß ich‹.

132 Vgl. oben den Mythos von Matakapotaiapotaia. Beides sind Inzest-Mythen. »Knoten« *(kunama)* wurde beschrieben als Teil, der vom Baum absteht.

133 Nicht von jedem einzelnen Individuum.

134 Der Garten liegt an einem Abhang, mit dem unteren Teil ist der dem Meer näherliegende gemeint.

135 B. Malinowski, *Coral Gardens and their Magic*, I, ibid., S. 296.

136 Ibid., I, S. 81.

137 H. J. Hogbin, *Tillage and Collection*, ibid., S. 130.

138 Ibid., S. 149.

139 Zur Wechselbeziehung zwischen oralem und analem Charakter vgl. W. C. Menninger, *Characterology and Symptomatic Expressions Related to the Anal Phase of Development*, in: *Psychoanalytic Quarterly*, XII (1943), S. 165.

140 Ich werde die Bedeutung des Analen in einem Aufsatz über die Trauersitten auf der Normanby-Insel behandeln.

141 S. Freud, *Charakter und Analerotik* (1908), in: *GW* Bd. VII, S. 207. S. Ferenczi, *Zur Ontogenie des Geldinteresses*, in: *Internationale Zeitschrift für Psychoanalyse*, II (1914), S. 506. (In: S. Ferenczi, *Schriften zur Psychoanalyse*, Frankfurt am Main, 1970, Band I, S. 202 f.)

142 K. Abraham, *Psychoanalytische Studien zur Charakterbildung*, in: *Internationale Psychoanalytische Bibliothek*, XVI (1925), S. 40, 41). (In: K. Abraham, *Psychoanalytische Studien*, Frankfurt am Main [2]1971, Bd. I, S. 210.)

143 K. Abraham, *Versuch einer Entwicklungsgeschichte der Libido*, Wien 1924, S. 35. (In: K. Abraham, *Psychoanalytische Studien* (Frankfurt am Main, [2]1971), Bd. I, S. 120 f.)

144 G. Róheim, *Heiliges Geld in Melanesien*, in: *Internationale Zeitschrift für Psychoanalyse*, IX (1923).

145 Ernest Jones, *Papers on Psychoanalysis*, London 1948, S. 413-437.

146 R. Spitz, *Autoerotism*, in: *The Psychoanalytic Study of the Child*, III/IV, New York 1949, S. 111.

147 Ibid., S. 115.

148 E. Fromm, *Man for Himself*, New York 1947, S. 62-69.

149 Ibid., S. 58.

150 Und ist deshalb auch nicht »autokratisch« im Sinne von Jekel und Bergler.

151 F. L. S. Bell, *The Narrative in Tanga*, in: *Mankind*. III (1947), S. 365.

152 Vermutlich ist damit auch eine Beschwörung verbunden.

153 G. Róheim, *Tauhau and the Mwadere*, in: *International Journal of Psychoanalysis*, XIII (1932).

154 H. Murray, *Depopulation in Papua*, in: *Oceania*, III (1932), S. 209, zitiert Mgr. Leroy, *Religion of the Primitives*, S. 209.

155 F. E. Williams, *Depopulation and Administration*, in: *Oceania*, III, (1932), S. 225.

156 H. Murray, *Depopulation in Papua*, ibid., S. 208.

Die Einheit der Menschheit

»Die Psychologen zeigen eine immer größere Abneigung, sich über die angeborene psychische Natur des Menschen zu äußern. Die Sache ist aus der Mode gekommen. Wenn man sich überhaupt noch damit befaßt, dann nur zu dem Zweck, um die menschliche Natur so schnell wie möglich wegzuerklären und zu weniger beunruhigenden und genauer umrissenen Themen überzugehen.«[1]

Die Psychoanalyse gibt vor, unabhängig von ihren lokalen Abweichungen etwas Allgemeines über die menschliche Natur aussagen zu können. In den Theorien Freuds wurde die Einheit vorwiegend durch das Haeckelsche Grundgesetz begründet, wonach die Ontogenese eine Wiederholung der Phylogenese darstellt. Obwohl dieses Gesetz von Biologen hin und wieder noch zitiert wird, steht fest, daß seine Geltung nicht universell akzeptiert wird und daß es als zweifelhaft gilt.[2] In einigen neueren Übersichten über die Evolutionstheorie werden die Theorien Haeckels nicht einmal mehr erwähnt. Im übrigen ist an der Theorie von der Urhorde nicht nur Haeckel beteiligt, sondern auch Lamarck mit seiner Lehre von der Vererbung erworbener Eigenschaften.

Was ist der Schlüssel zum Verständnis der Natur? Plutarch erzählt uns, daß der Philosoph Anaximander aus Milet eine eigene Theorie der menschlichen Evolution entwickelte: Der Mensch müsse von einem Tier besonderer Art abstammen, denn während die uns bekannten Tiere frühzeitig für ihre Nahrung selbst sorgen könnten, benötige der Mensch als einziges Lebewesen eine längere Säugeperiode. Deshalb hätte der Mensch, so wie er jetzt ist, nicht überleben können.[3] Der erste, der die Theorie von der Fetalisation in nichtmythischer Form vorbrachte, war jedoch John Fiske aus Harvard. Er behauptete, ein allgemeines Evolutionsgesetz zeige, daß die Organismen mit zunehmender Komplexität sich langsamer entwickelten, und daß im Zusammenhang damit die Verlängerung der Kindheit, welche die Entwicklung von den weniger intelligenten Primaten zu den intelligenteren begleite, eine längere Zeitdauer der elterlichen Pflege erforderlich mache.

Kinder, die nicht so schnell in der Lage seien, für sich selber zu sorgen, müßten vom weiblichen Elternteil länger ernährt und vom männlichen Elternteil in gewissem Grade unterstützt werden; daraus habe sich eine Bindung ergeben, die den männlichen und den weiblichen Elternteil für längere Zeiträume zusammengehalten und zum Familiensystem geführt habe.[4] Eine ähnliche Auffassung vertritt auch Herbert Spencer:

»Bei unzivilisierten Stämmen finden wir eine hohe Kindersterblichkeit: meist ist der Kindermord mehr oder weniger verbreitet, es gibt aufgrund ungünstiger Bedingungen viele frühzeitige Todesfälle oder es kommt beides zusammen vor. Außerdem zeichnen sich diese niederen Rassen durch frühzeitigen Eintritt der Reife und der Fortpflanzung aus, wozu als Begleitumstand auch die Kürze jener ersten Lebensperiode gehört, in der das individuelle Leben um seiner selbst willen gelebt wird. Während der Dauer der Fruchtbarkeit ist die Belastung vor allem der Frauen, die zusätzlich noch durch die schwere Arbeit erschöpft werden, sehr groß. Die ehelichen und die elterlichen Beziehungen sind als Lustquellen weder so stark, noch so lang anhaltend, wie bei den zivilisierten Rassen.«[5]

Das verzögerte biologische Wachstum des Menschen darf als eine allgemein anerkannte Tatsache betrachtet werden. So schreibt C. S. Warden in *The Emergence of Human Culture:*

»Die Zunahme der Körpergröße wurde von einer Verlängerung der Periode der Unreife und des gesamten Lebenszyklus begleitet. Diese Veränderung erfolgte unabhängig sowohl bei den vorhominiden wie bei den vor-pongiden Stämmen. Tatsächlich stellte sie eine allgemeine Tendenz bei den Primaten dar, die sich lediglich über die ursprüngliche Anthropoidenstufe hinaus ständig auswirkte. Bei der letzteren betrug die Trächtigkeitsdauer wahrscheinlich sechs oder sieben Monate, während sie bei den größeren Menschenaffen und beim Menschen jetzt neun Monate beträgt. Junge Menschenaffen sind wie das menschliche Kind bei der Geburt relativ klein und unselbständig. Ebenso ist die Dauer der mütterlichen Pflege und der elterlichen Abhängigkeit viel größer als bei den anderen Affen. Das Stadium der Geschlechtsreife wird bei den Affen gewöhnlich im dritten oder vierten Lebensjahr erreicht, bei den großen Menschenaffen und beim Menschen jedoch selten vor dem achten Lebensjahr. Es ist wahrscheinlich, daß diese Abfolge verwandter Veränderungen innerhalb weniger Millionen Jahre nach dem Auseinandertreten der stammesgeschichtlichen Entwicklung von Hominiden und Pongiden abgeschlossen wurde. *Gleichzeitig wurde die Großgruppe auf natürliche Weise durch den Familienharem als grundlegende soziale Einheit ersetzt.*«[6]

E. A. Hooton beschreibt die Situation folgendermaßen:

»Beim Säugetier schränkt die Dauer der Ernährung im Uterus der Mutter und das Säugens an der Brust während der Zeit einer unselbständigen Kindheit die Zahl der Nachkommen ein und macht die mütterliche Pflege notwendig. Mit der weiteren Verzögerung der Entwicklung nimmt die Zahl der bei einer Geburt hervorgebrachten Nachkommen noch weiter ab, weil das fortgesetzte Wachstum des Fetus in der Gebärmutter, deren Ausdehnung strikt begrenzt ist, immer mehr Raum beansprucht. Bei Säugetieren wie Pferden und Rindern wird die übliche Beschränkung der Nachkommenzahl auf jeweils einen vermutlich durch die Körpergröße des Fetus bestimmt; *bei den höheren Primaten ist sie hingegen auf das frühzeitige Gehirnwachstum in der Entwicklung zurückzuführen.* (Herv. G. R.)

Die lange vorgeburtliche Zeitspanne und die unselbständige Kindheit des Menschen und der Menschenaffen sind die Vorbedingungen für die spätere hohe Entwicklung des Nervensystems und der geistigen Potenz bei diesen Familien. Da alle Eier in einen Korb gelegt werden oder, genauer gesagt, da der Korb jeweils nur ein einziges Ei enthält, muß dieser um so sorgfältiger beaufsichtigt werden, und sein Inhalt bedarf der beharrlichen Pflege.«

»An diesem Punkt«, schreibt Hooton, »wird es notwendig, daß zur Erhaltung der Art die Pflege des Vaters zu jener der Mutter hinzutritt.« Die Natur scheint jedoch die Evolution der Primatenfamilie nicht so eingerichtet zu haben, wie es nach den Vorstellungen des Menschen richtig und angemessen wäre. Statt daß der subhumane Vater den Bedürfnissen der Mutter zu Diensten ist, indem er ihr Nahrung besorgt, sie pflegt und liebevoll unterstützt, tyrannisiert und beherrscht er sie (zumindest im Falle der Schimpansen), so daß sie große Mühe hat, ihren Nahrungsanteil zu erhalten, außer während der kurzen Perioden ihrer sexuellen Attraktivität.

»Wir sollten jedoch für diese neuen Vaterfunktionen keine eigenständige Primatenphylogenese erarbeiten. Ich bezweifle die Möglichkeit, für einen Großteil der heutigen unzivilisierten Gesellschaften eine Konstanz der väterlichen Zuneigung und der aktiven Teilnahme an der Pflege und Aufzucht der Nachkommen nachweisen zu können.[7] *Wenn dieser Nachweis möglich ist, dann handelt es sich dabei um einen kulturellen Sieg des Menschen über seine Natur.*«[8] (Herv. G. R.)

Briffault hat das durchschnittliche Körpergewicht, die Trächtigkeitsdauer, die Zahl der Nachkommen, das Stadium der Geschlechtsreife und des vollen Wachstums beim Menschen und bei anderen Säugern in einer Tabelle nebeneinander gestellt. Wenn wir daraus die Daten für zwei fleischfressende Tiere und zwei Primaten entnehmen, erhalten wir die folgenden auffälligen Ergebnisse[9]:

	Trächtigkeit	Gewicht	Zahl der Nachkommen	Geschlechtsreife	Volles Wachstum
Löwe	110 Tage	160 kg	2–4	3 Jahre	3–4 Jahre
Tiger	110 Tage	160 kg	2–4	3 Jahre	3–4 Jahre
Primaten:					
Pavian	210 Tage	25 kg	1	3 Jahre	5 Jahre
Gorilla	280 Tage?	135 kg	1	10–12 Jahre	12–15 Jahre
Mensch	280 Tage	65 kg	1	13 Jahre	25 Jahre

Die enorme Diskrepanz zwischen dem Erreichen der *Geschlechtsreife* und dem vollen Wachstum ist besonders auffallend, wenn wir den Menschen mit den anderen Säugern vergleichen. Briffault schreibt:

»Von den höheren Anthropoiden sagt man, daß sie etwa im Alter von drei Jahren selbständig werden, und daß sie zwischen acht und fünfzehn Jahren ihr volles Wachstum erreichen. Bei den meisten Wilden wird das Kleinkind im Alter von drei Jahren noch von der Mutter gestillt, und im Alter zwischen acht und fünfzehn Jahren finden die meisten Pubertätsriten statt. Ein Kleinkind kann kaum seine Augen gebrauchen und seine Bewegungen koordinieren, bevor es nicht einen Monat alt ist; bevor es nicht fünf Monate alt ist, kann es kaum seine Glieder koordinieren, und mit acht Monaten kann es noch kaum stehen. Gehen kann es selten vor dem Ende des ersten Lebensjahres. Ein Orang-Utan ist dagegen am Ende des ersten Lebensmonats bereits so weit entwickelt wie das Kleinkind nach einem Jahr; ein Lamm entwickelt sich in einem einzigen Tag weiter als beide von ihnen. [...] Die Wachstumsgeschwindigkeit verschiedener Tiere unmittelbar nach der Geburt vermag auch die Beziehung zwischen dem jeweiligen Wachstumsvermögen und dem Organisationsgrad aufzuzeigen: ein Kaninchen verdoppelt sein Gewicht in sieben Tagen, ein Hund in acht, eine Katze in neuneinhalb, ein Schaf in zehn, ein Schwein in achtzehn, eine Kuh in siebenundvierzig, ein Pferd in sechzig Tagen, während das Kleinkind für dasselbe Wachstum einhundertachtzig Tage braucht.«[10]

Spencer und Yerkes berichten: »Die relative Wachstumsgeschwindigkeit des Körpers bei einem Schimpansen während der deutlich beschleunigten vorpubertären Phase beträgt etwa

25 Prozent im Vergleich zu 100 Prozent bei anderen Säugetieren in entsprechenden Perioden.«[11]

Corner wies außerdem auf die fehlende Spezialisierung in der menschlichen Evolution hin.[12] Der Mensch besitzt ein breites Spektrum allgemeiner Merkmale, während andere Säuger sich in spezifische Richtungen entwickelt haben. Der menschliche Körper ist eine Kombination von primitiven Eigenschaften mit einigen sehr hochspezialisierten. Diese Entwicklung verallgemeinerter Merkmale gilt bereits für die Primaten und setzt sich beim Menschen fort. In den biologischen Theorien wird jedoch noch eine weitere Tendenz festgestellt. Wenn die menschliche Entwicklung im Vergleich zu anderen Lebewesen verzögert ist, könnte die endgültige Wirkung dieser Verzögerung darin liegen, daß einige frühkindliche Merkmale für immer beibehalten werden. Dudley J. Morton vertritt die Auffassung, daß der Mensch einige primitive Merkmale besitzt, welche die neuzeitlichen Menschenaffen nicht aufweisen.[13] Nach Ashley Montagu ist beim kindlichen Schimpansenschädel die breite mesethnoid-presphenoide Schädelnaht häufig in denselben Proportionen ausgeprägt, wie sie für den menschlichen Schädel charakteristisch sind.[14]

Friedenthal kommentiert die Tatsache, daß die Menschenaffen ihre Körperbehaarung (Lanugo, Flaumhaarkleid) verlieren. Bei den Menschen verändert sich die Lanugo an einigen Körperstellen erst bei der Pubertät. Die Menschenaffen sind neben dem Menschen die einzigen Lebewesen, die kahlköpfig sind, wobei jedoch bei ihnen die Kahlheit sich viel früher als beim Menschen zeigt.[15]

Der Hauptvertreter jener Theorie, nach der die Menschen in ihrer anatomischen Struktur Merkmale bewahrt haben, die den Vergleich mit jugendlichen oder fetalen Menschenaffen nahelegt, ist jedoch der holländische Anatom L. Bolk. Bolk glaubt ein neues Evolutionsprinzip entdeckt zu haben, das ebenso für andere Lebewesen gilt, während er es jedoch vor allem auf den Menschen anwenden will. Er ist nicht an der Frage interessiert, welches Lebewesen als Vorfahr des Menschen anzusehen ist, sondern an dem Prozeß, durch den dieser hypothetische Vorfahr *menschlich* geworden ist. Einige Merkmale der menschlichen Anatomie sind adaptiv oder, wie er sie bezeichnet, konsekutiv.

Die übrigen Merkmale nennt Bolk ›primäre‹ – er zählt dazu Orthognathie (gerade Kieferstellung), Haarlosigkeit, Pigmentarmut der Haut, der Haare und der Augen, die Ohrmuschelform, die »Mongolenfalte«, die Mittellage des Foramen magnum (großes Hinterhaupt-Loch), das Hirngewicht, das Bestehenbleiben der Schädelnähte, die großen Schamlippen der Frau, den Bau von Hand und Fuß, die Beckenform, die ventrale Lage der Vagina sowie bestimmte Veränderungen des Kiefers und der Schädelnähte. L. Bolk gelangt bei der Betrachtung dieser Veränderungen im Licht der Ontogenese zu dem Schluß, daß sie ausnahmslos fetale Zustände verkörpern, die vom Menschen festgehalten worden sind. Was beim Entwicklungsgang der Affen ein Durchgangsstadium war, ist beim Menschen zum Endstadium geworden. Die anderen Primaten durchlaufen während ihrer Entwicklung Perioden, in denen ihnen der Mensch nicht folgt. Die Entwicklung des Menschen ist konservativ, die des Affen propulsiv.[16] In einer knapp gerafften Form lautet Bolks These: Der Mensch ist ein zur Geschlechtsreife gelangter Primatenfetus.[17] Wenn nun eine fetale Eigenschaft allmählich beständig wird, muß es einen Hemmungsfaktor geben, der den normalen Ablauf der Ontogenese verhindert. Es gibt kein anderes Säugetier, das sich so langsam entwickelt wie der Mensch, und kein anderes Tier braucht so lange, bis es ausgewachsen ist. Das gleiche gilt für den Vorgang des Alterns, der beim Menschen stärker verzögert ist als bei jedem anderen Lebewesen. Bolk nimmt an, daß die Ursache dafür endokriner Art sein muß. Die wachstumsbeschleunigenden oder -verzögernden Hormone wirken beim Menschen und beim Menschenaffen unterschiedlich. Ihre Wirkungsweise auf protohumaner Stufe muß ebenfalls unterschiedlich gewesen sein. Eine hemmende Wirkung bestimmter Hormone, der zufolge gewisse Merkmale von der Oberfläche verschwinden und latent werden, könnte zu den Merkmalen geführt haben, die wir heute beobachten. So haben wir zum Beispiel unsere Körperbehaarung verloren, aber in bestimmten Fällen von Endokrinie taucht die Behaarung wieder auf. Solche Funktionsstörungen des endokrinen Systems führen zum Auftreten »pithecoider« Merkmale.[18] *In der verlängerten Eltern-Kind-Symbiose liegt der Grund, weshalb die Menschen in Familien leben, und in dieser verlängerten Koexistenz zweier Generationen finden wir die biologische Grundlage des gesellschaftlichen Lebens.*[19]

Zum Beweis seiner Theorien hebt Bolk besonders die Bezahnung hervor: Bei der Zusammenfassung der Hauptmerkmale des menschlichen Zahnsystems beziehen sich die folgenden auf den vierten Molar: Verzögerung des Durchbruchs, Verkleinerung der Gestalt und Unterdrückung des Ansatzes bei diesem Zahn. Dieser Prozeß hat bei den Vorfahren des Menschen stattgefunden. Was den dritten Molar betrifft, so treten Verzögerung, Verkleinerung und Unterdrückung ebenso auf wie beim vierten, aber erst beim ausgebildeten Menschen.[20] Die Affen erhalten ihre Milchzähne unmittelbar nach der Geburt, und sobald die Milchzähne vollständig sind, erscheinen die bleibenden Zähne, so daß zwischen den Wachstumsphasen beider Zahnarten keine zeitliche Unterbrechung entsteht.[21] A. E. Schultz ist der Meinung, daß die Verzögerung während der Wachstumsperiode zu einer gefährlichen Verlängerung der Lebensdauer der Milchzähne führt.[22]

Am wichtigsten ist jedoch die Tatsache, daß das Wachstum des Somas (Körper) stärker verzögert ist als das des Germas (Keimsubstanz), so daß im Rahmen unserers allgemein verzögerten Wachstums *unsere Sexualität relativ frühzeitig entwikkelt ist.* Die sexuellen Anlagen sind beim Kind vorhanden, bevor das Gonadenhormon in entsprechender Menge produziert wird. Perloff berichtet, daß das sexuelle Verhaltensmuster des Kleinkinds die drei wichtigen Merkmale des erwachsenen Sexualverhaltens einschließt: Anschwellen des Organs, rhythmische Beckenstöße und die intensive neuromuskuläre Reaktion, die als Orgasmus bekannt ist. Diese Merkmale müssen deshalb im Kleinkind bereits bei der Geburt gegeben sein.[23]

Das weibliche Ei ist schon im frühen Alter von fünf Jahren praktisch voll entwickelt, während der Körper dieser Entwicklung noch nicht nachzukommen vermag. Während das Eintreten der Geschlechtsreife im allgemeinen auch bedeutet, daß der Organismus sein Wachstum abgeschlossen hat, ist die Lage beim Menschen völlig anders: der Körper bleibt hinter der sexuellen Regung zurück.[24] Die Tatsache, daß das weibliche Ei im Alter von fünf Jahren – das dem der sexuellen Reife der Menschenaffen entspricht – voll entwickelt ist, weist darauf hin, daß es im Leben unserer vorhumanen Vorfahren eine Periode gegeben haben muß, in der sie in diesem frühen Alter bereits voll entwickelt waren.[25] Vielleicht hat eine Veränderung der Nahrungsgewohnheiten, etwa der Übergang von der herbivoren zur omnivoren oder karnivoren Stufe, zu Veränderungen des endokrinen Systems geführt.[26] Wir sind eine Verkörperung unserer Vorfahren auf deren frühkindlicher Stufe, und der Prozeß der Verzögerung schreitet weiter fort.[27]

Der menschliche Organismus ist durch eine lange Lebensdauer ausgezeichnet. An diesem Prozeß ist jede Lebensperiode beteiligt. Die Auffassung, wonach ein wachstumssteuernder Mechanismus für die unterschiedlichen Merkmale bei Menschensozietäten verantwortlich ist, geht auf Keith, Stokkard, Pfuhl und (den von Bolk zitierten) Paulsen zurück. Shellshear hat entdeckt, daß die Thymusdrüse bei den Chinesen oft bis ins hohe Alter weiterarbeitet, und weist in diesem Zusammenhang auf ihren allgemein kindlichen Gesichtsausdruck hin. Bei nordamerikanischen Indianern ist die Bezahnung früher abgeschlossen als bei Weißen; bei südamerikanischen Indianern früher als bei nordamerikanischen. Suk hat gezeigt, daß bei den Zulus die bleibenden Zähne – einschließlich des dritten Molars, der niemals fehlt – bereits im Alter von fünfzehn Jahren vollständig sind.[28] Eine weiße Haut ist nichts anderes als ein dauerhaftes fetales Merkmal, das auf die Unterdrückung der Pigmentbildung in der Haut zurückzuführen ist. Je stärker die Pigmentbildung unterdrückt wurde, desto mehr behielt die Haut die Farbe des fetalen Körpers, bis sie schließlich bei den weißen Rassen fast völlig auf der fetalen Stufe erhalten blieb. Die Haut des neugeborenen Negers ist erheblich heller als beim Erwachsenen. Erst nach der Geburt erhält die Haut mehr oder weniger rasch ihre endgültige dunkle Färbung.[29] Die enge schräge Lidspalte und der Epikanthus (Mongolenfalte) sind zusammen mit der abgeflachten Nase und den mehr oder weniger vorstehenden Augen kennzeichnend für die mongolische Rasse. Die gleichen Merkmale finden sich jedoch beim menschlichen Embryo im allgemeinen.[30]

Das bedeutet nun nicht, daß wir eine biologische Kulturtheorie propagieren wollen, nach der die Weißen und die

Mongolen in ihrer Entwicklung stärker verlangsamt sind als andere und deshalb die höchste Form der Zivilisation hervorgebracht haben. Das wäre zwar einfach, aber falsch. Buschmänner haben Schädel, wie sie bei Kindern anderer Rassen anzutreffen sind, und auf der Stufe vor den Buschmännern zeigen sich sogar noch deutlichere fetale Merkmale. Es scheint sich dabei um einen Fall der Retardation durch einen Sprung von der Stufe des Neandertalers zu handeln.[31] In der Vergangenheit sind zivilisatorische Gipfel auch von anderen, weniger fetalisierten Gruppen erreicht worden, und die Geschichte und die Geographie haben ihrerseits Einfluß auf diesen Vorgang[32]. Wir behaupten lediglich, daß die »Verjugendlichung« zwar eine notwendige Bedingung, aber keine hinreichende Erklärung für die Zivilisation ist.

Der Neandertaler, der Tolgay-Schädel und der Pithecantropus erectus sind doliozephal (langköpfig). Bolk nimmt an, daß der Urmensch doliozephal war, obwohl die Primaten im allgemeinen brachyzephal (kurzköpfig) sind. Wie Elliot Smith vermutet auch Bolk, daß die Dolichozephalie durch die aufrechte Haltung und die Vorwölbung der Hinterhaupt-Region entstand. Im allgemeinen zeigt jedoch die menschliche Rasse eine zunehmende Brachyzephalisierung, was darauf hindeutet, daß der Fetalisationsprozeß immer noch in Gang ist. Jeder menschliche Fetus ist während der ersten Lebensmonate brachyzephal, und die Dolichozephalie tritt nicht vor dem sechsten Monat auf.[33] In einer Reihe von Aufsätzen beschreibt Kappers die zunehmende Brachyzephalisierung des Menschen als Beweis für die zunehmende Fetalisierung.[34] Weidenreich vertritt eine andere Theorie über den Ursprung der Brachyzephalisierung.[35] Die Australier, die ich immer als die primitivste Menschengruppe betrachtet habe, sind hyperdolichozephal, was mit Bolks Ansichten übereinstimmt. Bolk betrachtet die schwarzen Rassen als weniger »hominisiert«, während Europäer und Mongolide Beispiele für abweichende Hominisation sind.[36]

Weidenreichs Theorie schließt jedoch auch das Fortbestehen wenn nicht von fetalen Merkmalen, so zumindest die eines fetalen Prozesses ein. Bei den Menschenaffen verändert sich die Wachstumsrate des Gehirns nach der Geburt, während sie beim Menschen bis zum Abschluß des allgemeinen Wachstums konstant bleibt. Weidenreich nennt die menschliche Entwicklung »propulsiv« statt verzögert.[37] Das ist jedoch bloß eine terminologische Frage. Alle erwähnten Biologen stimmen in der Auffassung überein, daß die menschliche Entwicklung orthogenetisch ist; daß sie auf einer Entwicklung angeborener Merkmale mit einer festen Tendenz in einer bestimmten Richtung beruht.[38] R. Goldschmidt nennt dies die Theorie der *Voranpassung. Anpassungen werden nicht in der Umwelt verursacht, in der sie vorgefunden werden*, und ebensowenig werden sie durch Einflüsse dieser Umwelt hervorgerufen; Anpassungsmerkmale treten als Zufallsmutationen auf, ohne jede Beziehung zu ihrem Anpassungswert als Vor-Variationen.[39]

Diese Auffassung der menschlichen Entwicklung stimmt genau mit meiner psychoanalytischen Deutung der Zivilisationsentwicklung überein. Scheinbar anpassungsbedingte Merkmale wie die Agrikultur entstehen nicht wegen ihres Anpassungswerts, sondern aufgrund von Tendenzen des Es (d. h. Mutationen).[40] Daß sie aufgrund ihres Anpassungswerts *überleben*, ist eine andere Sache. Wir können nunmehr den Wert einer weiteren These R. Goldschmidts erkennen, nämlich daß die menschliche Entwicklung wesentlich *orthogenetisch* ist, d. h. nachdem sie einmal begonnen hat, schreitet sie in derselben Richtung immer weiter fort, bis sich möglicherweise extreme Formen herausgebildet haben, die zur Auslöschung allen Lebens führen können.[41] H. F. Osborn bezeichnet diesen Evolutionstypus als *Teleogenese*.[42] E. Dubois geht sogar so weit, eine inhärente Tendenz zur Vervollkommnung anzunehmen. Der wirkliche Übergang oder die Brückenbögen, welche die Arten miteinander verbinden, entstehen in der embryonalen Periode.[43]

Es ist interessant, festzustellen, daß die von Kroeber aufgezählten und der »Selbstdomestizierung« zugeschriebenen körperlichen Merkmale ziemlich genau mit Bolks Fetalisationsmerkmalen übereinstimmen und daß es zwischen dem Leben eines Kindes und dem eines domestizierten Tieres offensichtliche Parallelen gibt. S. Zuckerman berichtet, daß die ventroventralen Sexualkontakte des unreifen Schimpansen später durch die dorso-ventrale Position ersetzt werden[45], während beim Menschen die ventro-ventrale oder jugendliche Position die übliche zu sein scheint.

Weidenreich erhebt Einwände gegen Bolks Auffassung der Verwandlung des »menschlichen Schädels und Gesichts«. Der wesentliche Unterschied, der die ontogenetische Entwicklung des Menschen einerseits und des Menschenaffen andererseits kennzeichnet, ist nicht die Beibehaltung fetaler Merkmale beim Menschen und deren Verlust beim Menschenaffen, sondern *die längerfristige Erhaltung der fetalen Wachstumsproportionen* beim Menschen und deren frühe Umkehrung bei den großen Menschenaffen. Beim Menschen wird das Wachstum des Gesichtsschädels dominant. »Konservative Entwicklung bedeutet die Erhaltung der fetalen Wachstumsgeschwindigkeit, nicht jedoch der fetalen Merkmale. Die fetalen Merkmale, auf die Bolk sich bezieht, wie zum Beispiel die Orthognathie, bleiben im nachgeburtlichen Leben erhalten, weil die Wachstumsgeschwindigkeit des Gehirns beibehalten wird.«[46]

Ich vermag nicht zu beurteilen, ob Weidenreich recht hat oder Bolk. Aber selbst wenn Weidenreichs Auffassungen korrekt sind, setzen sie nur einige der von Bolk als jugendlich behaupteten Merkmale außer Kraft (nicht jedoch jene, die sich auf Haarlosigkeit, Pigmentierung, Hymen usw. beziehen). Andererseits bringen sie eine neue und wichtige Hypothese ins Spiel, nämlich daß die höchste Errungenschaft des Menschen, sein Gehirn, auf die Erhaltung der embryonalen Wachstumsgeschwindigkeit zurückzuführen ist. Die Auffassungen Weidenreichs scheinen in der Nähe von Lamarck angesiedelt zu sein. W. K. Gregory führt ähnlich wie Bolk die Zunahme der Gehirngröße auf die Pädomorphose zurück.[47]

A. A. Abbie zieht den Schluß, daß Merkmale wie Metopismus, Dünnerwerden der Schädelknochen und Verzögerung beim Schließen der Nahtverbindungen als Beispiele für Bolks »Fetalisation« betrachtet werden könnten. Die fetale Schädelform wird beibehalten, wenn auch mit einer beträchtlichen Größenveränderung.[48]

Zuckerman kritisiert bei seiner Einschätzung der gesamten Theorie viele Einzelheiten, nimmt aber gleichwohl an, daß Bolks Auffassungen im allgemeinen richtig sind. »Bolk nimmt einen allgemeinen Verzögerungsprozeß in der Embryogenese an, sowie einen Prozeß der Neotenie, wodurch allgemeine fetale Merkmale, die bei anderen Primaten durch die fortschreitende Entwicklung überlagert werden, zum Bestandteil der reifen menschlichen Gestalt wurden. Offensichtlich haben im allgemeinen beide Prozesse stattgefunden.«[49] »Die nachgeburtliche Entwicklung und das Wachstum sind beim Menschen im Gegensatz zu anderen Säugern verlangsamt und stark verzögert.«[50]

Aus biologischer Sicht entspricht unsere Erklärung der Kultur der durch Anpassung begrenzten Orthogenese. Kappers[51] gibt der Retardationshypothese eine neue Formulierung. Er vergleicht die Evolution der *Equidae* mit jener der *Hominidae.* Das Pferd hat sich ontogenetisch vom Tertiärpferd weiterentwickelt und sich zunehmend spezialisiert. Beim Menschen hingegen verläuft die Ontogenese in umgekehrter Richtung. – Im Anschluß an eine Deutung des zunehmenden Hirnvolumens, insbesondere des Größenverhältnisses des Neocraniums, auf allen Stufen der Phylogenese schreibt Kappers: »Es ist einsichtig, daß das Resultat dieser Entwicklung in einer immer stärkeren Bewahrung jugendlicher oder sogar fetaler Merkmale in den verschiedenen Ontogenesen besteht. Alle Autoren, die sich mit der Ontogenese der Primaten beschäftigt und sich dabei nicht nur auf die Stufe der erwachsenen Tiere beschränkt haben, legen auf diesen Punkt besonderes Gewicht. Das Nervensystem wächst zu Beginn früher und schneller. So wies bereits Schwalbe (zit. bei F. Weidenreich, *Domestikation und Kultur in ihrer Wirkung auf Schädelform und Menschengestalt*, vgl. Anm. 46 dieses Kap.) bei Menschen- und Affenembryos nach, daß das Vorauseilen der Entwicklung des Gehirnschädels Ausdruck einer zeitweiligen Vorwegnahme der Entwicklung von Gehirn und Eurocranium beim Wachstum des Splanchrocraniums ist. Das ist die Ursache für das gegenüber der Adultform relativ sehr viel größere Volumen des Zentralnervensystems und des Schädels auf den frühen ontogenetischen Stufen.«[52] Darin zeigt sich eine allgemeine Tendenz der Wirbeltiere, die beim Menschen besonders stark ausgeprägt ist. Die gesteigerte Bedeutung des Gehirns beim Menschen ist auf eine stetig verlängerte Bewahrung früher ontogenetischer Formbeziehungen zurückzuführen.

Das Haeckelsche Gesetz trifft zu, wenn die relative Entwicklungsgeschwindigkeit zunehmend gesteigert wird (d. h.

wenn sie »palingenetisch« ist, im Gegensatz zu »proterogenetisch«), aber nicht dort, wo sie zunehmend verringert wird wie beim Menschen.[53]

In einigen Fällen treten jedoch ontogenetisch frühe Formen auf einem Umweg wieder auf *(Prinzip der umwegigen Entwicklung)*. Während der vorgeburtlichen Entwicklung des Menschen nimmt die relative Länge des Unterarms immer mehr zu, und das gleiche gilt für die Menschenaffen. Während der nachgeburtlichen Entwicklung wächst jedoch der Unterarm relativ langsam, bis auf der Stufe des Erwachsenen dann die fetalen Proportionen praktisch wiederhergestellt sind.[55] Die fortschreitende Entwicklung vor allem des nichtreflektorischen Teils des menschlichen Gehirns, wie sie Dubois für die Entwicklungszeit der Hominiden annimmt, muß ebenfalls unter dem Aspekt der Bewahrung früher jugendlicher Merkmale der Ontogenese verstanden werden. Dubois zufolge beruht diese fortschreitende Entwicklung hauptsächlich auf der wiederholten Neuronenteilung. Je später das Gehirn seinen Reifezustand erreicht, desto mehr verzögert es seinen Reifungsprozeß und desto länger bewahren die Neuronen ihre jugendliche Eigenschaft der Teilbarkeit.[57]

Wir können vermutlich sogar eine Art Zirkel- oder Gleichgewichtsbeziehung annehmen, der zufolge der Mensch um so mehr auf eine infantile Stufe regrediert, je weiter er kulturell fortschreitet und der abnehmenden Spezialisierung des Körpers eine zunehmende Spezialisierung in Kultur und Gesellschaft entspricht; oder wie Ferenczi es formuliert: es werden autoplastische Reaktionen (Körperspezialisierungen[59]) in zunehmendem Maße durch alloplastisches Verhalten (Kultur) ersetzt. Huxley gibt in seinem berühmten Aufsatz über die Einzigartigkeit des Menschen folgende Zusammenfassung:

»Wie jedermann weiß, zeichnet sich der Mensch durch eine Entwicklungsgeschwindigkeit aus, die im Vergleich zu allen anderen Säugern ungewöhnlich gering ist. Die Zeitspanne von der Geburt bis zum ersten Ansatz der Reife umfaßt beinahe ein Viertel der normalen Lebensdauer und nicht nur ein Achtel, ein Zehntel oder Zwölftel, wie bei anderen Lebewesen. Das ist in gewisser Hinsicht ein einzigartiges Merkmal des Menschen, obwohl es in der Sicht der Evolution lediglich die Steigerung einer Tendenz verkörpert, die auch bei anderen Primaten wirksam ist. [...] Diese Verzögerung hat für den Menschen noch weitere Folgen gehabt. Ich erwähne hier nur eine einzige: seine Nacktheit. Die Behaarung des Menschen ist derjenigen eines späten Schimpansenfetus äußerst ähnlich, und es besteht kaum ein Zweifel darüber, daß sie eine Erweiterung dieser zeitweiligen Anthropoidenphase zum Dauerzustand bedeutet. [. . .] Schließlich hätte die Fetalisierung niemals bei einem Säuger auftreten können, der gleichzeitig viele Junge hat, da die intrauterine Konkurrenz die entgegengesetzte Tendenz gefördert hätte.«[60]

Ein weiteres wichtiges und einzigartiges Merkmal des Menschen sollte in diesem Zusammenhang erwähnt werden: Nur wenige Lebewesen leben länger, als die Periode der Fortpflanzung dauert. Beim Menschen ist dies anders: Die Zahl der Individuen, welche die Stufe der Reifung überschritten haben, nimmt ständig und sogar rasch zu.

Ich bin kein naturwissenschaftlich orientierter Anthropologe und kann mir deshalb über die Einzelheiten dieses Problems keine unabhängige Meinung bilden. Ich glaube allerdings, daß niemand mir widersprechen wird, wenn ich behaupte, daß die Zeitdauer der Unreife oder Unselbständigkeit beim Menschen weiter ausgedehnt ist als bei jedem anderen Lebewesen. Überdies vermute ich, daß die meisten Anthropologen mir auch darin zustimmen werden, daß zumindest einige der von Bolk aufgezählten Merkmale auf diesen Verzögerungsprozeß zurückzuführen sind.

Merkwürdig ist jedoch die Tatsache, daß zwar die längere Dauer der Kindheit des Menschen allgemein anerkannt wird, aber niemand auf dieses Faktum so eingeht, wie ich es tue. Gewöhnlich wird behauptet, daß die verlängerte Kindheit es ermögliche, die Menschen zu konditionieren, und daß die Psychologie deshalb von der Konditionierung, d. h. von der Kultur, abhängig sei. Die Frage, wovon denn die Kultur abhänge, darf natürlich von einem wohlerzogenen Anthropologen nicht gestellt werden, weil die Suche nach Ursachen »veraltet« ist und eigentlich ins neunzehnte Jahrhundert gehört – eine wahrhaft schreckliche Angelegenheit, ein Wort, das mit der schlimmsten Art von *mana* behaftet ist. Von diesem Aspekt der Frage einmal ganz abgesehen – weshalb erkennt denn niemand, daß wir in dieser einen Tatsache einen der wichtigsten Schlüssel zum Verständnis der menschlichen Natur besitzen? Selbstverständlich verweist Freud mehrmals auf unsere biologische Unselbständigkeit. Der Ursprung des

Über-Ich ist teilweise auf unsere verlängerte Kindheit und Unselbständigkeit zurückzuführen.[61] M. Levy-Suhl verglich die Theorien Freuds mit jenen von Bolk.[62]

G. Bally hat die tierische und die menschliche Aktivität miteinander verglichen. Die Motorik der niederen Tiere, Insekten und niederen Wirbeltiere zeigt einen mehr oder weniger starren Ablauf. Auch höhere Organismen reagieren in zielgerichteter Weise. Die Handlung selber ist jedoch zahllosen Variationen unterworfen, und lediglich die Schlußphasen wie Essen oder Kopulation sind gleichförmig. Bei Lebewesen mit verlängerter Kindheit wird jedoch die Rigidität durch Variabilität ersetzt. Trotz des elterlichen Schutzes vor Feinden zeigen sie ererbte Aggression, die im Spiel zum Ausdruck kommt. An die Stelle der wirklichen Feinde treten Ersatzbildungen. Brüder, Schwestern und Eltern werden Verfolger und Verfolgte; ein sich bewegendes Blatt oder ein Ball wird angebellt und in Stücke gerissen: das Tier spielt.[63] Während zielgerichtete Handlungen, sobald das Ziel erreicht ist, beendet werden, ist die Situation bei Spielhandlungen anders: Die Lust ist funktional und hört erst mit der körperlichen Erschöpfung auf. Die Neigung zur Lagerung von Nahrungsmitteln oder zur Vorsorge für die Zukunft ist eine institutionalisierte Form elterlicher Fürsorge oder eine Ersatzmutter.[64] Während in Sammlergesellschaften die Einheit von lustvollen und nützlichen Tätigkeiten mehr oder weniger bewahrt bleibt, d. h. das Spiel in die Realität übergeht[65], wird in höher entwickelten Sozietäten die Jäger- oder Sammlerstufe durch andere Formen ökonomischer Tätigkeit ersetzt.

»Die Notwendigkeit, ein Realitätsprinzip (im menschlichen Sinne des Wortes) zu entwickeln, d. h. zu lernen, Spannungen zu ertragen und die unmittelbare Wunscherfüllung im Interesse eines späteren Ziels aufzuschieben, ergibt sich erst, nachdem der Verzögerungsprozeß in der ursprünglich biologischen Anpassung an die Umwelt einen entscheidenden Bruch bewirkt hat.«[66]

Wenn die Funktion lustvoll geworden ist, wird es möglich, einen Aufschub bei der Zielverwirklichung zu ertragen.[67] Nach diesen Vorbemerkungen will ich nun noch einmal jene Themen zu erörtern versuchen, mit denen ich mich in *The Riddle of the Sphinx* (1934) und in *The Origin and Function of Culture* (1943) befaßt habe.

Zuerst möchte ich auf die merkwürdige Vorstellung einiger Anthropologen und auch Soziologen hinweisen, daß die patriarchale Gesellschaft, die Kultur oder der Kapitalismus für den Ödipuskomplex verantwortlich sind.[68] Zuckerman beschreibt, wie ein junger Schweinsaffe häufig das Fell seiner Mutter untersuchte und musterte. Während der Erforschung des mütterlichen Körpers hielt er bisweilen plötzlich inne und starrte auf ihren Genitalbereich. »Als er etwa sechs Monate alt war, bestieg er die Mutter, als Antwort auf ihr wiederholtes Präsentieren, und ungefähr einen Monat später war seine Tätigkeit von Erektionen und Beckenstößen begleitet.« Wenn der Vater des jungen Affen ebenfalls im Käfig gelebt hätte, wäre dies nicht vorgekommen: »Die sexuellen Aktivitäten des jungen Affen lösten oft seinen Unmut in Form heftiger Sprünge gegen das Trenngitter aus.«[69]

Es ist auffallend, daß prägenitale Formen der Sexualität auch bei Menschenaffen und Affen entdeckt werden können. Während wir unsere Sexualität im Verhältnis zur Körperreife als frühreif bezeichnet haben, muß sie natürlich im Hinblick auf Menschenaffen und andere Affen als verspätet bezeichnet werden. In seinen Untersuchungen über Schimpansen bemerkt C. F. Sonntag, daß das während vieler Wochen beobachtete Wälzen, Überschlagen, Anklammern und Umarmen keine sexuelle Bedeutung habe. Später waren darin eindeutig sexuelle Elemente wahrzunehmen.[70] Im Anschluß an die Beschreibung der verschiedenen *prägenitalen* Stufen, aus denen beim Menschenaffen die Sexualität hervorgeht, bemerkt Sonntag: »Die vorangehenden Beobachtungen zum Auftreten von Kopulationsreaktionen weisen darauf hin, daß einige der konstitutiven Faktoren bereits in den ersten Stunden nach der Geburt entstanden sein müssen.«[71]

Es ist aufschlußreich, den Beobachtungen von Sonntag zu folgen, weil sie ganz deutlich zeigen, wie sich das Aufsitzen zur Genitalität fortentwickelt; d. h. sie verweisen auf die inzestuöse Basis der Sexualität.[72] Sonntag ist der Ansicht, daß die Beobachtung der Paarung älterer Männchen und die Rivalität gegenüber diesen ein notwendiger Bestandteil des Lernprozesses seien.[73] Die kopulationsbezogene Anpassung des Affen ist schneller und genauer als jene des Menschenaffen[74] – ebenso wie der Australier in sexueller Hinsicht »normaler«

ist als der moderne zivilisierte Mensch.

Wo bleibt hier nun die Kultur? I. Hermann hat dieses Phänomen gemeinsam mit anderen Autoren in zwei Aufsätzen und einem Buch behandelt.[75] Ich habe oben die Bemerkung Hootons zitiert, nach welcher es eine großartige Errungenschaft der Kultur sei, wenn »wilde, unzivilisierte« Väter es tatsächlich fertigbrächten, ihre Nachkommen zu lieben. Aus meiner Erfahrung kann ich sagen, daß primitive Väter mit Sicherheit liebevolle Väter sind. Was ist die *Kultur,* durch die dies erreicht wird? Es ist die Retardation im Sinne Bolks, d. h. die unbewußte Identifikation mit den eigenen Nachkommen. Gleichzeitig muß jedoch die entgegengesetzte, »tierische«, Tendenz vorhanden sein. Darüber entsteht eine Konfliktsituation. Sowohl Laios wie Ödipus haben einen Ödipuskomplex.

Das heranwachsende Lebewesen muß einen Ödipuskomplex haben, weil es erwachsen wird, indem es sich mit einem gleichgeschlechtlichen Erwachsenen (oder mit mehreren, was dasselbe ist) identifiziert. Libidinöse Strebungen richten sich auf den Geschlechtspartner dieses Erwachsenen. Da die genitale Libido bereits zu der Zeit wirksam ist, da das Kind noch in (phantasierter oder auch realer oraler) Abhängigkeit steht, muß das *prima facie*-Sexualobjekt die Mutter sein. Den Übergang von der Mutter-Kind-Beziehung zur Beziehung zwischen Männchen und Weibchen bei Menschenaffen hat Bingham überzeugend nachgezeichnet.[76] Er beschreibt folgende Aktivitäten:

1. Anklammern, Anschmiegen und Umarmen.
2. Neugierverhalten und Manipulation, manuelle und orale Kontakte, einschließlich Saugen, Lecken und Beißen.
3. Flucht, Rückzug und Ausweichen, das oft zu 1. führt.
4. Spielerische Drohungen, aufrechte Annäherungsversuche, die zu 1. oder 2. führen.
5. Schmücken, kokettierendes und heimliches Spiel, das oft zu 1. oder 2. führt.
6. Erektionsreflexe beim Männchen oder Weibchen, die häufig und in verschiedenen Fällen nichtsexueller Erregung auftreten.
7. Reizung der Genitalien durch Berührungen, die individuelle Anpassungen einschließen.

Wichtiger noch als die Frage nach dem universalen Ödipuskomplex ist jedoch die Tatsache, daß die Psychoanalyse zweifelsfrei bewiesen hat, daß die *Neurose ein Archaismus ist.* Freud sagt, daß der Neurotiker im Grunde »vergossener Milch nachweint«, d. h. daß er auf eine vergangene Stufe seiner Entwicklung fixiert ist.

»Wir halten es für durchaus normal, daß das Mädchen von vier Jahren schmerzlich weint, wenn ihm eine Puppe zerbricht, mit sechs Jahren, wenn ihm die Lehrerin einen Verweis gibt, mit sechzehn Jahren, wenn der Geliebte sich nicht um sie bekümmert, mit fünfundzwanzig Jahren vielleicht, wenn sie ein Kind begräbt. Jede dieser Schmerzbedingungen hat ihre Zeit und erlischt mit deren Ablauf; die letzten, definitiven, erhalten sich dann durchs Leben. Es würde uns aber auffallen, wenn dies Mädchen als Frau und Mutter über die Beschädigung einer Nippsache weinen würde. So benehmen sich aber die Neurotiker.«[77]

Die Neurose ist eine vollständige Wiederholung oder eine Übertreibung jenes Prozesses, der uns human gemacht hat. So wird auch der Analytiker in der Übertragung zu einer Kopie des Vaters oder der Mutter, und alle Realitätssituationen werden verzerrt, weil sie an Kindheitssituationen des Subjekts angeglichen werden. Dieser Vorgang gleicht Bolks Auffassung von der konservativen Natur des Menschen. Ich wiederhole somit die Aussage aus *The Riddle of the Sphinx* (1934), daß *aus dieser Sicht* die Neurose den Hominisierungsprozeß in übertriebener Form aufzeigt. Natürlich sind nicht alle menschlichen Wesen im klinischen Sinne des Worte neurotisch, aber ich bin sicher, daß sie alle *laudatores temporis acti* sind. Mythen des Traumzeitalters, sehnsüchtiges Verlangen nach den Herrlichkeiten der Kindheit, rituelle Darstellungen der Wiedergeburt sowie unsere Träume belegen immerhin, daß die Regression eine universale Gefühlsregung ist. Werden Tagträume analysiert, so zeigt sich, daß sie ihre Wurzeln in der Vergangenheit haben. *Urd, Werdandi* und *Skuld* (Vergangenheit, Gegenwart und Zukunft) sind ein und dasselbe, und die Erinnerung ist das grundlegende Element in unserer Zukunftserwartung.[78]

All unsere unrealistischen, emotionalen Einstellungen sind in Wirklichkeit unbewußte Magie. Die Welt ist eine Große Mutter, deshalb die vielen *omphaloi* oder Nabel der Welt. Wenn wir weinen, erwarten wir eine Belohnung, und aus dieser Kindheitssituation heraus haben wir die Poesie entwikkelt und, in einer anderen Richtung, die Vielfalt des Leidenskultes.

Entscheidend ist jedoch die von Bolk und anderen hervorgehobene Tatsache, daß das Auftreten sexueller Regungen verfrüht ist, daß der Mensch nicht nur im Vergleich mit der Tierwelt »verzögert« ist, sondern daß er in seiner eigenen Entwicklungsgeschwindigkeit eine Disharmonie zeigt. Deshalb muß die Psyche verschiedene Mechanismen entwickeln, um die sexuellen Regungen zu unterdrücken, zu projizieren oder umzuwandeln. *Unsere Sexualethik beruht auf unserer ›Verjugendlichung‹.* Wahrscheinlich hatte J. D. Unwin doch recht, als er annahm, daß Jungfräulichkeit und Zivilisation zusammengehören. Die Einschränkung sexueller Möglichkeiten bringt zwar nicht in der einfachen Weise soziale Energien hervor, wie Unwin unterstellte[80], aber sie nimmt insgesamt *pari passu* mit der Zivilisation zu. Beides sind Zeichen verschärfter Retardation.

Im Jahre 1943 stellte ich die These auf, daß der Anfang jeder einzelnen Kultur in einer Veränderung der Kindheitssituation oder in einem ontogenetischen Trauma bestehen müsse.[81] Die neuzeitliche Gelehrsamkeit blickt mißtrauisch auf jeden Versuch, Anfänge zu entdecken – »Stelle keine solchen Fragen!«; das Kleinkind, der Vater und die Mutter bilden eine einzige *Gestalt,* und die Frage, woher die kleinen Kinder kommen, ist absolut deplaciert.[82]

Natürlich weiß ich sehr wohl, daß das, was wir heute suchen, keine *Ursprünge* sind, und mit meiner Hypothese wollte ich nur sagen: Da aus der Sicht des Individuums die Persönlichkeit mit der Kindheitssituation anfängt, kann dasselbe auch bei den Untergruppen der Menschheit in der dunklen Vergangenheit der Fall gewesen sein. O. H. Schindewolf behauptet, daß jeder neue Typus in der phylogenetischen Evolution auf den frühen ontogenetischen Stufen entsteht und nicht bei Adultformen. Je komplexer und höher organisiert der neue Typus ist, desto früher muß seine Bildung im fetalen Leben eingesetzt haben.[83] A. H. Schultz gelangt zu folgendem Schluß:

»Die viel größere Ähnlichkeit zwischen Mensch, Menschenaffe und Affe auf frühen Entwicklungsstufen – im Vergleich zur erwachsenen Gestalt – kann tatsächlich nicht anders verstanden werden als durch die

Annahme eines gemeinsamen Ursprungs für alle, von dem sie die Tendenz zu denselben ontogenetischen Prozessen erbten, die ihrerseits nur durch spätere Einzelentwicklungen modifiziert werden konnten. Es gibt ausreichende Beweise für die Folgerung, daß viele Teile des menschlichen Körpers weniger spezialisiert sind als die entsprechenden Körperteile bei anderen Primaten, und daß sie deshalb phylogenetisch primitiver geblieben sind. In einer sehr ähnlichen Weise läßt sich behaupten, daß die verschiedenen Menschenrassen sich in den einzelnen Körperteilen in sehr unterschiedlichem Maße spezialisiert haben. Diese relativen Ausmaße evolutionärer Modifikation entsprechen in mancher Hinsicht dem relativen Grad der ontogenetischen Veränderung der Einzelstruktur.«[84]

Wie wir jedoch oben im Fall des Somas und des Germas festgestellt haben, ist zu beachten, daß diese Bewahrung primitiver Merkmale nicht *pari passu* für den gesamten menschlichen Körper fortschreitet.

»Die präanthropoide Hand und der Fuß sind deutlich spezialisierte Bildungen. Von außen betrachtet stellen sie größere Abweichungen vom primitiven Bauplan der Säugetiere dar, als Hand und Fuß der höheren Säugetiere. [. . .] Der Mensch besitzt eine primitivere Hand und einen stärker spezialisierten Fuß als irgendein anderer Angehöriger der *Pongidae*.«[85]

Viele Autoren haben behauptet, daß die Hand[86] oder die Libidinisierung der Hand (Hermann) in der Evolution der menschlichen Kultur eine besondere Bedeutung habe. Ich möchte in diesem Zusammenhang wiederum hervorheben, daß die konservative (regressive) Tendenz und das grundlegende Element der Kultur ein und dasselbe zu sein scheinen. Bei allen höheren Primaten ist nach A. H. Schultz der Daumen im Verhältnis zur Handlänge beim Fetus länger als beim Erwachsenen[87]. Diese ontogenetische Verminderung ist beim Anthropoidenfetus sehr viel stärker ausgeprägt als beim Menschen.

Wir haben angenommen, daß irgendwann in der dunklen Vergangenheit nicht nur die menschlichen Rassen, sondern auch die menschlichen Kulturen begonnen haben müssen, sich zu differenzieren. Wie? Oder weshalb? Was wir oder ein anderer auch immer dazu sagen können, beruht auf Vermutungen. Vor allem müssen wir annehmen, daß die verschiedenen Menschengruppen isoliert voneinander lebten, und daß infolge unterschiedlicher Mutationen auch der Grad der Retardation variieren wird. – So weit war ich mit meinen Gedanken gekommen, als in Amerika Sir Arthur Keiths Buch *A New Theory of Human Evolution* veröffentlicht wurde. Im Jahre 1908 untersuchte Keith etwas, das wie ein menschlicher Fetus aussah, in Wirklichkeit jedoch der eines sieben Monate alten Schimpansen war. Die Haut war nackt, weil der Fetus sieben Monate alt war, aber im letzten Entwicklungsmonat bekam der Schimpansenfetus eine Haarbedeckung. »Jene, die das Exemplar kritisch betrachteten, wunderten sich darüber, daß die Füße mit großen Zehen ausgestattet waren, welche die Gestalt von Daumen hatten.«[88]

Die meisten Besucher pflegten damals diesen Fetus schlicht als weiteren Beweis für Haeckels »biogenetisches Grundgesetz« zu deuten, wonach die Ontogenese eine verkürzte Wiederholung der Phylogenese ist. Wenn dies jedoch zutreffen würde, müßten wir annehmen, daß der Schimpanse von unbehaarten menschenähnlichen Vorfahren abstammt, die später eine Behaarung annahmen. Da die Behaarung eines der ältesten Säugetiermerkmale ist, kann eine solche Theorie jedoch nicht akzeptiert werden. »Der fetale Schimpanse wiederholt mit seiner unbehaarten Phase kein altes oder ursprüngliches Merkmal, sondern er zeigt ein neues.«[89]

Der haarlose Zustand ist vom Menschen als ein archaisches Merkmal beibehalten worden. So lautet Bolks Theorie der Fetalisation. Keith weist auf den Umstand hin, daß Bolk viele Vorläufer besaß, die ähnliche Auffassungen vertraten.[90]

Zahlreiche weitere Eigentümlichkeiten des Menschen lassen vergleichbare Schlüsse – zum Beispiel die Größe seines Gehirns und die Kleinheit seines Gesichts: auch darin liegt ein Merkmal des Anthropoiden bei der Geburt.

»Wir können somit die Kleinheit des menschlichen Gesichts und die Größe des Gehirns im Verhältnis zum Schädel der Tendenz zuschreiben, eine infantile Stufe bis in die Zeit des Erwachsenen hinein zu verlängern. Außerdem stellen wir fest, daß die infantile Stufe des Menschen eine Übertreibung jener Stufe ist, die wir bei jungen Menschenaffen beobachten.

Beim neugeborenen Affen und Menschenaffen liegt das große Hinterhaupt-Loch, das die Schädelhöhle mit dem Wirbelkanal verbindet, in der Nähe des Schädelbasis-Mittelpunkts. Als einzigem unter den Primaten bleibt beim Menschen diese zentrale Lage erhalten. Wir könnten dies als fetales Erbe beschreiben. Bei allen anderen Primaten verschiebt sich beim

Durchbruch der bleibenden Zähne und mit dem Wachstum von Kiefer und Gesicht die Öffnung nach hinten. [...] Der saugende Affe, der sich an seine Mutter klammert, muß seinen Kopf in einer dem Menschen ähnlichen Stellung halten – deshalb die zentrale Lage des großen Hinterhaupt-Loches im Schädel neugeborener Affen. Die Verschiebung des Hinterhaupt-Loches setzt ein, wenn die Säugeperiode beendet ist. Dieses infantile Stadium ist beim Menschen zum Dauerzustand geworden.«[91]

Wenn der anatomische Bau des Menschen Züge einer im Säuglingsstadium steckengebliebenen Entwicklung aufweist, müssen wir annehmen, daß auch die orale Organisation etwas ist, das nie ganz überwunden wird. Wie weiter unten zu sehen sein wird, erkennen wir darin tatsächlich das grundlegende Element der Kultur.

»Fetale und frühkindliche Menschenaffen besitzen eine auffallend vorgewölbte Stirn ohne Wülste. Mit dem Durchbruch der bleibenden Zähne verändert sich die Stirn des Schimpansen. Es entstehen große Supraorbitalwülste, das Stirnbein wird neu geformt und wird niedrig und fliehend. Beim Menschen und auch beim Orang-Utan behält die Stirn mehr oder weniger ihre fetalen Merkmale. Die Stirn der Frau ist gewöhnlich in ihrer Ausprägung stärker fetal als die des Mannes. Beim untergegangenen Neandertaler und bei einigen anderen vorgeschichtlichen Menschenarten durchlief die Stirn ähnliche Veränderungen, wie sie bei Schimpansen und Gorillas beobachtet werden; bei weiter zivilisierten Rassen wird die frühkindliche Form der Stirn oft beibehalten.«[92]

Ich habe immer die Ansicht vertreten, daß die Australier in psychologischer Hinsicht primitiver (d. h. mehr genital und weniger oral, weniger retardiert) sind als andere Menschengruppen. Die biologische Anthropologie bestätigt diese Auffassung. Die Supraorbitalregion ist eines der auffälligsten Merkmale im Gesicht des australischen Ureinwohners. Die schräge Stirn ist charakteristisch für den Schädel des Australiers und des Tasmaniers sowie für alle Primitiven, ob rezente oder fossile. Die Ähnlichkeit zwischen dem Schädel des Australiers und des Neandertalers wurde zuerst von Sir Thomas Huxley festgestellt.[93] Andererseits bewahren die Mongoliden viele ontogenetisch primitive (d. h. frühkindliche, retardierte) Merkmale. Dazu gehören die folgenden: 1. das Nasenbein ist niedrig und zurückgezogen; 2. eine Hautfalte, die sogenannte Mongolenfalte, die sich von der Nasenwurzel aufwärts zieht und sich mit einer weiteren Falte über dem oberen Augenlid verbindet; 3. die Augäpfel treten hervor. Bei den Mongolen bleibt diese Verbindung fetaler Eigenschaften im Leben des Erwachsenen erhalten. Die Menschenaffen besitzen auffällige Schädelwülste; aber diese Wülste fehlen auf der fetalen und der frühkindlichen Stufe dieser Affen und auch beim Menschen. Im Falle der Acromegalie (übermäßiges Spitzenwachstum) treten sie jedoch wieder auf. Verursacht wird dies durch eine Hormonverbindung, die von einer unregelmäßig arbeitenden Hirnanhangsdrüse in den Blutkreislauf gebracht wird. Nach Sir Arthur Keith

»können wir deshalb mit Recht die Folgerung ziehen, daß die Entwicklung von Schädelwülsten durch ein oder mehrere von der Hirnanhangsdrüse gebildete Hormone gesteuert wird, und daß die Verzögerung bei der Ausbildung und beim Wachstum von Schädelwülsten auf eine verminderte Hormontätigkeit zurückzuführen ist. Die verschiedenen Rollen, welche die Hormone der Hirnanhangsdrüse bei der Entwicklung und Ausprägung des Körpers spielen, werden von den Eltern mittels der Gene an die Kinder weitergegeben. Wir müssen annehmen, daß diese Gene im Laufe der Evolution Änderungen erfahren. So haben zum Beispiel beim männlichen Gorilla die für die Wulstentwicklung verantwortlichen Gene Veränderungen erlebt, die zu einer beständigeren und kräftigeren Hormontätigkeit geführt haben, während diese Genveränderungen beim Menschen sowohl die Dauer als auch die Intensität der Hormontätigkeit eingeschränkt haben.«[94]

Keith fährt fort mit der Erklärung, daß die Zunahme der Hirngröße mit der Abnahme an Größe und Kraft der Zähne und der Kiefer in einem Zusammenhang stehe. Er äußert die Vermutung, daß Spiel und spielerisches Wesen beim Menschen sich über die ganze Lebenszeit zu erstrecken tendierten, während alte Menschenaffen mürrisch und reizbar seien. – »Der Mensch fällt nicht nur wegen der Verlängerung seiner Lebensabschnitte auf, sondern auch wegen des verlängerten Zeitabschnitts des *aktiven* Gehirnwachstums.« Beim Gibbon und beim Rhesusaffen wächst das Gehirn nach der Geburt proportional mit dem Körper.

»Somit dauert der Abschnitt der aktiven Gehirnzunahme beim Rhesusaffen bloß sechs Monate und beim Schimpansen elf Monate, während er beim Menschen auf sechsunddreißig Monate ausgedehnt ist. [. . .] Die fetalen und frühkindlichen Perioden bilden die sogenannte ›Vorbereitungsphase‹ der Entwicklung; jene Phase, in der Strukturen ausgebildet werden, bevor sie zur Verwendung gelangen. [. . .]

Obwohl nun neue Körpermerkmale in dieser Vorbereitungsphase auftreten, gelangen sie zu diesem Zeitpunkt noch nicht zu wirklicher Existenz. Ihre Anwesenheit im Fetus war ›vorbestimmt‹ oder es gingen ihr Veränderungen in den Keimzellen oder Genen voraus, die für ihre Entwicklung verantwortlich sind. In der Vorbereitungsphase treten vielerlei neue Merkmale auf, die nützlich oder nutzlos, notwendig oder überflüssig sein können, und solange sie nicht tödlich sind, überleben Fetus und Kleinkind. Mit dem Eintritt in die Phase der Reifung oder der Jugend werden diese Merkmale ›erprobt‹, aber erst mit dem Beginn der Erwachsenenphase wird ihr Schicksal erkennbar. Wenn solche Merkmale nützlich sind und die Überlebenschancen erhöhen, werden sie beibehalten, wenn nicht, werden sie zu diesem Zeitpunkt endgültig ausgeschaltet.

Während der Vorbereitungsphase des Lebens zehren Fetus und Säugling vom Kapital, das der mütterliche Körper zur Verfügung stellt, und das Kleinkind vom Kapital, das die elterliche Fürsorge liefert.«[95]

Diese Betrachtung der menschlichen Evolution ist in mancher Hinsicht aufschlußreich. Erstens bestätigt sie meine Interpretation der ökonomischen Tätigkeiten der Menschheit.[96] F. Alexander schreibt: »Das Fliegen wurde ursprünglich nicht für kommerzielle oder militärische Zwecke erfunden, sondern nur um den ewigen Traum des Menschen zu verwirklichen, sich zum Himmel emporzuheben« – das ist durchaus ein Erektionstraum. (Den »erhabenen Motiven«, die Alexander in diesen Traum projiziert, kann ich überhaupt nicht zustimmen.) »In einer neueren Veröffentlichung hat Róheim gezeigt, daß sogar die Landwirtschaft, der Gartenbau und die Viehzucht ursprünglich nicht zweckbestimmten, sondern spielerischen Charakter hatten. [. . .] Beim Spielen entdeckte der Mensch unbeabsichtigt ihre praktischen Anwendungen.«[97] Zweitens bekräftigt Keiths Auffassung diejenige Freuds. Zuerst war das Es, durch die Anpassung an äußeren Zwang wird es zum Ich.[98] Oder im Sinne der Evolution ausgedrückt: Zuerst gibt es Variationen in den Genen und erst dann die »natürliche Auslese«, die von Fall zu Fall akzeptiert oder auswählt.[99] Drittens müssen wir berücksichtigen, daß das subhumane Es und das tierische Es zwei verschiedene Dinge sind. Während das tierische Es auch Ich ist (d. h. das Tier will das, was am besten für es ist), ist das menschliche Es zu einem großen Teil Phantasie, Erzeugnis eines aktiven Gehirns in einer geschützten Umgebung. Menschliche Wesen (nicht nur Neurotiker, wie Freud sagte) sind partiell anachronistisch, sie überwinden dieses Phantasieleben niemals. Die Hauptfrage in Keiths neuer Evolutionstheorie lautet jedoch: Wie gehen strukturelle Veränderungen vor sich? Es wird angenommen, daß die Menschheit in isolierten Gruppen lebte und bei der Fortpflanzung neue Formen hervorbrachte.

»Durch immer neue Paarungen gehen die innerhalb einer Gruppe vorkommenden Gene neue Verbindungen ein und lassen Individuen entstehen, in denen alte Merkmale auf neue Weise kombiniert werden. Gewisse Tendenzen können übermäßig verstärkt werden; Gene können mutieren oder sich verändern und neue Merkmale entstehen lassen.«[100]

Karl Pearson konnte folgendes zeigen: Wenn man mit einer kleinen Gruppe beginnt, die sich in Inzucht fortpflanzt, »wird der bisher instabile Typus sich ohne irgendwelche Selektion zunehmend verändern«.[101] »Daraus läßt sich erkennen«, schreibt Sir Arthur Keith, »daß ich den produktiven Teil der Evolutionsmaschinerie in der Unterwelt der Gene ansiedle, während ich die konkurrierenden und selektiven Instanzen in die Oberwelt des Lebens verlagere.« Neue legislative Maßnahmen werden durch das Unterhaus, die Gene, veranlaßt; das Oberhaus kann annehmen oder ablehnen, was ihm vom Unterhaus vorgelegt wird. Darwin verlegte die Triebkraft der Evolution ins Oberhaus; er nannte sie »natürliche Auslese«.[102] Die gleiche Situation haben wir in der Psychoanalyse: Zuerst entsteht das Es und erst danach das Ich – aber die Anthropologen sind noch weit davon entfernt, dies zu verstehen. – Im Anschluß an die zitierten Bemerkungen geht Keith jedoch völlig vom richtigen Weg ab. Dafür sind zwei Gründe verantwortlich. Der eine ist ein rein wissenschaftlicher. Er hat nicht die geringste Ahnung von der Psychoanalyse und verwendet eine Psychologie, die nur als präpsychologisch bezeichnet werden kann. Der zweite Grund liegt in seiner offensichtlich rassistischen Denkweise: Menschliche Wesen lebten in Gruppen. Die Gruppen wurden durch Bindungen der Sympathie zusammengehalten, und das Gruppengefühl ist älter als alle Familienbindungen. »Dieses Artbewußtsein, dieses Gemeinschaftsgefühl ist nicht nur ein Merkmal menschlicher Sozietäten, sondern auch aller Tiersozietäten, ob es sich nun um Ameisen oder Affen handelt. Andererseits hat nur der Mensch die Erkenntnis der Blutsverwandtschaft gewonnen.«[103]

An diesem Punkt nun setzt die Verwirrung ein. Hume, der vom Autor zustimmend zitiert wird, schreibt: »Liebe ist verhüllte Elternschaft.«[104] An einer Stelle seines Buches interpretiert auch Keith den »Gruppengeist« als Erweiterung des »Familiengeists«[105]; er übersieht jedoch die Folgen dieser Bemerkung.

S. Zuckerman hat deutlich gemacht, daß Tiergruppen durch den Eros zusammengehalten werden. Die Beziehung zwischen ökologischen Faktoren und dem Faktor der Fortpflanzung ist praktisch mit jener Beziehung identisch, die wir in der Analyse zwischen dem Es und dem Ich vorfinden. Umweltbedingungen sind für die Einschränkung der Gruppengröße und für die Zielbestimmung ihrer Bewegungen verantwortlich. Auch die Temperatur und die Nahrungsversorgung dienen zur Erklärung der direkten Einstellung des Individuums innerhalb der Gruppe, und sie können aufgrund der knappen Mitgliederzahl oder der Bevölkerungsdichte indirekt auch das Sexualverhalten beeinflussen. »Das Sozialverhalten hingegen – die Wechselbeziehungen zwischen den Individuen innerhalb einer Gruppe – wird primär durch den Mechanismus der Fortpflanzungsphysiologie bestimmt.«[106]

Die menschliche Evolution wird jedoch noch stärker durch die Ontogenese gesteuert, als dies bei allen anderen Tierarten der Fall ist. Offensichtlich geschieht folgendes: Die erotische Bindung, die ursprünglich mit der Fortpflanzungsfunktion zusammenhing, tendiert dazu, ihre Zweckbestimmtheit abzustreifen, und sie erweitert sich außerdem von der Mann-Frau- auf die Eltern-Kind-Beziehung.[107] Da die Fetalisation überdies ein Vorgang ist, dessen Bedeutung mit der Zeit kontinuierlich zunimmt (d. h. wir werden immer stärker an die frühkindliche Situation fixiert), ist es einsichtig, daß Gene und Mutationen weniger Einfluß darauf haben, *was* ein Mensch ist, daß die frühkindliche Erfahrung dagegen an Bedeutung gewinnt. Die protohumanen Gruppen, deren unterschiedliches Verhalten in der Mann-Frau- oder Eltern-Kind-Beziehung auf einer rein konstitutionellen Ebene erklärt werden kann, werden nun allmählich human. Die Erinnerung an ihre alte Kindheitssituation bleibt bestehen, und sie neigen dazu, als Erwachsene diese Kindheitssituation zu wiederholen. Dazu kommt noch, daß ihr Verhalten nur zum Teil nicht auf dem Reiz-Reaktions-Schema der Tiere beruht, sondern auf einer Art imitativer oder symbolischer Reaktion auf die Kindheitssituation, die sie zu beherrschen oder zu wiederholen versuchen. Auf dieser Stufe finden wir zwar *Persönlichkeit*, aber *keine Kultur*.[108] *Kultur ist die mit Hilfe der Sprache über viele Generationen hin erweiterte Eltern-Kind-Beziehung*.[109]

Die Fehler, die Sir Arthur Keith beim Eintritt in den Bereich der Psychologie begeht, sind unabsehbar. Er erkennt nicht, daß die erste Objektbindung in der Ontogenese Ambivalenz einschließt, und daß wir deshalb – in genauer Entsprechung zur Fetalisationstheorie, die er bekräftigt – zur Erklärung dieses Dualismus nicht den Gegensatz zwischen Innen- und Außengruppe heranziehen müssen.

In der Fetalisationstheorie haben wir einen zuverlässigeren Führer als in der im Grunde lamarckistischen Position, die Sir Arthur Keith bezieht, wenn er beispielsweise von einer Population von einhundertvierzig Millionen Menschen annimmt, daß sie denselben Inzuchtwert besitzt wie eine primitive Horde von einhundert; oder wenn er eine neue Rasse kreiert, die er Yusanier (Amerikaner) nennt, oder wenn er jeder Form des Nationalismus, Isolationismus und des Rassenhasses im Namen der Anthropologie seinen Segen gibt.

Damit haben wir jedoch den Bereich unserer Fragestellung bereits weit überschritten. Es erscheint als wahrscheinlich, daß Variationen im Jugendstadium der Ausgangspunkt für neue Formen der Phylogenese sind. Dies gilt keineswegs nur für den Menschen. Nach Schindewolf entstehen neue zoologische Arten in der Ontogenese. Schindewolf ist der Ansicht, daß, je früher Veränderungen in der Ontogenese stattfänden, desto bedeutsamer und tiefer die Modifikationen in der Organisation der Art seien.[110] Er behauptet mit Bolk, unsere aufrechte Haltung sei das Ergebnis einer verlängerten Kindheit. Jugendliche Schädel sind der aufrechten Haltung besser angepaßt als erwachsene.[111] Nicht Umweltfaktoren schaffen eine neue Lebensweise oder Anpassung, sondern es sind innere Prinzipien des Organismus, die seine Lebensweise und die Art der Bewältigung seiner Umwelt bestimmen.[112] Schindewolf lehnt Bolks Ausdruck »Retardation« ab; er nennt das gleiche Phänomen *Proterogenese auf der Grundlage ontogenetisch primä-*

rer Merkmale.[113] Nach Schindewolf ist das biogenetische Gesetz der Wiederholung bei Affen und Menschen ungültig. Was hier vorliege, sei *Proterogenese:* Veränderungen fänden an jugendlichen Formen statt und dehnten sich dann auf reife Formen aus.[114]

G. R. de Beer löscht Haeckels Wiederholungstheorie praktisch von der Landkarte[115] und schreibt der These: »Die Ontogenese bringt die Phylogenese hervor«, sogar eine noch größere allgemeine Bedeutung zu als Bolk. Haeckels Gesetz der Wiederholung – schreibt de Beer – habe immer noch einen beachtlichen Einfluß.[116] Haeckels Gesetz würde Gerontomorphismus und rassisches Altern bedeuten.[117] Er nimmt schließlich an, daß diese Einstellungen sich aus dem Kampf innerhalb der Gruppe entwickeln.

Er greift das Gesetz von Baer wieder auf, das besagt:

1. Bei der Entwicklung aus dem Ei erscheinen die allgemeinen Merkmale vor den besonderen.

2. Aus den allgemeinen Merkmalen entwickeln sich die weniger allgemeinen und schließlich die besonderen.

3. Während seiner Entwicklung entfernt sich ein Tier immer mehr von der Form anderer Tiere.

4. Die jugendlichen Entwicklungsstufen eines Tieres gleichen nicht den Entwicklungsstufen von erwachsenen Tieren, die in der Skala weiter unten rangieren, sondern sie gleichen den jugendlichen Stufen dieser Tiere.

Im allgemeinen können die Gene den Zeitpunkt verändern, zu dem bestimmte Strukturen auftreten. Ein Merkmal, das bereits vorhanden ist oder das auf der jugendlichen Stufe eines archaischen Tieres auftritt, kann in der Ontogenese seiner Nachkommen auf folgenden Stufen erscheinen: a) nur auf der jugendlichen Stufe *(Coenogenese);* b) auf der jugendlichen und auf der erwachsenen Stufe, wo es einen Ersatz der alten Adultform durch eine neue bewirkt und in der Ontogenese der Nachkommen zu einer immer stärkeren Abweichung von der des Vorfahren führt; c) auf der Adultstufe, aufgrund eines im Verhältnis zu den Fortpflanzungsorganen zurückgebliebenen Körperbaus, mit dem Resultat der Pädogenese und der Neotenie; d) nur auf der Adultstufe, als Ergebnis einer Reaktion des Merkmals auf ein verkümmertes Organ.

Beer zufolge trifft die Neotenie beim Menschen und beim

Affen zu (Fall c), obwohl ich eine Kombination aus b) und c) vorzöge, da die außergewöhnliche Verlängerung der Kindheit ein durchaus eigenständiger Wesenszug ist. De Beer schreibt:

»Sollte es zutreffen, daß große evolutionäre Veränderungen und damit die großen Gruppen des Tierreichs auf Pädomorphose zurückzuführen sind, dann sollte es möglich sein, Eigenschaften der großen Gruppen mit den wesentlichen Merkmalen der Pädomorphose in Beziehung zu setzen, d. h. dem Auftreten von Merkmalen auf den frühen ontogenetischen Stufen des Vorfahren. Dies wird dadurch bestätigt, daß Pädomorphose Plastizität, d. h. Evolution bedeutet, Gerontomorphose hingegen das Gegenteil.«[120]

»Eine große Veränderung tritt in der Evolution mit größerer Wahrscheinlichkeit auf, wenn archaische jugendliche Merkmale zu solchen der erwachsenen Nachkommen werden, als wenn Merkmale der archaischen Erwachsenen zu jugendlichen Merkmalen der Nachkommen werden.«[121] De Beer zufolge ist die Phylogenese auf eine modifizierte Ontogenese zurückzuführen und spielt bei der Bestimmung der Ontogenese keine kausale Rolle.[122]

In einer anderen Arbeit präzisiert de Beer die Pädomorphose als den Vorgang, der den Neandertaler in den neuzeitlichen Menschen verwandelte. Nach de Beer sind die rosigen und beweglichen Lippen des Menschen eine Anpassung an das verlängerte Saugen und somit ein weiteres pädomorphes Merkmal, das bei den Menschen beständig geworden ist.[123] Die allgemeine Vorstellung von der Evolution ist die, daß die Triebkraft von innen her kommt – und durch die Umwelt kontrolliert und gesteuert wird.

R. Goldschmidt spricht sogar von einem »hoffnungsvollen Monstrum«, um der Vorstellung zum Zuge zu verhelfen, daß in der Evolution Mutanten eine Rolle spielen, die Abnormitäten hervorbringen: In einem einzigen genetischen Schritt könnten sie die Besetzung einer neuen Umwelt-»Nische« ermöglichen und dadurch einen neuen Typus erzeugen; eine kleine Veränderung in den embryonischen Prozessen bringt somit eine große Wirkung hervor.[124] »Die Evolution schreitet in bestimmten einzelnen Mutationen fort, zu deren strukturellen Veränderungen ein funktionaler Vorzug gehören kann, aber keineswegs gehören muß. Wenn sich in der Mutation ein solcher Vorzug zeigt, wird die natürliche Auslese dessen Überleben ermöglichen.«[125]

Die Auffassung, daß die menschliche Evolution im wesentlichen orthogenetisch ist, wird von F. Weidenreich vertreten.[126] J. Huxley gibt folgende Zusammenfassung: »Als bestimmend für den Verlauf der Darwinschen Evolution werden somit nicht nur der Selektionstypus, die Häufigkeit der Mutation und die vergangene Geschichte der Art angesehen, sondern auch die Eigenart der Entwicklungseffekte der Gene und des ontogenetischen Prozesses im allgemeinen.«[127]

Es erscheint aus diesem Grund plausibel, anzunehmen, daß in den Untergruppen der Menschheit die »Gruppenpersönlichkeit« und schließlich die Einzelpersönlichkeit sich in derselben Weise durch modifizierte Ontogenese entwickeln. Mit anderen Worten, wir entscheiden uns bei dem Problem von Ei und Henne für den Vorrang des Eies. Diese Betrachtungsweise stimmt mit der modernen Biologie und der Psychoanalyse überein. Wenn wir hingegen von der Henne (der Kultur) ausgehen und dann die Kindheitssituation als Teil jener Kultur erklären, lassen wir entweder die Kultur selber in der Luft hängen, oder wir müssen einen zusätzlichen Faktor einführen, um zu erklären – was einem *circulus vitiosus* gleicht. Das könnte die marxistische oder in einem umfassenderen Sinne die umweltbezogene Erklärung sein.[128] Ich vermag jedoch nicht recht zu sehen, wie aus den Umweltbedingungen der australischen Wüste die *alknarintja*-Situation oder die Subinzision erklärt werden könnten, oder wie mit dem balinesischen Wirtschaftssystem zu begründen wäre, was die balinesischen Mütter ihren Kindern antun.[129] Gleichwohl sollten wir nicht leugnen, daß äußere Zwänge einen Einfluß auf die Menschen ausüben, seien es nun die Zwänge historischer Konflikte mit anderen Gruppen oder solche des Klimas. Müssen wir aber in solchen Fällen annehmen, daß die psychologische Erklärung widerlegt sei? Wir gehen davon aus, daß die menschliche Psyche strukturiert ist in Über-Ich, Ich und Es. Wir wissen überdies, daß diese Konstrukte nicht unabhängig voneinander wirken, sondern in einer Wechselbeziehung stehen. Wie wir gerade in unseren Tagen gesehen haben, verändern äußerliche Zwänge tatsächlich das Ich[130], und durch diese Ich-Modifikationen werden kindliche Ängste wiederbelebt, die sonst im Hintergrund bleiben würden. Bevor ich Ungarn verließ, träumte ein Patient, der aufgrund der sogenannten »Judengesetze« seinen Arbeitsplatz verlieren sollte, daß er in der Wiege lag und sein Großvater ihm den Penis abbiß. Ein Kommentar erübrigt sich hier.

Die Frage nach der Beziehung zwischen Kultur und Umwelt ist häufig gestellt worden, und es ist eigenartig, daß gerade ein Archäologe den Versuch unternehmen sollte, sie zu beantworten.[131] Die Erörterungen über die »Kincaid«- und »Baumer«-Kulturen sind völlig nutzlos, da wir nicht wissen, was diese Menschen glaubten, welchen Bräuchen sie folgten und wie diese beschaffen waren. Nach meiner Auffassung sind Kulturen vor allem Ausdruck von Konflikten zwischen Über-Ich und Es, und die Menschen geben sich diesen Konflikten hin, ohne den Kontakt mit der Realität zu verlieren – d. h. sie werden in ihrer Selbstzerstörung so weit gehen, wie es ihr Ich oder die Realität zuläßt.

Wie ich in einer anderen Publikation[132] dargelegt habe, ist offensichtlich, daß der Ödipuskomplex universal sein muß. Ich unterstelle nicht, daß der Ödipuskomplex deshalb universal ist, weil wir unsere Ödipuskomplexe von hypothetischen Ereignissen ererben, die sich bei den Urmenschen abgespielt haben können (Freud; Theorie der Urhorde). Diese ultra-lamarckistische Auffassung ist unhaltbar. Es ist jedoch einsichtig, daß der Ödipuskomplex ein direkter Abkömmling unseres zum Teil verfrühten und zum Teil rückständigen (verlängerten oder verzögerten) relativen Wachstums ist.[133]

Eine dreißigjährige Patientin, Mutter von zwei Kindern, berichtet, wie ihre vierjährige Tochter sich entkleidet und nackt umhertanzt, als ihr Vater nach Hause kommt, wie sie auf ihm herumklettert und singt: »Wer hat Angst vorm großen bösen Wolf?« Ihre Träume enthüllen, daß sie ihre kleine Tochter beneidet und als Rivalin betrachtet. Ist dies auf unsere Institutionen zurückzuführen? Natürlich hängt es mit einer Institution, der Familie, zusammen, da bei der menschlichen Art das Männchen nach dem Gebären das Weibchen nicht verläßt, sondern bei ihm bleibt. Warum ist dies so? Offensichtlich deshalb, weil die schwangere Frau oder die Frau im allgemeinen zu seiner eigenen Mutter wird, an die er gebunden ist. Unsere Entwicklung oder unser Wachstum ist nicht nur langsam, sondern auch *parteiisch*, d. h. das Unbewußte ist zeitlos (Freud) oder verschiebt sich in Raum und Zeit (Schneider).[134] Da der Mensch stets eine Mutter braucht, muß er unvermeidlich mit seinen eigenen Nachkommen in Konflikt geraten. Die Frage muß lauten: Wem gehört die Mutter? Wir könnten es auch anders formulieren: Der Erwachsene ist immer noch oral, und das Kind ist bereits genital.

Heitsi-Eibib, der Heldengott der Hottentotten, war als kleines Kind leicht reizbar, und seine Mutter mußte ihn in den Schlaf wiegen. Wenn die anderen Frauen außer Sichtweite waren, verwandelte er sich plötzlich in einen großen Mann und vergewaltigte seine Mutter. Dann wurde er wieder zum kleinen Kind. Als seine Großmutter später zur Mutter sagte: »Hörst du das Kind denn nicht? Es weint«, sagte diese: »Ich höre es, aber laß die großen Männer sich selber helfen, wie sie es gewohnt sind.«[135] Das Tabu über der Verbindung von Oralem und Genitalem wird aus ontogenetischer Sicht als Inzestschranke verständlich.

Crawleys Erklärung lautet anders. Er nimmt an, daß das weitverbreitete Tabu, das Männern und Frauen das gemeinsame Essen verbietet, auf die Furcht zurückzuführen ist, die Berührung durch die Nahrung übertrage die Eigenschaften der Frau auf den Mann (Kastrationsangst).[136] Ich glaube, daß dies zweitrangig ist; entscheidend ist der Versuch, die Gattin von der Mutter, Genitalität von der Oralität oder der kindlichen Abhängigkeit zu trennen. Oder anders ausgedrückt: Die Individuierung bei einer jugendlichen Art muß gegen die Herkunft geschützt werden.[137] Andererseits bestätigen alle Riten der Tischgemeinschaft genau das, was das Tabu verbietet: daß die Gattin eine neue Gestalt der Mutter ist.[138]

Es sind jedoch nicht allein die verfrühte sexuelle Regung des Sohnes und der Tochter und das Unabhängigkeitsverlangen des Vaters, die den Ödipuskomplex unvermeidlich machen. Es ist auch ein biologisch bestimmter Konflikt des Weiblichen: Mutterschaft und genitale Sexualität sind einander entgegengesetzt. Eine schwangere Frau konzentriert ihre Libido auf ihren eigenen Körper[139], ihr Interesse an der Sexualität schwindet nach einer gewissen Zeit. Das gleiche gilt mehr oder weniger für die Stillzeit. Primitive Tabus tendieren dazu, auf diesen Zeitraum, in welchem der Vater und nicht das Kind entwöhnt wird, zu großes Gewicht zu legen.

M. Bálint hat (in Übereinstimmung mit Briffault) hervorgehoben, daß Liebe im Sinne eines Wunsches nach dem Wohlergehen des anderen nur in der Mutter–Kind-Beziehung eine Instinktbasis besitzt. Das menschliche Sexualleben ist deshalb durch die Verlängerung der Kindheit beeinflußt.[140] Ich bin jedoch der Ansicht, daß wir es mit einem doppelten Mechanismus zu tun haben: *Die Genitalisierung des Kindes entspricht der Infantilisierung des Erwachsenen.* Es trifft zwar zu, daß wir von anderen Primaten, besonders von Zuckermans Pavianen, Daten besitzen über das Neugeborene oder den Säugling als Sexualobjekt, aber was im Falle des Primaten vielleicht kein Trauma ist, vermag für das relativ unreife menschliche Ego sehr wohl eines zu sein.[141]

Dieser doppelte Mechanismus vom Erwachsenen im Kind und vom Kind im Erwachsenen liefert eine weitere Grundlage für den Ödipuskomplex. Eines der allgemeinsten und sichersten Ergebnisse der Psychoanalyse ist, daß die Libido sich stufenweise vom Ich zum Objekt, vom Narzißmus zur Objektliebe weiterentwickelt. Das ödipale Objekt ist eine Übergangsstufe zwischen Identifikation und Objektliebe, zwischen Kindheit und Erwachsenenalter. Von einer bestimmten Gruppe oder einem bestimmten Individuum zu behaupten, sie oder es habe keinen Ödipuskomplex, ist deshalb ebenso sinnvoll wie die Behauptung, sie seien niemals fünf Jahre alt gewesen und hätten einen direkten Sprung gemacht von zwei Jahren auf zwanzig Jahre.

Ein weiterer transitorischer Aspekt der ödipalen Beziehung ist ihre Stellung zwischen Phantasie und Realität. Denn obwohl in der Mutter–Kind-Beziehung viele unbewußte Aggressionen am Werk sind, ist die Feindschaft in der Dreieckssituation dem Bewußtsein und der Realität sehr viel näher. Wie der oben zitierte Hooton sagt, ist die Vaterschaft eine große kulturelle (d. h. menschliche) Errungenschaft. Das heißt, daß sie voller Konflikte steckt und auf die verlängerte Kindheit des Menschen zurückzuführen ist. Alice Bálint versuchte, die menschliche Vaterschaft auf der Grundlage der Bisexualität, d. h. einer vom Vater angenommenen mütterlichen Rolle, zu erklären.[142] Ich glaube, daß diese Erklärung zu sehr an der Oberfläche bleibt. Die »väterlichen« Gefühle sollten als Reaktionsbildung begriffen werden; statt die Nachkommen umzubringen, identifiziert sich der menschliche Vater mit ihnen oder vielmehr: er regrediert auf die eigene Phase des ersten Übergangs von der passiven in die aktive Position, in der er als Kind die Rolle seiner eigenen Mutter spielte.

Es ist überdies völlig klar, daß das menschliche Kind nicht nur auf einer rein organischen Grundlage aufwächst, sondern ebenso auf der der Identifikation oder der Bildung eines Introjekts. Das erste Introjekt muß die Mutter sein, und der Grund für die Bildung dieses Phantasieintrojekts ist die Unfähigkeit, Frustration zu ertragen. Die Kluft zwischen dem Augenblick, in dem der Hunger entsteht, und dem, in welchem er befriedigt wird, wird durch eine halluzinatorische Wunscherfüllung überbrückt: durch die Vorstellung der Brustwarze. Wir heben den wichtigen Umstand hervor, daß die erste Objektfindung durch Frustration bedingt ist, daß sie jedoch auch das wunscherfüllende oder »gute« Objekt einschließt. Wenn der Vater als ein Objekt wahrgenommen wird, das zwischen das Kind und die Mutter tritt, wird der Vorgang wiederholt. Der Vater erscheint als Ideal, die Mutter als Liebesobjekt. »Du sollst wie der Vater sein« und »Du darfst nicht wie der Vater sein« (Freud) gehören zusammen.[143] Ohne die Bildung eines Ich-Ideals würden wir niemals erwachsen werden[144]; sie ist unauflöslich mit dem Ödipuskomplex verbunden. Da unser Erwachsensein auf unserer Kindheit basiert, ist es einsichtig, daß abgeschirmte Spielsituationen die Vorläufer oder Urbilder von Erwachsenensituationen sind. Darin sehen wir die teleologische Funktion des Ödipuskomplexes. Der Vater wird zum Vorläufer aller Feinde im Erwachsenenleben, die Mutter zum Urbild aller begehrten Frauen sowie aller Ziele, die wir anstreben.[145] Für die Frau gilt *mutatis mutandis* das gleiche: Der Vater ist der Vorläufer aller Liebesobjekte. In einem von mir vor einigen Jahren analysierten Fall hatte eine depressive junge Frau Schwierigkeiten bei der Idealisierung von Männern, weil ihr Vater gestorben war, als sie zwei Jahre alt war; außerdem war der Vater keine Idealisierung ihrer Mutter.

Der beste Beweis für unsere konservative Art des Erwachsenwerdens liegt darin, daß wir keine Veränderung ertragen können, ohne sie abzureagieren und in ritueller Form zu dramatisieren. Die Universalität von Übergangsriten wird allgemein zugegeben. Jeder Schritt im Prozeß des menschlichen Erwachsenwerdens wird in einem Ritual dargestellt. Wir könnten sagen, daß ein Tier nach der Entwöhnung oder nach Erreichung der sexuellen und körperlichen Reife endgültig erwachsen ist, während beim Menschen die ursprünglichen Bindungen nie ganz gelöst werden.[146] Ebenso schwierig ist es, die Nabelschnur durchzutrennen, welche die Menschen mit den Toten verbindet; deshalb haben sie sich den Aufschub von Begräbnissen, Totenzeremonien, den Glauben an ein zukünftiges Leben und viele andere Dinge geschaffen.

Wie ich früher schon hervorgehoben habe, bekundet sich die *jugendliche* Natur des menschlichen Lebewesens auf so vielfältige Weise, daß sie als der Schlüssel zum Rätsel der Sphinx angesehen werden muß. In meinem Buch *The Riddle of the Sphinx* habe ich auf die wichtigsten psychologischen (oder kulturellen) Aspekte unserer jugendlichen Natur hingewiesen. Die manifeste Antwort auf das Rätsel der Sphinx ist der *Mensch* in seiner Jugend, in seiner Blüte und in seinem Alter. Die latente Antwort ist die *Urszene*.[147] Nehmen wir beides zusammen, so bedeutet dies also, daß der Mensch das Lebewesen mit einem Ödipuskomplex ist, und genau das ist der Faktor, welcher Vergangenheit, Gegenwart und Zukunft verbindet. – Wir werden nun einige wichtige Aspekte der menschlichen Natur erörtern, die ganz eindeutig aus der Tatsache abzuleiten sind, daß der Mensch eine fetalisierte Art ist.

1. Die sexualfeindliche Einstellung der menschlichen Lebewesen

O. Fenichel hat für die sexualfeindliche Einstellung der Menschen zunächst die Gesellschaft verantwortlich gemacht. In seiner frühen Zusammenfassung der Psychoanalyse schreibt er, das Problem liege in der Alternative, ob die Kräfte der Verdrängung im Kind selber entstünden, d. h. ob sie von der psychologischen Unfähigkeit des Kindes, seine Ansprüche selbst zu befriedigen, diktiert seien, oder von der Gesellschaft (d. h. vom Vater). Die erste Position ist jene der englischen

Psychoanalytiker, während die zweite Position (nach Fenichels Interpretation) von Freud selbst vertreten wird. Fenichel stimmt der zweiten Auffassung zu, indem er behauptet, der Fehler liege allein bei der Gesellschaft; die endgültige Entscheidung überläßt er der Soziologie.[148] Weshalb aber sollten die Väter sich den sexuellen Spielen der Kleinkinder widersetzen? Gibt es dazu irgendeinen praktischen Grund? Oder ein »Claninteresse«? Das ist schon in der Formulierung widersinnig. In seinem letzten Buch liefert Fenichel jedoch die richtige Interpretation des Sachverhalts und gibt folgende Begründung für seinen Standpunkt:

1. Die biologische Tatsache, daß das Kind unfähig ist, seinen Bewegungsapparat zu kontrollieren, und deshalb äußerlicher Hilfe bedarf, um seine Instinktbedürfnisse zu befriedigen. Begierde und Frustration werden deshalb miteinander verflochten.

2. Die Gefahren aus den Drohungen der Erwachsenen.

3. Die phantasierten Gefahren. Das Kind projiziert die heftige Gewalt seiner eigenen unterdrückten Regungen, was zur Erwartung drastischer Strafen und vergeltender Zerstörung der ›sündigen‹ Körperteile führt. (Das entspricht der Auffassung Melanie Kleins.)

4. Die Abhängigkeit des Ichs vom Über-Ich. Angst wird zum Schuldgefühl.[149]

Die biologische Grundlage für all dies, einschließlich der Drohungen der Erwachsenen und der Eifersucht des Vaters, sind die Verlangsamung unsres Lebensrhythmus und die relative Frühreife der kindlichen Sexualität. Die Traumatisierung durch die Erwachsenen hängt zweifellos mit dem Umstand zusammen, daß die Erwachsenen dazu neigen, das Kind als Sexualobjekt oder (und) – im Rahmen ihrer eigenen, ungelösten ödipalen Züge – als Rivalen zu betrachten.

2. Die Suche nach neuen Objekten

Es wurde die Unterscheidung getroffen, daß die Primitiven nur zweckgerichtete Tabus besitzen (Inzesttabus) und keine Tabus über den Geschlechtsakt als solchen. Das stimmt nicht ganz, zumindest nicht für alle primitiven Gesellschaften. Bei manchen besteht die Tabuisierung des jugendlichen Geschlechtsverkehrs mehr oder weniger nur dem Namen nach[150]; aber selbst dort, wo ein offizielles Tabu völlig fehlt, ist Angst vorhanden.[151] Obwohl bei diesem Vorgang viele Ausnahmen festzustellen sind, geht die Tendenz in Richtung auf eine zunehmende Verbreitung der Inzestphobie. Die zweite grundlegende Tendenz, die sich aus dem Aspekt der Jugendlichkeit der Menschheit ergibt, ist die *cupiditas rerum novarum* oder Suche nach neuen Objektbeziehungen. Diese Suche nach neuen Objekten ist der Prozeß des Aufwachsens, das Ritual von Trennung und Wiedervereinigung, das unerschöpfliche Thema von Übergangsriten[152] und Kinderspielen.[153] Die stetig zunehmende Tendenz in der modernen Gesellschaft zu wechselseitiger Abhängigkeit ihrer Mitglieder beruht auf einer überhandnehmenden Symbiose (Mutter-Kind-Beziehung) – im Gegensatz zur relativen Unabhängigkeit der primitiven Menschen.[154]

3. Regression

Im Vergleich mit anderen Primaten ist die Wachstumsperiode des Menschen verlängert, im Verhältnis zur gesamten Wachstumsperiode wird der Mensch jedoch viel früher geboren als der Schimpanse oder Makake. Die Knochenbildung ist beim Menschen zum Zeitpunkt der Geburt weit weniger fortgeschritten.[155]

Der Regressionsmechanismus kann unmittelbar aus dieser biologischen Tatsache abgeleitet werden. Bei der Geburt ist der Mensch hilfloser als jedes Säugetier; aus dieser Tatsache läßt sich die Regressionsphantasie von der beschützten Stufe der intrauterinen Existenz erklären. In dieser sehr allgemeinen Form hat O. Rank zweifellos recht, wenn er die Geburt als traumatisierendes Ereignis bezeichnet[156] bzw. die unmittelbare postuterine Existenz des Neugeborenen als traumatisierende Lebensphase. Auf die von C. G. Jung[157] so häufig behandelte Symbolik der *Mandala*, die Symbolik der konzentrischen Kreise in Zentralaustralien[158] oder das bekannte Verhalten von Psychotikern in der Katatonie brauche ich hier lediglich hinzuweisen.

4. Ambivalenz

Die vierte große Kraft der menschlichen Geschichte, die aus der frühen Hilflosigkeit des Menschen abgeleitet werden kann, ist der *Konflikt.* Konflikt bedeutet aus unserer Sicht den Konflikt zwischen dem Subjekt und dem Introjekt, d. h. die in allen Objektbeziehungen eingeschlossene Ambivalenz. Huxley erlaubt uns, hier noch tiefer zu schürfen:

»Der Zuwachs an Flexibilität im Vergleich zur Tierwelt ist Voraussetzung für die Tatsache, daß der Mensch der einzige Organismus ist, der auf normalem und unvermeidlichem Weg psychischen Konflikten unterworfen wird. In der Tierwelt wird der psychische Konflikt durch das einfache Mittel vermieden, daß jeweils nur ein einzelner Instinkt das Verhalten des Tieres bestimmt. Leute, die sich der Vogelbeobachtung widmen, sind anfangs erstaunt darüber, wie ein Vogel offensichtlich ohne Übergang oder Hemmung von einer Tätigkeit zur anderen überwechselt – vom Kampf zur friedlichen Ernährung, vom Werben zum desinteressierten Gefiederputzen, von panischer Flucht zur Gleichgültigkeit. Der innere Zustand des Vogels ändert sich vermutlich aufgrund einer Art psychischer Ermüdung oder raumzeitlicher Intensitätsabnahme eines Reizes; der vorherrschende Verhaltenstypus verliert seine Befehlsgewalt über die Handlungsapparatur und wird durch einen neuen ersetzt, der eben noch untergeordnet und latent war.«[159]

Ch. Sherrington hat gezeigt, daß bei Tieren ein rein neurologischer Mechanismus den Konflikt verhindert.[160]

»Ein Hund kann z. B. nicht laufen und sich gleichzeitig kratzen. Das Rückenmark ist so gebaut, daß die Aktivierung eines Reflexes den zweiten automatisch hemmt. Beim Menschen hingegen gleicht das Nervensystem einem Trichter, bei dem der Einlaß sehr viel größer ist als das Ausflußrohr. Der Einlaßkonus des Trichters wird durch die Rezeptornerven dargestellt, welche die Impulse aus den Sinnesorganen nach innen zum Zentralnervensystem übertragen; das Ausflußrohr entspricht dann den Effektornerven, welche die Impulse nach außen an die Muskeln weiterleiten. Weil es sehr viel mehr Rezeptoren als Effektoren gibt, besteht die einzige sinnvolle Möglichkeit für die Wirkungsweise des Nervensystems darin, ihnen ein bestimmtes Handlungsmuster überzuordnen und alle konkurrierenden oder entgegenwirkenden Handlungsmuster auszusondern. Jedes Handlungsmuster, das die Kontrolle über die Handlungsapparatur erlangt hat, ist gezwungen, wie der Kapitän eines Schiffes das Oberkommando zu führen. Ein Tier gleicht in mancher Hinsicht einem Schiff, das von einer ganzen Anzahl Kapitäne gesteuert wird, die sich abwechseln, und von denen jeder sich auf eine Handlungsart spezialisiert hat und je nach anstehender Aufgabe zwischen der Autorität des Kommandostands und der Obskurität seiner Privatkabine hin und her springt. Der Mensch befindet sich auf dem Weg dahin, die Einheit des Kommandos zu erlangen, wobei der Kapitän jedoch das verwirrende Verfahren wählt, sich in eine zankende Kommission aufzulösen.«

Huxley befaßt sich dann im weiteren mit der Tatsache, daß psychische Mechanismen entwickelt werden, um solche grundlegenden Widersprüche auszuschalten. »Verdrängung kann deshalb schädlich sein, weil sie zur Neurose führt, aber sie ist eine biologische Notwendigkeit zur Konfliktbewältigung *in den ersten Lebensjahren.*«[161] (Herv. G. R.)

In seinem Kommentar zu der Theorie Bolks vertritt E. Schneider die Ansicht, daß wir bei der Betrachtung dieser Phänomene aus der Sicht einer permanenten Unterdrückung (Hemmung) einer Lebensweise, mit dem Ziel, eine andere Organisation zu ermöglichen, folgern können, daß die Organdifferenzierung in der Tierwelt gehemmt und dadurch eine neue Richtung der Evolution ausgelöst wurde. Anstelle einer Differenzierung der Organe haben wir nun eine Differenzierung der Psyche (d. h. die Strukturierung der Psyche, wie sie von Freud angenommen wurde), die Unselbständigkeit des Kleinkindes und die verlängerte Lernperiode. Schneider nimmt außerdem an, daß die Verdrängung auf eine dauerhafte Erinnerungshemmung als Folge der Fetalisation zurückzuführen ist.[162]

Da Frustration und Wunscherfüllung Attribute des Objekts sind[163], gehören Ambivalenz und Konflikt zur menschlichen Natur. Die Annahme, die wir hier machen, ist die, daß die Introjektion der Brust bedingt ist durch die Unfähigkeit des menschlichen Kleinkinds, die Trennung von der Mutter zu ertragen, da diese Trennung verfrüht ist. Diese Bedingung, zu den von Huxley erwähnten neurologischen Gründen addiert, versetzt den Menschen in fortwährende Abhängigkeit von Konflikten. Deshalb ist jede Kultur der Versuch der Neutralisierung solcher Konflikte. Das Gelingen dieser Versuche ist grundsätzlich nur provisorisch.[164]

5. Die Unsterblichkeit der Väter

Menschen besitzen Ideale, d. h. sie unterstellen, daß andere vollkommener sind als sie selbst, und sie versuchen, diese Vollkommenheit zu erreichen: sie führen ein Leben »als ob«[165] und geben vor, anders zu sein. Wenn die Verstellung gelingt, sind sie glücklich (manisch), wenn sie mißlingt, sind sie unglücklich (depressiv). Das höchste Wesen ist der Vorfahr, und der Glaube an das Übernatürliche wird aus der Situation des Kindes abgeleitet; deshalb gibt es die Gerontokratie, den Ahnenkult und die Götter. Die Tiere haben keine Religion, die Menschen hingegen müssen immer Väter haben – wenn nicht auf der Erde, dann im Himmel. Die Kulturen übertreiben und übersteigern, was biologisch vorgebildet ist. Lassen wir nochmals Huxley zu Wort kommen:

»Ein weiteres, nur beim Menschen auftretendes biologisches Merkmal ist die Dauer und die relative Bedeutung jenes Zeitraums, den wir *Nach-Reife* nennen können. Betrachten wir das weibliche Geschlecht, bei dem der Übergang von der Fortpflanzungsreife zur fortpflanzungslosen Nachreife deutlicher ausgeprägt ist als beim männlichen, dann stellen wir erstens fest, daß bei Tieren nur ein vergleichsweise kleiner Prozentsatz der Population die Fortpflanzungsperiode überlebt; zweitens, daß solche Exemplare nur selten längere Zeit überleben und, soweit bekannt ist, niemals während eines Zeitraums, der ebensolang ist wie die Periode der Fortpflanzungsfähigkeit oder länger; und drittens, daß solche Exemplare für das Überleben der Art selten Bedeutung haben. Das gleiche gilt auch für das männliche Geschlecht, sofern wir nicht die Unfähigkeit zur Erzeugung von Keimzellen als Kriterium für die Nachreife nehmen, sondern das Auftreten von Altersanzeichen, wie den beginnenden Verlust an Vitalität und Gewicht, abnehmende sexuelle Aktivität oder ergrauendes Haar.«[166]

Anders gesagt: Auch im Alter wird der Mensch im Unterschied zum Tier in der Gruppe noch ältere finden – den Stoff, aus dem die »Väter« gemacht sind.

6. Konservativismus

Die Biologen sprechen von der Pädomorphose sowie von einem in entgegengesetzter Richtung wirkenden Prozeß, der Gerontomorphose, der Beschleunigung der Entwicklung in der Nachkommenschaft.[167] Die Ergebnisse der Gerontomorphose sind fortschreitende Spezialisierungen der Adultform, gewöhnlich die Anpassung an eine mehr oder weniger eingeschränkte Lebensweise.[168] Obwohl sich nicht sagen läßt, daß diese entgegengesetzte biologische Tendenz auch beim Menschen wirksam ist, muß gefolgert werden, daß die Neotenie der Adultform in Verbindung mit der Neotonie des jugendlichen Menschen zu einem Resultat führt, das diesem biologischen Vorgang sehr nahekommt. Denn die Erziehung selber ist eine Art *Gerontomorphose*, das heißt, sie schließt beim Erwachsenen die Hoffnung ein, die eigene Persönlichkeit in seinen Nachkommen fortzusetzen. In diesem Sinne kann tatsächlich die bloße Existenz jeder menschlichen Kultur als ein Versuch betrachtet werden, unveränderlich, spezialisiert und ganzheitlich zu werden.

Die Anthropologen teilen uns mit einiger Überlegenheit mit, daß wir nicht genügend »ethnologische Raffinesse« besäßen, um die Bedeutung und das Gewicht der Kultur zu verstehen.[169] Was ist Kultur? Nach J. Gillin:

> »Die angeborenen zielgerichteten Verhaltensweisen des Menschen sind so spärlich und seinen Bedürfnissen so schlecht angepaßt, daß er ohne Pflege verhungert oder den Härten des Klimas erliegt, von anderen tödlichen Einwirkungen ganz zu schweigen. [. . .] Die Kultur beschützt somit durch die praktizierten Bräuche ihrer Stellvertreter (Mütter und Kinderpflegerinnen) das reine Überleben des menschlichen Wesens von Anfang an. Mit zunehmendem Alter ist das Individuum zwar selbst in der Lage, selbsterhaltende Muster aus der Kultur zu erlernen, aber es wird sein ganzes Leben lang von der Beherrschung der Gruppenbräuche abhängig sein, wenn es überleben will.«[170]

Es muß hier wohl hinzugefügt werden, daß diese Abhängigkeit des Individuums von seiner Kultur außerordentlich zunimmt, wenn wir die Szenerie aus der Steinzeitgesellschaft auf eine moderne Gesellschaft übertragen. Ein Pitjentara oder ein Aranda kann sehr gut mit Frau und Kindern in der Wüste überleben, wenn er von den anderen Vertretern seiner Kultur isoliert ist. In Trockenperioden ist dies sogar der Normalfall. Wenn hingegen ein moderner Schriftsteller, ein Lebensmittelhändler, ein Arzt oder ein Rechtsanwalt von seiner Kultur isoliert würde, könnte er offensichtlich nicht überleben.

Gillin hebt ferner die Tatsache hervor, daß

»ein Typus der Vergesellschaftung oder des Sozialkontakts in jeder Gesellschaft praktisch unvermeidlich ist: der Kontakt zwischen Kind und Mutter oder Kinderpflegerin. Gewiß ist der Mechanismus der Fortpflanzung beim menschlichen Kleinkind organisch vorbestimmt, aber diese organischen Eigenschaften des Menschen bewirken die Konstruktion einer sozialen Situation, mit welcher der Mensch auf irgendeine Weise fertigwerden muß. Die Mutter (oder ein Muttterersatz) und das Kind werden unvermeidlich in ein Gefüge einbezogen, das die beiderseitige soziale Interaktion erforderlich macht. Aus Gründen, mit denen wir uns hier nicht zu befassen brauchen, tendiert die grundlegende Mutter-Kind-Beziehung dazu, sich auch auf andere Verwandte auszudehnen. So wird das Kind gewöhnlich mit seinem Vater in Berührung gebracht oder mit dem Gatten seiner Mutter, mit seinen Geschwistern und den Eltern seiner Eltern.«[171]

Wir stellen fest, daß die verlängerte Kindheit und der mütterliche Instinkt im Leben des Individuums zugleich die erste »kulturelle« und die erste »soziale« Beziehung konstituieren.[172] Da der männliche Erwachsene notwendigerweise mit der Mutter verbunden ist, stellt die Ödipusbeziehung den zweiten Schritt in der Entwicklung des Individuums dar. Die Zusammenfassung, die Kroeber vor kurzem über die Beziehung zwischen Psychologie und Kultur gegeben hat, ist ziemlich anregend und fruchtbar. Er schreibt:

»Die kulturelle Tätigkeit kann als eine körperlich-geistige Tätigkeit beschrieben werden – als ›psychologische Funktionsausübung‹ –, die besonders durch die Einwirkung vergangener und gegenwärtiger Kulturen gesteuert wird. Die Erforscher von kulturellen Phänomenen, seien es nun Anthropologen, Soziologen oder Historiker, haben stets erkannt, daß ihr Material psychologische Aspekte enthält. Sie gehen jedoch nicht darauf ein – oder höchstens punktuell – und bringen ihre Ergebnisse nicht mit der Psychologie in Zusammenhang. Umgekehrt erkennen alle modernen Psychologen, daß das Gesamtbild jeder natürlichen oder spontanen menschlichen Beziehung immer einen kulturellen Anteil hat. [...] In ähnlicher Weise beginnen Anthropologen und Historiker normalerweise mit der selbstverständlichen Annahme, daß die menschliche Natur, so wie sie im großen und ganzen in den Gesellschaften erscheint, genügend gleichförmig ist, um als Konstante behandelt werden zu können.«

Und in einer Anmerkung fügt Kroeber hinzu:

»Die menschliche Natur wird hier in einem alltäglichen und nicht in dem wissenschaftlichen – und beinahe entgegengesetzten – Sinn verstanden, den die Psychologen meinen, wenn sie bestimmen wollen, was umfassender oder allgemeiner ist als das einzigartig Individuelle, aber enger als das Universelle. Dieser merkwürdige Sprachgebrauch scheint auf eine ultrawissenschaftliche Ablehnung bei einigen Psychologen zurückzugehen, die sich gegen die Unterstellung richtet, sie würden naiverweise glauben, irgendetwas über eine reine, bedingungslose menschliche Natur zu wissen oder aus ihr ableiten zu können.[173] [. . .] Die hier angesprochene These ist die von der berühmten ›psychischen Einheit des Menschen‹. Diese kann zwar weder als erwiesene Tatsache, noch als axiomatischer Grundsatz verstanden werden, aber sie kommt im Laufe der gesamten Erfahrung so überzeugend zum Ausdruck, daß der Anthropologe oder Psychologe sich ermächtigt fühlt, das Prinzip der wesensmäßigen psychischen Einheit wenigstens als hinreichende Annäherung an die Wahrheit aufzufassen und als Arbeitshypothese oder zumindest als zweckdienliches Symbol zu verwenden.«[174]

Mir scheint die psychische Einheit der Menschheit mehr als eine Arbeitshypothese zu sein; sie ist so offensichtlich, daß sie kaum eines Beweises bedarf. Auch wenn es sich erweisen sollte, daß die Menschheit von einer Vielzahl halbantropoider Vorfahren abstammt, ist es einsichtig, daß der Menschwerdung ein einheitlicher Prozeß zugrunde liegen muß, und daß wir sogar mit einem südafrikanischen Buschmann mehr gemeinsam haben als mit einem Affen oder Menschenaffen. Der Schlüssel zum gesamten Problem liegt jedoch in der oben zitierten Anmerkung. Die Suche nach einer ›reinen, bedingungslosen menschlichen Natur‹ ist widersinnig, weil es das Wesen der menschlichen Natur ist, *bedingt* zu sein. Viele Anthropologen und Neo-Freudianische Psychoanalytiker werden sagen, daß ich ihnen damit nichts Neues erzähle – aber zu dem Satz gehört noch eine Fortsetzung: Das Wesen der menschlichen Natur liegt nicht nur darin, daß sie *bedingt ist*, sondern auch darin, daß sie *bedingt*.

Aus der Sicht des Individuums ist Kultur das, was es lernt. Whiting hat den Vorgang beschrieben, »wie man ein Kwoma wird« und von Gillin uneingeschränktes Lob für diese Pionierarbeit bekommen.[175] Ich bin jedoch der Auffassung, daß er als Analysierter diese Arbeit hätte besser machen können.[176] »Wenn eine Kwoma-Mutter ihr Kind entwöhnen will, dann warnt sie es, nicht zu saugen, sonst werde es vom *marsalai* verletzt, der jetzt von ihrer Brust Besitz ergriffen habe. Sie verstärkt diese Drohung manchmal noch dadurch, daß sie einen Blutsauger auf die Brust setzt.«[177]

Was ist in diesem Falle der *marsalai*? Er könnte die Feindschaft der Mutter sein, da er sich in ihrer Brust befindet, und das Kind selbst könnte als »Blutsauger« bezeichnet werden. Diese Interpretation kann richtig oder falsch sein; gültig ist bestimmt eine andere Interpretation: *Der marsalai ist der Vater.* Die marsalai sind große Schlangen und Krokodile, die dem mythischen Hintergrund des Jams-Kults zugerechnet werden. Man glaubt, daß sie beim Vollzug der Jams-Zeremonien gegenwärtig sind, deren Ziel es ist, eine reichliche Jamsernte zu sichern. Nach einer solchen Zeremonie darf keiner der männlichen Teilnehmer mit seiner Frau sexuell verkehren, weil ihm immer noch der gefährliche Einfluß der marsalai anhaftet, der die Frau verletzen könnte.[178]

In einer Erzählung der Arapesh dringt ein marsalai in Gestalt einer Schlange in die Vulva einer Frau ein. Um herauszufinden, ob es wirklich ein marsalai ist, werfen sie die Frau ins Wasser. »Wenn du es bist, marsalai, dann schneide ihr die Brüste ab. Wenn nicht, dann laß sie schwimmen.« – Die phallische Natur des marsalai und sein Besitztitel an den Brüsten werden hier ganz deutlich. Mead berichtet zudem, daß die marsalai mit patrilinearen Clans verbunden seien.[179]

Wenn das Kind entwöhnt wird, gehört die Mutter dem Vater. »Ein Mann darf mit seiner Frau keinen Geschlechtsverkehr haben, wenn sie menstruiert, sonst wird sein Penis durch das Menstrualblut Schaden erleiden; und auch dann nicht, wenn sie sichtbar schwanger ist, sonst beschädigt er den Fetus; und ebensowenig, wenn sie noch einen Säugling an der Brust nährt.«[180] Mit anderen Worten, sobald das Kind entwöhnt ist, gehört die Mutter wieder dem Vater. Der *marsalai* ist die übernatürliche Projektion des Vaters.

»Die Kwoma glauben, Nahrung werde in Blut verwandelt, das eine Zeitlang im Kreislauf verbleibt und dann zerfällt. Für die Gesundheit des Erwachsenen und das normale Wachstum eines Kindes ist das gute Blut verantwortlich. Schlechtes Blut verursacht Krankheit und Schmerz und verhindert das normale Wachstum.« Kinder müssen von Zeit zu Zeit zur Ader gelassen werden, damit ihre Gesundheit garantiert ist. Ab und zu wird beim Knaben auch dem Penis Blut entnommen, um sicherzustellen, daß er wächst.[181] In dieser Initiationszeremonie gibt es drei Stufen, wobei ihm der zeremonielle Vater die Zunge und den Penis aufschlitzt.[182]

Es ist einsichtig, daß der Aderlaß Ausdruck einer unbewußten Feindschaft ist, eine symbolische Kastration des Knaben oder eine Imitation des Menstrualbluts. Diese Beispiele werden erwähnt, um zu zeigen, daß die Erziehung oder Konditionierung der Kinder auf unbewußten Motiven beruht. Wenn wir die Dämonen bei australischen Stämmen analysieren, so wird deutlich, daß sie die Eltern verkörpern.[183] Diese Dämonen werden auch als Schreckgespenster eingesetzt. Erziehungsmaßnahmen sind generell eine Mischung aus Identifikation, Libido und Aggression, die durch Reaktionsbildungen noch komplexer wird. Wir können nun erklären, was wir mit der Behauptung sagen wollen, zur menschlichen Natur gehöre das *Konditioniertwerden* und das *Konditionieren.*

Was stellen die Eltern mit dem Kind eigentlich an, wenn sie es konditionieren? Gewöhnlich lautet die Antwort: Wenn sie dies nicht täten, würde das Kind nicht überleben. Das ist wahr, aber *teleologisch.* Dieser Erklärungstypus findet bei den meisten Leuten großen Anklang. Er gibt uns das beruhigende Gefühl, daß sich alles zum Besten auswirken wird – und schließlich enthält er auch – bewußt oder unbewußt – den Glauben an die Vorsehung. Es ist wahr, daß Menschen nicht überleben würden, wenn die Eltern sich nicht um sie kümmerten – aber darin liegt nicht der Grund, warum die Eltern sich um sie kümmern. Der Grund liegt im Anteil der infantilen Identifikation (›Verjugendlichung‹), die im Elternteil überlebt hat. Der gleiche Faktor, der beim jugendlichen Menschen zur Gefahr wird, sichert somit auch das Überleben einer jugendlichen Art.

In einer Rezension meines Buches *The Origin and Function of Culture* schreibt Hortense Powdermaker, daß die langsame Entwicklung des Menschen nicht auf »Retardation« zurückzuführen sei, sondern auf den Umstand, daß zur Erfüllung dieser Aufgabe eine längere Vorbereitungszeit notwendig sei.[184] Wir müßten demnach unsre Kultur *bereits als gegeben* annehmen (wobei unklar bleibt, aus welchem Grund) und sagen, wir hätten nun einmal zu viele Fächer zu lernen und wüchsen deshalb nur langsam auf. Das ist Mystizismus. Tatsache ist, daß dieser Verlangsamungsprozeß nicht mit der Menschheit beginnt, sondern ein allgemeiner Mechanismus der Evolution ist.[185] Wenn der Mensch nur die oberste Spitze dieses Prozesses ist, kann dieser schwerlich damit erklärt werden, daß er zum Erwerb der Kultur erforderlich ist. Der Vorgang der Retardation ist kein humanspezifischer Mechanismus, sondern ein weitverbreitetes biologisches Phänomen.[186] Ich würde die Bestimmung gerade umkehren und sagen, daß die Kultur den letzten, ins Supraorganische ausgedehnten Ausdruck dieser Verlangsamung darstellt.

Wir haben es hier mit einer Frage der *Weltanschauung* zu tun. Finalistische Theorien sind mystische oder theistische Theorien. »Der eigentlich finalistische Glaube ist der an den Fortschritt in Richtung auf ein Ziel oder einen Zweck. Der Finalist glaubt nicht etwa, daß der Zweck aufgrund des Vorangegangenen erreicht wird, sondern daß das Vorangegangene lediglich ein Mittel zur Erreichung des Zwecks ist. Obwohl der Endzweck zeitlich später liegt, ist er die Ursache, und der vorangegangene Geschichtsverlauf ist die Wirkung.«[187] Ich bin zu fest im großen und ruhmreichen neunzehnten Jahrhundert verankert, um an Götter zu glauben – auch wenn sie eine wissenschaftliche Maske tragen.

Selbst wenn wir jedoch dem Anpassungsaspekt der Situation den Vorrang geben, bleibt die Tatsache bestehen, daß wir es mit menschlichen Wesen zu tun haben, deren Handlungen auf Gefühlen und dem Unbewußten basieren. Wenn wir eine verlängerte Kindheit haben, bleibt das Kind hilflos, und der Erwachsene muß sich seiner annehmen. Wie geht das vor sich, oder wie kann dies vor sich gehen? Weil die verlängerte Kindheit auch für den Erwachsenen gilt, der somit auf das Kind reagiert. Bei menschlichen Wesen gibt es deshalb anstelle eines einfachen organischen Aufwachsens eine auf Kooperation in der Mutter-Kind- oder Kind-Erwachsenen-Beziehung beruhende Form des Heranwachsens.

Wir haben in *Modern Nations* dargelegt, daß der ungarische Bauer das kleine Kind als einen Miniaturerwachsenen betrachtet. Wenn wir die gleiche Gesellschaft oder Gruppe nehmen, mit Ausnahme einer solchen, in der es Ober- und Unterschichten gibt, werden wir erkennen, daß die Oberschicht stets dazu neigt, die Kindheit oder die beschützte Kindheitssituation zu verlängern. Der Unterschied ist in diesem Falle offensichtlich nicht auf die Wachstumsgeschwindigkeit zurückzuführen, sondern auf kulturelle Versuche, sowohl die Unreife als auch das Leben zu verlängern.

Selbstverständlich liegt hier der Kern des gesamten Problems der Menschheit. Der Gegensatz zwischen »Natur« und »Kultur« ist oft hervorgehoben worden. »Die Kernpunkte der kulturbezogenen Interpretation – daß die Dinge, die uns human machen und uns von den Tieren unterscheiden, nicht organischer, sondern kultureller Art sind; daß Charakter und Moral nicht vom Körpertypus kausal abhängig, sondern Ergebnisse von Ausbildung und Erziehung sind – sind von einer Anerkennung durch alle Amerikaner noch weit entfernt«, schreibt Opler.[188] Wenn kulturelle Phänomene nicht natürlich wären – wie könnten sie dann überhaupt existieren? Wäre ich geneigt, mich in Paradoxien zu ergehen, dann würde ich behaupten, daß es für den Menschen natürlich ist, sich unnatürlich zu benehmen. Erziehung bedeutet verlängerte und niemals überwundene Kindheit – *menschliche Natur, und das heißt Kultur, beruht auf einem biologischen Substrat.* Hinzufügen sollten wir hier das Wort »Phantasie« oder »Erinnerungsbild«, dessen Eigenart wir zwar nicht völlig verstehen, dessen Funktion jedoch darin besteht, das im Gegensatz zu den Gemeinsamkeiten mit Tieren spezifisch Humane zu verlängern und herauszuheben. Im Vergleich zu anderen Lebewesen ist der Mensch domestiziert. Herskovits zufolge ist

> »der ursprüngliche Domestikationsfaktor des Menschen aller Wahrscheinlichkeit nach ein Wissen, von dem wir aus archäologischen Überresten wissen, daß es auf die Zeit des *Sinanthropus pekinensis* zurückgeht; *das Herdfeuer,* das im Zusammenhang mit der Furcht vor unbekannten räuberischen Wesen menschlicher, tierischer und übernatürlicher Art stand, muß als eine mächtige Kraft bei der Erzeugung einer Gemüts- und Geistesverfassung mitgewirkt haben, die durch den Begriff ›Heim‹ symbolisiert wurde.«[189]

Vielleicht hat Herskovits recht mit der Auffassung, daß das Feuer sogar noch älter ist als die Sprache.[190] Wir wissen es nicht. Wenn es so ist, dann würde es bedeuten, daß die Menschheit am Anfang durch das Symbol *genitaler Libido* zusammengehalten wurde.[191] Tiere sind entweder ›in Hitze‹ oder sie sind es nicht[192]; die Menschheit ist symbolisch ständig ›in Hitze‹. Kultur ist nichts anderes als die Erweiterung der verlängerten Kindheit, in der die Erinnerungsbilder oder Symbole vergangener Generationen mit Eltern und Kind verbunden werden. Wenn wir also über Phänomene sprechen, die im Rahmen der Kultur erklärt werden, sprechen wir im Grunde über Psychologie. Es gibt zwei untergeordnete Varianten dieser Gleichung, von denen die eine berechtigt ist und die andere nicht. Die berechtigte Form ist die, daß wir mit Kultur dasjenige meinen, was in einer Gruppe richtig oder falsch ist, d. h. das Ich-Ideal und das Über-Ich. Die unberechtigte Form einer »kulturologischen« Erklärung ist schlicht diejenige, die die eigene Unkenntnis in psychologischen Fragen festschreibt und als kulturbezogene Erklärung ausgibt.

Ein bemerkenswertes Beispiel dieser Art von kulturbezogenem Verfahren ist der Aufsatz von White über den Inzest. Das Argument, das er zugunsten einer kulturbezogenen Erklärung vorbringt, lautet etwa so[193]:

A. Inzestverbote unterscheiden sich in ihrer Reichweite, deshalb kann ihr Ursprung nicht psychologischer Art sein.

B. Die Degenerations- oder Inzuchttheorie muß falsch sein, weil Primitive den Zusammenhang zwischen Koitus und Empfängnis nicht kennen.

C. Freuds Theorie von der Urhorde ist unhaltbar, weil sie Abweichungen nicht einzubeziehen vermag.

D. Die eigentliche Ursache ist der ökonomische Faktor. Durch die Einführung der Exogamie wurde es möglich, die Gruppe zu vergrößern.

White schreibt:

»Die Psychologie entdeckte einen ›Inzestwunsch‹. Das Motiv zu seiner Verhinderung kann deshalb nicht im Inzest selber liegen. Das Problem ist jedoch ohne weiteres der kulturbezogenen Interpretation zugänglich. Als tierische Art lebt der Mensch sowohl in Gruppen als auch vereinzelt. Beziehungen zwischen Individuen werden in der menschlichen Art durch die Gruppen*kultur* festgelegt – d. h. durch die Ideen, Empfindungen, Werkzeuge, Techniken und Verhaltensmuster, die von der Symbolanwendung abhängig sind und die mittels dieser Fähigkeit von einer Generation zur anderen weitergegeben werden. Das menschliche Verhalten ist nichts anderes als die Reaktion des menschlichen Organismus auf diesen Kulturstrom. [. . .] Das gleiche gilt auch für die Bestimmung und das Verbot des Inzests. Aus der Psychologie lernen wir, daß das menschliche Lebewesen dazu neigt, sich sexuell mit einem ihm Nahestehenden zu vereinigen. Die Institution der Exogamie wird durch diese Tendenz nicht nur nicht erklärt, sondern ist ihr sogar entgegengesetzt. Wenn wir uns jedoch den Kulturen zuwenden, welche die Beziehungen zwischen Gruppenmitgliedern festlegen und ihren gesellschaftlichen Verkehr steuern, stoßen wir wie selbstverständlich auf die Definition des Inzests und den Ursprung der Exogamie. Der Existenzkampf ist bei der menschlichen Spezies ebenso stark ausgeprägt wie in anderen. Durch Kooperation wird das Leben sowohl für Gruppen als auch für Individuen sicherer. [. . .] Die Inzestdefinition und die Exogamieregeln wurden festgelegt, um die Kooperation zwingend und allgemein zu machen und dadurch das Leben sicherer zu gestalten. Diese Institutionen wurden durch soziale Systeme hervorgebracht und nicht durch neuro-sensorisch-muskulär-glanduläre Systeme.«[194]

Darf ich fragen, wer die Planung durchführte? Vielleicht der liebe Gott? Oder war es ein steinzeitlicher Fünfjahresplan?

Wenn jemand über psychologische Fragen schreibt, sollte er wenigstens von einigen unwiderlegbaren Ergebnissen gehört haben, zu denen unter anderem die Tatsache zählt, daß wir häufig Handlungen aus unbewußten Motiven vollziehen, das heißt, daß wir aus uns unbekannten Gründen eine Entscheidung über Richtiges und Falsches fällen.[195]

White vermag die Tatsache nicht einzusehen, daß wir zugleich etwas wünschen und nicht wünschen können. Er hat offenbar noch nie etwas von dem Wort ›Introjektion‹ gehört, auf deren Voraussetzung ein großer Teil der psychoanalytischen Denkweise beruht. Die Psychologie ist schon lange nicht mehr »neuro-sensorisch-muskulär-glandulär«. Und schließlich glaubt White eine »kulturelle« Definition des Inzests gegeben zu haben. Menschliche Wesen haben *beschlossen,* daß ein bestimmter Zweck mit bestimmten Mitteln erreicht werden könne. Das ist zwar *Psychologie,* aber eine ziemlich naive und veraltete Psychologie.

Eine weitere naive Auffassung ist die, daß »psychologisch« gleichbedeutend sein müsse mit »einheitlich«.[196] Es ist natürlich ganz klar, daß Kultur in unserem Wortsinne nicht ohne *Sprache* existieren kann. Ontogenetisch betrachtet ist Sprache etwas, das uns von unseren Eltern gelehrt wurde und das wir an unsere Kinder weitergeben.[196] Psychologen haben gezeigt, daß die von Kleinkindern durch bloßes Öffnen und Schließen des Mundes hervorgebrachten typischen Laute zu Gruppen gehören wie *pa, ap, ta, at,* oder *ma, am, na, an,* und daß die Wörter für Vater und Mutter aus diesen Lauten gebildet werden. Natürlich werden die Wörter nicht von den Kindern selbst gebildet, sondern die Eltern *konditionieren* das Kind, dieses Geplapper zu den Namen zu formen, die dann dem Vater und der Mutter zugesprochen werden.[197] Wir besitzen keinen modernen anthropologischen Beweis für diese Theorie, und ich kenne auch keine Forschung in dieser Richtung.[198] Sprachtherapeuten behandeln Sprechschwierigkeiten mit der »Kaumethode«: dem Patienten wird beigebracht, mit dem Ausatmen Kaubewegungen zu verbinden.[199] Froeschels und Jellinek vertreten die Auffassung, daß solche beim Kauen hervorgebrachten Laute der Ursprung der Sprache seien. »Das bisher Gesagte führt uns offensichtlich zu dem Schluß, daß der primitive Mensch beim Essen grunzte und schmatzte und Eßbewegungen mit der Zunge vollzog, wenn er einen Laut hervorbrachte. Wir dürfen in diesem Zusammenhang auch nicht außer acht lassen, daß die mit der ›Kaumethode‹ erzielte rasche Besserung bei der Behandlung von Sprachstörungen ein deutlicher Hinweis auf die ursprüngliche Einheit beider Funktionen zu sein scheint.« Sie fassen also die Plapperbewegungen des Kleinkinds als Vorläufer des Kauens auf.[200] Da das, was das Kind »ißt«, offensichtlich die Brustwarze oder die Mutter ist, erscheint die Theorie aus psychoanalytischer Sicht plausibel. Auf der Grundlage eines unbewußten Wiedererlebens ihrer eigenen Kindheit würde die Mutter demnach dem Kind beibringen, die erste Lauterzeugung mit ihr selbst gleichzusetzen. Wenn der primitive Mensch tatsächlich beim Kauen sprechen lernte, dann würde das Ansprechen des Kindes (d. h. ihm die Sprache beizubringen) auf *oraler Aggression* beruhen, und es wäre eine symbolische Darstellung dafür, *das Kind zu essen* – eine Form der Liebe, der Aggression und der Einverleibung, wie wir sie bei bestimmten australischen Stämmen beschrieben haben. – Wie auch immer, eines ist jedenfalls klar: Die Sprache hängt mit dem Mund zusammen und muß deshalb aus der oralen Phase der Libido und Ich-Organisation abgeleitet werden. Außerdem ist klar, daß Sprache zur interpersonalen Verständigung dient, und daß das Urbild aller interpersonalen Beziehungen die Mutter-Kind-Beziehung ist.

Es gehört zur guten psychoanalytischen Wissenschaftstradition, das Normale auf der Grundlage des Pathologischen zu erklären zu versuchen. Bei der Schizophrenie finden wir die typische orale Regression. Und bei der Schizophrenie erkennen wir auch, daß Wörter zu Gegenständen werden, und daß die Grenze zwischen beiden unscharf ist. Ein hebephrener Patient aus dem Worcester State Hospital, dessen Fallgeschichte ich in einem anderen Zusammenhang zu veröffentlichen beabsichtige, äußerte: »Das Wort *Straße* aussprechen und gleichzeitig *die Straße in deinem Kopf spüren*, das ist der Wahnsinn.« »Die Schwierigkeit beim Essen ist die gleiche wie beim Aussprechen eines Wortes, es klebt dir im Mund.« Als er versuchte, nach Hause zu gehen, nahm er die Wörter zu leicht – d. h. als er den Normalzustand wiederzuerlangen suchte, ging bei der Besetzung von Wörtern und Gegenständen etwas schief. »Das Gefühl, unfähig zu sein, an einen Ort zurückzukehren, ist wie das Gefühl, ein Wort nicht aussprechen zu können.« Er glaubte, wenn er das Wort wiedererlange, könnte er auch wieder an den Ort zurückkehren. Ich fragte ihn: »Welches Wort?« Er sagte: »Vergeßlichkeit.« Dann konnte er es erinnern, aber nicht aussprechen. Er bildete den Satz: »Ich vergaß, wie man das Wort ›vergessen‹ ausspricht«, aber als er zum Wort ›vergessen‹ kam, konnte er es nicht aussprechen. Darauf versuchte er das Wort ›Enzyklopädie‹ auszusprechen, ein Wort, in dem alles Wissen enthalten ist. Er mußte jedoch zur Enzyklopädie hingehen, um das Wort ›Enzyklopädie‹ zu finden – konnte es aber nicht finden. Irgend jemand sagte zu ihm, er sei »voll von heißer Luft«, was er wörtlich nahm, und er baute eine ganze Mythologie darauf auf – er war nun mit verschiedenen Dingen »angefüllt«.

Da ich hier nicht über Schizophrenie schreibe, brauchen wir uns nicht auf weitere Einzelheiten einzulassen. Es ist jedoch deutlich geworden, daß Wörter sich in Gegenstände verwandelt haben, und daß Versuche unternommen werden, Gegenstände durch das Medium der Wörter erneut libidinös zu besetzen.[201] Wenn einem Kind beigebracht wird, daß ein Wort mit seiner Mutter, dem Vater oder mit etwas anderem in der Umwelt korrespondiert, hat es Zauberei erlernt; es hat gelernt, daß das Aussprechen eines bestimmten Wortes in der Umwelt bestimmte Ergebnisse hervorrufen wird. Diese »innere Welt«, die der Mensch sich mit Hilfe der Sprache geschaffen hat[202], ist sie nicht ein milder Fall von Wahnsinn? Englische Psychoanalytiker betrachten das normale Kind als jemanden, der eine Reihe psychischer Zustände durchläuft, die man in bestimmten Fällen von Psychose findet.

Von Schizophrenen ist bekannt, daß sie ein gutes Verständnis der Symbolik haben, und Wörter gehören mit Sicherheit zu den ersten von Menschen geschaffenen Symbolen – Laute, die einen Gegenstand repräsentieren. Ich muß meine Theorie des »Zwischen«-Objekts wieder in Erinnerung rufen, eines »Objekts, das auf dem Rückzug der Libido von der Objektliebe auf eine narzißtische Position, mit anschließender Re-extroversion auf das Objekt, beruht.«[203]

Ein im Rahmen dieses Buches nur sehr schwer zu behandelndes Problem ist die *Symbolik*. Gleichwohl ist es entscheidend, und ich habe den Eindruck, daß eine kurze Erörterung des Themas unumgänglich ist. In der Einleitung habe ich gesagt, daß Symbole meines Erachtens *potentiell universal* sind. Was heißt das? Im wesentlichen entspricht es dem, was Bastian mit seinen *Elementargedanken* meinte. Symbole und auch bestimmte komplexere emotionale Konstellationen tauchen immer wieder auf, ohne daß wir in der Lage wären, sie mit bestimmten Institutionen in Zusammenhang zu bringen. Wir haben die emotionale Konstellation auf der Normanby-Insel beschrieben. Die Mitglieder eines matrilinearen Clans bilden »*einen* Körper«. Der Vater ist ein Fremder; er wird im Mythos projektiv als riesiger Menschenfresser oder als Prinz der Unterwelt und Ehemann aller Hexen dargestellt, sowie als Zauberer. Die Kriegsmagie wird aus dem Mythos vom menschenfressenden Riesen abgeleitet.

Die gleiche Konstellation projiziert G. B. Shaw in *Major Barbara*. Da gibt es die aristokratische Familie, die sich um Lady Britomart und ihren Gatten Andrew Undershaft, den Aufsteiger und Waffenfabrikanten, gruppiert. Der Gatte steht der Gruppe als Fremder gegenüber. Er wird des öfteren als Prinz der Finsternis bezeichnet, d. h. Männlichkeit und Aggression werden miteinander gleichgesetzt (vgl. oben die Ausführungen zur Normanby-Insel). Er ist der Vater, der seine eigenen Kinder auffrißt (vgl. oben) und der einen Findling als seinen Nachfolger adoptiert. Der Familientradition gemäß löst ein Findling den anderen ab, und so wird der Name Andrew Undershaft von einer Generation zur anderen weitergetragen. Der englische Name Andrew ist natürlich vom griechischen *andros* (= Mann) abgeleitet, und *Undershaft* [= Unterstiel] bietet sich einer eindeutigen symbolischen Interpretation geradezu an. Die Tochter von Andrew Undershaft ist Major Barbara (Major der Heilsarmee), d. h. die Hexe, die Frau mit dem Penis (Heilsarmee versus wirkliche Armee). Sie heiratet einen Griechischprofessor, der behauptet, von Dionysos (dem phallischen Gott), also von Undershaft, besessen zu sein. Er erweist sich später als der Findling, wird von Undershaft adoptiert und ist nun selbst Andrew Undershaft. Mit anderen Worten: Die matrilineare Organisation ist eine Abwehr, die zusammenbricht und gegen den Ödipuskomplex nutzlos ist, denn obwohl sie ihn angeblich haßt, heiratet Barbara Andrew Undershaft. Goethe drückt dies so aus:

»Denn geht es zu des Bösen Haus,
Das Weib hat tausend Schritt voraus.
Wir nehmen das nicht so genau:
Mit tausend Schritten machts die Frau;
Doch wie sie sich auch eilen kann,
Mit Einem Sprunge machts der Mann.«[204]

Wenden wir uns nun wieder der schlichten Symbolik zu. Glauben wir tatsächlich wie Jung und auch Freud, daß Symbole vererbt werden? Erbt jedes menschliche Wesen die Symbolik des Penis als Schlange oder der Vagina als Höhle? Ich vertrete diesen Glauben gewiß nicht. Allerdings meine ich, daß die Fähigkeit zur Symbolbildung vererbt wird, und daß die Symbolik selbst auf der Mutter-Kind-Beziehung beruht. In dieser Beziehung ist die Mutter die Umwelt des Kindes, und die Umwelt ist libidinös. Daraus entsteht wohl die Tendenz, die Umwelt allgemein libidinös zu *besetzen.* Es ist einsichtig, daß alle aufgerichteten oder durchbohrenden Gegenstände als männliche und alle aufnehmenden Gegenstände als weiblichen Symbole verwendet werden. Ich gebe jedoch zu, daß diese Auffassung erst auf der Grundlage einer Traumpsychologie, d. h. auf der Grundlage einer Theorie des Träumens, klarwerden kann, die ich in einer anderen Publikation herausarbeiten will. Ich hoffe, wenigstens verdeutlicht zu haben, daß wir nicht beweisen können, daß Analogien wie ›Schlange = Phallus‹ mit irgendeiner besonderen Kultur, Gesellschaft oder Persönlichkeit zusammenhängen.

Wenn wir von dieser Hypothese absehen, bleibt uns die Definition von ›Symbol‹, wie sie in der Psychoanalyse vorausgesetzt wird.[205] Ein Symbol ist der äußere Repräsentant eines latenten verdrängten Inhalts. Die psychoanalytische Interpretation ist schließlich in erster Linie eine Interpretation im Sinne des verdrängten Inhalts, und die latente Bedeutung darf nicht etwa mit möglichen bewußten oder vorbewußten Assoziationen verwechselt werden. Die Interpretation im Sinne des unbewußten Inhalts ist *sub-kulturell:* das Unbewußte ist in jeder Kultur gleich. Unterschiede gibt es beim Ich und den Abwehrmechanismen, nicht aber beim Es.

Wenn wir mit den »basalen Institutionen« beginnen, sind wir, ohne es zu wissen, immer noch subjektiv. Der latente Inhalt manifestiert sich zwar in mancherlei Formen, aber er wird nicht durch diese Formen festgelegt. Die Formen selber sind das Ergebnis aus der Interaktion dieser *lingua franca* der Menschheit mit anderen Faktoren. Diese sind meist historischer Art und, soweit es die Primitiven betrifft, somit unbekannt. Was unsere eigene Geschichte betrifft, sind sie nur unvollständig bekannt. Weitere zum Bild gehörende Elemente sind solche der Umwelt oder der Geographie, wobei wir hier wiederum häufig auf Vermutungen angewiesen sind. Andere Faktoren schließlich, die das Bild abrunden, sind erblich oder angeboren, womit auch nur ausgedrückt wird, daß wir nicht viel über sie wissen. Stellt man jedoch einfach eine Reihe von Institutionen auf und behauptet, weil die Menschen ihren Kindern dies antun und jenes nicht, könne A oder B (womit Inhalte gemeint sind) nicht in ihrem Unbewußten enthalten sein, dann beschwört man ein Unheil herauf, das ich in diesem Buch und in anderen Arbeiten gezeigt habe. Quantitative Einschätzung ist die eine Sache, Deutung des Inhalts eine andere. Der Kulturanthropologe unternimmt eine quantitative Einschätzung – und verwechselt sie mit inhaltlicher Deutung.

Vor langer Zeit bezeichnete C. G. Jung die instinktive Reaktion auf die Vorgänge in einem anderen menschlichen Wesen als Dialog des Unbewußten. Ein Anthropologe, der sich allein in einem unberührten oder relativ unberührten Gebiet aufhält, wird sehr bald zur Personifikation des Gruppenideals. Der Vorgang gleicht dem der Übertragung in der Analyse.[206] In Zentralaustralien sagten mir meine Informanten, daß ich *galtja indora* sei (›sehr bewandert‹, d. h. in ihrer Mythologie), und das entspricht genau der traditionellen Rolle eines Aranda-Häuptlings als Hüter der Tradition. Auf der Normanby-Insel war ich mit Sicherheit der *esa-esa* (der Häuptling, der Feste gibt), obwohl ich nicht in einer melanesischen Kultur aufgewachsen bin. Besaß ich dafür jedoch nicht genügend kulturelle Vorbildung in meiner Kultur? Weshalb die Betonung auf diesem Aspekt, wenn es sich nicht um eine instinktive Interaktion zwischen mir und den Menschen auf der Normanby-Insel handelte?

Eines Tages übermittelte mir Sawaitoja eine Beschwörungsformel, mit deren Hilfe es möglich sein sollte, einen Speer in der Luft anzuhalten. Anschließend sagte er: »Wenn nun ein Weißer auf dich schießt, dann kannst du durch das Aufsagen dieser Formel die Kugel in der Luft anhalten!« Ich war über diese Behauptung belustigt und gab zur Antwort: »Gut, ich hole jetzt mein Gewehr, und du stellst dich dorthin (im Abstand von drei Metern). Da du der Beherrscher dieser Formel bist (d. h. der Lehrer *bwajawe ana toniwagana*), schieße ich zuerst auf dich, und du hältst die Kugel mittels der Beschwörung an. Danach können wir die Rollen tauschen, du schießt auf mich, und ich werde die Formel aufsagen.« Natürlich war das als ein Scherz gemeint. Er machte ein nachdenkliches Gesicht und sagte: »Ich glaube, wir versuchen es besser nicht. Die Beschwörung ist zwar schnell genug, um einen Speer einzufangen, aber für eine Kugel könnte sie zu langsam sein.« Dabei blieb es auch. Allerdings wußte ich damals noch nicht, daß dies eben der Vorgang war, durch den ein barau (Zauberer) eingeweiht wird: Er versucht, seinen Lehrer zu töten, und der Lehrer versucht, ihn zu töten.

Bei den Yuma war ich 1931 als Medizinmann angesehen, denn wer außer einem Medizinmann könnte ein so großes Interesse für Träume zeigen? Eine alte Navaho-Frau namens Tehepaa aus Two Wells hatte den folgenden Traum[207]: Es war weit weg in Black Mountain. Ich entfernte mich mit meinem Sohn und meiner Tochter vom Laden. Man sagte uns, wir würden von einem Wagen abgeholt werden. Dann hörten wir ein Geräusch, in der Nähe wurde ein Tanzfest abgehalten. Plötzlich öffnete sich die Erde, wir stürzten hinein, und sie schloß sich wieder. Wie werden wir hier herauskommen, dachte ich. Es gab ein Feuer und einen kreisförmigen Weg mit vielen Hütten. Und dort saß auch ein Mann, der genauso aussieht wie du[208], wenn du schreibst. Der Mann sagte: »Meine Enkelin sitzt hier direkt neben mir.« Der Mann besaß einen Ball und einen Stock ähnlich wie eine Rassel. Er schlug mich mit der Rassel auf den Fuß, den Hals, die Schultern und auf den Kopf. Dann befahl er mir zu tanzen, und ich stand auf und tanzte. Dann stand er auf und tanzte mit den Kindern. Er sagte: »Du kannst jetzt zurückgehen.« Ich fragte: »Wie denn? Das Feuer ist doch überall.« Er antwortete: »Es gibt eine Stehleiter und einen Tunnel, und dort ist auch dein Haus.« So kletterten wir also dort hoch. Auf der Erde befand sich ein Mann, der einen Traktor reparierte. Auch er sah aus wie du, und wir fragten ihn, wo unser Haus sei. »Es steht dort neben der Kiefer«, sagte er. »Der Ort, an dem ihr gewesen seid, ist die Hölle«, erzählte uns der Mann, »ihr solltet dort nicht hingehen.« Wir gingen nach Hause, dort war ein Rodeo, und der Lärm weckte mich auf. – Die folgenden Assoziationen sind zwar spärlich, aber sie reichen für unsere Zwecke aus: Der Mann im Geisterland (Hölle, *tchindita*) war kahlköpfig. Hier in der Gegend gibt es einige kahlköpfige Priester sowie ein paar Frauen in Ramah. Die Art, wie er mich mit dem Stock schlug – genauso machen es die Medizinmänner mit dem Maiskolben. Der Mann hatte keine Kleider an, »ich frage mich, ob er Jesus ist«, sagte sie. »Wir könnten ihm begegnen«, dachte sie. Man hatte ihr gesagt, es gebe nur einen Gott, und zwar Jesus. »Der Mann mit dem Traktor war etwas korpulent, wie du«, sagte sie. »Vor ein paar Tagen habe ich einen solchen Mann gesehen.«

Die Ambivalenz, mit der sie auf den weißen Mann reagieren, ist deutlich. Der Ort, an dem der weiße Mann lebt, ist zum einen die Hölle, zum andern der Wohnsitz von Jesus, und der weiße Mann hilft auch beim Reparieren. Jesus, der Medizinmann und der an Träumen interessierte Weiße sind miteinander identisch. Die Nacktheit, der Stock, das Untergehen und Wiederaufsteigen, der Tanz – wir kommen um den Verdacht der sexuellen Symbolik als grundlegendem Element in der Übertragung kaum herum. Denn durch mein Interesse an ihren Träumen und die Geschenke, die sie empfängt, fühlt sie sich geschmeichelt – und ich gelte nun entweder als Gott des weißen Mannes, als eingeborener Medizinmann oder als Bewohner der Hölle.

Der Anthropologe wird natürlich sagen, dieser Traum sei eindeutig kulturell determiniert. Wenn sie die Lehren der Missionare nicht gehört hätte, könnte in ihren Träumen weder Jesus noch die Hölle vorkommen, und der Sänger oder Medizinmann sei ihr aus der eigenen Kultur bekannt.[209] Aus ihrer Kultur ist ihr sogar noch viel mehr bekannt; Träume sind sehr wichtig, und sie stehen mit Zeremonien im Zusammenhang. – Die Tätigkeit eines Navaho-Medizinmannes ist eine Art Psychotherapie, und ich bin ein Psychoanalytiker. Auch meine Patienten in New York oder in Budapest machten mich häufig zu einer Art Medizinmann oder Zauberer – obwohl ihre Kultur sicher nicht die der Navaho ist. Margaret Mead schreibt: »Es wird für die Psychologie erforderlich sein, die neueren Ergebnisse der Ethnologen, die hervorheben, daß ein vollständig akkulturiertes Mitglied einer lebendigen Kultur sich *in jeder Hinsicht* und *grundsätzlich* von Mitgliedern irgendeiner anderen Kultur unterscheidet, aufzunehmen und in eine brauchbare Form zu bringen.«[210]

Als Dorothy und ihre Gefährten an die Tore der Smaragdstadt gelangen, müssen sie Brillen aufsetzen – so lautet der Erlaß des schrecklichen Wizard of Oz. »Er öffnete die Behälter, und Dorothy sah, daß sie mit Brillen von jeder Größe und Form gefüllt waren. *Alle hatten grüne Gläser.*«[211] In der Anthropologie wird jeder Forscher mit einer grünen Brille ausgestattet – und dann erblickt er natürlich die Smaragdstadt der modernen Kulturanthropologie.

Die Behauptung von Margaret Mead ist falsch. Denn welche Gültigkeit könnten ihre Erkenntnisse über die Samoaner überhaupt haben, wenn ein Samoaner sich in *jeder* Hinsicht von einem Amerikaner unterscheidet? Unter solchen Bedingungen ist keine Empathie möglich. Tatsächlich könnten wir dann mit der Anthropologie gänzlich Schluß machen – ausgenommen diejenige über unsere eigene Sozietät. Die Arbeit von Lee, welche diese Auffassung unterstützen soll, enthält Aussagen, die schlicht unbedacht sind. Lee zufolge besitzen die Trobriander keinen Begriff der Kausalität, weil das von Malinowski mit *weil* oder *verursachen* übersetzte Wort eigentlich »unterster Teil des Baumstamms« heißt.[212] In der Sprache der

Trobriander lautet das Wort *U'ula.* Zitieren wir eine Passage aus Malinowski: »Schließlich endet er damit, daß er die ›Ursache‹, den ›Grund‹, das u'ula der Hungersnot angibt. Und hier sehen wir, wie das Denken des Eingeborenen in traditionellen Mustern abläuft: dieses ungewöhnliche, unnatürliche und äußerst schmerzvolle Ereignis wird der durch die ausgleichende Gerechtigkeit ausgelösten Magie zugeschrieben.«[213] Wenn dies keine Kausalität ist, dann gibt es überhaupt keine. Das entsprechende Wort in Duau lautet *karena* (Baumstamm, Ursprung). *Hedagi sigaha karena,* »das Lachen (Lächeln) ist der Baumstamm der Liebesmagie«, d. h. wenn ein Mädchen dich anlächelt, wirst du dich wahrscheinlich in sie verlieben. Ist das etwa keine kausale Beziehung? In ähnlicher Weise könnte man behaupten, die Amerikaner könnten sich nichts und niemanden vorstellen, der gütig ist, außer in der intrauterinen Situation, denn sie sagen ständig: »he is a good egg« (›Er ist ein gutes Ei‹ bzw. ›ein feiner Kerl‹). Die Ungarn glauben nicht, daß ein Sohn seinem Vater gleichen kann, denn der Ausdruck dafür heißt *az apjára ütött,* »er schlug seinen Vater«. Offensichtlich ein ganz schlimmes ödipales Volk mit einem Glauben an unbefleckte Empfängnis für jedermann . . . Die Franzosen kennen keinen Unterschied zwischen ihrer eigenen Gattin und einer anderen Frau *(femme).* Die Deutschen sind noch schlechter dran, denn sie halten die Frau für ein Zimmer *(Frauenzimmer)*, und ihre Mädchen sind Neutren (*das* Mädchen).

Lee vergißt, daß es so etwas wie *Metaphern* gibt. Er behauptet, der kulturelle Mangel an Einsicht in Kausalität sei für ihre Ignoranz in Sachen Vaterschaft verantwortlich. Weshalb? Wenn das Kind mit einer Geisterinkarnation in Zusammenhang gebracht wird, handelt es sich ebenfalls um Kausalität – obwohl es vielleicht eine falsch verstandene ist.[214] Lee behauptet ferner, die Eingeborenen äßen nicht zum Zweck der Nahrungsaufnahme, sondern um des Lustgewinns willen, den ihnen das Essen bereitet. Das ist offensichtlich absurd. Auch wir essen wegen des Lustgewinns, den uns das Essen bereitet – aber zu sagen, daß weder die Amerikaner noch die Trobriander wüßten, wann sie hungrig sind, und daß sie nicht wüßten, daß sie nicht mehr hungrig sein werden, wenn sie gegessen haben, geht gewiß zu weit. *Ab uno disce omnes.*

Margaret Mead schreibt, *ein vollständig akkulturiertes Mitglied* unterscheide sich in jeder Hinsicht von einem Mitglied einer anderen Kultur usw. Es kann doch wohl sein, daß es gar keine *vollständig* akkulturierten Mitglieder gibt, da nichts von dem, was die Menschen sich ausdenken, jemals vollständig verwirklicht werden kann. Wenn wir den Satz jedoch in diesem Sinne interpretieren, ist er überflüssig – aber auch dann ist er noch irreführend. Was ich mit der grünen Brille meine, kann ich am besten mit einem Zitat von Jules und Zunia Henry zeigen, die ein sehr nützliches Buch über das Puppenspiel der Pilaga geschrieben haben: »Die Feldbeobachtung der Geschwisterrivalität bei den Pilaga hat keine Beweise für Selbstanklagen oder Selbstverteidigung erbracht. Da solche Faktoren auch im Untersuchungsmaterial nicht auftauchen, kann man sagen, daß sie im Syndrom der Geschwisterrivalität bei den Pilaga fehlen.«[215] Die Daten nun belegen aber das genaue Gegenteil dessen, was die Autoren behaupten. D. H. Levy führt in seinem Vorwort das folgende Beispiel an:

»Am nächsten Tag hielt er während des Puppenspiels die Puppenschwester sowie die Puppe, die seinen Namen erhalten hatte, an die Brust. Beim dritten Mal erhob er die Faust gegen die Puppenschwester und sagte ›Hör auf!‹ Er wiederholte dies und machte anschließend über dem Kopf einer anderen Puppe Sauggeräusche. Dann erhob er die Faust gegen die Mutterpuppe. Darauf legte er die Puppe, die ihn selber darstellt, zwischen die Beine der Mutterpuppe und sagte: ›Sie haben jetzt Geschlechtsverkehr.‹ Dann schnitt er bei der Schwesterpuppe die Vagina und anschließend den Bauch heraus; schließlich schneidet er der Puppe, die ihn selbst verkörpert, den Hals durch, schneidet ihr den Penis ab und sagt: ›Ich schneide mir den Penis ab.‹«[216]

Wenn die Autoren die Selbstkastration nicht als Hinweis auf eine gegen das Ich (Schuldgefühl) gerichtete Aggression wahrnehmen, dann tragen sie eben grüne Brillen. – Darotoyi, ein vierjähriger Knabe, läßt die Schildkröte seine Bruderpuppe beißen, dann die Puppe, die ihn selber verkörpert, dann wieder die Bruderpuppe, die Schwesterpuppe und anschließend mehrmals sein ›Puppenselbst‹. Ein andermal beißt die Schildkröte die Mutterpuppe, dann das Puppenselbst.[217] Der vierjährige Yorodaikolik läßt die Schildkröte die Schwesterpuppe, die Mutterpuppe und dann immer wieder das Puppenselbst beißen; sodann beißt die Schildkröte die Schwesterpuppe, wirft sie vom Tisch und beißt dann das Puppenselbst.[218] Die 8 oder 9 Jahre alte Tapani beißt das Puppenselbst mit der Schildkröte. Die Schildkröte beißt die Mutterpuppe, das Puppenselbst und die Kinderpuppe. Dann beißt sie fünfmal das Puppenselbst und geht auf das Genitale los. Sie läßt die Schildkröte das Puppenselbst immer wieder beißen. Die Schildkröte wechselt beim Beißen zwischen der Mutterpuppe und dem Puppenselbst hin und her.[219]

Einige mögliche Mißverständnisse müssen natürlich aufgeklärt werden. Wenn ich die *Verjugendlichung* als Schlüssel zum Verständnis der menschlichen Natur nehme, bedeutet dies nicht, daß ich sie für den einzig wichtigen biologischen Faktor halte, der sich im Prozeß der Menschwerdung ausgewirkt hat.[220] Mit den vielen anderen Faktoren, in denen die Biologie sich in den menschlichen Institutionen manifestiert, befasse ich mich hier nicht. Der entscheidende Punkt in der These von der verlängerten Kindheit ist der, daß Biologie und Psychoanalyse hier auf die gleiche Situation gestoßen sind, obwohl sie von so weit auseinanderliegenden Daten wie der Neurose und der vergleichenden Anatomie ausgegangen sind. Vielleicht erhebt der anthropologisch interessierte Leser gegen meine Thesen Einspruch: Wir alle würden ja schließlich doch erwachsen, und unsere reifen Handlungen, Glaubensansichten und Wünsche besäßen, obwohl sie sich vielleicht aus denen der Kindheit entfaltet haben, einen durchaus eigentümlichen Status. Ich glaube nicht, daß es notwendig ist, das Selbstverständliche zu betonen. Es ist selbstverständlich, daß ein erwachsener Mann nicht schlichtweg mit einem fünfjährigen Kind vergleichbar ist, und daß der amerikanische Präsident nicht wirklich der Vater all jener Patienten ist, in deren Träumen er als solcher auftritt. Nachdem es Freud gelungen ist, auf den Grund des Ozeans zu tauchen, erzählen uns die Leute jetzt, daß der Ozean eine Oberfläche habe.

Die Frage hat jedoch noch einen weiteren Aspekt. Die psychoanalytische Denkweise ist zwar *reduktionistisch*, aber nicht *monistisch*.[221] Wenn ich die menschliche Natur als jugendlich bezeichne, dann meine ich damit eigentlich eine Konfliktsituation zwischen zwei Tendenzen: *Regression* und *Reifung*. D. E. Schneider hat eine Hypothese vorgeschlagen, die die psychoanalytischen Vorstellungen auf den Begriff zunehmender nervöser Integration bringt.[222] Reifung ist in erster Linie genitale Libido, und als solche steht sie in Konflikt mit den verzögernden Kräften. F. Alexander glaubt, daß Ferenczi unrecht hat, wenn er den Geschlechtstrieb als Mischung aus urethralen und analen Funktionen faßt. Das dynamische Gleichgewicht der Zellen hat sich geändert. Die Produktion von Spermazellen ist ein neuartiges Ereignis, das über die früheren Regungen des Organismus hinausreicht.[223] Gemeint ist z. B. auch einfach Wachstum, d. h. eine Stärkung des Ich und gesteigerte Realitätsbewältigung. Dies bedeutet außerdem, »zu erfahren, was wir nicht zu erfahren wünschen«: eine erhöhte Frustrationstoleranz. Freud hat angenommen, daß der Ursprung der Kultur und der Prozeß des Erwachsenwerdens in Wirklichkeit ein und dasselbe sind.[224]

Die Psychoanalyse erlaubt uns einen viel tieferen Einblick in den Prozeß des Heranwachsens als die »Lerntheorie«. Die Tochter einer amerikanischen Oberschichtfamilie war ein sehr hübsches und verwöhntes Kind. Sie war der Liebling der ganzen Familie. Sie widersetzte sich mit aller Kraft der Entwöhnung, und als ihr die mütterliche Brust entzogen wurde, wollte sie außer Steaks nichts zu sich nehmen. Das nächste große Ereignis in ihrem Leben war die Geburt eines Bruders. Sie wurde im Alter von fünf Jahren in das Haus ihrer Großmutter gebracht und feierte die Geburt ihres Bruders dadurch, daß sie beinahe das Kätzchen umbrachte, das sie bekommen hatte. Das Geschenk war ein bewußter Versuch ihrer Eltern, den Schock zu mildern. Jahrelang tyrannisierte sie ihren Bruder, bis er dafür zu groß geworden war. – Die Ehe der Eltern war schlecht, Vater und Mutter stritten sich, weil der Vater viele Liebschaften hatte. Das heranwachsende Mädchen war manchmal die Verbündete ihrer Mutter, und manchmal schloß sie sich mit den Freundinnen ihres Vaters zusammen. Vor allem aber leugnete sie ihre Geschlechtsrolle und wurde zum Wildfang, zum Gefährten ihres Vaters beim Schießen, Schwimmen usw. Es gab übermäßig viele Sexualspiele mit anderen Kindern. Eine dieser Episoden war jedoch traumatisch. Ein Knabe urinierte in ihren Mund, und sie wurde dabei von einem Erwachsenen ertappt. Lange Zeit bemeisterte sie dieses Trauma durch ihre vielen Tätigkeiten. Sie war diejenige mit dem Penis, und sie war es, die urinierte. Ihre Schönheit, ihre Intelligenz und ihre natürlichen Fähigkeiten im Sport waren der Schlüssel zu ihrem Erfolg oder vielmehr zu ihrer gelungenen Imitation des Vaters. Eine ihrer größten Leistungen war der Spitzentanz, d. h. die Verwandlung ihres ganzen Körpers in einen Penis. Zwangsläufig hat sie zu Beginn ihres Sexuallebens aufgrund ihrer phallisch-narzißtischen Einstellung versagt. Allmählich wurde sie weiblich, aber weiblich nach Maßgabe des mütterlichen Introjekts. Das Privileg ihrer Mutter war die Hypochondrie. In ihrer Hysterie ahmte sie sie nach, so gut sie konnte. In der Analyse wurde ihre »reguläre« Weiblichkeit wiederhergestellt.

Es gibt zwei Gründe, aus denen ich diesen Fall berichte. Einer davon ist, zu zeigen, daß die von der modernen Anthropologie aufgestellte These von der nationalen Einheit nicht auf Tatsachen beruht. Kluckhohn und Mowrer schreiben: »Die Mitglieder einer bestimmten Gesellschaft haben tendenziell mehr Persönlichkeitszüge miteinander gemeinsam, als mit Mitgliedern anderer Gesellschaften.«[225] Diese Fallgeschichte hätte keine amerikanische zu sein brauchen – obgleich die Patientin vor allem in der Phase des Widerstands sich gern als extrem amerikanisch zu betrachten pflegte. Der Fall könnte sich in derselben Weise auch in England, Ungarn, Frankreich oder Italien abgespielt haben. Narzißmus und Schönheit der Patientin waren konstitutionell, obwohl der Narzißmus auch durch die frühe Bewunderung durch eine große Familie gefördert wurde. Ihr starkes Bestreben, an der Kindheit festzuhalten (Widerstand gegen die Entwöhnung, gegen die Geburt ihres Bruders, gegen systematisches Arbeiten; ihr spielerisches Wesen und die Frigidität), steht in offensichtlichem Gegensatz zu ihrer anatomischen Rolle, zu ihrem Erwachsenwerden als Frau. Eine psychoanalytische Auffassung der Kultur ist notwendigerweise reduktionistisch (sie reduziert Kultur auf Psychologie), aber nicht monistisch.

J. Henry hat völlig recht, wenn er Psychoanalytiker kritisiert, die aus dem Gegensatz zwischen Natur und Kultur eine Konfliktsituation konstruieren.[226] Offensichtlich ist der Konflikt zwischen einem älteren und einem neueren Aspekt der menschlichen Natur angesiedelt. Der Trieb richtet sich auf ein Ziel – das haben wir mit allen Tieren gemeinsam. Wir neigen jedoch auch dazu, uns auf die Kooperation mit anderen

Menschen zu stützen und uns Veränderungen zu widersetzen; beides geht auf unsere verlängerte Kindheit zurück. Freud sagt: »Der Gegensatz, in den hierbei die rastlose Ausbreitungstendenz des Eros zur allgemeinen konservativen Natur der Triebe tritt, ist auffällig und kann der Ausgangspunkt weiterer Problemstellungen werden.«[227]

Ich denke, daß der oben erwähnte Fall auf den oberflächlichen Charakter der »Lerntheorie« ein wenig Licht zu werfen vermag. Dollard behauptet, es gebe in Freuds Theorie keine Hypothese für die Erklärung des Lernens.[228] Es stimmt, daß die Psychoanalytiker nicht versucht haben, das, was sie darüber wissen, in diesem Sinne zu formulieren. Es ist jedoch unzweifelhaft, daß eine solche Formulierung vorgelegt werden könnte. Der Konflikt besteht nicht zwischen Natur und Kultur, sondern zwischen *Trieb* und *Introjekt* oder vielmehr zwischen *Trieben* und *Introjekten.* Im oben diskutierten Fall stellen wir folgendes fest:

a) Orale Libido; Widerstand gegen die Entwöhnung, orales Trauma, Fellatio.

b) Urethrale Libido, verbunden mit Penisneid; Versuche, beim Urinieren mit den Knaben zu wetteifern, Ehrgeiz.

c) Genitale Libido; sie muß in der Analyse aus ihrer Verflechtung mit a) und b) herausgelöst werden.

d) Die beiden Introjekte; extrovertierter und exhibitionistischer Vater, hypochondrische, aber gutmütige Mutter.

e) Angst-Aggressions-Syndrom. Die latente Aggression wird auf einer ödipalen Basis dauerhaft gegen die Frauen gerichtet, auf der Basis einer Reaktionsbildung und Identifikation mit der Mutter häufig gegen den Vater; »Polygamie« des Vaters, Geschwisterrivalität, Penisneid usw.

In diesem komplizierten Bild sind nicht einmal all jene Abwehrmechanismen enthalten, die sich im Laufe eines Lebens herausbilden. Es ist offenkundig, daß wir menschliche Wesen nicht auf der Grundlage von »Belohnung« und »Strafe« deuten können, wie die Ratten im Labyrinth. Ebensowenig reicht es aus, eine Reihe von »basalen Institutionen« zu konstruieren und sich einzubilden, damit ein zureichendes Verständnis begründet zu haben. »Dichte ich selbst nicht, so will ich doch Auftrag und Pflichten des Dichters / Lehrend erläutern, die Quellen des Stoffes, bereichernde Bildung [. . .]«

(Horaz, *Ars Poetica* 306-7). Die Ideologie von Belohnung und Strafe beim Lernen kann aus der Sicht des Masochismus in Frage gestellt werden. Insbesondere E. Bergler hat dargelegt, daß Passivität und/oder Masochismus des Ich für viele Dinge verantwortlich sind, an denen die Menschen wirklich oder scheinbar leiden. Wir alle sind mit der Tatsache vertraut, daß Neurotiker zwar dauernd über ihre Leiden klagen, daß ihre Klagen jedoch noch stärker werden, wenn sie durch die Psychoanalyse von diesen Leiden befreit werden sollen. Es wäre jedoch stichhaltiger, die von Bergler entdeckten Tatsachen als Einstellung des Ichs zum Über-Ich zu beschreiben oder als libidinöse Besetzung der Strafe.[229] Wenn wir überdies in Betracht ziehen, daß die Strafe häufig ein gewisses libidinöses Element enthält, können wir nicht einmal behaupten, daß das unbewußte Ich sich bei der Einschätzung der Situation völlig irrt. Kluckhohn und Mowrer fassen das Problem der Unterschiede und Ähnlichkeiten wie folgt zusammen:

1. »Alle menschlichen Wesen haben gewisse Eigenschaften mit sozialem Reizwert oder Persönlichkeitsmerkmale gemeinsam. Wir werden diese als universale Merkmale oder Komponenten bezeichnen und ihre Voraussetzungen als universale Determinanten.

2. Die Mitglieder einer bestimmten Gesellschaft haben tendenziell mehr Persönlichkeitsmerkmale miteinander gemeinsam, als mit den Mitgliedern anderer Gesellschaften. Wir werden diese Merkmale als gemeinschaftliche Merkmale oder Komponenten bezeichnen und ihre Voraussetzungen als gemeinschaftliche Determinanten.

3. Die Verhaltenscharakteristik bestimmter Gruppen oder Kategorien von Personen weist innerhalb einer Gesellschaft einige Konstanten auf. Der soziale Reizwert derjenigen, die die gleiche Rolle innehaben, besitzt eine gemeinsame Eigenschaft. Wir werden diese als Rollenkomponente bezeichnen und die Voraussetzungen von rollenabhängigen Merkmalen als Rollendeterminante.

4. Die Mitglieder einer bestimmten Gesellschaft, auch diejenigen, die ähnliche Rollen einnehmen, unterscheiden sich im sozialen Reizwert. Wir werden solche relativ einzigartigen Merkmale als idiosynkratische Merkmale oder Komponenten bezeichnen und ihre Voraussetzungen als idiosynkratische Determinanten.

5. Gewisse Ähnlichkeiten, die sich von den allen Menschen gemeinsamen Ähnlichkeiten unterscheiden, können beim sozialen Reizwert von Individuen aus verschiedenen Gesellschaften auch dort festgestellt werden, wo die Persönlichkeitsausdrücke dieser Gesellschaften stark variieren. Die Möglichkeit solcher Ähnlichkeiten ist jedenfalls aus der Tatsache

abzuleiten, daß idiosynkratische Determinanten nicht gesellschaftsgebunden sind.«[230]

Ist das derselbe Autor, der behauptet, Interpretationen müßten kulturgebunden sein? Weshalb müssen Interpretationen je nach Kultur grundsätzlich verschieden sein, wenn es universale menschliche Merkmale und idiosynkratische individuelle Merkmale gibt? Wir müßten dieses Problem aus der Sicht der Psychoanalyse, d. h. aus der Sicht einer Persönlichkeitsstruktur, erörtern. Nach meinen theoretischen Auffassungen ergibt sich dann die folgende Struktur:

Über-Ich und *Ich-Ideal* (beide sind bewußt, unbewußt und vorbewußt)

Ich (bw, vbw, ubw)

Es (bw, vbw, ubw)

Gemeinschaftliche (d. h. stammesbezogene und nationale) Merkmale sind spezifische Formen des Über-Ichs und des Ich-Ideals. Nur bei den ersten zwei Schichten können wir von Unterschieden zwischen Gruppe A und Gruppe B sprechen. Wenn wir zum Unbewußten gelangen, gilt: »Von Harz bis Hellas immer Vettern« *(Faust)*. Im unbewußten Ich können wir ebenfalls gemeinschaftliche Merkmale entdecken. Sicherlich betonen einige Gruppen gewisse Abwehrmechanismen (z. B. die Projektion; vgl. dazu die Ausführungen über Australien) stärker als andere; aber ich bin nicht sicher, ob irgendein Typus des Abwehrmechanismus bei einer beliebigen Gruppe völlig fehlen kann. Kluckhohn und Mowrer behaupten überdies, daß »sich mit Sicherheit statistisch voraussagen läßt, daß bei einhundert Amerikanern bestimmte Merkmale des Persönlichkeitsaufbaus und des Verhaltens häufiger auftreten werden als bei einhundert Engländern, deren Alter, Schicht- und Berufszugehörigkeit ähnlich sind«.[231]

Das Problem liegt darin, ob wir jedem Ausdruck der Persönlichkeit oder Person gleiches Gewicht zumessen sollen. Es ist klar, daß sich bei der Befragung von einhundert Amerikanern und Engländern, ob sie Tee oder Kaffee zum Frühstück oder ob sie amerikanischen oder englischen Fußball bevorzugen, statistische Unterschiede ergeben werden. Sie gehören zu den *Sitten* eines Landes; in psychologischer Sicht würde man sie unter der Rubrik des Ich-Ideals einordnen. Sie sind nicht von der Kindheitssituation, sondern von historischen Ereignissen abhängig. Ob sich nun die gleichen statistischen Unterschiede ergeben würden, wenn es möglich wäre, diese Gruppen über eine topisch »tiefere« Ebene, zum Beispiel über die Anwendung bestimmter Abwehrmechanismen, zu befragen, ist nicht so sicher. Die populäre Meinung und die Mehrheit der Anthropologen werden sagen, daß es durchaus sicher sei. Zur Replik darauf rufe ich nur den Kinsey-Report in Erinnerung. Es gibt ein ganzes Bündel falscher Vorstellungen, die wir uns von uns selbst und von unseren Nachbarn machen.

Wenn wir noch eine Stufe tiefer steigen und fragen, ob es zwischen einhundert Engländern und einhundert Amerikanern Unterschiede bezüglich der Inhalte des Unbewußten gebe, wird meine Antwort ein deutliches Nein sein. So etwas kann es nicht geben. Es wird gesagt, Kulturen seien ganzheitlich,[232] und vermutlich ist dies der Grund, weshalb Interpretationen kulturgebunden sein sollten.[233] Die Anthropologen schließen natürlich aus der bloßen Existenz einer Kultur, daß sie ganzheitlich ist und gut funktioniert. Jede Welt ist die beste aller denkbaren Welten.[234] Es hängt zwar von unserer persönlichen Auffassung ab, wie wir das »Beste« definieren. Es läßt sich jedoch zumindest sagen, daß alle Kulturen *nach Integration streben.* Der neuzeitliche Neo-Nationalismus in der Anthropologie, mit dem Schlagwort: »Eine Kultur, eine Psyche«, ist ein deutlicher Ausdruck dieses Wunschdenkens. Meine amerikanischen Leser werden die Anekdotensammlung über den ungarischen Landedelmann Mikosch am Hofe Maria Theresias wahrscheinlich nicht kennen: Der Baron will einen Globus kaufen, lehnt jedoch alles ab, was ihm der Ladenbesitzer vorzeigt. Der Mann ist zuletzt ganz verwirrt und fragt: »Nun, mein Herr, was für eine Art von Globus wünschen Sie denn?« Mikosch antwortet: »Geben Sie mir einen Globus von Ungarn!« Der Herausgeber einer amerikanischen Zeitschrift nahm vor kurzem einen Aufsatz, der von einem eingewanderten Schriftsteller eingereicht worden war, unter der Bedingung an, ihn für die amerikanische Leserschaft in passender Weise zu überarbeiten. Er hatte nicht bemerkt, daß der Aufsatz bereits völlig neu geschrieben war, und zwar von der amerikanischen Frau des Schriftstellers, einer Amerikanerin der ^{n}ten Generation und selber Schriftstellerin.

Kulturen streben immer nach Integration – soviel ist wahr.

Individuen tun dasselbe. Wir schreiben diese Tendenz jenem Teil der Persönlichkeit zu, den wir das *Ich* nennen; aber: *Grattez le Russe et vous trouverez le Tartare.* Was an der Oberfläche liegt, unterscheidet sich stets von dem, was darunter ist. Selbst wenn also diese vollständige Integration jemals erreicht würde, hätte dies nicht zur Folge, daß die Interpretation auf eine Kultur beschränkt bleiben muß, denn an der Oberfläche kann sich noch so viel verändern – die zugrunde liegenden Elemente bleiben wohl dieselben. Es ist allerdings auch einsichtig, daß die sogenannte Integration niemals ganz realisiert werden kann. Wäre dies der Fall, dann herrschte völlige Bewegungslosigkeit: die betreffende Kultur wäre nicht mehr in der Lage, sich auf irgendwelche Umweltveränderungen einzustellen.

Obwohl die Anthropologen es vielleicht noch nicht bemerkt haben oder nicht zugeben wollen, hat das Pendel bereits in die andere Richtung ausgeschlagen. M. E. Opler hat einen neuen Terminus eingeführt, indem er *Leitmotive* als die dynamischen Kräfte der Kultur auffaßt. Er schreibt: »Die These [...] lautet, daß eine begrenzte Anzahl dynamischer Ausdrucksformen, die ich Leitmotive nennen werde, in jeder Kultur festgestellt werden können, und der Schlüssel zur Charakterstruktur und Orientierung in jeder Kultur ist in der Natur, der Erscheinungsform und Verwobenheit dieser Leitmotive zu suchen.«[235] Er beschreibt z. B., daß den Chiricahua-Apachen zufolge die Männer den Frauen körperlich, geistig und moralisch überlegen sind. Ein weiteres »Leitmotiv« ist die Sorge um ein langes Leben; andere Leitmotive sind: Aufrechterhaltung der Familie und die Kette der Verantwortung.[236] Das letztere bedeutet, daß die Geschicke eines Kämpfers, Jägers und Kriegers der Jicarilla sich in Übereinstimmung mit dem häuslichen Verhalten von Familienvertretern ändern, die sich vielen Einschränkungen unterwerfen müssen, während die Männer diese Aufgaben erfüllen.[237] Wenn dies nicht unter der Würde eines modernen Anthropologen wäre, würde ich ihm empfehlen, bei Frazer in *The Magic Art* im 1. Band, S. 119, nachzulesen. Den abnehmenden Einfluß der Frauen oder der weiblichen Objekte (z. B. der Korb als Symbol für die Frau) behandelte Crawley 1927 in seinem Buch *The Mystic Rose.*

Obwohl Opler und andere[238] nicht versuchen, die Leitmotive mit universalen menschlichen Zügen in Zusammenhang zu bringen, ist es einsichtig, daß diese Folgerung unumgänglich ist. Jedenfalls besitzen wir mit dem Begriff des »Leitmotivs« ein Mittel gegen die Unterstellung, Kulturen seien vollständig integriert oder ganzheitlich. Das ist reines Wunschdenken. *Kein menschliches Wesen ist völlig integriert, noch weniger eine gesamte Gruppe.* Psychoanalytiker wissen, daß alles an der Oberfläche Beobachtbare (sei es bei einem Individuum, sei es bei einer Gruppe) das Ergebnis einer komplizierten Interaktion konfligierender Kräfte ist. Grob gesagt: Alles ist auch das Gegenteil von dem, was es zu sein scheint. Wie sollten wir also annehmen können, daß jede einzelne Konfiguration von jeder anderen radikal verschieden ist? Wie können wir nur übersehen, daß in jedem Hexenkessel das gleiche Zeug brodelt, obwohl das Kochverfahren und die Verteilung der Zutaten möglicherweise unterschiedlich sind? Heutzutage ist der Denktypus der Emergenz modern und nicht jener der Reduktion.[239] Die menschlichen Wesen sind derart gespalten, daß sie ihr fundamentales Streben nach Einheit verdrängt haben. Es ist jedoch klar, daß wir beide Ansätze verfolgen müssen, wenn wir wirklich der Wahrheit auf den Grund kommen wollen. Es ist zwar notwendig, die Unterschiede bei menschlichen Gruppen und Individuen zu beachten, aber weshalb sollten wir darüber die Erforschung der Menschheit vertagen? Wir müssen die Anthropologen daran erinnern, daß alle menschlichen Wesen essen, lieben, schlafen und wachen, traurig oder fröhlich sind – und daß sie alle ein Unbewußtes haben. – Am 12. Dezember 1947 schrieb ich an Dr. Bose, den bekannten Hindu-Psychoanalytiker und Präsidenten der Indian Psychoanalytic Society:

»Könnten Sie oder andere Mitglieder der Indian Psychoanalytical Society mir Ihre Ansichten über den Unterschied zwischen der Analyse von Hindus oder anderer indischer Gruppen und der von Europäern mitteilen?

a) Bringt die Analyse die gleichen Inhalte zum Vorschein (Ödipuskomplex, präödipale Ambivalenz, Kastration usw.)?

b) Enthüllt sie die gleichen Abwehrmechanismen (Verdrängung, Projektion, Introjektion, Wendung gegen das Ich usw.? (Vgl. Anna Freud.)

c) Sind die Neuroseformen die gleichen? (Zwangsneurose, Hysterie)

d) Wenn unter a) bis c) keine Unterschiede festzustellen sind, können Sie dann Hinweise geben auf Unterschiede in der Form des Widerstands, im Ich-Ideal oder Ich, bei den vorbewußten Schichten oder bei quantitativen Verhältnissen?«

Boses Antwort vom 22. Dezember 1947 lautete:

»Zur Beantwortung Ihrer Fragen a) bis d) kann ich sagen, daß bezüglich der unbewußten Mechanismen zwischen einem Europäer und einem Inder absolut kein Unterschied festzustellen ist. Ich habe Erfahrung sowohl mit europäischen als auch mit indischen Fällen, und ich kann mit Sicherheit sagen, daß die Bedingungen bei beiden identisch sind. Der einzige feststellbare Unterschied ist der, daß bei indischen Patienten der Kastrationskomplex keine so große Rolle zu spielen scheint wie bei Europäern, und daß die der Kastrationsangst zugrunde liegenden weiblichen Tendenzen bei indischen Patienten leichter aufzudecken sind als bei Europäern. Ich habe dies in einem meiner Aufsätze behandelt, der in nächster Zeit in unserer Zeitschrift *Samiksa* wiederabgedruckt werden wird. Alle meine Kollegen hier (d. h. in Kalkutta) vertreten die gleiche Ansicht, wie ich sie in diesem Brief zum Ausdruck bringe.«

Ich frage nun, wie jemand die berühmte These der modernen Anthropologie noch aufrechterhalten kann, wonach alle Interpretationen nur innerhalb der Grenzen einer einzelnen Kultur gültig seien? Das Urteil der Psychoanalytiker und das der Anthropologen ist offenbar sehr unterschiedlich. Ist dies darauf zurückzuführen, daß der Psychoanalytiker nicht weiß, wovon er redet? Vielleicht weiß aber der Anthropologe nicht, wovon er redet? Man sollte sich vor Vereinfachungen hüten. Aber es ist offensichtlich, daß beide von zwei verschiedenen Dingen reden. Der Psychoanalytiker spricht vom Unbewußten, der Anthropologe vom Bewußten oder Vorbewußten. Der Psychoanalytiker spricht von dem Konflikt zwischen Über-Ich und Es und dem zwischen beiden entgegengesetzten Kräften stehenden Ich, während der Anthropologe vom Ich-Ideal oder vielmehr vom Gruppen-Ideal spricht. Margaret Mead schreibt:

»Da Amerika eine moralische Kultur besitzt – d. h. eine Kultur, die ›Richtig‹ und ›Falsch‹ als wichtig erachtet –, muß jede Abhandlung über die Amerikaner voll sein von Ausdrücken wie ›gut‹ und ›schlecht‹. Jede Abhandlung über die Samoaner ist dagegen voll von Ausdrücken für ›linkisch‹ und ›anmutig‹, für ›schlecht erzogen‹ und ›so werden wie jene, die als Häuptlingstöchter erzogen werden«, usw.«[240]

Die Interpretation einer Kultur im Rahmen ihrer eigenen Terminologie ist offensichtlich eine Oberflächeninterpretation, bestenfalls auf einer vorbewußten Stufe. Die Daten, die D. Leighton und C. Kluckhohn von den Lebensauffassungen der Navaho geben, und die von den Anthropologen gewöhnlich als »Tiefenpsychologie« bezeichnet werden, verdienen diesen Namen nicht. Es handelt sich vielmehr um Interpretationen auf der Stufe des Vorbewußten oder Bewußten.[241] Ich muß jedoch hinzufügen, daß beide Interpretationstypen in ihrem jeweiligen Bereich Gültigkeit besitzen, und daß die ganze Wahrheit nur dann gefunden werden kann, wenn beide Denkweisen zueinander in Beziehung gesetzt werden. Ruth Benedict beschreibt ihre Betrachtungsweise als »unnachgiebig«, die ihrer Gegner als »nachgiebig«.[242] Das ist richtig. I. Hermann hat gezeigt, daß die Tendenz, im Denken das Vereinigende hervorzuheben, vom *Eros* abstammt (›nachgiebig‹), und die Tendenz, das Teilende zu betonen, von der Aggression, *Thanatos* (›unnachgiebig‹).[243] Ruth Benedict fährt fort:

»Es scheint manchmal so, als ob der Nachgiebige eine Lehrmeinung des guten Willens nur auf einer Welt von Menschen aufbauen könnte, die alle Kopien vom selben Negativ sind. Der Anspruch auf eine solche Gleichförmigkeit, als Bedingung für die Wertschätzung einer anderen Nation, ist jedoch ebenso neurotisch, wie wenn man ihn an die eigene Frau oder die Kinder richten würde. Die Unnachgiebigen hingegen sind damit zufrieden, daß es Unterschiede gibt.«[244]

Das ist unwiderlegbar, sofern wir es zum Nennwert nehmen. Wie steht es aber mit jenen Menschen (den modernen Anthropologen), die *nur Unterschiede* sehen können? Wenn ein Ehemann ständig zu Frau und Sohn sagt: »Gut, ihr seid der Auffassung, das Fleisch müsse durch sein, ich bin der Auffassung, daß es nur halb durch sein muß – aber mach es nur so, wie du möchtest, Liebling«, oder: »Du glaubst, daß es gut für dich ist, jeden Morgen um drei Uhr nach Hause zu kommen. Ich bin zwar anderer Ansicht, aber schließlich bist du ein freier Mensch« – dann kann jedermann erkennen, daß diese Äußerungen keine Zustimmung ausdrücken.

Letztlich läuft es darauf hinaus, daß es zwei Betrachtungsweisen gibt. Der Römer sagt: *»Homo sum, humani nil a me alienum puto.«*[245] Die Betrachtungsweise, die jetzt *en vogue* ist, kommt in der Bemerkung jener Dame in der Anekdote Freuds zum Ausdruck:

»Als Ernest Jones in einem wissenschaftlichen Vortrag vor einer amerikanischen Gesellschaft vom Egoismus der Träume sprach, erhob eine gelehrte Dame gegen diese unwissenschaftliche Verallgemeinerung den Einwand, der Autor könne doch nur über die Träume von Österreichern urteilen und dürfe über die Träume von Amerikanern nichts aussagen. Sie sei für ihre Person sicher, daß alle ihre Träume streng altruistische seien.«[246]

Gewisse Gegensätze können wohl niemals aufgelöst werden, und zwar aus ganz subjektiven Gründen. Ich kann in diesem Zusammenhang nur die Ausführungen Kluckhohns wiederholen:

»Wir brauchen den Verbindungen zwischen den Ideologien besonderer Individuen und Gruppen und dem, was Whitehead als ›den Hintergrund unbewußter Voraussetzungen, welche die Tätigkeiten aufeinanderfolgender Generationen steuern‹, bezeichnete, keine besondere Aufmerksamkeit zu schenken. Oder anders gesagt, wir müssen die Theorien einzelner Anthropologen oder anthropologischer ›Schulen‹ mit allgemeineren vorherrschenden Denkweisen in Zusammenhang bringen. Wenn wir die Bedeutung einer besonderen theoretischen Position ganz verstehen wollen, müssen wir versuchen, die Interessen und Abweichungen hinter den verschiedenen Varianten des organisierten Denkens und der Forschung zu entdecken. [. . .] Die Rolle ideologischer Komplexe bei der Bildung anthropologischer Theorien scheint mir (in unterschiedlichem Maße) bei fast allen Auseinandersetzungen über die bisher veröffentlichten vernachlässigt worden zu sein. [. . .] Kurz gesagt, die Anthropologen haben durch ihr allzu großes intellektuelles Zölibat allmählich nicht nur das entwickelt, was John Dewey als »Berufspsychose« bezeichnete, sondern sie haben bei der Festlegung der theoretischen Zwänge und Postulate im wesentlichen auch die Rolle der ›kulturellen Zwänge‹ übersehen, die tendenziell von den meisten Anthropologen in einer bestimmten Kultur zu einem bestimmten Zeitpunkt mehr oder weniger fraglos akzeptiert werden. Es läßt sich leicht zeigen, daß die meisten Theorien sowohl mit den rein persönlichen Theorien und Erfahrungen ihrer Erfinder als auch mit den vorherrschenden Denkmustern eng verknüpft sind. Gewiß verlieren dadurch die Theorien nicht immer oder nicht notwendigerweise ihren Nutzen. Eine solche Sicht hilft uns jedoch, Theorien relativistisch statt absolutistisch zu betrachten.«[247]

Ich bin mir ziemlich klar darüber, welche Motive aus meiner kulturellen Herkunft und meiner persönlichen Entwicklung bei der Befürwortung der von mir vertretenen Theorien ausschlaggebend sind. Ich kann diese Motive jedem Interessierten offenlegen, obwohl ich das Gefühl habe, daß es exhibitionistisch wäre, sie hier auszubreiten. Jedermann (und vor allem jene, die analysiert worden sind) soll diese Aufgabe für sich erfüllen, um die subjektiven Motive zu verstehen, die seinen vorgeblich wissenschaftlichen Formulierungen zugrunde liegen. *»E pluribus unum«* – wir können hoffen, aus diesen vielen konfligierenden Ansichten heraus eine Annäherung an so etwas wie die Wahrheit zu erreichen. Die Gleichförmigkeit der Meinungen, die sich in bestimmten Zeiten oder Kulturen manifestiert, ist an sich schon ein hinreichender Beweis dafür, daß diese Meinungen weniger auf Tatsachen als auf »grünen Brillen« beruhen.[248]

Ich erinnere mich noch an die Zeit, in der die *Kulturkreis*-Schule (Schmidt, Graebner, Foy) zu behaupten pflegte, Psychologie sei durchaus hilfreich, aber sie müsse auf der *Kulturkreis-Lehre* aufgebaut sein. Heute ist die *Kulturkreis-Lehre* so gut wie vergessen. Ihre Vertreter meinten, sie sei der Ausdruck von Geschichte, im Grunde war sie jedoch ihr eigenes Phantasiegebilde. Wir befinden uns heute in einer ähnlichen Situation. Es wird ein bestimmtes System konstruiert (die basalen Institutionen), aus diesem System werden bestimmte Folgerungen gezogen (die sich als falsch erweisen), und der Kommentar führt diese Bedingungen als Beweise für das gesamte System an.[249]

Anmerkungen

1 A. L. Kroeber, *Anthropology*, New York 1948, S. 619.

2 Vgl. meinen Aufsatz *The Oedipus Complex, Magic and Culture*, in: *Psychoanalysis and the Social Sciences*, II, New York 1950.

3 Nicholas Murray Butler, *Anaximander on the Prolongation of Infancy*, in: *Classical Studies in Honor of Henry Drisler*, London 1927, S. 8 ff. Zit. bei Robert Briffault, *The Mothers*, S. 105.

4 John Fiske, *Outlines of Cosmic Philosophy*, Boston 1875 (James R. Osgood), II, S. 342-344. Vgl. für deutsche Vorläufer der Theorie von der Neotenie, J. H. F. Kohlbrügge, *Die morphologische Abstammung des Menschen* (Stuttgart, 1908), S. 25, mit dem Hinweis auf Nehring, *Menschenreste aus einem Sambaqui von Santos in Brasilien*, in: *Zeitschrift für Ethnologie*, XXVII (1895), S. 718.

5 H. Spencer, *The Principles of Sociology*, London 1906, I, S. 599, 600.

6 Carl S. Warden, *The Emergence of Human Culture*, New York 1936, S. 84, 85.

7 Diese Aussage läßt sich bezweifeln. Heutige Primitive zeigen tatsächlich väterliche Einstellungen.

8 E. A. Hooton, *Up From The Ape*, New York 1946, S. 265, 266.

9 R. Briffault, *The Mothers*, I, ibid., S. 97.

10 Ibid., I, S. 98-100.

11 K. W. Spence und R. M. Yerkes, *Weight, Growth and Age in Chimpanzees*, in: *American Journal of Physical Anthropology*, XXII (1937), S. 245.

12 George W. Corner, *Ourselves Unborn*, New Haven 1948, S. 168.

13 Dudgey J. Morton, *Human Origin*, in: *American Journal of Physical Anthropology*, X (1927), S. 188.

14 F. M. Ashley Montagu, in: *American Journal of Physical Anthropology* (1943), S. 137.

15 H. Friedenthal, *Behaarung der Menschenrassen und Menschenaffen*, in: *Zeitschrift für Ethnologie*, XLIII (1911), S. 978, 979.

16 L. Bolk, *Das Problem der Menschwerdung*, Jena 1926, S. 1-6.

17 Ibid., S. 8.

18 Ibid., S. 16.

19 Ibid., S. 20.

20 L. Bolk, *Origin of Racial Characteristics in Man*, in: *American Journal of Physical Anthropology*, XIII (1929).

21 L. Bolk, *Menschwerdung* (1926)? S. 21. Vgl. auch ders., *On the Problem of Anthropogenesis*, in: *Proceedings, Koninklijke Akademie van Wetenschappen te Amsterdam*, XXIX (1925), S. 465-475; ders. *On the Significance of the Supraorbital Ridges of the Primates*, ibid. XXV (1922), S. 16; ders. *On the Problem of Orthognathism*, ibid, S. 371.

22 A. H. Schultz, *Eruption and Decay of the Permanent Milk Teeth in Primates*, in: *American Journal of Physical Anthropology*, XIX (1934), S. 489.

23 W. H. Perloff, *Role of the Hormones in Human Sexuality*, in: *Psychosomatic Medicine*, XI (1949), S. 138.

24 Vgl. M. F. Ashley Montagu, *The Infertility of the Unmarried in Primitive Societies*, in: *Oceania*, VIII (1937), S. 15.

25 L. Bolk, *Menschwerdung*, ibid., S. 24, 25.

26 Ibid., S. 40.

27 Ibid., S. 44.

28 L. Bolk, *Origin of Racial Characteristics of Man*, ibid. S. 1-9.

29 Ibid., S. 10, 11.

30 Ibid., S. 12, 13. Vgl. auch ders., *The Part played by the Endocrine Glands in the Evolution of Man*, in: *Lancet*, III (1921), S. 588-592.

31 M. R. Drennan, *Pedomorphism an Pre-Bushman Skulls*, in: *American Journal of Physical Anthropology*, XVI (1932), S. 208, 209.

32 Vgl. A. Kroeber, *Configurations of Culture Growth*, Berkeley 1944; E. W. Strong, *A Question of Interpretation*, in: *American Anthropologist*, L (1948), S. 216.

33 A. H. Schultz, *Fetal Growth of Man and Other Primates*, in: *Quarterly Review of Biology*, I (1926), S. 245.

34 C. U. A. Kappers, *Stability and Variability of Central- and Palaeo-Asiatic Index Peaks*, in: *Proceedings, Koninklijke Akademie van Wetenschappen te Amsterdam*, XXXIX (1936), S. 686-700; ders., *The Spread of Primitive Humanity and its Links With the More Differentiated Races*, ibid., XXXIX (1936), S. 1156-1165; ders., *Index Curves of Asia and the Great Sunda Islands*, ibid., XLII (1939), S. 41-52; ders., *Index Curves of Pygmy and Veddoid Tribes*, ibid., XLII (1939), S. 687-700; ders. *The Character and Spread of Associated Index Peaks in Africa*, XXXIX (1936).

35 F. Weidenreich, *The Brachyzephalization of Recent Mankind,* in: *Southwestern Journal of Anthropology,* I (1945), S. 1-54.

36 L. Bolk, *Menschwerdung,* ibid., S. 24-28.

37 F. Weidenreich, *Domestikation und Kultur in ihrer Wirkung auf Schädelform und Körpergestalt,* in: *Zeitschrift für Konstitutionslehre,* XI (1925), S. 31, 33.

38 F. Weidenreich, *Tatsachen und Probleme der Menschheitsentwicklung,* in: *Biomorphosis,* I (1939), S. 23.

39 R. Goldschmidt, *Some Aspects of Human Evolution,* in: *Science,* LXXVIII (1933), S. 541.

40 Vgl. G. Róheim, *The Origin and Function of Culture,* New York: *Nervous and Mental Disease Monographs,* 1943, S. 69.

41 R. Goldschmidt, ibid., S. 544.

42 H. F. Osborn, *The Discovery of Tertiary Man,* in: *Science,* No. 1827 (1930), S. 78.

43 E. Dubois, *The Law of the Necessary Phylogenetic Perfection of the Psychoencephalon,* in: *Proceedings, Koninklijke Akademie van Wetenschappen te Amsterdam,* XXXI (1928), S. 304-314.

44 A. L. Kroeber, *Anthropology,* New York 1948, S. 165.

45 S. Zuckerman, *The Social Life of Apes and Monkeys,* New York 1932, S. 282.

46 F. Weidenreich, *The Brain and its Role in the Phylogenetic Transformation of the Human Skull,* in: *Transactions of the American Philosophical Society,* XXXI (1941), S. 415, 416. Vgl. auch ders., *Domestikation und Kultur in ihrer Wirkung auf Schädelform und Körpergestalt,* in: *Zeitschrift für Konstitutionslehre,* XI (1925), S. 31, 33. Nach Count ist die Zunahme der Hirngröße auf eine schnelle Entwicklung vor der meßbaren Periode zurückzuführen, sowie auf ein stärkeres Wachstum des Körpers und des Gehirns in bezug auf die morphologische Reifung. Earl W. Count, *Brain and Body Weight in Man,* in: *Annals of the New York Academy of Sciences,* XLVI (1942), S. 1075. Vgl. auch Weidenreich, *Tatsachen und Probleme der Menschheitsentwicklung,* in: *Biomorphosis,* I (1939), S. 23. Vgl. auch *Anthroplogical Papers of Franz Weidenreich, a Memorial Volume.* New York 1948 (The Viking Fund).

47 Wm. King Gregory, *The Origin, Rise and Decline of Homo sapiens,* in: *Scientific Monthly,* XXXIX (1934), S. 494.

48 A. A. Abbie, *Head Form and Human Evolution,* in: *Journal of Anatomy,* LXXXI (1947), S. 254.

49 S. Zuckerman, *Hormones and Evolution,* in: *Man,* XXXVI (1936), S. 180.

50 R. Stockard, *The Physical Basis of Personality,* New York 1931, S. 280.

51 C. u. A. Kappers, *Orthogenesis and Progressive Appearance of Early Ontogenetic Form Relations in the Adult Stages During Human Evolution,* in: *Acta Biotheoretica,* Series A, VI (1942), S. 165-183.

52 Ibid., S. 169, 170.

53 Ibid., S. 174.

54 E. Th. Nauck, *Das Problem der Menschwerdung,* I, *Die Stammesentwicklung im Lichte der Einzelentwicklung,* Freiburg 1940, S. 63 ff.

55 C. u. A. Kappers, ibid., S. 172.

56 E. Dubois, *The Law of the Necessary Phylogenetic Perfection of the Psychoencephalon,* ibid., S. 323-350.

57 C. u. A. Kappers, ibid., S. 177.

58 Jürgen Ruesch und Gregory Bateson, *Structure and Process in Social Relations,* in: *Psychiatry,* XII (1949), S. 105-124.

59 S. Ferenczi, *Hysterie und Pathoneurosen,* Wien, 1919. (in: ders., *Bausteine zur*

Psychoanalyse, Band III, Leipzig, Wien, Zürich 1938; unver. Nachdruck Bern, 1964).

60 J. Huxley, *The Uniqueness of Man,* London 1941, S. 13, 14.

61 S. Freud, *Das Ich und das Es* (1923), *G. W.* XIII, S. 23 f.

62 Max Levy-Suhl, *Über die frühkindliche Sexualität des Menschen im Vergleich mit der Geschlechtsreife bei Säugetieren,* in: *Imago,* XIX (1933), S. 27.

63 G. Bally, *Die frühkindliche Motorik im Vergleich mit der Motorik der Tiere,* in: *Imago,* XIX (1933), S. 343.

64 Ibid., S. 354, 355.

65 Vgl. G. Róheim, *The Psychology of Australian Culture,* in: *Psychoanalysis and Anthropology,* S. 41-150.

66 G. Róheim, *The Riddle of the Sphinx,* S. 261.

67 Vgl. zum Ursprung ökonomischer Tätigkeiten im Unbewußten oder im Spiel G. Róheim, *The Origin and Function of Culture* (1943).

68 Vgl. die Ausführungen zu Levin, *The Oedipus Complex in History and Psychiatry* in Kap. IX von *Psychoanalysis and Anthropology: Modern Nations,* S. 361 ff.

69 S. Zuckerman, *The Social Life of Monkeys and Apes,* ibid., S. 271, 272.

70 C. F. Sonntag, *On The Morphology and Evolution of the Apes and Man,* London 1924, S. 43.

71 Ibid., S. 95.

72 Ibid., S. 100, 101.

73 Ibid., S. 37.

74 Ibid., S. 21.

75 I. Hermann, *Zum Triebleben der Primaten,* in: *Imago,* XIX (1933), S. 113-125; *Modelle zu den Ödipus- und Kastrationskomplexen bei Affen,* in: *Imago,* XII (1926). Vgl. auch sein Buch *Az ember ösi ösztönei (Die ursprünglichen Triebe des Menschen),* Budapest 1943.

76 H. C. Bingham, *Sex Development in Apes,* in: *Comparative Psychology Monographs,* V (1928), S. 79.

77 S. Freud, *Hemmung, Symptom und Angst* (1926), *G. W.* XIV, S. 178 f.

78 G. Róheim, *The Thread of Life,* in: *Psychoanalytic Quarterly,* XVII (1948), S. 471.

79 Vgl. R. Meringer, *Omphalos, Nabel, Nebel,* in: *Kulturhistorische Zeitschrift für Sprach- und Sachforschung,* V (1913), S. 43-91. W. H. Roscher, *Omphalos, Abhandlung der königlich sächsischen Akademie der Wissenschaften,* XXIX (1913); *Neue Omphalosstudien* ibid., XXXI (1915).

80 J. D. Unwin, *Sex and Culture,* London 1934.

81 *The Origin and Function of Culture.*

82 E. H. Erikson, *Two American Indian Tribes,* in: *The Psychoanalytic Study of the Child,* New York 1945, I, S. 330.

83 Otto H. Schindewolf, *Paläontologie, Entwicklungslehre und Genetik,* Berlin 1936.

84 A. H. Schultz, *Fetal Growth of Man and Other Primates,* in: *Quarterly Review of Biology,* I (1926), S. 576.

85 Charles Midlo, *Hand and Foot in Primates,* in: *American Journal of Physical Anthropology,* XXII (1937), S. 386, 387.

86 Vgl. Emerson F. Greenman, *Material Culture and the Organism,* in: *American Anthropologist,* XLVII (1945), S. 211.

87 Adolph H. Schultz, *Characters Common to Higher Primates and Characters*

Specific for Man, in: *Quarterly Review of Biology,* XI (1936), S. 436.

88 Sir Arthur Keith, *A New Theory of Human Evolution,* New York 1949, S. 192, 193.

89 Ibid., S. 193.

90 A. Keith verweist auf J. W. F. Kohlbrügge, *Die morphologische Abstammung des Menschen,* Stuttgart 1908.

91 A. Keith, ibid., S. 195.

92 Ibid., S. 196.

93 H. Basedow, *The Australian Aboriginal,* Adelaide 1925, S. 23, 24, 35.

94 A. Keith, ibid., S. 197.

95 Ibid., S. 200.

96 *The Origin and Function of Culture.*

97 F. Alexander, *Fundamentals of Psychoanalysis,* New York 1948, S. 112, 113.

98 ›Zuerst‹ bezieht sich auf die Ontogenese.

99 Vgl. Gerrit S. Miller, *Steatopygy and Acromegaly,* in: *American Journal of Physical Anthropology,* XIV (1930), S. 79. Wir stellen zuerst hormonale Unterschiede fest, die ihrem Ursprung nach nicht teleologisch sind.

100 Vgl. A. Keith, *A New Theory of Human Evolution,* S. 133, 141.

101 Karl Pearson, *On a New Theory of Progressive Evolution,* in: *Annals of Eugenics,* III (1930), S. 1.

102 A. Keith, ibid., S. 134, 135. Auch in der Psychoanalyse selbst besteht die »moderne« Tendenz darin, alles Gewicht auf das Ich zu legen. Diejenigen, die unfähig sind, etwas Neues über die Tiefen herauszufinden, erklären triumphierend, daß die Dinge auch eine *Oberfläche* besäßen.

103 Ibid., S. 5, 6.

104 Ibid., S. 44.

105 David Hume, *Essays and Treatises on Several Subjects* (1772), I, S. 237 (Keith, ibid., S. 180, 181).

106 S. Zuckerman, *The Social Life of Apes and Monkeys,* ibid., S. 28, 29.

107 Vgl. G. Róheim, *Psychoanalysis and Anthropology,* in: *Psychoanalysis and the Social Sciences,* I, S. 26.

108 Die Schimpansen zeigen Persönlichkeit, aber keine Kultur. Robert M. Yerkes, *Chimpanzees,* New Haven 1943, S. 33, 117.

109 Vgl. unten. In seinem letzten Buch vertritt Ashley Montagu fast die gleiche Theorie: *On Being Human,* New York 1950, S. 29. Die Fortpflanzung ist Grundlage aller Sozialbeziehungen.

110 O. H. Schindewolf, *Paläontologie, Entwicklungslehre und Genetik,* Berlin 1936, S. 100, verweist auch auf einen Aufsatz von ihm, den ich nicht eingesehen habe: *Ontogenie und Phylogenie,* in: *Paläontologische Zeitung,* Berlin 1929.

111 O. H. Schindewolf, ibid., S. 79.

112 Ibid., S. 76. Er zitiert auch H. Beurlen, *Die Besiedlung der Tiefsee* (1937). Weidenreichs Auffassungen werden als lamarckistisch zurückgewiesen (S. 70).

113 O. H. Schindewolf, *Das Problem der Menschwerdung,* in: *Jahrbuch der preußischen geologischen Landesanstalt,* 1928, Band 59, S. 740.

114 Ibid., S. 740. Zur normalen, ungehemmten und beschleunigten Entwicklung, vgl. E. Dacqué, *Organische Morphologie und Paläontologie,* Berlin 1935.

115 G. R. de Beer, *Embryology and Evolution,* Oxford 1930. Andere Biologen halten sie dagegen aufrecht, obwohl sie »ontogenetischen Modifikationen unterliegt«. R. C. Lull, *Organic Evolution,* I, New York 1917, S. 179.

116 De Beer, ibid., S. 16.

117 Ibid., S. 93.

118 Zur Auseinandersetzung Baer vs. Haeckel, vgl. Julian Huxley, *Problems of Relative Growth,* London 1932. In dem Maße, wie die Gene mutieren, um das Wachstum zu beschleunigen, besteht eine partielle Wiederholung; wenn sie ihn verlangsamen, ist der Vorgang gegen die Wiederholung gerichtet (S. 239).

119 De Beer, ibid., S. 5.

120 Ibid., S. 91.

121 Ibid., S. 90.

122 Ibid., S. 107.

123 De Beer, ibid., S. 185.

124 R. Goldschmidt, *The Material Basis of Evolution,* New Haven 1940, S. 390.

125 I. C. Willis, *The Course of Evolution,* Cambridge 1940, S. 191.

126 F. Weidenreich, *The Trend of Human Evolution,* in: *Evolution,* I, 1947, S. 234.

127 J. Huxley, *Evolution, The Modern Synthesis,* New York 1942, S. 555.

128 Vgl. V. Venable, *Human Nature,* New York 1945.

129 G. Bateson und M. Mead, *Balinese Character,* New York 1942.

130 Vgl. S. Schönberger, *Disorders of the Ego in Wartime,* in: *British Journal of Medical Psychology,* XXI (1948), S. 248-253.

131 John W. Bennet, *The Interaction of Culture and Environment in the Smaller Societies,* in: *American Anthropologist,* XLVI (1944), S. 461.

132 *The Oedipus Complex, Magic and Culture,* in: *Psychoanalysis and the Social Sciences,* II.

133 Es ist interessant zu beobachten, daß Anthropologen als Beleg für meine Auffassungen ständig das zitieren, was ich vor 1932 geschrieben habe, obwohl ich seit 1932 in diesem Punkt eine revidierte Auffassung vertrete. Mit Bolk könnte man sagen, daß es sich in diesem Fall um eine Verlangsamung des Entwicklungsprozesses handelt.

134 Daniel E. Schneider, *The Growth Concept of Nervous Integration* in: *Nervous and Mental Disease Monographs,* No. 78 (1949)? Kap. VII.

135 T. Hahn, *Tsuni Goam, The Supreme Being of the Khoi-Khoi,* London 1881, S. 66. Vgl. Róheim, *The Divine Child,* in: *Journal of Clinical Psychopathology,* IX (1948), S. 309.

136 E. Crawley, *The Mystic Rose,* London 1927, I, S. 198.

137 J. C. Fluegel, *On the Biological Basis of Sexual Repression,* in: *British Journal of Psychology,* I (1921).

138 Vgl. meinen in Anm. 132 zitierten Aufsatz.

139 Vgl. Th. Benedek und Boris B. Rubenstein, *The Sexual Cycle in Women,* in: *Psychosomatic Medicine Monographs,* III (1942), S. 76.

140 M. Bálint, *On Genital Love,* in: *International Journal of Psychoanalysis,* XXIX (1948), S. 36.

141 Vgl. G. Róheim, *The Kaingang of the Highlands of Brazil,* in: *Psychoanalysis and Anthropology,* S. 291-301.

142 A. Bálint, *Der Familienvater,* in: *Imago,* XII (1926).

143 Es macht keinen Unterschied, ob der zur Mutter oder Pflegemutter gehörende Mann der richtige Vater ist oder nicht.

144 Wir müssen auch von unseren Müttern zurückgewiesen werden, damit wir im psychologischen Sinne erwachsen werden können.

145 Verweise dazu finden sich in meinem in Anm. 132 zitierten Aufsatz.

146 Vgl. G. Róheim, *Transition Rites,* in: *Psychoanalytic Quarterly,* XI (1942);

ders., *The Thread of Life*, in: *Psychoanalytic Quarterly*, XVII (1948).

147 G. Róheim, *The Riddle of the Sphinx*, ibid., S. 15-23.

148 O. Fenichel, *Hysterien und Zwangsneurosen*, Wien 1931, 1, S. 22.

149 O. Fenichel, *The Psychoanalytic Theory of Neurosis*, New York 1945, S. 51, 52.

150 Vgl. den in Anm. 65 zitierten Aufsatz über Australien.

151 G. Róheim, *The Oedipus Complex and Infantile Sexuality*, in: *Psychoanalytic Quarterly*, XV (1946), S. 503-508.

152 Vgl. oben.

153 Vgl. G. Róheim, *Children's Games and Rhymes in Duau*, in: *American Anthropologist*, XLIII (1941).

154 G. Róheim, *The Origin and Function of Culture*, ibid.

155 Adolph H. Schultz, *Characters Common to Higher Primates and Characters Specific for Man*, ibid., S. 266.

156 O. Rank, *Das Trauma der Geburt*, in: *Internationale Psychoanalytische Bibliothek*, XIV (1924).

157 Vgl. zum Beispiel R. Wilhelm und C. G. Jung, *Das Geheimnis der goldenen Blüte*, Zürich 1944; C. G. Jung, *Psychologie und Religion*, Zürich 1942.

158 G. Róheim, *The Eternal Ones of the Dream*, ibid.

159 J. Huxley, *The Uniqueness of Man*, ibid., S. 22, 23.

160 Charles Sherrington, *The Integrative Action of the Nervous System*, Cambridge, Mass. 1948.

161 J. Huxley, ibid., S. 22-25.

162 E. Schneider, *Hemmung und Verdrängung*, in: *Schweizerische Zeitschrift für Psychologie*, VI (1947), S. 57-60.

163 Vgl. Melanie Klein, *The Psychoanalysis of Children*, London 1937, S. 184 u. *passim.*

164 Vgl. G. Róheim, *Psychology and History, or The Tragedy of Man*, in: *Psychoanalysis and Anthropology*, S. 461-487.

165 Vgl. Hans Vaihinger, *Die Philosophie des Als-Ob*, Berlin 1911.

166 A. Huxley, ibid., S. 18.

167 M. R. Drennan, *Pedomorphism an Pre-Bushman Skulls*, in: *American Journal of Physical Anthropology* XVI (1931), S. 203.

168 G. R. de Beer, *Embryology and Evolution*, Oxford 1930.

169 Obwohl ich von der Psychoanalyse her gegenüber den Anthropologen ›wir‹ sage, möchte ich doch darauf hinweisen, daß ich Anthropologe war, lange bevor ich Freud gelesen hatte und analysiert wurde.

170 John Gillin, *The Ways of Men*, 1948, S. 190.

171 Ibid., S. 207.

172 Themis ist die Muttergöttin; sie ist es, die Versammlung einberuft und bei der Festlichkeit den Vorsitz führt. Menschen, die keine Themistes, d. h. starre Konventionen, besitzen, sind nicht zivilisiert. J. E. Harrison, *Themis*, Cambridge 1927, S. 482, 483.

173 A. L. Kroeber, *Anthropology*, New York 1948, S. 572, 573.

174 Ibid., S. 573.

175 J. Gillin, ibid., S. 320.

176 Im Vorwort erwähnt der Autor seine vorbereitende Lehranalyse bei Earl Zinn. Es wird uns berichtet, daß die Analyse fünf Monate dauerte. Das ist weniger als gar nichts.

177 John W. M. Whiting, *Becoming a Kwoma*, New Haven 1941, S. 204.

178 Ibid., S. 215.

179 M. Mead, *The Marsalai Cult Among the Arapesh,* in: *Oceania,* IV (1933), S. 41.

180 J. W. M. Whiting, ibid., S. 126.

181 Ibid., S. 206.

182 Ibid., S. 135.

183 Vgl. G. Róheim, *The Riddle of the Sphinx,* ibid.

184 H. Powdermaker, in: *American Anthropologist,* XLVII (1945), S. 308-312.

185 Vgl. Bolk, Briffault, de Beer und die anderen, oben zitierten Autoren.

186 M. R. Drennan, ibid., S. 208.

187 G. G. Simpson, *The Meaning of Evolution,* New Haven 1949, S. 126, 127.

188 M. E. Opler, *Culture and Organic Concepts in History,* in: *American Anthropologist,* XLVI (1944), S. 459.

189 Melville J. Herskovits, *Man and his Works,* New York 1948, S. 146.

190 Ich habe die beiden als die grundlegenden Kulturfaktoren bezeichnet in *The Origin and Function of Culture,* ibid., S. 99.

191 Zum Gleichnis von Kultur und Symbolik, vgl. u. a. A. Blumenthal, *A New Definition of Culture,* in: *American Anthropologist,* XLVI (1946), S. 571.

192 Ich bin mir völlig klar über die Tatsache, daß Primaten keine Brunstzeit haben – aber der Prozeß der Menschwerdung beginnt nicht mit dem Schritt vom Menschenaffen zum Menschen.

193 Leslie A. White, *The Definition and Prohibition of Incest, American Anthropologist,* L (1948), S. 416-435.

194 Ibid., S. 433, 434.

195 Was offensichtlich praktisch ist (wie die Meidung vom Feuer), halten wir für bewußte Gründe.

196 Vgl. die Einleitung.

196a O. Jespersen, *Language,* London 1922, S. 420, deutet darauf hin, daß Sprache ihren Ursprung in der genitalen Liebesbeziehung hat.

197 W. Wundt, *Völkerpsychologie. Band I: Die Sprache,* Leipzig 1911, S. 327.

198 Zur Identität der *ma-* und *pa-*Laute mit den Namen der Eltern und den Phasen im Akt des Säugens, vgl. S. Spielrein, *Die Entstehung der kindlichen Worte Papa und Mama,* in: *Imago,* VIII (1922), S. 179.

199 E. Froeschels und A. Jellinek, *Practice of Voice and Speech Therapy,* Boston 1941, S. 179.

200 Ibid., S. 251.

201 Vgl. M. Katan, *Die Rolle des Wortes in der Schizophrenie und Manie,* in: *Internationale Zeitschrift für Psychoanalyse,* XXV (1940), S. 128, 142.

202 R. A. Wilson, *The Miraculous Birth of Language,* New York 1948, S. 206, 207.

203 G. Róheim, *The Origin and Function of Culture,* S. 93.

204 *Faust* I, 3980-85 (Walpurgisnacht).

205 Ernest Jones, *Papers on Psychoanalysis,* London 1913, Kap. 8.

206 Vgl. G. Róheim, *Psychoanalysis of Primitive Cultural Types,* in: *International Journal of Psychoanalysis,* XIII (1932), S. 16.

207 Feldforschung in Ramah 1947. Viking Fund.

208 D. h. wie der Verfasser.

209 Vor einigen Jahren wurde ein Buch veröffentlicht, in dem der Autor allen Ernstes behauptete, der manifeste Trauminhalt werde durch die Kultur determiniert. Menschen, die noch nie ein Automobil gesehen haben, träumen eben nicht von

Automobilen. Ich frage mich, weshalb sich überhaupt jemand die Mühe macht, derart banale Aussagen drucken zu lassen. J. S. Lincoln, *The Dream in Primitive Cultures,* London 1935.

210 M. Mead, *Research on Primitive Children,* in: L. Carmichael, *Manual of Child Psychology,* New York 1947, S. 669.

211 L. Frank Baum, *The New Wizard of Oz,* Indianapolis 1903.

212 D. Lee, *A Primitive System of Values,* in: *Philosophy of Science,* VII (1940), S. 357.

213 B. Malinowski, *Coral Gardens and their Magic,* London 1935, II, S. 25.

214 Ist es wirklich eine falsch verstandene? Ich frage mich, ob nicht in einer Hinsicht der Geist (das Unbewußte) vielleicht etwas mit der Zeit der Empfängnis zu tun hat.

215 Jules und Zunia Henry, *Doll Play of Pilaga Indian Children,* in Clyde Kluckhohn und Henry A. Murray, *Personality in Nature, Society and Culture,* New York 1948, S. 238.

216 Jules and Zunia Henry, *Doll Play of Pilaga Indian Children,* in: *Research Monographs,* No. 4, *American Orthopsychiatric Association* (1944), S. xi, xii.

217 Ibid., S. 114. Vgl. die Rezension von G. Róheim, *Psychoanalytic Quarterly,* XIV (1945), S. 550.

218 Ibid., S. 92.

219 Ibid., S. 90.

220 Vgl. die in Anm. 184 zitierte Rezension meines Buches *The Origin and Function of Culture* von H. Powdermaker.

221 Vgl. A. L. Kroeber, *White's View of Culture,* in: *American Anthropologist,* L (1948), S. 405.

222 Daniel E. Schneider, *The Growth Concept of Nervous Integration* in: *Nervous and Mental Disease Monographs,* New York 1949.

223 F. Alexander, *Fundamentals of Psychoanalysis,* New York 1948, S. 56.

224 S. Freud, *Das Unbehagen in der Kultur* (1930), *G. W.* XIV.

225 Claude Kluckhohn und O. H. Mowrer, *Culture and Personality; A Conceptual Scheme, American Anthropologist,* XLVI (1944), S. 2.

226 J. Henry, *Anthropology and Orthopsychiatry,* in: *American Journal of Orthopsychiatry,* XVIII (1948), S. 279.

227 S. Freud, *Das Unbehagen in der Kultur, G. W.* XIV, S. 477, Anm.

228 In seinem Vorwort zu Whiting, *Becoming a Kwoma.*

229 Vgl. z. B. M. Schmidberg, *On Fantasies of Being Eaten,* in: *Psychoanalytic Review,* XXXV (1948), S. 303. E. Bergler, *The Battle of the Conscience,* Washington 1948.

230 Clyde Kluckhohn und O. H. Mowrer, *Culture and Personality,* in: *American Anthropologist,* XLVI (1944), S. 2, 3.

231 Ibid., S. 20.

232 Vgl. Herskovits, *Man and his Works,* S. 214.

233 Ein weiterer, nur selten erwähnter Grund, weshalb Interpretationen kulturgebunden sein sollen, ist das Bestreben des Ethnologen, Herr der Situation zu bleiben: »Mein Haus ist meine Burg«.

234 D. Gregg und E. Williams, *The Dismal Science of Functionalism,* in: *American Anthropologist,* L (1948), S. 594.

235 M. E. Opler, *Themes as Dynamic Forces in Culture,* in: *American Journal of Sociology,* LI (1945), S. 198.

236 Ibid., S. 200.

237 Ibid., S. 200.

238 Vgl. auch A. K. Cohen, *On the Place of Themes and Kindred Concepts in Social Theory*, in: *American Anthropologist*, L (1948), S. 436-443.

239 Vgl. Clyde Kluckhohn, *Mirror for Man*, New York 1949.

240 M. Mead, *And Keep Your Powder Dry*, New York 1942, S. 10, 11.

241 C. Kluckhohn und D. Leighton, *The Navaho*, Cambridge, Mass. 1946, S. 223.

242 R. Benedict, *The Chrysanthemum and the Sword*, New York 1946, S. 14, 15.

243 I. Hermann, *Studien zur Denkpsychologie*, in: *Acta Psychologica*, V, 2-3 (Amsterdam 1940), S. 34, 35.

244 R. Benedict, ibid., S. 14, 15.

245 »Mensch bin ich, nichts Menschliches ist mir, glaub ich, fremd.« Terentius, *Heauton Timorumenos* (Der Selbstquäler), V. 77.

246 S. Freud, *Die Traumdeutung* (1900), *G. W.* II/III, S. 277.

247 C. Kluckhohn, *The Place of Theory in Anthropological Studies*, in: *Philosophy of Science*, VI (1939), S. 341, 342.

248 Vgl. oben Baum, *The Wizard of Oz*.

249 Vgl. z. B. D. Bidney, *On the Concept of Culture and some Cultural Fallacies*, in: *American Anthropologist*, XLVI (1944), S. 42. Beweise aus matrilinearen Gesellschaften stehen angeblich im Widerspruch zum Ödipuskomplex. Daß Malinowski Unrecht hat, ebenso Kroeber und alle anderen, die diesen »Mythos« wiederholen, spielt keine Rolle. Häufige Wiederholung ist besser als die Wahrheit.

Bibliothek Suhrkamp

436 Marie Luise Kaschnitz, Gedichte
437 Jerzy Szaniawski, Der weiße Rabe
438 Ludwig Hohl, Nuancen und Details
439 Mario Vargas Llosa, Die kleinen Hunde
440 Thomas Bernhard, Der Präsident
441 Hermann Hesse – Thomas Mann, Briefwechsel
442 Hugo Ball, Flametti
443 Adolfo Bioy-Casares, Morels Erfindung
444 Hermann Hesse, Wanderung
445 Ödön von Horváth, Don Juan kommt aus dem Krieg
446 Flann O'Brien, Der dritte Polizist
447 Giuseppe Tomasi di Lampedusa, Der Leopard
448 Robert Musil, Törleß
449 Elias Canetti, Der Überlebende
450 Robert Walser, Geschwister Tanner
451 Alfred Döblin, Berlin Alexanderplatz
452 Gertrude Stein, Paris Frankreich
453 Johannes R. Becher, Gedichte
454 Federico García Lorca, Bluthochzeit/Yerma
455 Ilja Ehrenburg, Julio Jurenito
456 Boris Pasternak, Kontra-Oktave
457 Juan Carlos Onetti, Die Werft
458 Anna Seghers, Die schönsten Sagen vom Räuber Woynok
464 Franz Kafka, Der Heizer
465 Wolfgang Hildesheimer, Masante
466 Evelyn Waugh, Wiedersehen mit Brideshead
467 Gershom Scholem, Walter Benjamin
468 Rainer Maria Rilke, Duineser Elegien
470 Alain, Die Pflicht glücklich zu sein
471 Wolfgang Schadewaldt, Der Gott von Delphi und die Humanitätsidee
472 Hermann Hesse, Legenden
473 H. C. Artmann, Liebesgedichte
474 Paul Valery, Zur Theorie der Dichtkunst
476 Erhart Kästner, Aufstand der Dinge
477 Stanisław Lem, Der futurologische Kongreß
478 Theodor Haecker, Tag- und Nachtbücher
479 Peter Szondi, Satz und Gegensatz
480 Tania Blixen, Babettes Gastmahl
481 Friedo Lampe, Septembergewitter
482 Heinrich Zimmer, Kunstform und Yoga
483 Hermann Hesse, Musik

486 Marie Luise Kaschnitz, Orte
487 Hans Georg Gadamer, Vernunft im Zeitalter der Wissenschaft
488 Yukio Mishima, Nach dem Bankett
489 Thomas Bernhard, Amras
490 Robert Walser, Der Gehülfe
491 Patricia Highsmith, Als die Flotte im Hafen lag
492 Julien Green, Der Geisterseher
493 Stefan Zweig, Die Monotonisierung der Welt
494 Samuel Beckett, That Time/Damals
495 Thomas Bernhard, Die Berühmten
496 Günter Eich, Marionettenspiele
497 August Strindberg, Am offenen Meer
498 Joseph Roth, Die Legende vom heiligen Trinker
499 Hermann Lenz, Dame und Scharfrichter
500 Wolfgang Koeppen, Jugend
501 Andrej Belyj, Petersburg
504 Juan Rulfo, Der Llano in Flammen
505 Carlos Fuentes, Zwei Novellen
506 Augusto Roa Bastos, Menschensohn
508 Alejo Carpentier, Barockkonzert
509 Elisabeth Borchers, Gedichte
510 Jurek Becker, Jakob der Lügner
512 James Joyce, Die Toten/The Dead
513 August Strindberg, Fräulein Julie
514 Sigmund Freud, Eine Kindheitserinnerung des Leonardo da Vinci
515 Robert Walser, Jakob von Gunten
517 Luigi Pirandello, Mattia Pascal
519 Rainer Maria Rilke, Gedichte an die Nacht
520 Else Lasker-Schüler, Mein Herz
521 Marcel Schwob, 22 Lebensläufe
522 Mircea Eliade, Die Pelerine
523 Hans Erich Nossack, Der Untergang
524 Jerzy Andrzejewski, Jetzt kommt über dich das Ende
525 Günter Eich, Aus dem Chinesischen
526 Gustaf Gründgens, Wirklichkeit des Theaters
528 René Schickele, Die Flaschenpost
529 Flann O'Brien, Das Barmen
533 Wolfgang Hildesheimer, Biosphärenklänge
534 Ingeborg Bachmann, Malina
535 Ludwig Wittgenstein, Vermischte Bemerkungen
536 Zbigniew Herbert, Ein Barbar in einem Garten
537 Rainer Maria Rilke, Ewald Tragy
540 Boris Vian, Die Gischt der Tage
553 Strindberg, Traumspiel
554 Carl Seelig, Wanderungen mit Robert Walser

821 Otto Kirchheimer, Von der Weimarer Demokratie zum Faschismus
822 Verfassung, Verfassungsgerichtsbarkeit, Politik. Herausgegeben von Mehdi Tohidipur
823 Rossana Rossanda / Lucio Magri u. a., Der lange Marsch durch die Krise
824 Altvater/Basso/Mattick/Offe u. a., Rahmenbedingungen und Schranken staatlichen Handelns
825 Diskussion der ›Theorie der Avantgarde‹. Herausgegeben von W. Martin Lüdke
827 Gesellschaft, Beiträge zur Marxschen Theorie 7
828 Rolf Knieper, Weltmarkt, Wirtschaftsrecht und Nationalstaat
830 Manuela du Bois-Reymond, Verkehrsformen zwischen Elternhaus und Schule
832 Herbert Claas, Die politische Ästhetik Bertolt Brechts vom Baal zum Caesar
833 Peter Weiss, Dramen I
834 Friedensanalysen 2
835-838 Bertolt Brecht, Gedichte in 4 Bänden
839 Géza Róheim, Psychoanalyse und Anthropologie
840 Aus der Zeit der Verzweiflung. Beiträge von Becker/Bovenschen/Brackert u. a.
841 Fernando H. Cardoso/Enzo Faletto, Abhängigkeit und Entwicklung in Lateinamerika
842 Alexander Herzen, Die gescheiterte Revolution
845 Ror Wolf, Die Gefährlichkeit der großen Ebene
847 Friedensanalysen 3
848 Dieter Wellershoff, Die Auflösung des Kunstbegriffs
849 Samuel Beckett, Glückliche Tage
850 Basil Bernstein, Beiträge zu einer Theorie
851 Hobsbawm/Napolitano, Auf dem Weg zum ›historischen Kompromiß‹
852 Über Max Frisch II
853 Brecht-Jahrbuch 1976
854 Julius Fučík, Reportage unter dem Strang geschrieben
856 Dieter Senghaas, Weltwirtschaftsordnung und Entwicklung
858 Silvio Blatter, Genormte Tage, verschüttete Zeit
861 Blanke/Offe/Ronge u.a., Bürgerlicher Staat und politische Legitimation. Herausgegeben von Rolf Ebbighausen
863 Gesellschaft, Beiträge zur Marxschen Theorie 8/9
864 Über Wolfgang Koeppen. Herausgegeben von Ulrich Greiner
868 Brede/Dietrich/Kohaupt, Politische Ökonomie des Bodens
871 Friedensanalysen 4
873 Produktion, Arbeit, Sozialisation. Herausgegeben von Th. Leithäuser und W. R. Heinz
874 Max Frisch/Hartmut von Hentig, Zwei Reden zum Friedenspreis des Deutschen Buchhandels 1976
883 Erwin Piscator, Theater der Auseinandersetzung
885 Hans Dieter Zimmermann, Vom Nutzen der Literatur
887 Über Hans Mayer, Herausgegeben von Inge Jens
891 Friedensanalysen 5

Alphabetisches Verzeichnis der edition suhrkamp